高等学校专业教材
中国轻工业“十四五”规划教材

食品标准与法规

韩　梅　主　编
张锋华　白　晨　副主编

中国轻工业出版社

图书在版编目（CIP）数据

食品标准与法规／韩梅主编；张锋华，白晨副主编．—北京：中国轻工业出版社，2024.4
高等学校专业教材
ISBN 978-7-5184-3919-5

Ⅰ.①食…　Ⅱ.①韩…②张…③白…　Ⅲ.①食品标准—中国—高等学校—教材②食品卫生法—中国—高等学校—教材　Ⅳ.①TS207.2②D922.16

中国版本图书馆 CIP 数据核字（2022）第 047920 号

责任编辑：伊双双
策划编辑：伊双双　　责任终审：李建华　　整体设计：锋尚设计
排版制作：砚祥志远　　责任校对：郑佳悦　晋　洁　　责任监印：张　可

出版发行：中国轻工业出版社（北京鲁谷东街 5 号，邮编：100040）
印　　刷：三河市国英印务有限公司
经　　销：各地新华书店
版　　次：2024 年 4 月第 1 版第 1 次印刷
开　　本：787×1092　1/16　印张：17
字　　数：400 千字
书　　号：ISBN 978-7-5184-3919-5　定价：49.00 元
邮购电话：010-85119873
发行电话：010-85119832　010-85119912
网　　址：http://www.chlip.com.cn
Email：club@chlip.com.cn

210312J1X101ZBW

本书编委会

主　编　韩　梅

副主编　张锋华　白　晨

参　编　苏永红　花榜清　贾宏信　廖文艳
邵小平

前言 | Preface

食品安全监管涉及面非常广，包括国家立法监管、企业管理机制、第三方检测评价等。食品安全事件会对消费者的生命安全、身体健康和食品安全信心产生严重影响，所以食品安全立法和标准修订工作要循序渐进，不断提升，防患于未然。为适应食品安全新形势下食品科学与工程、食品质量与安全等食品相关专业要求，本教材联合一线企业专家，将现行的食品标准与法规内容与生产实践相融合编写。

本书共分 7 章，第一章和第二章先从食品法律法规体系入手，让读者对我国的食品法律法规体系有一个总体掌握；第三章和第四章发挥了编者们在食品领域 10 年以上的工作经验优势，以企业标准为例，解析了标准的制定和申请流程，详细解读和分析了常用的食品安全国家标准，力求学以致用；第五章和第六章总结归纳食品领域的许可管理制度、企业管理体系和产品认证管理；第七章介绍国际食品相关组织及部分国家和地区食品相关标准与法规，使读者了解世界范围内的食品安全体系。

本书第一章由张锋华、廖文艳编写，第二章由邵小平、白晨编写，第三章由苏永红、韩梅编写，第四章由韩梅、花榜清编写，第五章由贾宏信、张锋华编写，第六章由廖文艳、贾宏信编写，第七章由花榜清、苏永红编写，韩梅、张锋华和白晨对本书进行了统稿。本书在编写过程中得到了光明乳业（乳业国家重点实验室）、中国轻工业出版社的大力支持，在此表示衷心感谢！

本书不仅可以作为食品科学与工程、食品质量与安全、食品营养与健康及食品其他相关专业本科生的专业教材，也适合食品生产、科研、销售单位的技术人员，各级食品监督、检验机构人员，以及食品质量安全管理部门等的工作人员参考、培训使用，力求做到教、学、用的统一。

由于本书涉及的领域较广，限于编者的水平和经验，书中难免有不足和疏漏之处，敬请同行专家和广大读者批评指正。

编者

2024. 1

目录 | Contents

CHAPTER 1

第一章 绪 论

[学习目标]

1. 了解我国食品法律与法规框架；
2. 掌握法律、法规和标准的关系；
3. 理解标准和标准化的基本概念和特点；
4. 了解我国食品安全标准体系。

第一节 食品法律与法规

法律一词可作广义和狭义两种理解。广义的法律是与“法”在外延和内涵上相一致的，是指国家机关制定或认可的，由国家强制力保证实施的具有普遍效力的行为规范的总称。狭义的法律是指法的渊源的一种形式，在我国是指由全国人民代表大会（简称“全国人大”）及其常务委员会（简称“常委会”）制定的规范性法律文件，其中由全国人大制定的法律称为基本法律，由全国人大常委会制定的法律称为其他法律或一般法律。法律在我国的法的渊源体系中的地位低于宪法，高于其他各种规范性法律文件。

法规是由国家制定和发布的规范性法律文件的总称。在我国，由国务院制定和颁布的是行政法规，由省、自治区、直辖市人民代表大会及其常委会制定和公布的是地方性法规。省、自治区人民政府所在地的市，经国务院批准的较大的市的人民代表大会及其常委会，也可以制定地方性法规，报省、自治区的人民代表大会及其常委会批准后施行。有时法规专指某一国家机关特定的规范性文件，即专指从属于法律范畴的行政法规和地方性法规。法规也具有法律效力。

一、我国的立法体制

我国的立法体制是与我国国情相符的立法体制，是社会主义的立法体制。根据《中华人民共和国宪法》（以下简称《宪法》）规定，全国人大及其常委会、国务院及其各部委、地方性权力机构和地方性政府都享有某种程度的立法权。我国 2000 年颁布实施《中华人民共和国立法法》（以下简称《立法法》），并于 2015 年进行了修正。《立法法》对全国人大及其常委会与国务院之间、中央与地方之间在立法权限和立法范围方面做了更为具体的规定。

（1）全国人大及其常委会具有法律的专属立法权　根据《宪法》第五十七条和五十八条，全国人民代表大会是我国的最高权力机关，全国人大和全国人大常委会享有法律（狭义的）的专属立法权，其他任何中央国家机关和地方国家机关不能制定法律，并且其他国家机关制定的具有法律效力的规范性文件不得与法律相抵触。《立法法》将只能由全国人大和全国人大常委会通过法律规定的事项予以列举，行政法规、部门规章和地方性政府规章不能就《立法法》第八条规定的事项予以规定。虽然《立法法》第九条规定，全国人大及全国人大常委会可以授权国务院就第八条所规定的事项制定行政法规，但是有关犯罪和刑罚、对公民政治权利的剥夺、限制人身自由的强制措施和处罚以及司法制度等事项，全国人大及全国人大常委会不能授权。因此，上述相关事项只能由法律规定。

（2）行政法规规定的事项　根据《宪法》第八十九条第一款，国务院有权“根据宪法和法律，规定行政措施，制定行政法规，发布决定和命令”。根据《立法法》第六十五条规定，行政法规可以就下列事项做出规定：为执行法律的规定需要制定行政法规的事项，宪法第八十九条规定的国务院行政管理职权的事项。这一规定，应当有两点需要明确，一是国务院制定的行政法规必须属于行政管理事项，凡不属于国务院行政管理职权的问题，如涉及民法、刑法、审判、检察、诉讼方面的问题，行政法规不得规定；二是《立法法》规定的专属全国人大及其常委会立法事项的，行政法规不得予以规定。

（3）地方性法规规定的事项　《宪法》第一百条规定，省、直辖市的人民代表大会和它们的常务委员会，在不同宪法、法律、行政法规相抵触的前提下，可以制定地方性法规，但应该报全国人大常委会备案。《立法法》第七十三条规定，地方性法规可以就以下两种事项做出规定。

①为执行法律、行政法规的规定，需要根据本行政区域的实际情况做出具体规定的事项。法律、行政法规是在全国普遍施行的，为了照顾全国各地的情况，因此有些规定只能比较概括，而各地根据其自有的特点，在执行法律、行政法规时所遇到的具体情况也是不一样的，因此《立法法》赋予地方政府制定地方性法规的权力，用以保障法律、行政法规的有效实施。但是在制定地方性法规时也应该注意，地方性法规就某项行为作出具体的规定时，不能仅仅重复法律或者行政法规的规定，甚至与法律或行政法规相违背。

②属于地方性事务需要制定地方性法规的事项。这条规定赋予了地方在立法范围上很大的自主权。与对行政法规所能够规定的范围不同的是，地方性法规可以就法律或行政法规没有规定的事项予以规定，在国家制定的法律或行政法规生效后，地方性法规同法律或者行政法规相抵触的规定无效，制定机关应当及时予以修改或者废止，而在对行政法规所能规定的范围，《立法法》规定其只能针对法律授权的事项和为了执行法律的事项予以规定。

（4）规章　国务院各部委、中国人民银行、审计署和具有行政管理职能的直属机构，可以根据法律和国务院的行政法规、决定、命令，在本部门的权限范围内，制定规章。

部门规章规定的事项应当属于执行法律或者国务院的行政法规、决定、命令的事项。没有法律或者国务院的行政法规、决定、命令的依据，部门规章不得设定减损公民、法人和其他组织权利或者增加其义务的规范，不得增加本部门的权力或者减少本部门的法定职责。

涉及两个以上国务院部门职权范围的事项，应当提请国务院制定行政法规或者由国务院有关部门联合制定规章。

省、自治区、直辖市和设区的市、自治州的人民政府可以根据法律、行政法规和本省、自治区、直辖市的地方性法规制定规章。

（5）法律规范之间的效力问题　宪法具有最高的法律效力，一切法律、行政法规、地方性法规、自治条例和单行条例、规章都不得同宪法相抵触。法律的效力高于行政法规、地方性法规、规章。行政法规的效力高于地方性法规、规章。

二、我国的立法程序

立法程序是指具有立法权的国家机关根据《宪法》和法律的有关规定制定、修改和废止法律的程序。其有广义和狭义之分，广义上的立法程序是指所有具有创制、修改和废止规范性法律文件的国家机关行使立法权所遵循的程序，而狭义的立法程序仅仅是指国家立法机关在实施其立法权时所应该遵守的制度。

在我国享有立法权的机关有全国人大及其常委会，国务院及其各部委，省、自治区、直辖市和较大的市的权力机关和政府。根据《宪法》《立法法》和其他有关法律的规定，我国立法程序主要分为四步：法律议案的提出、法律草案的审议、法律草案的通过和法律的公布。

（1）法律议案的提出　法律议案是指依法享有立法提案权的机关或个人向立法机关提出的关于制定、修改、废止某项法律的正式建议。提出法律议案是创制法律程序的开始，议案一经提出，立法机关就应当进行审议并决定是否列入立法机关的议事日程。所以，法律议案不同于一般公民提出的立法建议，只有依法享有立法提案权的国家机关或个人才有权提出。需要区别的是，法律议案的提出并不需要对所提议案的内容有所规定，法律议案只是一个建议或者理由，是立法的一个意向。提出法律议案是否附有法律草案由提案人自主决定。根据《宪法》《全国人民代表大会组织法》（简称《人大组织法》）和有关法律的规定，下列组织和个人拥有提出法律议案的权利。

①根据《人大组织法》第十六条和第十七条规定，“全国人民代表大会主席团，全国人民代表大会常务委员会，”全国人民代表大会各专门委员会，国务院，中央军事委员会，国家监察委员会，最高人民法院，最高人民检察院，“一个代表团或者三十名以上的代表联名，可以向全国人民代表大会提出属于全国人民代表大会职权范围内的议案。”“一个代表团或者三十名以上的代表联名，可以向全国人民代表大会提出属于全国人民代表大会职权范围内的议案。”

②《人大组织法》第二十九条规定，“委员长会议，全国人民代表大会各专门委员会、国务院、中央军事委员会，国家监察委员会，最高人民法院，最高人民检察院，常务委员会组成人员十人以上联名，可以向常务委员会提出属于常务委员会职权范围内的议案。”

（2）法律草案的审议　法律草案的审议是指全国人大和全国人大常委会对已经列入议事日程的法律草案正式进行审查和讨论。法律草案的审议是整个立法程序中最为重要的环节，是决定法律草案最终能否通过成为法律的最重要的阶段，也是法律草案不断完善的阶段。

《立法法》就全国人民代表大会及其常务委员会对法律草案的审议作出了详细的规定。列入全国人大常委会会议议程的法律草案，一般应当经三次常务委员会会议审议后再交付表决，也称为“三读原则”：第一次审议法律草案，常委会在全体会议上听取提案人的说明，由分组会议进行初步审议；第二次审议法律草案，在全体会议上听取法律委员会关于法律草案修改情况和主要问题的汇报，由分组会议进一步审议；第三次审议法律草案，在全体会议上听取法律委员会关于法律草案审议结果的报告，由分组会议对法律草案修改稿进行审议。但是对于各方意见比较一致的法律草案，也可以经过两次常务委员会会议审议后交付表决；对于部分修改的法律草案，当各方面意见比较一致时，也可以经一次常务委员会会议审议后就交付表决。

（3）法律草案的通过　法律草案的通过是立法机关对经过审议的法律草案进行表决，正式决定是否通过的活动。根据《立法法》第二十四条规定，“法律草案修改稿经各代表团审议，由法律委员会根据各代表团的审议意见进行修改，提出法律草案表决稿，由主席团提请大会全体会议表决，由全体代表的过半数通过。”而提交全国人大常委会表决的法律草案，则由委员长会议提请常务委员会全体表决，由常委会全体组成人员的过半数通过。相对于一般的法律草案，《宪法》草案的通过有着更为严格的要求，需经过全国人民代表大会以全体代表的2/3以上通过才可以。在表决方式上，通常采用无记名投票方式，或者采用举手表决的方式，近年来又增加了一种以“电子表决器”进行表决的方式。

（4）法律的公布　法律的公布是指立法机关将通过的法律以法定的形式向社会正式公开，以便全社会遵照执行。这是立法程序的最后一个步骤，是法律生效的前提。凡是未经公布的法律，都不能产生法律效力。

法律的公布应当由相应的机关采取特定的方式进行。根据我国《宪法》第八十条的规定：“中华人民共和国主席根据全国人民代表大会的决定和全国人民代表大会常务委员会的决定公布法律。”我国法律以国家主席签署主席令的方式公布，一般是在立法机关的刊物或其指定的其他刊物上公布。我国是以《全国人民代表大会常务委员会公报》的形式公布法律条文的，《国务院公报》和《人民日报》也可以转载。一般说来，法律自公布之日起生效，若在法律中规定其生效日期的，以法律的规定为准。

三、我国的食品法律与法规框架

法律体系（Legal system）是指由一国现行的全部法律规范按照不同的法律部门分类组合而形成的一个呈体系化的有机联系的统一整体。从以上法律体系的概念来看，法律体系有以下几个特点：第一，法律体系是一个国家的全部现行法律构成的整体；第二，法律体系是一个由法律部门分类组合而形成的呈体系化的有机整体；第三，法律体系的理想化要求是门类齐全、结构严密、内在协调；第四，法律体系是客观法则和主观属性的有机统一。

现阶段我国食品安全的法律现状是以《中华人民共和国食品安全法》（2021年修正，以下简称《食品安全法》）为主导，《中华人民共和国标准化法》（2017年修订，以下简称《标准化法》）、《中华人民共和国计量法》（2018年修正，以下简称《计量法》）、《中华人民共和国农产品质量安全法》（2022年修订，以下简称《农产品质量安全法》）等数部单行的有关食品安全的法律，以及诸如《中华人民共和国产品质量法》（2000年修正，以下简称《产品质量法》）、《中华人民共和国农业法》（2012年修正，以下简称《农业法》）、《中华人民共和国消费者权益保护法》（2013年修正，以下简称《消费者权益保护法》）、《中华人民共和国传染病防治法》（2013年修正）、《中华人民共和国刑法》（2020年修正，以下简称《刑法》）等法律，国务院及各部委相继出台的规章，最高人民法院和最高人民检察院的司法解释等中有关食品安全的相关规定，形成了我国食品安全法律体系的框架。

（1）食品法律　食品法律是指由全国人大及其常委会经过特定的立法程序制定的规范性法

律文件。它的地位和效力仅次于《宪法》。它又分为两种：一种是由全国人大制定的食品法律，称为基本法，如《食品安全法》；一种是由全国人大常委会制定的食品基本法律以外的食品法律。

（2）食品行政法规 食品行政法规是由国务院根据宪法和法律，在其职权范围内制定的有关国家食品行政管理活动的规范性法律文件，其地位和效力仅次于宪法和法律。党中央和国务院联合发布的决议或指示，既是党中央的决议和指示，又是国务院的行政法规或其他规范性文件，具有法的效力。国务院各部委所发布的具有规范性的命令、指示和规章，也具有法的效力，但其法律地位低于行政法规。

（3）地方性食品法规 地方性食品法规是指省、自治区、直辖市以及省级人民政府所在地的市和经国务院批准的较大的市人民代表大会及其常委会制定的适用于本地方的食品相关规范性文件。除地方性法规外，地方各级权力机关及其常设机关、执行机关所制定的决定、命令、决议，凡属规范性者，在其辖区范围内，也都属于法的渊源。地方性法规和地方其他规范性文件不得与《宪法》、食品法律和食品行政法规相抵触，否则无效。

（4）食品自治条例与单行条例 食品自治条例和单行条例是由民族自治地方的人民代表大会依照当地民族的政治、经济和文化特点制定的食品规范性文件。自治区的自治条例和单行条例，报全国人大常委会批准后生效；州、县的自治条例和单行条例报上一级人大常委会批准后生效。

（5）食品规章 食品规章分为两种类型：一种是指由国务院行政部门依法在其职权范围内制定的食品行政管理规章，在全国范围内具有法律效力；一种是指由各省、自治区、直辖市以及省、自治区人民政府所在地和经国务院批准的较大的市的人民政府根据食品法律在其职权范围内制定和发布的有关地区食品管理方面的规范性文件。

四、法律、法规和标准的关系

法律、法规是一种社会规范，而标准是一种技术规范。

社会规范是人们处理社会生活中相互关系应遵循的具有普遍约束力的行为规则，而技术规范是人们在同客观事物打交道时必须遵循的行为规则。在科学技术和社会生产力高度发展的现代社会，越来越多的立法将遵守技术规范确定为法律义务，从而将社会规范和技术规范紧密结合在一起。

1. 法律、法规和标准的相同之处

（1）一般性 法律、法规和标准都是现代社会和经济活动必不可少的统一规定，对任何人都适用，同样情况下应同样对待。

（2）公开性 在制定和实施过程中都公开透明。

（3）明确性和严肃性 法律、法规和标准都由权威机构按照法定的职权和程序制定、修改或废止，都用严谨的文字进行表述。

（4）权威性 法律、法规和标准都在调控社会生活方面发挥主导作用，享有威望，得到广泛的认同和普遍的遵守。

（5）约束性和强制性 要求社会各组织和个人服从法律、法规和标准的规定，将其作为行为的准则。

（6）稳定性 法律、法规和标准都具有稳定性和连续性，不允许擅自改变和轻易修改。

2. 法律、法规和标准的不同之处

（1）法律、法规在相关领域处于至高无上的地位，具有基础性和本源性的特点。标准必须有法律依据，必须严格遵守有关的法律、法规，在内容上不能与法律、法规相抵触和冲突。

（2）法律、法规涉及国家和社会生活的方方面面，调整一切政治、经济、社会、民事、刑事等法律关系，而标准主要涉及技术层面。

（3）法律、法规一般较为宏观和原则，标准则较为微观和具体。

（4）法律、法规较为稳定，标准则经常随着科学技术和生产力的发展而补充修改。

（5）标准比较注意民主性，强调多方参与、协商一致，尽可能照顾多方利益。

（6）标准的强制力也源自法律、法规的赋予，标准分为强制性和推荐性两种，对推荐性标准企业有选择执行或不执行的权利。

（7）法律、法规和标准都是规范性的文件，但标准在形式上有文字的，也有实物的。

第二节　标准与标准化

我国很早就有标准化的理念，古人强调天地万物的秩序，反映的就是标准化的意识。秦始皇统一度量衡，并实现“车同轨、书同文、行同伦”，是历史上以标准化手段治理国家的范例。标准化在我国历史上广泛运用于生产和技术领域。秦简《工律》中要求“为器同物者其大小、长短、广狭亦必等”。《考工记》记载了战国时期官营手工业各工种规范和制造工艺，广义讲就是一部标准文本集。宋代《营造法式》详细规范了建筑技术要求，在保障建筑物质量安全等方面起到了重要作用。明代《天工开物》是世界上第一部关于农业和手工业生产的综合性著作，是我国古代标准化经验的集大成者。李时珍整理汇编的《本草纲目》是关于药物分类法、药物特性、制备方法和方剂的标准化文献。《清代匠作则例》是手工业技术规范的汇编。古籍文献中经常使用的“法式”“程式”“则例”“准程”等，讲的就是“标准”。

标准化从萌芽到现在，已经发展了几千年，但被当作一门科学来研究还不足百年。早期的工业标准化著作可以追溯到1934年约翰·盖拉德所著的《工业标准化——原理与应用》，1972年桑德斯在他的《标准化的目的与原理》一书中将标准化定义为“标准化是为了所有有关方面的利益，特别是为了促进最佳的全面经济发展，通过考虑产品的使用条件与安全要求，在所有有关方面的协作下，进行有秩序的特定活动所制定并实施各项规定的过程。”

我国国家标准GB/T 20000.1—2014《标准化工作指南　第1部分：标准化和相关活动的通用术语》对标准化的定义为：“为了在既定范围内获得最大秩序，促进共同效益，对现实问题或潜在问题确立共同使用和重复使用的条款以及编制、发布和应用活动的活动。“标准化活动确立的条款，可形成标准化文件，包括标准和其他标准化文件。”“标准化的主要效益在于为了产品、过程或服务的预期目的改进它们的适用性，促进贸易、交流以及技术合作。”其重新定义了ISO/IEC指南2：2004的相关术语，后者是这么定义标准化的：“为了在一定范围内获得最佳秩序，对现实问题或潜在问题确立共同使用和重复使用的条款的活动。这里所述的活动主要包括编制、发布和实施标准的过程。标准化的主要效益在于为了产品、过程或服务的预期目的改进它们的适用性，防止贸易壁垒，并促进技术合作。”

标准化的内涵包括以下几个层面：

（1）标准化是一项活动，是一个过程。这个活动过程包括标准的制定、发布和实施，当然也包括制定前的研究和实施后的修订。因此，这个过程不是一次就完结的，而是不断循环、螺旋式上升的运动过程。

（2）标准化的效果不仅仅是通过制定一个或若干个标准就能体现出来的，只有当标准在社会实践中实施后，才能表现出来，才能促进标准化的发展。标准化活动的一个核心是标准的实施。

（3）标准化活动的目的是要在一定范围内获得最佳秩序，通过建立最佳秩序来实现效益的最大化。标准化范围可以由企业、社会团体、地方、行业、国家、国际等标准级别不断提升扩大。

（4）标准化活动涉及人类社会的各个领域，包括自然科学领域，也包括社会科学领域。

（5）标准化的本质就是统一，就是用一个确定的标准将对象统一起来。

一、标准化的基本特性

1. 经济性

标准化的目的就是为了获得最佳的全面的经济效益和社会效益，并且经济效益应该是“全面”的，而不是“局部”或“片面”的。不能只考虑某一方面的经济效益，或某一个部门、某一企业的经济效益，但可有主次之分。

2. 科学性

标准化以生产实践的经验总结和科学技术研究的成果为基础。生产实践经验需要科学实验的验证与分析，科学技术的水平奠定了当前实验验证与分析的基础。随着科学研究的深入与发展，会不断提高认识事物的层次，促进标准化活动的进一步发展，标准化活动对科学研究具有极强的依赖性。

3. 民主性

标准化活动是为了所有有关方面的利益，所有有关方面的利益是客观存在的，但在认识上的分歧也是普遍存在的，为了更好地协调各方面的利益，就必须进行协商或协作，只有在有关方面的协作下，才能有效地进行“有秩序的特定活动”，这是标准化工作的最基本要求，也充分体现了标准化活动的民主性。

4. 继承性

标准化活动不是割裂的，不是一次就完结的，是通过不断研究而不断提升的，后一个标准通常是对前一个或几个标准的修改或整合，其具有继承性。标准在实施后需要跟踪与评价，标准的复审周期通常为5年，如果“继续有效”，就可以继续实施。如果需要修订，则开始新一轮的立项、讨论、修订、发布以及实施。

二、标准化活动的基本原则

1. 超前预防原则

标准化的对象不仅要在依存主体的实际问题中选取，而且更应从潜在问题中选取，以避免该对象非标准化造成的损失。21世纪，科学技术迅猛发展，日新月异，而以科学技术与实践经验的成果为基础制定的标准，作为共同使用和重复使用的一种规范性文件，又要求具有相对的稳定性。为协调好发展和稳定这一关系，对潜在问题实行超前标准化是一个有效的原则，这可有效地预防多样化和复杂化，避免非标准化造成的损失。

2. 协商一致原则

标准作为一种特殊的文件，是在兼顾各有关方面利益的基础上，经过协商一致而制定的，这充分体现了标准的民主性。在标准的制定过程中，坚持民主性，经过标准使用各方充分的协商讨论，最终形成一致的标准，这样的标准才能在实际生产和工作中得到顺利的贯彻实施。

3. 统一有度原则

在一定范围、一定时期和一定条件下，对标准化对象的特性和特征应作出统一规定，以实现标准化目的。这一原则是标准化的技术核心，技术指标反映标准水平，要根据科学技术的发展水平和产品、管理等方面的实际情况来确定技术指标，如食品中有毒有害元素的最高限量、农药残留的最高限量、食品营养成分的最低限量等，必须坚持统一有度的原则。

4. 动变有序原则

标准应依据其所处环境的变化，按规定的程序适时修订，才能保证标准的先进性和适用性。一个标准制定完成之后，绝不是一成不变的，随着科学技术的不断进步和人民生活水平的提高，要适时进行标准修订，以适应社会发展的需要，否则标准就会因滞后而丧失生命力。标准的制修订有规定的程序，要按规定的时间、规定的程序进行修订和批准。

5. 互相兼容原则

标准的制定必须坚持互相兼容的原则，尽可能使不同的产品、过程或服务实现互换和兼容，以扩大标准化的经济效益和社会效益。应在标准中统一计量单位、制图符号，对一个活动或同一类产品在核心技术上应制定统一的技术要求，以达到资源共享的目的。如对农产品安全质量要求、产地环境条件、农药残留最大限量等都应有统一的规定。

6. 系列优化原则

标准化的效益包含经济效益和社会效益，实行标准化应考虑获取最大效益。获取标准化效益时，不只是考虑对象自身的局部标准化效益，还应考虑对象依存主体系统，即全局的最佳效益。

在标准尤其是系列标准的制定中，如通用检测方法标准、不同等级的产品质量标准和管理标准、工作标准等一定应坚持系列优化的原则，减少重复、避免浪费，提高经济和社会效益。农产品中农药残留量的测定方法是比较通用的方法，不同种类的食品都可以引用，也便于测定结果的相互比较，保证农产品质量。GB 4789.1—2010《食品安全国家标准　食品微生物学检验总则》和 GB/T 5009.1—2003《食品卫生检验方法　理化部分　总则》就是不断完善、系列优化的标准，在食品质量检验工作中具有重要的地位和作用。

7. 阶梯发展原则

标准化活动过程，即标准的制定→实施（相对稳定一个时期）→修订（提高），是一个阶梯上升发展的过程。每次修订标准就将标准水平提高一步，它形象地反映了标准化必须伴随其依存主体技术或管理水平的提高而提高。如 GB/T 1.1《标准化工作导则　第 1 部分：标准的结构和编写》经过多次修订，其水平不断提高。

8. 滞阻即废原则

当标准制约或阻碍依存主体的发展时，应及时进行更正、修订或废止。任何标准都有二重性。当科学技术和科学管理水平提高到一定阶段后，现行的标准由于制定时的科技水平和人们认识水平的限制，可能已成为阻碍生产力发展和社会进步的因素，就要立即予以更正、修订或废止，重新制定新标准，以适应社会经济发展的需要。为了保持标准的先进性，国家标准化行政主管部门和企业标准的批准和发布者要定时复审，确认标准是否需要更改、修订或废止，以充分发挥标准应有的作用。

三、标准及其构成要素

标准化是一项制定条款活动，这些条款将构成规范性文件。即标准化的结果是形成条款，一组相关的条款就形成了规范性文件。如果这些规范性文件符合制定标准的程序，经过公认机构发布，就成为标准。所以标准是标准化活动的结果之一，标准化的结果还可以是规范或规程、技术报告、协议及指南等文件。

国家标准 GB/T 20000. 1—2014《标准化工作指南 第 1 部分：标准化和相关活动的通用术语》对标准的定义：标准是指“通过标准化活动，按照规定的程序经协商一致制定，为各种活动或其结果提供规则、指南或特性，供共同使用和重复使用的文件。”“标准宜以科学、技术和经验的综合成果为基础。”

标准最基本的含义就是“规定”，即在特定的地域和时间范围内对其对象作出的“一致性”规定。可以说，标准就是对规则、原则和文件的一种规定。但并不意味着规定都是标准，在人类生活和社会实践中，除了标准这样的规定，还有其他各种各样的规定。标准的规定与其他规定的不同之处，就在于标准是按照特定的程序，经所有有关方面协商一致，由一个公认机构批准、颁布，并具有统一格式的规定。

标准的特性包括科学性、时效性和强制性，即使是推荐性标准，一旦企业选择执行，也同强制性标准一样具有约束力。

制定标准的目的是促进生产、加强管理、发展贸易、扩大交流。

构成标准的四个基本要素是标准的内容、领域、级别和标龄。

标准的内容就是标准中规定的标准化对象的特征。对于不同的标准化对象，其标准所规定的内容也不一样。标准内容可以是名词术语、符号代码，也可以是品种系列、规格、质量参数、技术条件、试验方法、检验规则、标志标识、包装储运等事项。对于管理规范类标准，标准的内容也可以是规范内容、管理的程序和方法等。

标准的领域通常指标准化对象所属的专业部门。“物质生产和非物质生产分类法”是按生产活动的性质对产业进行分类，将产业部门分为物质资料生产部门和非物质资料生产部门两大领域。前者指从事物质资料生产并创造物质产品的部门，包括农业、工业、建筑业、运输邮电业、商业等；后者指不从事物质资料生产而只提供非物质性服务的部门，包括科学、文化、教育、卫生、金融、保险、咨询等部门。每个部门又可以分为若干个行业，每个行业又可以细分为若干个专业。标准化对象总是分属于一个特定的部门中的特定行业或专业，这个特定行业或专业就是其所制定标准的领域。食品标准的领域通常包括农业、轻工行业，食品相关产品标准的领域还包括化工、机械等行业。

标龄是指从标准发布之日起到修订或废止的时间周期。为了不断适应科技进步和人类社会发展的需要，需要对陈旧的标准进行复审，以确定其或继续有效，或修订，或废止。不同标准的标龄依据科学发展水平、类型等而不同。

四、标准的分类

根据研究的角度不同，标准的分类如图 1-1 所示。

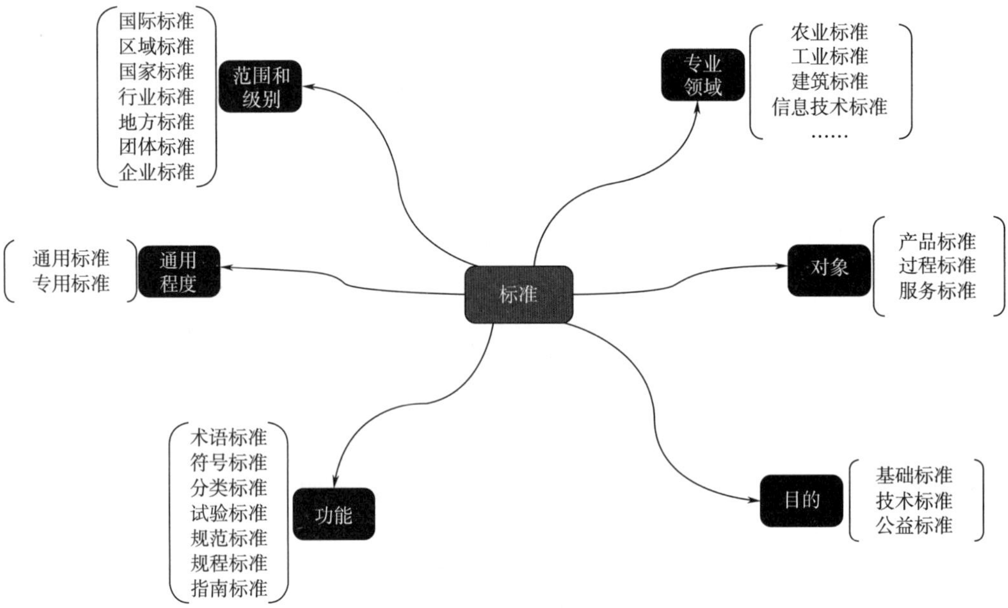

图 1-1　标准的分类

1. 按标准化活动的范围分

标准化活动的范围通常取决于标准化机构的影响范围。标准化机构不同，所涉及的领域可能会不同，参加标准化活动的人员来自的范围就会不同，发布的标准影响的范围也会不同。标准化活动的范围可以是全球的，也可以是某个区域或某个国家层次的，还可以是某个国家中的行业或地区层面的。因此，按标准化活动的范围可以将标准分为国际标准和区域标准，我国的标准可分为国家标准、行业标准、地方标准、团体标准和企业标准等不同的级别。

从标准化活动的范围这一维度对标准进行分类，其意义在于，可以更方便地辨识标准化机构的影响范围，从而了解标准适用的领域或地域范围。

需要再次指出的是，国际标准是国际标准组织发布的标准，这样的组织在全球范围内有几十个，国际标准发布后在世界范围内适用，作为各国贸易、交流和技术合作的基本准则，通常起到指导或规范的作用，但非强制性，各国制定自己的国家标准时可以参考，可等同采用，也可修改采用或不采用。

2. 按专业领域分

从标准化领域这一维度对标准进行划分，可以将标准分为不同的专业类别。我国已经采用的国际标准分类法（International Classification for Standards，ICS）及中国标准文献分类法

（China Classification for Standards，CCS）中划分出的标准类别即属于按照标准化领域分类的结果。

这种分类的意义在于通过分类的代码识别某个标准针对的标准化对象所属的专业领域，方便标准化机构按照标准涉及的领域对标准进行管理。由于标准涉及的标准化领域一般都非常广泛，各标准化机构为了辨识和管理，通常都采用这种分类方法。按 GB/T 1.1—2020《标准化工作导则　第一部分：标准化文件的结构与起草规则》8.1 相关要求，标准封面应包含 ICS 分类号及 CCS 分类号。

3. 按标准化对象分

从标准化对象这一维度对标准进行分类，可以将标准划分成不同的对象类别，如产品标准、过程标准、服务标准等。

按照标准化对象将标准划分成对象类别的意义在于：一方面可以清楚地区分标准主题，便于标准的应用；另一方面可以根据标准化对象的具体情况，针对其不同的方面将标准分成系列部分。

4. 按编制标准的目的划分

如果是基础适用方面的目的，形成的标准为基础标准。基础标准具有广泛的适用性，其中的内容在编制其他标准时常常会被引用，如术语标准、符号标准、分类标准等。

如果是可用性和多个产品或服务配合方面的目的，形成的标准则为技术标准。技术标准是指可以保证可用性、互换性、兼容性、相互配合或品种控制等，主要针对技术问题，而非公益问题，通常指一些产品标准、过程标准、服务标准、规范标准和规程标准等。由此可见，标准的分类并不绝对，一类标准可能存在多个身份。

公益标准是公共利益方面的标准，主要包括卫生标准、安全标准、环保标准以及资源利用标准等。

5. 按内容及功能分

按内容及功能分是标准分类中最详细的分类方法，其主要意义是通过对功能类型的识别，明确不同功能类别标准中的技术内容。这种分类方法的结果呈多样性，不同专业书籍中的分类结果并不完全一致。比如有些基础类的标准，如符号、术语、名词、标志等标准，产品相关的设计、制造、质量标准，试验、分析、测定等相关的方法标准，规范、规程等相关的管理标准。

除以上分类方式外，标准分类还可以按照标准通用程度分为通用标准与专用标准，按标准强制性分为强制性标准和推荐性标准，甚至可以按标准形态分为文字图表标准和实物标准等，不一而足。总之，标准分类是为了更好地完善标准体系，编制及理解标准，不能拘泥或僵化于某种分类结果。

第三节　我国的食品标准体系

一、我国食品标准体系概况

标准体系是指一定范围内的标准按其内在联系形成的科学的有机整体，它综合反映了一定时期内整个国民经济体制、经济结构、科技水平、资源条件以及生产社会化的程度。标准体系体现了人们对客观规律的认识，又反映了人们的意志和愿望。它不是主观的产物，而是标准化对象本身存在的客观联系在标准之间的反映。

以食品工业领域来看，我国的食品工业在20世纪80年代以前一直发展缓慢，规模小、技术落后，因此食品标准化工作也相对迟缓，要远远落后于其他领域。我国最早的标准是1949年10月由中央人民政府政务院财政经济委员会批准中央技术管理局制定的“中华人民共和国标准—工程制图”。之后标准化工作日趋规范和科学，有统一的管理部门和法律法规。20世纪60年代初，我国第一批食品标准才开始发布和实施，其中包括国家标准和轻工业部、商业部、卫生部等批准发布的行业标准，如粮食、罐头、白糖和蛋类制品的食品标准。

食品标准是为了保证食品安全卫生、营养，保障人体健康，对食品及其生产经营过程中的各种关系要素所作的技术性的规定，是食品工业领域各类标准的总和。20世纪60年代以来，经过60多年的发展，我国已经建立起一个以国家标准为主体，行业标准、地方标准、团体标准和企业标准相互补充的较为完整的食品标准体系，覆盖了食品原料、生产、加工、流通以及消费全过程各个环节，并按其内在联系形成系统、科学的有机整体。

以食品添加剂标准为例，我国在1973年成立全国食品添加剂卫生标准科研协作组，开始全面研究食品添加剂有关问题、开展食品添加剂标准科研制定工作。1977年制定了GBn50—1977《食品添加剂使用卫生标准》及《食品添加剂卫生管理办法》，并在内部试行。1979年国务院颁布《中华人民共和国食品卫生管理条例》，规定“食品生产、加工需在食品中使用添加剂时，必须严格遵守使用品种、剂量和使用范围的规定，严禁乱用”。1980年组织成立全国食品添加剂标准技术委员会，负责组织起草、制定、审查食品添加剂的使用卫生标准和质量标准，并就食品添加剂的某些管理问题向政府部门提供合理化建议。1981年在原内部试行标准GBn50—1977的基础上正式公布强制性国家标准GB 2760—1981《食品添加剂使用卫生标准》，并附有管理办法。该标准中包含了食品添加剂的种类、名称、使用范围、最大使用量，共列入食品添加剂213种，允许和暂时允许使用的食用香料207种，其中天然食用香料73种，合成食用香料110种，暂时允许使用的香料24种。20世纪80年代初出台了《食品用化工产品生产管理暂行办法》《全国食品用香料产品管理试行办法》等规定，对化学合成添加剂、香料产品生产企业实行许可证制度管理。1986年对标准进行了第一次修订，共列入食品添加剂21类、883种，其中香料693种。1990年参照联合国粮农组织（FAO）和世界卫生组织（WHO）食品法典委员会CAC/Vol X IV（1983）文件，制定了GB 12493—1990《食品添加剂分类和代码》，对食品添加剂进行分类并配以代码。1993年由全国食品添加剂标准化技术委员会制定了GB/T 14156—1993《食品用香料分类与编码》。1994年制定GB 14880—1994《食品营养强化剂使用卫生标准》，列出了我国允许使用的营养强化剂的品种、使用范围和最大使用量。以后又开展了多次修订，随着《食品安全法》的出台，我国食品添加剂标准体系逐渐完善，分为食品添加剂的产品标准、使用标准、标识标准及生产规范，如图1-2所示。

我国食品标准体系不仅能够推进食品产业结构调整和推动科技进步，促进食品贸易发展和食品产业创收，也有利于政府监管，规范食品生产经营，更是保障消费者食品消费安全和提高食品市场竞争力的重要手段。

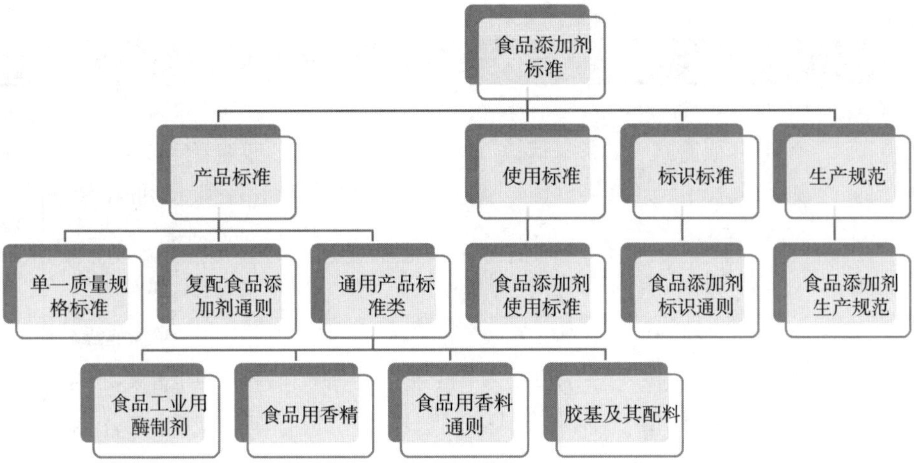

图1－2 我国食品添加剂标准体系

二、我国食品标准的分类

我国现行的食品标准很多，已经建立起比较完备的食品安全标准体系，已完成对5000项食品标准的清理整合，发布了1000多项食品安全国家标准。除食品安全标准以外，还有许多推荐性的食品标准。这些标准涉及食品行业各个领域，从不同方面规定了食品的技术要求、质量要求和卫生要求等。根据食品标准的特性，可以对其作以下分类。

1. 按标准强制性分类

食品标准按强制性可分为食品强制性标准和食品推荐性标准。按《食品安全法》第二十五条规定，“食品安全标准是强制执行的标准。除食品安全标准外，不得制定其他食品强制性标准。”食品安全国家标准的代号为“GB”，推荐性国家标准的代号为“GB/T ”。食品安全地方标准的代号为“DB＋省市代码”，比如上海市食品安全地方标准代号为“DB31”。推荐性地方标准的代号为“DB＋省市代码/T”。通常，行业标准、团体标准均为推荐性标准。

2. 按标准级别分类

根据《标准化法》规定，食品标准按级别可分为国家标准、行业标准、地方标准、团体标准和企业标准。其中，国家标准、行业标准和地方标准属于政府主导制定的标准，团体标准和企业标准属于市场自主制定的标准。从法律级别上讲，国家标准高于行业标准，行业标准高于地方标准，地方标准高于团体标准，团体标准高于企业标准。但这并不意味着国家标准要求的水平最高，相反，通常企业标准的要求应严于其他标准，至少不能低于强制性标准要求。我国部分标准代号如表1－1所示。

表1－1 我国部分标准代号

分类	代号	含义	管理部门
国家标准	GB	中华人民共和国强制性国家标准	国家标准化管理委员会
	GB/T	中华人民共和国推荐性国家标准	国家标准化管理委员会
	GB/Z	中华人民共和国国家标准化指导性技术文件	国家标准化管理委员会

续表

分类	代号	含义	管理部门
行业标准	HJ	环境保护	生态环境部
	NY	农业	农业农村部
	QB	轻工	中国轻工业联合会
	SB	商业	商业部门
	SC	水产	农业农村部
	SN	商检	国家市场监督管理总局
	WS	卫生	国家卫生健康委员会
	YC	烟草	国家烟草专卖局
地方标准	DB	中华人民共和国强制性地方标准	省级质量技术监督局
	DB/T	中华人民共和国推荐性地方标准	省级质量技术监督局
企业标准	Q	中华人民共和国企业标准	企业

3. 按标准化对象分类

按标准化对象的基本属性不同，可分为产品标准、过程标准、服务标准等。

4. 按标准内容分类

食品标准从内容上来分，可分为食品工业基础及相关标准、食品安全及卫生标准、食品方法标准、食品产品质量标准、食品添加剂标准以及食品相关产品质量标准等。

食品工业基础及相关标准是指在食品领域具有广泛的使用范围，涵盖整个食品或某个食品专业领域的通用条款和技术事项，主要包括通用的食品技术术语、符号、代号和通则等，如 GB/T 15091—1994《食品工业基本术语》、GB 28050—2011《食品安全国家标准　预包装食品营养标签通则》、GB 7718—2011《食品安全国家标准　预包装食品标签通则》等。

食品安全及卫生标准涉及的内容包括食品、食品添加剂、食品容器、包装材料、食品用工具、设备、用于清洗食品和食品用工具设备的洗涤剂和消毒剂、食品中污染物质和放射性物质的限量以及检验规程等。食品中污染物质限量标准又包括食品中农药残留限量标准，食品中兽药残留限量标准，食品中有害金属、非金属及化合物限量标准，食品中生物毒素限量标准，食品中致病菌微生物限量标准等，如 GB 2762—2017《食品安全国家标准　食品中污染物限量》、GB 2761—2017《食品安全国家标准　食品中真菌毒素限量》、GB 29921—2021《食品安全国家标准　预包装食品中致病菌限量》等。

食品方法标准包括微生物分析方法、理化分析方法、感官分析方法以及毒理学评价方法等，也包括食品的采样方案、方法通则、检验规程等。

食品产品质量标准简称为产品标准，其涉及食品工业产品分类的 18 类产品中消费量大、与日常生活和出口贸易密切相关的重要产品标准。食品产品标准包括食品安全国家标准、一些地方特色食品地方标准、各类行业标准、团体标准和企业标准，许多食品产品标准并非强制性标准。

食品添加剂标准分为食品添加剂的产品标准、使用标准、标识标准及生产规范等，随着食品工业的发展，食品添加剂在食品工业中的地位越来越重要，种类也越来越多，为了规范食品添加剂的生产与安全使用，有关食品添加剂的标准也逐渐完善。

食品相关产品质量标准包括食品包装材料、容器、工具、设备、洗涤剂、清洗剂等与食品接触的材料的质量标准，标准主要对这些材料的质量和安全要求进行规定。

上述各类标准纵横交错，共同构建了我国“从农田到餐桌”全过程的食品安全管理链条和屏障。

三、我国食品标准化机构

《标准化法》《食品安全法》对国家标准、行业标准、地方标准、团体标准和企业标准的管理做出了明确的规定，食品标准化工作的管理权限主要分工如下所述。

1. 食品国家标准相关部门和机构

按《标准化法》规定，国务院标准化行政主管部门统一管理全国标准化工作。2001 年以来，我国成立了国家标准化管理委员会，统一管理全国标准化工作。2018 年国务院机构改革后，国家标准化管理委员会的职责划入国家市场监督管理总局（简称市场监督总局），对外保留国家标准化管理委员会的牌子。

食品推荐性国家标准的具体工作由国家市场监督管理总局（国家标准化管理委员会）负责。国家市场监督管理总局负责全国专业标准化技术委员会的统一管理。全国专业标准化技术委员会是在一定专业领域内，从事国家标准起草和技术审查等标准化工作的非法人技术组织，主要负责国家标准的建议、起草、审查、研究等技术工作，也可以接受政府部门、社会团体、企事业单位委托，开展与本专业领域有关的标准化工作。食品相关的全国专业标准化技术委员及分技术委员会有 20 多个，委员会均设置秘书处，开展日常标准化工作。

按《食品安全法》规定，国务院卫生行政部门会同国务院食品药品监督管理部门制定并公布食品安全国家标准。国务院标准化行政部门提供国家标准编号。食品中农药残留、兽药残留的限量规定及其检验方法与规程由国务院卫生行政部门、国务院农业行政部门会同国务院食品安全监督管理部门制定。屠宰畜、禽的检验规程由国务院农业行政部门会同国务院卫生行政部门制定。国务院卫生行政部门要组织食品安全国家标准审评委员会，食品安全国家标准需通过标准审评委员会审查后才能通过。食品安全国家标准审评委员会秘书处设置在国家食品安全风险评估中心。

2. 食品行业标准相关部门和机构

国务院有关行政主管部门分工管理本部门、本行业的标准化工作。农业农村部负责管理农业标准，标准代号 NY/T；工业和信息化部负责食品加工领域行业标准，标准代号 QB/T；海关总署负责出入境检验检疫标准，标准代号 SN/T；国家卫生健康委员会负责卫生标准，标准代号 WS/T。国务院有关行政主管部门也可委托全国专业标准化技术委员会开展相关行业标准工作。

3. 食品地方标准相关部门和机构

根据《食品安全法》规定，对地方特色食品，没有食品安全国家标准的，省、自治区、直辖市人民政府卫生行政部门可以制定并公布食品安全地方标准，报国务院卫生行政部门备案。

省、自治区、直辖市人民政府标准化行政主管部门统一管理本行政区域的标准化工作。以上海市为例，除食品安全地方标准外，其他食品地方标准根据《上海市标准化条例》规定，市标准化行政主管部门统一管理本市标准化工作，市有关行政管理部门分工管理本部门、本行业的标准化工作。

市标准化行政主管部门应当每年发布地方标准立项指南，公开征集地方标准立项建议。单位和个人可以按照地方标准立项指南的要求，向市标准化行政主管部门或者市有关行政管理部门提出地方标准立项建议。市有关行政管理部门在汇总、研究立项建议的基础上，根据本部门、本行业实际需求，向市标准化行政主管部门提出地方标准立项申请。

市标准化行政主管部门应当组织开展立项论证，编制地方标准制定项目计划，并向社会公布。技术归口单位应当在市有关行政管理部门的指导下，组织开展地方标准的预先研究，并在广泛征求利益相关方和社会公众意见的基础上，完成地方标准的起草、技术审查等工作。

市标准化行政主管部门应当组织对地方标准草案进行审查，审查通过的，市标准化行政主管部门统一负责编号和发布，并报国务院标准化行政主管部门备案；审查不通过的，应当书面说明理由。

上海市行政机构改革后，标准化行政主管部门为上海市市场监督管理局。

4. 食品团体标准相关管理机构

根据《团体标准管理规定》，国务院标准化行政主管部门统一管理团体标准化工作，国务院有关行政主管部门分工管理本部门、本行业的标准化工作，食品团体标准由依法成立的社会团体协调相关市场主体共同制定。社会团体包括各类学会、协会、联盟等。自 2015 年以来，相关社会团体响应国家号召，积极开展团体标准化工作。根据国家市场监督管理总局标准创新管理司统计数据显示：截至 2022 年 12 月，有 6916 家社会团体在全国团体标准信息平台上注册，发布了 48186 项团体标准信息；而截至 2023 年 12 月，有 8339 家社会团体在全国团体标准信息平台上注册，发布了 70199 项团体标准。食品团体标准通常由相关的食品学会、食品协会归口管理，统筹立项、制定及发布，并接受相关部门和公众的监督。团体标准可在全国团体标准信息平台发布，供公众查阅。

四、我国食品标准体系存在的主要问题

随着国家有关部门对食品标准不断地清理，我国食品标准体系不断完善，标准组成日趋合理，食品安全国家标准和推荐性国家标准之间，国家标准和行业标准、地方标准之间的层次更加清晰。但我国食品标准体系还存在一些问题，主要表现在以下方面。

1. 食品标准体系合理性需进一步完善

不同标准间的协调性是标准体系完善的一个难点，尤其是通用标准与产品标准间的一致性问题。至今，仍然存在同一产品有几个标准的问题，可能存在着要求不同、方法与含量限量的不同、这给企业操作带来困难，也不利于市场监管。比如，GB 2760—2014《食品安全国家标准　食品添加剂使用标准》中规定了稀奶油的分类包括调制稀奶油，且调制稀奶油允许使用的添加剂与稀奶油不尽一致，但 GB 19646—2010《食品安全国家标准　稀奶油、奶油和无水奶油》中没有调制稀奶油的分类，所有稀奶油均可以使用食品添加剂。还有 GB/T 22165—2008《坚果炒货食品通则》中规定坚果炒货食品中二氧化硫残留量不得超过 0.4g/kg，而 GB 2760—2014 中则规定二氧化硫不得用于坚果炒货中。

2. 重要标准的缺失问题

我国食品生产全过程所需的重要标准还存在缺失问题，比如还存在部分食品添加剂、餐饮操作卫生规范、新型食品包装材料等标准不完备的情况。有的食品则缺乏配套的检测方法标准，比如2021年颁布的《食品安全国家标准 食品中农药最大残留限量》，虽然针对超200种农药及其代谢物残留量制定了相关规定，但部分指标的检测方法缺少食品安全国家标准。这些标准的缺失会导致市场混乱，为食品安全埋下隐患。

3. 标准水平有待提高的问题

新时代我国食品生产制造技术、原材料、设备不断增多，为保障生产投入能为食品安全负责，需不断优化升级食品安全标准体系，保障监管细则与时俱进，指引企业肩负食品安全责任。当前我国食品安全标准体系建设存在相对滞后的问题，与食品生产制造产业的发展不同步，为食品安全管理埋下了隐患。比如食品检验方法标准还存在一定的局限性，具体表现有以下几方面。一是检验方法不适用。在食品安全检验中，需要对产品性质和检验条件进行分析，但在实际的工作中，由于缺少产品检验规定范围的适用性界定，即使所采用的检验方式具有检验价值，但是最终检验结果仍存在一定偏差。对问题样品虽然能够及时检验出来，但是并不能将检验结果作为科学依据，无形中就增加了食品安全监督管理部门处理和核验工作的难度。二是部分检验方法较落后。虽然科技水平和经济水平在不断提升，出现了更多完善和成熟的检验方式，但是在实际检验过程中仍较多采用存在缺陷的落后检验方法。三是不同检验方法之间较易出现误差。

4. 标准化服务水平有待提高

标准化服务水平主要存在三方面的问题，一是标龄超高的问题，《标准化法》规定了标准的复审周期一般不得超过5年，但我国标准更新速度较慢，如GB/T 1355—1986《小麦粉》从1986年实施到2023年1月废止，标龄已达到37年；又如GB 19302—2010《食品安全国家标准 发酵乳》标龄已超过10年，还未进行修订。标龄太长的标准很多明显已难以反映市场需求与科技的进步。

另外一个问题是标准的实施时间问题，在我国的标准化法和有关实施条例中，对于标准从发布日期到实施日期之间的时间间隔没有准确界定，再加上国家标准管理办法也缺少对该问题的准确规定，导致食品安全标准实施滞后。

目前我国标准化服务水平正在逐步改善。例如，在《食品安全国家标准 婴幼儿配方食品》等标准的修订过程中，由于其涉及配方注册、企业配方切换、产品保质期等多重复杂问题，国家卫生健康委员会与国家市场监督管理总局相关部门、标准秘书处、标准起草单位等多次调研、会谈，对标准实施日期进行了深入研究，在标准发布后，获得了行业的认可。

5. 标准化意识亟须提高

我国社会整体标准化意识仍需提高。日常实践中，除了一些生产企业，甚至少数从事质量监督的人员也缺乏标准化意识，或者对食品标准研究不充分，这样就会造成不符合标准的伪劣产品进入市场，危害消费者的健康。

食品标准体系的完善需要食品产业各方的共同努力，国家、行业、社会组织、企业、消费者都意识到执行食品标准的必要性和迫切性，共同推进食品质量安全的进步。

第四节 我国食品安全国家标准体系

一、我国食品标准清理进展及食品安全标准发展概况

2012 年，根据《食品安全法》及其实施条例规定和《食品安全国家标准“十二五”规划》要求，卫生部下发了《卫生部办公厅关于印发食品标准清理工作方案的通知》，要求相关单位开展食品标准清理工作。

2013 年 1 月 21 日至 22 日，卫生部在京召开食品标准清理工作会议，全面启动食品标准清理工作。根据《食品安全法》和《国务院关于加强食品安全工作的决定》，原卫生部制定公布了《食品安全国家标准“十二五”规划》和《食品标准清理工作方案》，对近 5000 项食用农产品质量安全标准、食品卫生标准、食品质量标准以及行业标准强制执行内容进行清理，于 2013 年底完成标准清理，2015 年底完成标准整合工作。

2013 年 2 月 1 日，卫生部组建了食品标准清理工作领导小组和专家技术组，全面落实标准清理工作。领导小组组长由卫生部副部长陈啸宏同志担任，专家技术组组长由国家食品安全风险评估中心王竹天研究员担任。专家技术组由 148 位来自农业、质检、卫生、商务等相关部门和科研院校、行业协会的相关领域权威专家组成，分产品组、食品添加剂组、食品相关产品组、生产经营规范组、理化检验方法组、微生物检验方法组、特殊膳食类食品组、毒理学评价程序组 8 个工作组，分专业开展工作。

标准清理流程如图 1－3 所示。

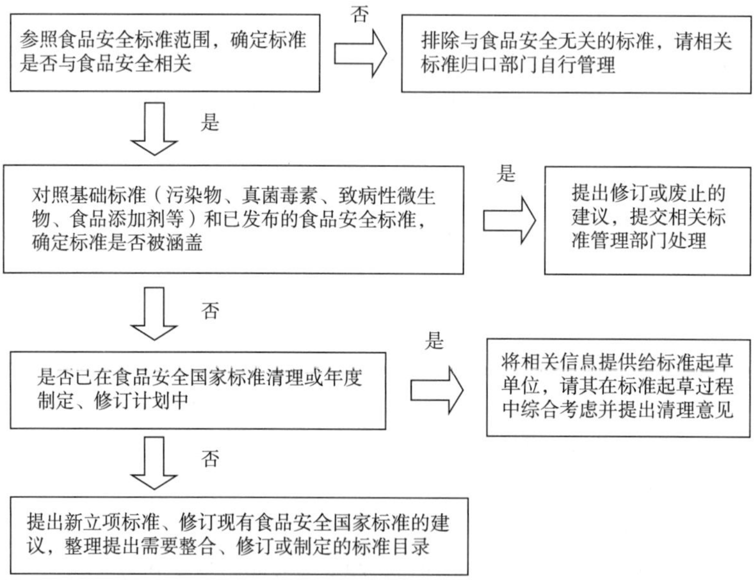

图 1－3 食品标准工作清理流程

至2016年6月，基本完成食品标准的清理工作。除将千余项农兽药残留相关标准移交给农业部门清理外，其余3000余项标准最终清理整合至415项，这些整合后的标准全部通过食品安全国家标准审评委员会审查。

随后卫生部门联合相关部门，共同完善食品安全标准体系，不断制定和修订食品安全国家标准，至2023年9月，食品安全国家标准目录中共有标准1563项。

二、食品安全标准分类及食品安全国家标准目录

《食品安全法》规定，食品安全标准是强制执行的标准，除食品安全标准外，不得制定其他食品强制性标准，食品安全标准应当包括下列内容。

（1）食品、食品添加剂、食品相关产品中的致病性微生物、农药残留、兽药残留、生物毒素、重金属等污染物质以及其他危害人体健康的物质的限量规定。

（2）食品添加剂的品种、使用范围、用量。

（3）专供婴幼儿和其他特定人群的主辅食品的营养成分要求。

（4）对与卫生、营养等食品安全要求有关的标签、标志、说明书的要求。

（5）食品生产经营过程的卫生要求。

（6）与食品安全有关的质量要求。

（7）与食品安全有关的食品检验方法与规程。

（8）其他需要制定为食品安全标准的内容。

食品安全标准从标准化活动范围来分类，可分为食品安全国家标准、食品安全地方标准和食品安全企业标准，食品生产企业不得制定低于食品安全国家标准或者地方标准要求的企业标准。

按照标准内容的不同，我国食品安全标准可分为通用标准、产品标准、生产经营规范标准以及检验方法和规程等四类标准。产品标准又分为食品产品标准、特殊膳食食品产品标准、食品添加剂质量标准、营养强化剂质量标准、食品相关产品质量标准等。检验方法和规程标准可以分为理化检验方法与规程、微生物检验方法与规程、毒理学检验方法与规程、农药残留检验方法、兽药残留检验方法等5类方法标准。

经过卫生行政部门的不断清理和整合，截至2022年12月，梳理了1348项食品安全国家标准，涉及2万多项食品安全指标，初步构建了食品安全国家标准体系，如图1-4所示。

食品安全通用标准包括食品中有毒有害及污染物质限量规定标准、食品添加剂使用标准以及标签标识标准等。通用标准对具有一般性和普遍性的食品安全危害和措施进行规定，涉及的食品类别多，范围广，标准的通用性强。我国食品安全国家标准通用标准共13项（见表1-2），以GB 2761—2017《食品安全国家标准 食品中真菌毒素限量》为例，标准中共包括黄曲霉毒素B_1、黄曲霉毒素M_1、脱氧雪腐镰孢霉烯醇、展青霉素、赭曲霉毒素A和玉米赤霉烯酮等6种毒素，涉及水果及其制品、谷物及其制品、豆类及其制品、坚果及籽类、乳及乳制品、油脂及其制品、调味品、饮料类、酒类以及特殊膳食用食品等10大类食品。

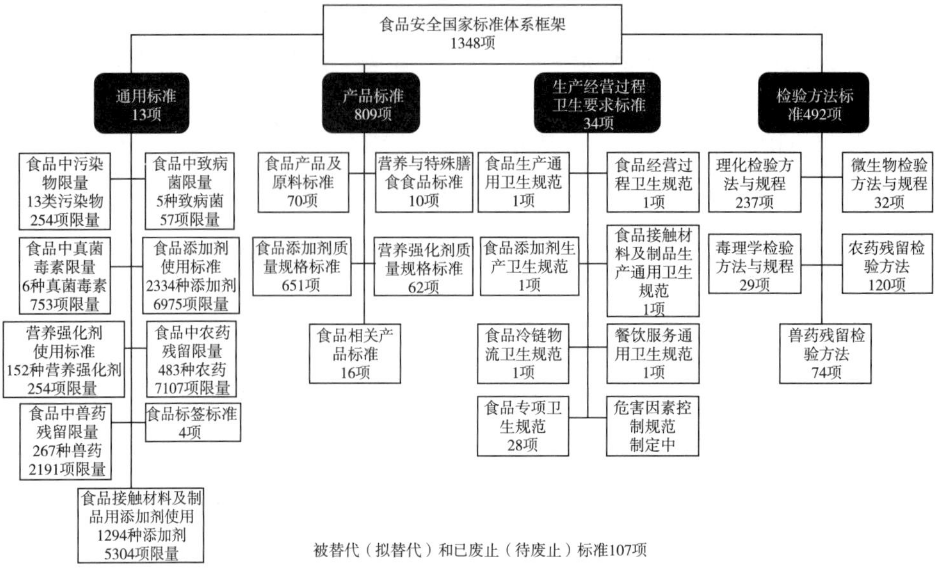

图 1－4　食品安全国家标准分布（截至 2022 年 12 月）

表 1－2　我国现行食品安全国家标准通用标准

序号	标准名称	标准号
1	食品安全国家标准　食品中真菌毒素限量	GB 2761—2017
2	食品安全国家标准　食品中污染物限量	GB 2762—2022
3	食品安全国家标准　食品中农药最大残留限量	GB 2763—2021
4	食品安全国家标准　食品中兽药最大残留限量	GB 31650—2019
5	食品安全国家标准　预包装食品中致病菌限量	GB 29921—2021
6	食品安全国家标准　散装即食食品中致病菌限量	GB 31607—2021
7	食品安全国家标准　食品添加剂使用标准	GB 2760—2014
8	食品安全国家标准　食品接触材料及制品用添加剂使用标准	GB 9685—2016
9	食品安全国家标准　食品营养强化剂使用标准	GB 14880—2012
10	食品安全国家标准　预包装食品标签通则	GB 7718—2011
11	食品安全国家标准　预包装食品营养标签通则	GB 28050—2011
12	食品安全国家标准　预包装特殊膳食用食品标签	GB 13432—2013
13	食品安全国家标准　食品添加剂标识通则	GB 29924—2013

《食品安全法》第二十四条还规定，“制定食品安全标准，应当以保障公众身体健康为宗旨，做到科学合理、安全可靠。”

三、食品安全国家标准与食品安全地方标准的关系

《食品安全法》第二十九条规定，“对地方特色食品，没有食品安全国家标准的，省、自治区、直辖市人民政府卫生行政部门可以制定并公布食品安全地方标准，报国务院卫生行政部门备案。食品安全国家标准制定后，该地方标准即行废止。”《中华人民共和国　食品安全法实施

条例》(以下简称《食品安全法实施条例》)第十二条规定,"保健食品、特殊医学用途配方食品、婴幼儿配方食品等特殊食品不属于地方特色食品,不得对其制定食品安全地方标准。"

法律和行政法规明确了哪些食品可以制定食品安全地方标准,哪些食品不得制定食品安全地方标准,并且明确了食品安全地方标准废止的情况。

对于是否制定食品安全地方标准,一直以来都存在两种意见。一种意见是我国食品安全国家标准已基本覆盖了从农田到餐桌食品生产加工的各主要环节及食品安全控制要求,特别是食品安全通用标准,不针对单个产品设置标准,扩大了食品安全标准的覆盖面,没有必要制定地方标准,否则可能使一些地方政府借地方标准搞地方保护主义,不利于食品行业的发展。另一种意见是地方标准和国家标准同时存在的情况让企业适用混乱,比如2013年浙江省某饮用水企业由于包装水产品执行浙江省地方标准DB 33/383—2005《瓶装饮用天然水》,但当时国家标准GB 19298—2003《瓶(桶)装饮用水卫生标准》也有效,且两个标准某些指标并不一致,从而造成了轰动一时的争议事件,之后在GB 19298—2014《食品安全国家标准　包装饮用水》发布后才逐渐平息,这类事件让大众对制定食品安全地方标准存在疑虑。但也有意见认为,现实中存在一些地方特色食品,短期内不可能也没有必要制定国家标准,对此类食品应当制定食品安全地方标准。最终立法机构保留了食品安全地方标准的规定,但同时规定食品安全地方标准需报国务院卫生行政部门备案,且不得制定特殊食品的食品安全地方标准。

食品安全地方标准从地位上说是食品安全国家标准的下级标准,对食品安全标准体系主要起一个补充与完善作用,当食品安全国家标准出台后,该地方标准即行废止,不能共存。

四、食品企业标准及其与食品安全国家标准、地方标准的关系

按《食品安全法》第三十条规定,"国家鼓励食品生产企业制定严于食品安全国家标准或者地方标准的企业标准,在本企业适用,并报省、自治区、直辖市人民政府卫生行政部门备案。"《食品安全法》第三十一条规定,"省级以上人民政府卫生行政部门应当在其网站上公布制定和备案的食品安全国家标准、地方标准和企业标准,供公众免费查阅、下载。对食品安全标准执行过程中的问题,县级以上人民政府卫生行政部门应当会同有关部门及时给予指导、解答。"食品安全企业标准是食品安全国家标准、地方标准的下级标准,在企业内部执行。

2018年《标准化法》修订以来,企业标准不再要求备案,仅需公开即可。"食品安全企业标准"逐步被淡化,各省、自治区、直辖市对食品企业标准管理不尽相同。以上海市为例,严于食品安全国家标准或上海市食品安全地方标准的企业标准,在上海市卫生健康委员会或各区卫生健康委员会备案。早在2017年,上海市就规定没有国家标准、行业标准或地方标准的,食品生产企业可以制定企业标准并在10天内公开。实际上,存在"食品安全企业标准"和"无国家标准等的食品企业标准"两个概念。

2019年12月《食品安全法实施条例》修订施行,其第十四条规定,"食品生产企业不得制定低于食品安全国家标准或者地方标准要求的企业标准。食品生产企业制定食品安全指标严于食品安全国家标准或者地方标准的企业标准的,应当报省、自治区、直辖市人民政府卫生行政部门备案。食品生产企业制定企业标准的,应当公开,供公众免费查阅。"至此,关于食品企业标准是否还是食品安全标准就出现了更多的争议,现在有一些省、自治区、直辖市卫生健康委员会网站公示的备案企标也不再出现《××省/市食品安全企业标准》,代之以《××公司企业标准》,还有些公开资料提出"食品企业标准不符合食品安全标准的强制性标准属性,也不

符合现行法律根据《食品安全法》制定的属性，因此必然不属于食品安全标准。”

编者认为食品企业标准应包括食品安全企业标准和食品推荐企业标准，是否属于食品安全标准应在标准编制说明中有所体现，并按照各自的程序制定，或备案，或公开。不管是哪种范畴，一旦执行就必须符合该标准。如果食品生产经营者生产经营的食品符合食品安全国家标准或地方标准，但不符合其标注执行的企业标准的，按照《食品安全法实施条例》进行处罚。

思考题

1. 简述法律、法规和标准的概念。
2. 简明阐述我国的食品法律法规体系。
3. 简述法律、法规和标准的关系。
4. 我国食品标准按照标准级别的分类。
5. 简述标准和标准化的含义。
6. 标准化活动的基本原则是什么？

CHAPTER 2

第二章 中国主要食品法律与法规

[学习目标]

1. 了解我国具体的食品法律法规;
2. 了解《食品安全法》的立法历程;
3. 熟悉《食品安全法》的主要内容;
4. 理解《食品安全法》与其他食品相关法律的关系;
5. 了解我国食品安全相关具体法律法规。

第一节 食品安全法

一、食品安全法制化进程

《宪法》是我国的根本大法，赋予了公民一系列权利，其中生命权和健康权是公民广义人格权中最重要的两项。《中华人民共和国民法典》第一百一十条也规定:“自然人享有生命权、身体权、健康权……权利。”民以食为天，食以安为先，食品安全事关人民群众的身体健康与生命安全，是重大民生问题，推行食品安全的法制化有助于公民生命健康权的保障，符合宪法精神。

我国食品安全的法制化管理是从1950年左右开始的，当时卫生部发布了一些单项规章和标准对食品卫生进行监督管理，国务院于1965年颁布了《食品卫生管理试行条例》，我国食品卫生管理工作更加规范。随着经济社会的发展，国务院人大常委会于1982年通过了《食品卫生法（试行)》，并在1995年10月正式通过了《食品卫生法》。

在《食品卫生法》实行的基础上，我国于2009年2月首次颁布并于当年6月正式实施了《食品安全法》，其目的就是为了从食品安全层面守护人民群众的权利。《食品安全法》第一条规定，为保证食品安全，保障公众身体健康和生命安全，制定本法。食品安全法涵盖了“从农田到餐桌”的全过程，进一步完善我国的食品安全法律体系，用科学的体系来加强食品安全法制化的管理。

随着食品安全法的出台，整个社会对食品安全的认知逐步上升到一个新的层面，我国食品安全整体水平得到提升。以全国食品抽检的数据来看，食品总合格率从1985年的71.3%上升到2015年的96.8%，从2017年到2021年已连续5年总体合格率在97%以上，其中婴幼儿配方乳粉2021—2022年合格率均超过99%，我国食品安全水平总体上不断稳定提高。然而我国的食源性疾病风险、食品欺诈等问题仍时有发生，与其他国家相比，我国消费者对食品安全问题仍持谨慎态度。中国共产党第十八次全国代表大会（简称“党的十八大”）以来，中国政府对食品安全的重视达到前所未有的高度，国务院设立了食品安全委员会，国家领导人多次讲话都传达了政府对治理中国食品安全的决心。2013年，国家食品药品监督管理总局向国务院报送《食品安全法（修订草案稿）》，随后经过国务院常务会议、人大常委会等多次审议，最终于2015年4月24日第十二届全国人大常委会第十四会议上以160票赞成、1票反对、3票弃权表决通过了新修订的《食品安全法》，自同年10月1日正式实施。此次修订而成的《食品安全法》被誉为“史上最严食安法”。根据2018年12月29日第十三届全国人民代表大会常务委员会第七次会议《关于修改〈中华人民共和国产品质量法〉第五部法律的决定》第一次修正，根据2021年4月29日第十三届全国人民代表大会常务委员会第二十八次会议《关于修改〈中华人民共和国道路交通安全法〉等八部法律的决定》第二次修正。

在食品安全法制化进程中，“食品安全”这一词汇并不是与生俱来的，之前除了“食品卫生”以外，其他常见的词汇还有诸如“粮食安全”“食品欺诈”等。联合国粮农组织和世界卫生组织将“粮食安全”定义为保障人们能够获取足量的、营养的粮食，以避免受到饥饿的威胁。而食品欺诈则是指因为人为的因素、为了获取经济上的利益而将食品掺杂、成分替换，或以低价品进行冒充等行为。食品欺诈的结果可能会导致严重的食品安全危害事件，比如“2008年三聚氰胺毒奶粉”事件，但食品欺诈不能等同于食品安全。近20年来，我国大多数学者研究食品安全时，采用的是世界卫生组织关于食品安全的定义，即：“食品安全是指食品中不应包含有可能损害或威胁人体健康的有毒、有害物质或因素，从而导致消费者急性或慢性毒害或感染疾病，或产生危及消费者及其后代健康的隐患”。《食品安全法》中规定：“食品安全，指食品无毒、无害，符合应当有的营养要求，对人体健康不造成任何急性、亚急性或者慢性危害。”

二、《食品安全法》的主要内容

2021年修正后的《食品安全法》共10章154条，具体内容如下所述。

《中华人民共和国食品安全法》

“总则”共十三条，是食品安全法纲领性规定，包括立法目的、适用范围、工作原则、生产经营者社会责任、监管部门职责等。

“食品安全风险监测和评估”共十条，主要是食品安全风险监测、风险评估、风险交流等的规定。

“食品安全标准”共9条，规定了食品安全标准制定原则及内容，制定主体及程序，标准的公开与跟踪评价等。

“食品生产经营”共51条，分一般规定、生产经营过程控制、标签说明书和广告、特殊食品。

“食品检验”共7条，分别对食品检验机构、检验人的资质和职责、检验机构与检验人负责制、抽样检验、复检、委托检验等进行了规定。

“食品进出口”共11条，规定了进出口食品监管部门、应符合的标准、境外出口商及境外生产企业的要求、进口食品标签要求等等。

“食品安全事故处置”共7条，主要对食品安全事故应急预案，应急处置、报告、通报以及事故责任调查进行了规定。

“监督管理”共13条，主要规定了食品安全监督管理的职责内容。

“法律责任”共28条，主要规定了食品生产经营者、监管部门、机构及人员违反本法所应承担的法律责任。

“附则”共5条，主要规定了用语的含义，其他类食品的食品安全管理要求等。

以下分别介绍《食品安全法》的主要内容。

（一）总则

1. 立法目的

如前所述，《食品安全法》的立法目的是保证食品安全，保障公众身体健康和生命安全。我国当前食品安全的总体状况已经得到了很大改善，但仍有问题存在，食品安全事件时有发生，食品安全的违法行为屡禁不止，这些影响了行业的发展，也威胁到公众的身体健康和生命安全。因此，需要通过立法来保证食品安全。《食品安全法》以建立严格的食品安全监管制度为重点，落实企业的主体责任，动员社会各界积极参与食品安全监督管理。新《食品安全法》的颁布实施，对于保证食品安全，保障公众身体健康和生命安全具有重要意义。

2. 适用范围

《食品安全法》第二条规定了其适用范围，可以归纳为以下几个方面。

一是食品生产。食品生产包括食品生产和加工原料通过生产加工程序形成一种新形式的可直接食用的产品。例如，小麦经过碾磨、筛选、加料搅拌、成型烘干成为饼干就是食品生产的过程，再比如生乳经过巴氏杀菌、均质、灌装等成为巴氏杀菌乳也属于食品生产。食品生产包括肉制品加工、调味品加工、水果制品加工、酒类加工、淀粉及其制品加工、膨化食品加工、糖果制品加工、饮料加工、休闲小食品加工、水产品加工、禽蛋制品加工、面制品加工、乳制品加工、豆制品加工、米制品加工、薯制品加工、蔬菜制品加工等类别。

二是食品经营，包括食品销售和餐饮服务。根据《餐饮服务许可管理办法》，餐饮服务是指即时制作加工、商业销售和服务性劳动等向消费者提供食品和消费场所及设施的服务活动。此处的“食品销售”可对比2009年版《食品安全法》中的“食品流通”来理解，“食品流通”除了包括食品销售，还应包括食品的贮存与运输，所以用“食品销售”替代原法的“食品流通”避免了内容上的交叉。

除食品的生产、经营、贮存、运输外，《食品安全法》的适用范围还包括食品添加剂及食品相关产品的生产经营，以及食品生产经营者使用的食品添加剂、食品相关产品。其他对食品、食品添加剂和食品相关产品的安全管理活动也均适用《食品安全法》。

《食品安全法》对食用农产品的法律适用作了界定。食用农产品是指供食用的源于农业的初级产品，如蔬菜、瓜果、未经加工的肉类等。而食品是“指各种供人食用或者饮用的成品和原料以及按照传统既是食品又是中药材的物品，但是不包括以治疗为目的的物品”。从定义上看，食品应该包括食用农产品。但是，我国在2006年已经制定了《农产品质量安全法》，对包括食用农产品在内的农产品的生产、监督检查等作了规定，为避免法律交叉甚至冲突，《食品安全法》第二条明确了食用农产品的质量安全管理遵守《农产品质量安全法》的规定，但是食用农产品的市场销售、有关质量安全标准的制定、有关安全信息的公布和《食品安全法》对农业投入品作出规定的，应当遵守《食品安全法》的规定。

3. 食品安全工作原则的规定

《食品安全法》的工作原则是实行预防为主、风险管理、全程控制、社会共治，建立科学、严格的监督管理制度。

预防为主是指食品安全工作要关口前移，不要等到问题发生再查处、追责，要通过加强日常监管防患于未然。本法中几个制度的设定体现了这一原则，比如责任约谈制度和生产经营者自查制度。生产经营者自查体现了生产经营者“第一责任人”的责任义务，责任约谈则体现了政府及其相关部门是食品安全监管“第一责任人”的角色定位。

风险管理是国际上通行的食品安全管理制度，是指包括食品安全风险监测、风险评估、风险监督管理和风险交流在内的所有与风险有关的制度。20 世纪 90 年代，世界卫生组织（WHO）提出了食品安全风险分析框架的概念，认为它是解决所有食品安全问题的科学方法，该框架包括风险评估、风险管理和风险交流“三驾马车”。《食品安全法》引用其原理，增加了风险监测，并细化了各环节工作方法，例如，在食品安全风险监测方面增加了风险监测计划调整、监测结果通报等规定，在食品安全风险评估方面明确了应当展开风险评估的法定情形等。

全程控制指食品安全管理链条长、环节多，需要建立从农田到餐桌的全过程管理制度，这是一个国际通行的原则。《食品安全法》强化了食品安全全程监管，创新完善了多种管理制度。比如在食品生产环节增加规定原料控制及成品检验等关键事项的控制要求，在食品销售环节增加规定批发企业的销售记录制度和网络食品交易相关主体的食品安全责任，在餐饮环节增加规定餐饮服务提供者的原料控制义务以及学校等集中用餐单位的食品安全管理规范等。

社会共治是指调动社会各方力量，包括政府监督管理部门、食品生产经营者、行业协会、消费者协会乃至公民个人，共同参与食品安全工作，形成食品安全社会共管共治的格局。1999 年，世界卫生组织首次提出了“责任分担”的理念，强调保证食品安全，需要政府、企业和消费者的合作与参与。除了消费者的参与外，行业协会等自治组织、新闻媒体、第三方认证机构、市场性检验检测机构等所有与食品安全相关的多元主体都可以参与到食品安全监管中，并发挥积极作用。2009 年版《食品安全法》的相关条文中粗浅地体现出食品安全公众参与的理念。2013 年 6 月 17 日，时任国务院副总理汪洋在主题为“社会共治　同心携手维护食品安全”的食品安全宣传活动中明确在食品安全中引入了“社会共治”的概念，即要构建“多管齐下、内外并举，综合施策、标本兼治，构建企业自律、政府监管、社会协同、公众参与、法治保障的食品安全社会共治格局”。《食品安全法》在社会共治方面引入了食品安全有奖举报制度、食品安全责任保险制度以及食品安全信息规范发布等管理制度。

建立科学、严格的监督管理制度是针对政府监管提出的要求。“科学”是指尊重食品安全客观规律，从客观实际制定食品安全监督管理制度。“严格”是指制度的制定应当依法依规，严谨又清晰明确，具有可操作性。

4. 食品生产经营者主体责任的规定

据不完全统计，我国共有 40 多万家食品生产企业、300 多万个食品经营主体，以及难以计数的小作坊、小摊贩。食品生产经营者是食品安全第一责任人，应当对其生产经营食品的安全负责，承担食品安全主体责任，“谁生产，谁负责；谁经营，谁负责”。从国际上来讲，食品生产经营者承担食品安全主体责任是一个通行的原则，日本食品安全法规定食品生产经营者是食品安全第一责任人，欧盟也将食品生产经营者承担主体作为一个重要的立法理念。我国的《食品安全法》将“食品生产经营者对其生产经营食品的安全负责”单独作为一个条款加以规定，意在进一步强化食品生产经营者的主体责任。食品生产经营是与人民群众的身体健康和生命安全密切相关的特殊行业，落实食品生产经营者的主体责任，对于推进食品行业诚信体系建设，建立完善的食品安全管理制度，保证食品安全具有重要意义。食品生产经营者落实主体责任应当做到守法生产经营，诚信自律，接受社会监督，承担社会责任。

5. 食品安全监管体制的规定

《食品安全法》第五条到第十条规定了国家部委、地方政府、行业协会以及新闻媒体等的食品安全职责，进一步落实了食品安全工作。从党的十八大以来，党中央、国务院进一步改革完善我国食品安全监管体制，完善统一权威的监管机构。

2018 年 3 月，时任国务委员王勇在第十三届全国人民代表大会第一次会议上作“国务院机构改革方案的说明”。改革方案明确指出，国务院成立了新的农业农村部、国家卫生健康委员会和国家市场监督管理总局等，共同管理食品安全。国务院组建国家市场监督管理总局，改革市场监管体系，实行统一的市场监管，是建立统一开放、竞争有序的现代市场体系的关键环节。为完善市场监管体制，推动实施质量强国战略，营造诚实守信、公平竞争的市场环境，进一步推进市场监管综合执法、加强产品质量安全监管，让人民群众买得放心、用得放心、吃得放心，将国家工商行政管理总局的职责、国家质量监督检验检疫总局（简称质检总局）的职责、国家食品药品监督管理总局的职责、国家发展和改革委员会的价格监督检查与反垄断执法职责、商务部的经营者集中反垄断执法以及国务院反垄断委员会办公室等职责整合，组建国家市场监督管理总局，作为国务院直属机构，其主要职责是：负责市场综合监督管理，统一登记市场主体并建立信息公示和共享机制，组织市场监管综合执法工作，承担反垄断统一执法，规范和维护市场秩序，组织实施质量强国战略，负责工业产品质量安全、食品安全、特种设备安全监管，统一管理计量标准、检验检测、认证认可工作等。考虑到药品监管的特殊性，单独组建国家药品监督管理局，由国家市场监督管理总局管理。将质检总局的出入境检验检疫管理职责和队伍划入海关总署。保留国务院食品安全委员会、国务院反垄断委员会，具体工作由国家市场监督管理总局承担。国家认证认可监督管理委员会（简称国家认监委）、国家标准化管理委员会职责划入国家市场监督管理总局，对外保留牌子。不再保留国家工商行政管理总局、质检总局、国家食品药品监督管理总局。至此，历经 10 年，“三聚氰胺事件”后的食品监管机构改革日臻完善，随着地方食品安全监管机构的配套调整，食品安全监管工作呈现出崭新的气象。

除此之外，在社会共治的原则指导下，社会组织和新闻媒体等要在食品安全社会共治中充分发挥作用，通过加强行业自律和进行社会监督等方式监督食品生产经营者依法生产经营，保证食品安全。随着我国食品工业的发展，食品行业协会不断发展壮大，先后成立了中国食品工业协会、中国奶业协会、中国乳制品工业协会、中国保健品协会、中国营养保健食品协会等一批全国性的食品行业协会。此外，一些省市也成立了地方性的食品行业协会，这些协会在推进食品行业诚信建设、加强行业自律、促进行业发展方面发挥了重要的作用。《食品安全法》第九条规定，“食品行业协会应当加强行业自律，按照章程建立健全行业规范和奖惩机制，提供食品安全信息、技术等服务，引导和督促食品生产经营者依法生产经营，推动行业诚信建设，宣传、普及食品安全知识。”根据这一规定，食品行业协会一方面应当通过协会章程，或者制定行规行约，明确行业的食品安全规范，建立内部奖惩机制，对协会内守法生产经营、诚信自律的企业予以表彰奖励，对违法生产经营，不讲诚信的企业通过通报批评等方式予以惩戒，引导和督促食品生产经营者依法生产经营，推动行业诚信建设；另一方面要为本协会的企业会员提供食品安全信息、技术、知识等服务，帮助企业不断提高食品安全方面的技术水平和管理能力，推动食品行业的健康发展。

《食品安全法》第十条第二款规定，“新闻媒体应当开展食品安全法律、法规以及食品安全标准和知识的公益宣传，并对食品安全违法行为进行舆论监督。有关食品安全的宣传报道应当真实、公正。”食品安全是社会关注的热点，新闻媒体作为社会舆论的重要引领者、传播者和推动者，已经成为食品安全社会共治中的重要力量。开展食品安全的公益宣传和舆论监督，是新闻媒体在食品安全方面应承担的两项重要社会责任。一是公益宣传。电视台、广播电台、报纸、互联网等新闻媒体受众广、传播速度快、信息量大、社会影响深远，是开展食品安全公益宣传的重要力量。新闻媒体应当发挥其自身优势，以群众喜闻乐见的形式，如开设食品安全知识专栏，制作食品安全方面的宣传片、公益广告，邀请专家开设食品安全宣传讲座等多种方式开展食品安全法律、法规以及食品安全标准和知识的公益宣传。二是舆论监督。新闻媒体是食品安全社会监督的重要力量。对食品安全违法行为，新闻媒体应当勇于揭露和曝光，保证公众的知情权和监督权。近些年来，不少食品安全事件都是新闻媒体率先曝光，并迅速引起监管部门的高度重视的，如2008年的“问题奶粉事件”，2014年的“福喜事件”等，可以说新闻媒体在曝光食品安全事件方面发挥了不可替代的作用，是食品安全社会监督的一支重要力量。应当指出的是，新闻媒体报道食品安全事件应当真实、公正，不能编造、散布虚假的信息，也不能以偏概全蓄意炒作、制造事端，这是媒体应履行的社会责任。对于新闻媒体编造、散布虚假食品安全信息的，《食品安全法》明确规定了相应的法律责任。

6. 开展与食品安全有关的科学研究与技术应用的规定

《食品安全法》第十一条第一款规定，“国家鼓励和支持开展与食品安全有关的基础研究、应用研究，鼓励和支持食品生产经营者为提高食品安全水平采用先进技术和先进管理规范。”

科学技术是第一生产力，做好食品安全工作离不开科学技术进步的力量。随着世界新的技术革命的蓬勃发展，科学技术日益渗透到社会生活的各个领域，成为提高劳动生产率的重要源泉，也成为推动经济建设和社会发展的重要力量。国家要通过设立基金、金融支持、政府采购等多种措施鼓励和支持开展与产品安全有关的基础研究、应用研究，提高食品安全领域的科学技术水平，同时要鼓励和支持食品生产经营者为提高食品安全水平采用先进技术和先进管理规范，通过产、学、研相结合促进科技成果转化为现实的生产力，推动食品安全工作的发展。

（二）食品安全风险监测与评估

1. 食品安全风险监测制度、计划和结果

《食品安全法》第十四条是关于食品安全风险监测制度的规定。明确了制定、实施食品安全监测计划的部门及制定、调整地方食品安全风险监测方案的部门，完善了食品安全风险交流机制和食品安全风险监测计划的调整机制，包括食品安全风险监测制度、食品安全风险监测的内容、食品安全风险监测的计划以及食品安全风险监测方案。

食品安全风险监测是指系统和持续收集食源性疾病、食品污染、食品中有害因素等相关数据信息，并应用医学、卫生学原理和方法进行监测。国家卫生健康委员会于2019年制定了《食源性疾病监测报告工作规范》，规范各级卫生健康行政部门、疾病预防控制机构、医疗机构开展食源性疾病的报告、监测、通报、管理等工作。

《食品安全法》中对食源性疾病的定义为“食品中致病因素进入人体引起的感染性、中毒性等疾病，包括食物中毒”。世界卫生组织认为，凡是通过摄入人体的各种致病因子引起的，通常具有感染性的或中毒性的一类疾病，都称为食源性疾病，即指通过食物传播的方式和途径致使病原物质进入人体并引发的中毒或感染性疾病。

在2009年《食品安全法》制定之前，中国食源性疾病管理的重点是对重大食物中毒和传染病疫情等群体性事件的控制，卫生行政主管部门只是被动地应付突发事件，负责流行病学调查的疾病预防控制中心像“消防队”一样“到处灭火”。由于没有完善的食源性疾病监测报告体系、清晰的组织架构和统一的监测计划，对散发的个案病例和跨地区“集中发生，分散发现”的暴发缺乏有效的监测和调查，无法做到早发现、早预警。

现在中国在食源性疾病监测体系和制度建设方面取得了较大的进步，通过制定《食源性疾病管理办法》和实施统一的监测计划，组织架构更加清晰，监测内容由过去单一的群体性事件报告向融暴发监测、病例监测、溯源调查和社区人群调查为一体的综合监测转变，监测模式也由过去的被动监测变为主动监测和被动监测互为补充。但长期以来政府对食源性疾病重视不足，医疗机构的报告意识不强，溯源调查协调机制不畅，实验室检测和流行病学调查能力不强，公共卫生部门和医疗机构的常规合作有待建立。同时，由于中国在社会经济、人口规模、医疗体制、发病形势、食品安全状况等方面与发达国家存在较大差异，也不可能照搬发达国家的监测模式，这些都决定了中国的食源性监测体系不可能一步到位，需要积极探索适合中国国情的监测之路。

《食品安全法》第十五条是关于食品安全风险监测机构开展食品安全风险监测工作的规定，机构要根据食品安全风险监测计划和监测方案开展监测计划，报送监测数据和分析结果，并保证监测数据真实、准确。

我国通过食源性疾病主动监测还首次掌握了即食食品中单核细胞增生李斯特菌（*Listeria menocytogenes*）污染对孕妇等特殊人群具有较高健康风险的证据。2014年6个省的哨点医院监测到单核细胞增生李斯特菌感染病例14例，其中，围产期患者9例，包括2例流产、1例引产、1例死胎、1例新生儿死亡，4例婴儿存活；非围产期患者5例，包括3例治愈、2例死亡。对4例患者的溯源调查结果显示，患病原因与患者食用被污染的熟肉制品等即食食品高度相关。

《食品安全法》第十六条是关于及时通报有关食品安全风险监测结果的规定。食品安全风险监测仅仅是发现问题的第一步，后续还需要结合科学数据和有关信息开展各类调查工作，市场监督部门应对隐患问题深入调查取证。

2. 食品安全风险评估制度

食品安全风险评估，是指对食品、食品添加剂、食品相关产品中生物性、化学性和物理性危害因素对人体健康可能造成的不良影响所进行的科学评估，具体包括危害识别、危害特征描述、暴露评估、风险特征描述四个阶段。食品安全风险评估是一个科学、客观的过程，必须遵循客观规律，运用科学方法，根据食品安全监测信息与数据进行。

食品安全风险评估专家委员会是根据《食品安全法》由国务院卫生行政部门组织成立，受卫生行政部门委托独立开展食品安全风险评估工作。委员会的职责包括起草食品安全风险监测、评估计划和年度计划，拟定优先监测、评估项目，进行食品安全评估、解释评估结果和开展风险交流。

《食品安全法》第十八条是关于应当进行食品安全风险评估的法定情形，包括以下几方面。

通过食品安全风险监测或者接到举报发现食品、食品添加剂、食品相关产品可能存在安全隐患的；为制定或者修订食品安全国家标准提供科学依据需要进行风险评估的；为确定监督管理的重点领域、重点品种需要进行风险评估的；发现新的可能危害食品安全因素的；需要判断某一因素是否构成食品安全隐患的；国务院卫生行政部门认为需要进行风险评估的其他情形。

中国在建立食品安全风险评估制度后，针对食品安全监管、公众科普宣教以及行业创新发展的需求，组织实施了几十项重点和应急风险评估工作。已完成食品中镉、铝、铅、邻苯二甲酸酯类物质、反式脂肪酸、沙门氏菌（*Salmonella*）、氨基甲酸乙酯、硫氰酸盐、甲醛、硼等多项优先风险评估项目以及食盐加碘、婴幼儿乳粉中三聚氰胺、不锈钢锅中锰迁移、白酒中塑化剂等 20 余项应急评估任务。这些工作在提升中国食品安全标准水平、甄别食品安全问题真相、确定食品安全应急处置措施、促进食品产业发展和推动国际食品贸易等方面发挥了重要技术支撑作用，如图 2－1 所示。

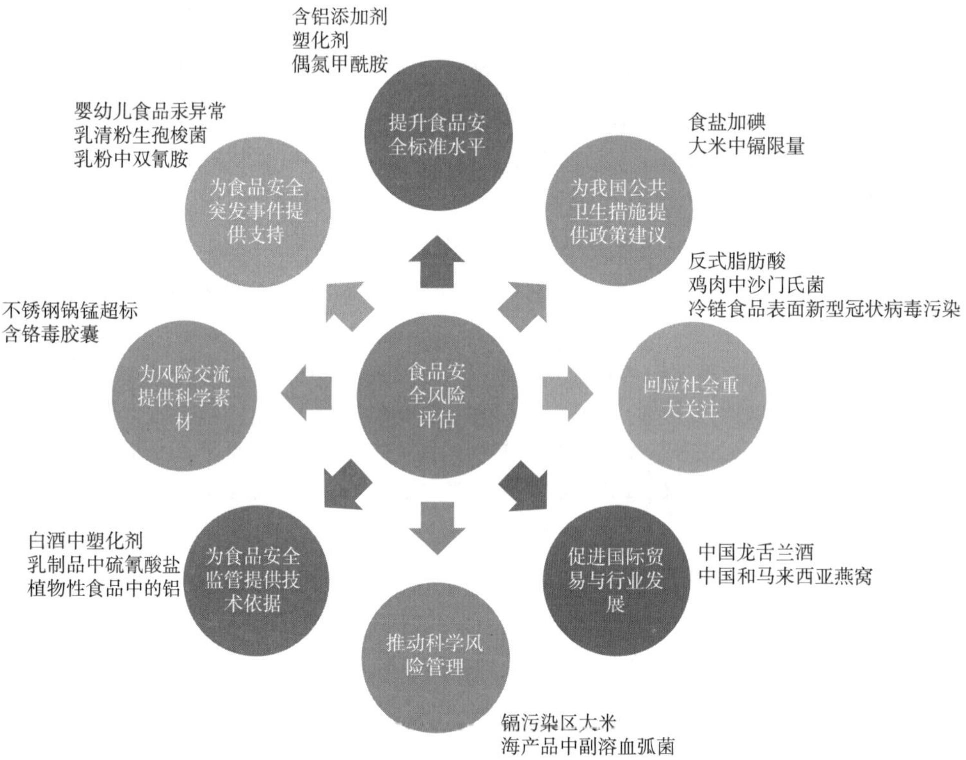

图 2－1　食品安全风险评估技术支撑

（三）食品安全标准

《食品安全法》第二十四条至三十二条对食品安全标准的管理进行了规定。食品安全标准是食品安全法律法规体系的重要组成部分，是保障消费者健康免受食品污染损害、确保食品安全生产经营的技术要求，也是依法开展食品安全监督管理的依据。《食品安全法》最大的特征之一就是将食品安全标准纳入了法律。

《食品安全法》第二十五条规定，“食品安全标准是强制执行的标准。除食品安全标准外，不得制定其他食品强制性标准。”

食品安全标准关系人民群众身体健康和生命安全，是强制执行的标准，食品生产经营者、监管部门和检验机构必须严格执行，禁止生产经营不符合食品安全标准的食品、食品添加剂和食品相关产品。为了解决2009年《食品安全法》通过之前食品卫生标准、食品质量标准以及行业标准等多套标准同时存在的问题，从制度上确保食品安全国家标准的统一，《食品安全法》规定，除食品安全标准外，不得制定其他的食品强制性标准。2009年《食品安全法》通过以后，国务院卫生行政部门先后开展了乳品安全标准、食品安全基础标准、食品卫生标准、现行食品标准的清理整合工作，拟定了我国食品安全标准框架。

食品安全标准应包括八个方面的内容。

（1）食品、食品添加剂、食品相关产品中的致病性微生物，农药残留、兽药残留、生物毒素、重金属等污染物质以及其他危害人体健康物质的限量规定。

（2）食品添加剂的品种、使用范围、用量。

（3）专供婴幼儿和其他特定人群的主辅食品的营养成分要求。

（4）对与卫生、营养等食品安全要求有关的标签、标志、说明书的要求。

（5）食品生产经营过程的卫生要求。

（6）与食品安全有关的质量要求。

（7）与食品安全有关的食品检验方法与规程。

（8）其他需要制定为食品安全标准的内容。

（四）食品生产经营

1. 食品生产经营的一般规定

《食品安全法》第三十三条是关于食品生产经营的规定，具体包括对食品生产经营的场所，设备与设施，人员和制度，设备布局和工艺流程，餐具、饮具和盛放直接入口食品的容器，贮存与运输食品，直接入口的食品使用的包装材料，食品生产经营人员，用水、洗涤剂和清洗剂等的要求，以及对食品生产经营的兜底条款。

食品贮存、运输和装卸是食品安全管理的重要环节，除食品生产经营者外，还有一些专业的仓储、物流企业、车站码头等也从事食品的贮存、运输和装卸活动，应当对其加强管理。非食品生产经营者从事食品贮存、运输和装卸的，其容器、工具应当安全无害，保持清洁，应当防止食品污染，并符合保证食品安全所需温湿度要求，不得将食品与有毒、有害物品一同贮存、运输。

《食品安全法》第三十四条是关于禁止生产经营的食品、食品添加剂、食品相关产品的规定，其中涉及的食品、食品添加剂和相关产品如表2－1所示。

表2－1　《食品安全法》中规定的禁止生产经营的食品、食品添加剂和食品相关产品及相关案例

序号	禁止生产经营的食品、食品添加剂和食品相关产品	案例
1	用非食品原料生产的食品	甲醇勾兑酒
2	添加食品添加剂以外的化学物质和其他可能危害人体健康物质的食品	三聚氰胺婴幼儿乳粉

续表

序号	禁止生产经营的食品、食品添加剂和食品相关产品	案例
3	用回收食品作为原料生产的食品	地沟油
4	致病性微生物，农药残留、兽药残留、生物毒素、重金属等污染物质以及其他危害人体健康的物质含量超过食品安全标准限量的食品、食品添加剂、食品相关产品	污染物、生物毒素等超标
5	用超过保质期的食品原料、食品添加剂生产加工的食品、食品添加剂	上海福喜公司用过期冷冻原料肉制品加工肉饼
6	超范围、超限量使用食品添加剂的食品	糖精钠青枣
7	营养成分不符合食品安全标准的专供婴幼儿和其他特定人群的主辅食品	安徽阜阳大头娃娃婴儿乳粉
8	腐败变质、油脂酸败、霉变生虫、污秽不洁、混有异物、掺假掺杂或者感官性状异常的食品、食品添加剂	陈化粮事件
9	病死、毒死或者死因不明的禽、畜、兽、水产动物肉类及其制品	经营病死猪肉
10	未按规定进行检疫或者检疫不合格的肉类，或者未经检验或者检验不合格的肉类制品	畜肉未经检验或检验不合格
11	被包装材料、容器、运输工具等污染的食品、食品添加剂	含塑化剂食品
12	标注虚假生产日期、保质期或者超过保质期的食品、食品添加剂	经营已超过保质期限的食品
13	无标签的预包装食品、食品添加剂	预包装榨菜无标签
14	国家为防病等特殊需要明令禁止生产经营的食品	无碘盐进入碘缺乏病地区市场
15	其他不符合法律、法规或者食品安全标准的食品、食品添加剂、食品相关产品	—

《食品安全法》第三十五条规定，国家对食品生产经营实行许可制度。从事食品生产、食品销售、餐饮服务，应当依法取得许可。但是，销售食用农产品和仅销售预包装食品的，不需要取得许可。仅销售预包装食品的，应当报所在地县级以上地方人民政府食品安全监督管理部门备案。县级以上地方人民政府食品安全监督管理部门应当依照《中华人民共和国行政许可法》的规定，审核申请人提交的本法第三十三条第一款第一项至第四项规定要求的相关资料，必要时对申请人的生产经营场所进行现场核查；对符合规定条件的，准予许可；对不符合规定条件的，不予许可并书面说明理由。”

本条是对食品生产经营许可的规定，按《中华人民共和国行政许可法》（2019 年修正版）第十二条规定，“直接关系、公共安全、人身健康、生命财产安全的重要设备、设施、产品、物品，需要按照技术标准、技术规范，通过检验、检测、检疫等方式进行审定的事项，”可以设定行政许可。在相关机构改革前，食品生产、食品销售和餐饮服务分别是由不同的行政部门发证的，机构改革后，由统一的市场监管部门设定行政许可，生产经营单位依法取得许可。

2021 年《食品安全法》修正稿中除了保留 2015 年修订版“对食用农产品免于取得许可”外，还增加了“仅销售预包装食品的，不需要取得许可”，新加入的这部分的管理由行政许可转为备案。

行政审批属于行政许可，是行政机关根据公民、法人或者其他组织的申请，经依法审查，准予其从事特定活动的行为。而备案不属于行政许可，是行政机关为了加强行政监督管理，依法要求公民、法人和其他组织报送其从事特定活动的有关材料，并将报送材料存档备查的行为。备案是通过该程序告知行政机关，将要进行某项活动，无须得到行政机关的许可，备案只是一个形式性审查的过程。不是因为备案后才具有了从事某项特定活动的资格，而是在备案之前就已经具有了资格。

《食品安全法》第三十七条是关于“利用新的食品原料生产食品，或者生产食品添加剂新品种、食品相关产品新品种”的规定。新食品原料是指在我国无传统食用习惯的动物、植物或微生物，以及从动物、植物和微生物中分离的成分，或原有结构发生改变的食品成分或者其他新研制的食品原料。新食品原料、食品添加剂新品种及食品相关产品新品种又称“三新食品”，三新食品的许可由国家卫生行政部门管理。2008 年以来，截至 2023 年 3 月，我国已经获批的新食品原料（新资源食品）共计 134 种。

《食品安全法》第三十八条规定，“生产经营的食品中不得添加药品，但是可以添加按照传统既是食品又是中药材的物质。按照传统既是食品又是中药材的物质目录由国务院卫生行政部门会同国务院食品安全监督管理部门制定、公布。

本条“按照传统既是食品又是中药材的物质”又称“药食同源食品”，由于我国有悠久的中药使用历史，许多传统的食物中也会加入中药材，中药和食物都是来源于大自然的动植物，很多中药材与食物很难截然分开，这些中药材经过长期使用，已经证明是安全的，不会对人体产生副作用，因此在食品中允许添加既是食品又是中药材的物质。

卫生行政部门于 2002 年发布了 87 种“按照传统既是食品又是中药材的物质”，2019 年又发布了当归等 6 种，但仅作香辛料和调味品用，2020 年，国家卫生健康委员会、国家市场监督管理总局发布《关于对党参等 9 种物质开展按照传统既是食品又是中药材的物质管理试点工作的通知》，启动了党参、肉苁蓉、铁皮石斛、西洋参、黄芪、灵芝、天麻、山茱萸、杜仲等 9 种物质的药食同源试点。2023 年 11 月 9 日，国家卫生健康委员会和国家市场监督管理总局正式将 9 种物质纳入按照传统既是食品又是中药材的物质目录。

《食品安全法》第四十二条是关于食品安全全程追溯制度的规定。食品安全涉及的主体多，链条长，监管难度大。党的十八届三中全会提出，建立最严格的覆盖全过程的食品安全监管体制，保证食品安全。建立食品安全全程追溯制度就是落实这一精神的具体制度设计。建立追溯制度，实现从农田到餐桌各个环节的可追溯，一旦出现问题，能及时找到问题环节，遏制事态扩大，也能及时找到责任主体，落实法律责任。建立食品安全全程追溯制度，是加强食品生产经营管理、强化食品安全监管、促进社会诚信建设，维护消费者合法权益的现实需要。建立食品安全追溯体系是食品生产经营企业的应尽义务。

《食品安全法》第四十三条是关于食品规模化生产和连锁经营配送，以及鼓励食品生产经营企业参加食品安全责任保险的规定，食品安全保险是 2015 年修订《食品安全法》时新增加的内容。为了分散食品生产经营的风险，增强企业承担赔偿责任的能力，更好地保护消费者的合法权益，从实际出发，不增加企业负担，鼓励企业参加食品安全责任保险，这是非强制性的。

责任保险，也称第三者责任险，是以被保险人对第三者依法应负的赔偿责任为保险标的的保险。责任保险根据投保人是否自愿，可以分为自愿投保的责任保险和强制投保的责任保险。食品安全责任保险，是以被保险人对因其生产经营的食品存在缺陷造成第三者人身伤亡和财产损失时依法应负的经济赔偿责任为保险标的的保险。

2. 食品生产经营过程控制的规定

《食品安全法》第四十四条至四十八条是对食品生产经营企业食品安全管理、从业人员健康管理制度、制定并实施食品安全管理控制要求，建立食品安全自查制度以及鼓励提高食品安全管理水平等的规定。

《食品安全法》第五十四条是关于食品经营者贮存食品的要求的规定。要求定期检查库存，清理食品。其第二款是针对散装食品贮存的规定。“食品经营者贮存散装食品，应当在贮存位置标明食品的名称、生产日期或者生产批号、保质期、生产者名称及联系方式等内容。”

《食品安全法》第六十二条是关于网络食品交易第三方平台提供者的义务的规定。近年来，随着电子商务的迅猛发展，网络食品交易规模越来越大。对消费者而言，网络食品交易潜藏着一定风险，例如食品入网经营者资质、信誉良莠不齐，食品质量难以保证，容易引发食品安全问题；发生纠纷后，不可控因素增大，甚至出现入网经营者注销账户导致消费者难以提起赔偿的情况。因此，有必要对网络食品进行规范，明确相关主体的义务。

《食品安全法》第六十三条是关于食品召回制度的规定。根据食品召回程序的启动方式，食品召回可分为食品生产经营者主动召回和监管部门责令召回两种。生产经营者主动召回又包括生产者召回与经营者召回两种情况，召回后的食品应该采取无害化处理、销毁等措施，防止其再次流入市场。

3. 标签、说明书和广告的规定

《食品安全法》第六十七条是对预包装食品标签的规定，标签应规定名称、规格、净含量、生产日期，成分或者配料表，生产者的地址、名称、联系方式，保质期，产品标准代号，贮存条件，所使用的食品添加剂在国家标准中的通用名称，生产许可证号以及法律、法规或者食品安全标准规定应当标明的其他事项。

第六十七条第二款规定“专供婴幼儿和其他特定人群的主辅食品，其标签还应当标明主要营养成分及其含量。”专供婴幼儿和其他特定人群的主辅食品区别于其他食品之处，就在于为了满足婴幼儿和其他特定人群的需要，其营养成分及含量有所不同。婴幼儿和其他特定人群主辅食品的购买者之所以购买这些食品就在于其声称的主要营养成分及成分含量。如果食品中声称具有某种营养成分而实际上没有，声称营养成分到了一定含量而实际上低于声称含量，就不能满足婴幼儿和其他特定人群的需求，甚至会影响婴幼儿的健康成长和其他特定人群的身体健康。

第六十七条第三款规定“食品安全国家标准对预包装食品标签标注事项另有规定的，从其规定。”

《食品安全法》第六十八条是关于散装食品标注要求的规定。散装食品，指无预包装的食品、食品原料及加工半成品，但不包括新鲜果蔬，以及需清洗后加工的原粮、鲜冻畜禽产品和水产品等，即消费者购买后可不需清洗即可烹调加工或直接食用的食品，主要包括各类熟食、面及面制品、速冻食品、酱腌菜、蜜饯、干果及炒货等。

《食品安全法》第七十一条是关于食品和食品添加剂的标签、说明书的基本要求。标签、说明书不得含有虚假内容，不得涉及疾病预防、治疗功能。

4. 特殊食品的规定

《食品安全法》中所称的特殊食品是指保健食品、特殊医学用途配方食品、婴幼儿配方食品以及其他专供特定人群的主辅食品。对于特殊食品要比普通食品监管更加严格，主要表现在以下方面。

（1）保健食品　保健食品是指声称具有保健功能或者以补充维生素、矿物质等营养物质为目的的食品。即适宜特定人群食用，具有调节机体功能，不以治疗为目的的食品。

保健食品应进行注册或备案管理，保健食品原料及功能声称的目录由国家相关部门制定、调整并公布。以保健食品原料目录外的原料生产的保健食品和首次进口的保健食品均需注册。首次进口的补充维生素、矿物质等营养物质的保健食品，应当进行备案。保健食品的标签、说明书不得涉及预防、治疗功能，并声明“本品不得替代药物”。

（2）特殊医学用途配方食品　特殊医学用途配方食品是指为了满足进食受限、消化吸收障碍、代谢紊乱或特定疾病状态人群对营养素或膳食的特殊需要，专门加工配制而成的配方食品。特殊医学用途配方食品是食品而不是药品，但其也应当进行注册，注册时应提交产品配方、生产工艺、标签、说明书以及标明产品安全性、营养充足性和特殊医学用途临床效果的材料。

据国家市场监督管理总局发布的《特殊医学用途配方食品产品批准注册清单》，截至2023年5月10日，国家市场监督管理总局发布通过注册的特医食品有115款（含已注销的3款）：其中特医婴配食品40款，1岁以上特医食品75款，全营养配方32款，特定全营养配方1款，非全营养配方42款（包括：电解质配方18款，流质配方2款，蛋白质组件8款，碳水化合物组件11款，氨基酸代谢障碍2款，脂肪组件1款）。

（3）婴幼儿配方食品　婴幼儿配方食品包括婴儿配方食品、较大婴儿和幼儿配方食品。

婴幼儿配方食品实施从原料进厂到成品出厂的全过程质量控制，对出厂的婴幼儿配方食品实施逐批检验，保证食品安全。婴幼儿配方食品生产企业应当将食品原料、食品添加剂、产品配方及标签等事项向省、自治区、直辖市人民政府食品安全监督管理部门备案。婴幼儿配方乳粉的产品配方应当经国务院食品安全监督管理部门注册。企业不得以分装方式生产婴幼儿配方乳粉，同一企业不得用同一配方生产不同品牌的婴幼儿配方乳粉。

上述特殊食品还应当按照良好生产规范的要求建立与所生产食品相适应的生产质量管理体系，定期对该体系的运行情况进行自查，保证其有效运行，并向所在地县级人民政府食品安全监督管理部门提交自查报告。

（五）食品检验

《食品安全法》第八十四条至九十条是关于食品检验的规定。食品检验是对食品、食品添加剂以及食品相关产品的质量与安全性进行的检验。食品检验是保证食品安全，加强食品安全监管的重要技术支撑，是食品安全法律制度中的重要制度之一。

1. 食品检验机构

食品检验机构是指依法设立或者经批准从事食品检验活动并向社会出具有证明作用的检验数据和结果的机构。食品检验要从检验机构的资格入手，设立准入门槛，保证检验机构有足够的技术能力、人员配备、场所进行食品检验工作。

我国食品检验机构主要分布在卫生、农业、市场、海关等部门和粮食、轻工、商业等行业。同时，还有社会力量举办的食品检测技术服务中介机构，如中外合资、合作的食品检测技术服务中介机构在经济发达地区已比较常见，一些大、中型食品生产加工企业也建立了具备一定条件的检测实验室。食品检验机构无论是接受食品生产经营者的委托还是接受执法部门的委托，都是要收取费用的。

为了排除有的执法部门委托本系统的食品检验机构进行检验，或者有的执法部门强令食品生产经营者委托本系统的食品检验机构进行检验的不正当竞争行为，《食品安全法》对“同等效力”检验报告进行了规定。

2. 抽样检验

《食品安全法》第八十七条是关于监督抽检的规定。

《食品安全法》否定了免检制度，规定对食品检验采取定期或不定期抽样检验的方式，抽样检验是食品安全监督检查的一种主要方式。抽样检验的主体是县级以上市场监督管理部门，抽样范围包括从食品生产者的成品库待销产品中或者从食品经营者仓库和用于经营的食品中随机抽取样品，不得由食品生产经营者自行提供样品。抽样数量原则上应当满足检验和复检的要求。食品安全监督抽检中的样品应当现场封样。复检备份样品应当单独封样，交由承检机构保存。

3. 复检

《食品安全法》第八十八条是关于食品复检的规定。

监督抽检不合格的检验结论是执法机关责令食品生产经营者召回问题食品，或者对食品生产经营者采取行政强制措施或进行行政处罚的依据，因此关系到被监督抽检的食品生产经营者的切身利益。为了维护食品生产经营者的合法权益，《食品安全法》规定了复检制度。对依照《食品安全法》规定实施的检验结论有异议的，食品生产经营者可以自收到检验结论之日起7个工作日内向实施抽样检验的食品安全监督管理部门或者其上一级食品安全监督管理部门提出复检申请，由受理复检申请的部门在公布的复检机构中随机确定复检机构进行复检，但复检机构和初检机构不得为同一机构。复检机构名录由国务院认证认可监督管理、市场监督管理、卫生行政部门和农业行政部门共同公布。

对不合格检验结果有异议的食品生产经营者，均可在规定时间内依法提出复检申请。但按《市场监管总局办公厅关于进一步规范食品安全监督抽检复检和异议工作的通知》要求，有下列情形之一的，复检申请不予受理：①检验结论为微生物指标不合格的；②复检备份样品超过保质期的；③逾期提出复检申请的；④其他原因导致备份样品无法实现复检目的的；⑤法律、法规、规章规定的不予复检的其他情形。

4. 自行检验和委托检验

《食品安全法》第八十九条是关于自行检验和委托检验的规定。

食品生产者对食品自行检验与《食品安全法》第五十条第一款进货查验以及第五十二条出厂检验相呼应。自行检验需要食品生产者具备检验能力，包括：①有独立行使食品检验并具有质量否决权的内部检验机构；②检验机构有健全的产品质量管理制度，包括岗位质量规范、质量责任以及相应的考核办法；③检验机构具有相关产品技术标准要求的检验仪器和设备，能满足规定的精度、检测范围要求，且经过计量检定合格并在有效期内；④检验机构有满足检验工作需要的员工数量，检验人员熟悉标准，经培训考核合格；⑤能科学、公正、准确、及时地提供检验报告，出具产品质量检验合格证明。符合上述要求并可以完成全部出厂检验项目的企业，可以确定为企业具有检验能力。

委托检验包括食品生产者委托检验机构进行检验和社会组织、消费者委托检验机构进行检验。食品行业组织践行行业自律，应主动对所属企业的食品进行检验。消费者协会保护消费者权益的，投诉事项涉及食品有质量问题的，可委托检验。食品行业组织和消费者协会委托检验的机构应符合《食品安全法》的规定。

（六）食品进出口

《食品安全法》第九十一条规定，“国家出入境检验检疫部门对进出口食品安全实施监督管理。”

在2018年国务院机构改革以前，质检总局一直作为出入境检验检疫部门，负责进出口食品的监督管理。2018年机构改革，质检总局并入国家市场监督管理总局，不再保留质检总局。出入境检验检疫工作由新组建的海关总署承担，海关总署是食品进出口的监督管理部门。

《食品安全法》第九十二条是关于进口食品、食品添加剂以及食品相关产品应当符合我国食品安全国家标准的规定。进口的食品、食品添加剂以及食品相关产品应当符合进口国的强制性食品安全标准，这是国际上的通行做法，目的是保障进口国的食品安全。因此，从国外进口到我国的食品、食品添加剂、食品相关产品，以及从我国香港特别行政区、澳门特别行政区和我国台湾地区进口到我国内地的食品、食品添加剂、食品相关产品，必须符合我国的食品安全国家标准。

《食品安全法》第九十三条是关于进口尚无食品安全国家标准的食品，或者进口利用新的食品原料生产的食品、进口食品添加剂新品种应当符合的要求的规定。进口的食品首先应当符合食品安全标准中的通用标准，如致病性微生物、农药残留、兽药残留、真菌毒素、污染物等以及其他危害人体健康的物质含量不得超过食品安全国家标准限量的规定。另外，进口的食品还应符合其产品标准要求。如果某种进口的食品既无通用标准分类，又无相关的食品产品标准，那么境外出口商、生产企业或者其委托的进口商应当向国务院卫生行政部门提交其所执行的相关国家（地区）食品安全标准或国际标准。国务院卫生行政部门对相关标准进行审查后，认为符合食品安全要求的，决定暂予适用，该产品就可以进口。国务院卫生行政部门应当及时制定相应的食品安全国家标准。

2020年1月16日，我国财政部发布《中华人民共和国政府和美利坚合众国政府经济贸易协议》（以下简称《协议》）。《协议》附录二第二条第（八）款规定：“自协议生效之日起60个工作日内，应完成美国食用乳渗透物粉的审批，以及允许美国乳渗透物粉进口；若中国制定乳渗透物粉的新标准，应向世贸组织通报标准草案等。”

乳渗透物粉在我国尚无食品安全标准，于是国家卫生健康委员会委托国家食品安全风险评估中心对美方企业提交的乳渗透物粉适用标准材料进行了评估。2020年3月6日，国家食品安全风险评估中心根据《食品安全法》和《国家卫生计生委办公厅关于规范进口尚无食品安全国家标准审查工作的通知》（卫生计生委为卫生和计划生育委员会的简称）要求，对拟按照进口尚无食品安全国家标准食品管理的乳渗透物粉公开征求意见，并将其改名为“脱蛋白乳矿物乳糖粉”。脱蛋白乳矿物乳糖粉（乳清来源或牛乳来源）是指将乳清或牛乳通过膜过滤（如超滤）或其他处理工艺技术（如离子交换）去除乳清蛋白或牛乳蛋白后的产物，主要组成成分为乳糖及乳矿物质，其产品组成与乳清粉相近，但乳糖含量更高。

2020年5月15日，国家卫生健康委员会发布《关于发布脱蛋白乳矿物乳糖粉（乳制品渗透物粉）适用标准（暂行）的公告》（以下简称《标准（暂行）》），该《标准（暂行）》为我国首个关于“脱蛋白乳矿物乳糖粉”的国家标准。

《食品安全法》第九十七条是关于进口的预包装食品、食品添加剂标签、说明书的规定。

进口的预包装食品、食品添加剂应当有中文标签；依法应当有说明书的，还应当有中文说明书。标签，说明书应当符合《食品安全法》以及我国其他有关法律、行政法规的规定和食品安全国家标准的要求，并载明食品的原产地以及境内代理商的名称、地址和联系方式。预包装食品没有中文标签、中文说明书或者标签、说明书不符合本条规定的，不得进口。

（七）食品安全事故处理

《食品安全法》第一百零二条是关于食品安全应急预案的规定。食品安全事故应急预案分国家与地方两个层面，本法规定国务院组织制定国家层面的应急预案，县级以上地方政府制定本行政区域的应急预案，并报上一级人民政府备案。我国在2006年制定了《国家食品安全事故应急预案》，并在2011年进行了修订，这标志着我国的食品安全应急预案工作进入规范化、法制化的阶段。食品安全事故应急预案应当包括食品安全事故分级、事故处置指挥体系、预防预警机制、处置程序以及应急保障措施等内容，我国食品安全事故一共分为四级，包括特别重大食品安全事故、重大食品安全事故、较大食品安全事故和一般食品安全事故。

“食品生产经营企业应当制定食品安全事故处置方案，定期检查本企业各项食品安全防范措施的落实情况，及时消除事故隐患。”

《食品安全法》第一百零三条是关于食品安全事故后应急处置、报告、通报的规定。“任何单位和个人不得对食品安全事故隐瞒、谎报、缓报，不得隐匿、伪造、毁灭有关证据。”

《食品安全法》第一百零六条至一百零八条是关于食品安全事故责任调查的规定。开展食品安全事故责任调查的牵头部门是食品安全监督管理部门，为了保证调查工作公正、权威，食品安全监督管理部门应当会同其他相关部门如公安机关、监察部门等共同开展工作。跨省、自治区、直辖市的调查应由国务院食品安全监督管理部门组织开展。

（八）监督管理

《食品安全法》第一百零九条是关于食品安全风险等级和食品安全年度监督管理计划的规定。食品安全风险分级管理不是指中央和地方之间的分级管理，而是根据食品安全风险等级等实际情况，科学确定食品安全监督管理的重点、方式和频次。年度监督管理计划是监督部门年度监督的重要指导文件，制定全面、系统、可行的食品安全年度监督管理计划有利于提高食品安全监管工作的效率。

食品安全年度监督管理计划应当向社会公布，以更好地促使监管部门在公众监督下做好食品安全监管工作。食品安全年度监督管理计划的法定重点内容包括：专供婴幼儿和其他特定人群的主辅食品；保健食品生产过程中的添加行为和按照注册或者备案的技术要求组织生产的情况，保健食品标签、说明书以及宣传材料中有关功能宣传的情况；发生食品安全事故风险较高的食品生产经营者；食品安全风险监测结果表明可能存在食品安全隐患的事项。

《食品安全法》第一百一十一条是关于有害物质的临时限量值和临时检验方法的规定。主要是基于发生食品安全事故等紧急情况下生产经营和稽查执法的需要，要求卫生行政部门及时会同有关部门规定食品中有害物质的临时限量值和临时检验方法，作为生产经营和监督管理的依据。

我国目前已发布了“乳制品及含乳食品中三聚氰胺临时限量值”“食品及食品添加剂邻苯二甲酸酯类物质最大残留量”“婴幼儿谷类辅助食品中镉的临时限量”等规定。比如2018年6月，国家卫生健康委和国家市场监督管理总局《关于发布婴幼儿谷类辅助食品中镉的临时限量值的公告》(2018 年第 7 号):“为保障婴幼儿健康,根据《中华人民共和国食品安全法》,依据婴幼儿谷类辅助食品中镉风险评估结论,现制定婴幼儿谷类辅助食品中镉的临时限量值为 0.06mg/kg,自发布之日起实施。”

《食品安全法》第一百一十二条是关于快速检测的规定。食品安全快速检测方法必须是国家规定的快速检测方法,保障食品安全监督管理及执法过程中的科学与公正。快速检测方法可以包括纸片法、免疫生物学法及分子生物学检测方法等。

《食品安全法》第一百一十三条至一百一十五条分别规定了食品安全监督管理中的食品安全信用档案建立、食品安全事件责任约谈以及有奖举报等。

《食品安全法》第一百一十八条至一百二十条是关于食品安全信息公布、报告等的规定。国家建立统一的食品安全信息平台,实行食品安全信息统一公布制度。任何单位未经授权不得发布国家食品安全总体情况、食品安全风险警示信息、重大食品安全及其调查处理信息等食品安全信息,发布食品安全信息的主体是国家食品安全监督管理部门或各省、自治区、直辖市食品安全监督管理部门。

《食品安全法》第一百二十一条是关于涉嫌食品安全犯罪案件处理的规定。旨在加强行政处罚和刑事责任追究之间的无缝衔接,规定了食品安全犯罪案件的双向移送和协同处理机制。

(九) 法律责任

食品安全法律责任是指公民、法人或其他组织因实施违反国家有关食品安全法律法规的行为而应当承担的不利后果。《食品安全法》在法律责任规定方面有四个特点,具体如下。

(1) 强化了食品安全刑事责任的追究　食品安全法律责任分为民事责任、行政责任和刑事责任。《食品安全法》规定,执法部门对违法事件要判断其是否为食品安全犯罪,比如对非法添加、经营病死畜禽等并构成犯罪的,需公安部门介入调查,追究刑事责任,对食品安全犯罪人员还增加了终身不得从事食品生产经营的规定。如果不构成刑事犯罪,则由食品安全行政执法部门进行行政处罚。

(2) 强化了食品安全行政法律责任的追究　《食品安全法》第一百二十三条增加了行政拘留的行政处罚,例如针对违法添加非食用物质,经营病死畜禽,违法使用剧毒、高毒农药等屡禁不止的 7 类最严重违法行为但尚不构成犯罪的,可以作出行政拘留的处罚。同时大幅提高了罚款金额,最高三十倍以下罚款。《食品安全法》第一百二十八条规定,对于发生食品安全事故后隐匿、伪造、毁灭有关证据的单位,除责令停产停业,没收违法所得外,还处以 10 万元以上、50 万元以下的罚款。本法对重复违法行为以及提供非法生产经营场所的行为都增设了行政处罚规定。

(3) 强化了食品安全民事法律责任的追究　《食品安全法》强化了消费者权益的保护,要求食品生产和经营者接到消费者的赔偿请求以后,应该实行首负责任制,先行赔付,不得推诿。《食品安全法》第一百四十八条完善了惩罚性的赔偿制度,在现行《食品安全法》实行 10 倍价款惩罚性的赔偿基础上,消费者也可以要求食品生产经营单位支付其损失 3 倍赔偿金的惩罚性赔偿,消费者可选择对自己有利的方式进行索偿。但是,食品的标签、说明书存在不影响食品安全且不会对消费者造成误导的瑕疵的除外。

《食品安全法》还完善了相关责任主体的民事连带责任。在对集中交易市场的开办者等规定了连带责任的基础上,《食品安全法》还对网络交易第三方平台提供者未能履行法定义务,食品检验机构出具虚假检验报告,认证机构出具虚假的论证结论,使消费者合法权益受到损害的，要求与生产经营者承担连带责任。对非法提供场所或者其他条件的行为，使消费者合法权益受到损害的，要求生产经营者承担连带责任。

散布食品安全虚假消息的媒体或个人，也需承担民事赔偿责任。

在生产经营者财产不足以同时承担民事赔偿责任和缴纳罚款、罚金时，先承担民事赔偿责任。

（4）强化了对地方政府负责人和食品安全监管人员的责任追究　《食品安全法》依照本法规定的监管职责逐项设定相应的法律责任，细化处分规定，针对引咎辞职的原则性规定明确了适用情形，并将引咎辞职问责机制的适用范围从食品安全监管部门负责人扩展到了地方政府主要负责人。

（十）附则

《食品安全法》附则是关于食品、食品安全、预包装食品、食品添加剂、用于食品的包装材料和容器、用于食品生产经营的工具和设备、用于食品的消毒剂和洗涤剂、食品保质期、食源性疾病以及食品安全事故等用语的含义的规定。

涉及转基因食品、食盐的食品安全管理，本法未作规定的，适用其他法律、行政法规的规定。

涉及铁路与民航运营中食品等的食品安全管理、保健食品的具体管理办法、食品相关产品生产活动的具体管理办法、国境口岸食品的监督管理、军队专用食品的食品安全管理等由相关部门、机构或军事委员会依照本法制定。

三、《食品安全法》与其他食品相关法律的关系

从法理上讲，针对同一法律关系出现两部以上法律规范的现象称法律适用竞合，其一般遵循以下原则：一是新法优于旧法，即优先适用颁布实施晚的法律；二是特别法优于一般法，即优先适用专门针对某一领域制定的法律；三是效力等级高优于效力等级低的，即优先适用制定法律法规的机关级别高的；四是在上述原则一致的情况下，选择最适合法律行为的内容规范。特殊情况是法律条文中明确规定的在出现竞合时如何适用的条款，那么就要依照条文的规定适用，而不依照上述原则。

在食品安全管理方面，我国存在一系列法律法规，其中《食品安全法》是食品安全管理的特别法，《标准化法》《产品质量法》等是一般法；与相关法规相比，《食品安全法》是食品安全管理的上位法，下位法不得违背上位法的规定。下面具体阐述《食品安全法》与其他食品相关法律的关系。

1.《食品安全法》与《标准化法》的关系

《食品安全法》第三章是关于食品安全标准的规定，食品安全标准是食品领域唯一强制性标准。《标准化法》第十条规定，“法律、行政法规和国务院决定对强制性标准的制定另有规定的，从其规定。”所以，食品强制性标准由《食品安全法》调整。食品推荐性标准项目的提出、组织起草、征求意见和技术审查等由《标准化法》调整。

2.《食品安全法》与《农产品质量安全法》的关系

《食品安全法》第二条第二款对于涉及农产品的内容有明确的规定：“供食用的源于农业的初级产品（以下称食用农产品）的质量安全管理，遵守《中华人民共和国农产品质量安全法》的规定。但是，食用农产品的市场销售、有关质量安全标准的制定、有关安全信息的公布和本

法对农业投入品作出规定的，应当遵守本法的规定。”《农产品质量安全法》指出“农产品，是指来源于种植业、林业、畜牧业和渔业等的初级产品，即在农业活动中获得的植物、动物、微生物及其产品。”《食品安全法》对食用农产品的市场销售、有关质量安全标准的制定、有关安全信息的公布和农业投入品已经作出规定的，应当遵守其规定，条款中明确指出了除了制定有关食用农产品的质量安全标准、公布食用农产品安全有关信息外，所有规范食用农产品行为都在《农产品质量安全法》的规范范围之内。

3.《食品安全法》与《产品质量法》的关系

《产品质量法》第二条规定，“本法所称产品是指经过加工、制作，用于销售的产品。建设工程不适用本法规定；但是，建设工程使用的建筑材料、建筑构配件和设备，属于前款规定的产品范围的，适用本法规定。”

食品可以说是产品的一种（其中不包括食用农产品等食品）。这样市场监督管理部门在依法查处食品相关案件时就存在适用《食品安全法》还是《产品质量法》的问题。这时我们可以应用上面的原则，新法优于旧法、特别法优于一般法。《食品安全法》显然是新法，而且针对产品这个大概念来说，食品显然是特别的。

《食品安全法》没有规定，而《产品质量法》有规定的，可以适用《产品质量法》。

综上所述，《食品安全法》实施后，凡是涉及食品的质量违法问题，《食品安全法》有规定的，应适用《食品安全法》。

4.《食品安全法》与《消费者权益保护法》《中华人民共和国反不正当竞争法》的关系

《消费者权益保护法》的适用范围在第二条有明确规定：“消费者为生活消费需要购买、使用商品或者接受服务”。《中华人民共和国反不正当竞争法》（以下简称《反不正当竞争法》）第二条规定不正当竞争“是指经营者在生产经营活动中，违反本法规定，扰乱市场竞争秩序，损害其他经营者或者消费者的合法权益的行为。”

食品通常都是用于消费者日常消费的，这样市场监督管理部门在处理涉及食品的案件中往往有可能涉及《消费者权益保护法》，但从实际执法中两者很少冲突或者竞合。原因有以下几方面。一是《消费者权益保护法》主要规范经营者行为和保护消费者合法权益，主要体现经营者和消费者的关系，《反不正当竞争法》主要是调整经营者之间的关系，而《食品安全法》主要调整涉及食品自身及衍生的法律关系，三者的立法角度完全不同。二是《消费者权益保护法》目前主要适用于调节消费纠纷，《反不正当竞争法》适用范围也不同，因此，在出现竞合时显然要适用《食品安全法》，只有《食品安全法》没有规定的再考虑适用《消费者权益保护法》或《反不正当竞争法》，如食品经营者的虚假宣传等行为。

5.《食品安全法》与《中华人民共和国商标法》《中华人民共和国广告法》的关系

《食品安全法》中基本没有涉及商标问题，食品生产经营者涉及违反《中华人民共和国商标法》（以下简称《商标法》）的问题，应当依照《商标法》来处理。

《食品安全法》针对广告问题提到的也不多，例如七十三条、七十九条涉及食品与保健食品的广告规定。此外，第八十条第二款规定，“特殊医学用途配方食品广告适用《中华人民共和国广告法》和其他法律、行政法规关于药品广告管理的规定。”第一百四十条规定，“违反本法规定，在广告中对食品作虚假宣传，欺骗消费者，或者发布未取得批准文件、广告内容与批准文件不一致的保健食品广告的，依照《中华人民共和国广告法》的规定给予处罚。”广告经营者、发布者设计、制作、发布虚假食品广告，使消费者的合法权益受到损害的，应当与食品生产经营者承担连带责任。

食品推广中可能涉及的宣传问题，《广告法》第十七条给出了明确的限定：“除医疗、药品、医疗器械广告外，禁止其他任何广告涉及疾病治疗功能，并不得使用医疗用语或者易使推销的商品与药品、医疗器械相混淆的用语”。

食品推广中可能涉及的宣传问题，《广告法》第十七条给出了明确的限定。药品、保健食品、医疗器械、医疗广告应当符合下列要求：（一）不得含有不科学的表示功效的断言或者保证；（二）不得说明治愈率或者有效率；（三）不得与其他药品、医疗器械的功效和安全性或者其他医疗机构比较；（四）不得利用医药科研单位、学术机构、医疗机构、行业协会或者专业人士、患者的名义作推荐、证明；（五）不得含有法律、行政法规规定禁止的其他内容。所以食品功效性宣传要做到理性和有法可依，不能盲目宣传，夸大宣传。

第二节　其他食品相关法律

一、产品质量法

《中华人民共和国产品质量法》（以下简称《产品质量法》）是调整产品的生产者、销售者、用户及消费者以及政府有关行政管理部门之间因产品质量问题而形成的权利义务关系的法律规范的总称。

《中华人民共和国产品质量法》

该法于1993年2月22日第七届全国人民代表大会常务委员会第三十次会议通过。之后根据2000年7月8日第九届全国人民代表大会常务委员会第十六次会议《关于修改〈中华人民共和国产品质量法〉的决定》第一次修正；根据2009年8月27日第十一届全国人民代表大会常务委员会第十次会议《关于修改部分法律的决定》第二次修正；根据2018年12月29日第十三届全国人民代表大会常务委员会第七次会议《关于修改〈中华人民共和国产品质量法〉第五部法律的决定》第三次修正。

《产品质量法》属于产品质量基本法，是我国产品质量法律体系的基础，是全面、系统地规范产品质量问题的重要经济法，是一部包含产品质量监督管理和产品质量责任两大范畴的基本法律。

（一）《产品质量法》的立法目的和意义

（1）加强产品质量的监督管理，提高产品质量水平　《产品质量法》的制定和实施，有利于促进生产者、经营者改善经营管理，增强竞争能力。市场经济要求生产者、经营者改善和加强企业经营管理，提高产品质量，以高质量的产品树立企业形象，服务人民大众。

（2）明确产品质量责任，维护社会经济秩序　《产品质量法》明确了生产者、经营者在产品质量安全方面的责任和国家对产品质量的管理职能，有利于维护产品生产经营的正常秩序，从而保证市场经济的健康发展。

（3）保护消费者的合法权益的有效法律武器　产品质量问题涉及千家万户，目前侵害消费者合法权益的行为大量存在，维护用户和消费者的利益，就必须完善有关产品质量的法律制度。严格执行《产品质量法》，将有利于保护消费者的合法权益。

（二）《产品质量法》的调整对象和适用范围

1. 调整对象

（1）产品质量监督管理关系　产品质量监督管理关系是指产品质量监督管理中，执行监督管理的行政机关等主体与被监督管理的对象——产品生产者、销售者发生的社会关系。通过国家采用法规形式，规范一系列关于产品质量方面的宏观管理措施。为此，产品质量法确立了质量认证制度、产品质量监督检查制度、产品质量社会监督制度、产品质量奖励制度等宏观管理措施。

（2）产品质量的民事关系　产品质量的民事关系是指产品质量民事活动中，产品的生产者、销售者与产品用户、消费者和产品受害人发生的社会关系。这种平等主体之间因产品质量发生的社会关系主要体现在财产关系和人身关系两个方面。为此，《产品质量法》确立因产品存在瑕疵，销售者必须向用户、消费者承担瑕疵担保责任；因产品存在缺陷，造成使用者人身伤害、财产损害，缺陷产品的生产者、销售者必须承担侵权损害赔偿责任。

2. 适用范围

（1）适用的主体　《产品质量法》适用的主体为我国境内的公民、法人和社会组织。凡是在中国境内从事产品生产、销售活动的公民、企业、事业单位、机关、社会组织以及个体工商业经营者，必须遵守产品质量法的规定。

（2）适用的社会经济关系　《产品质量法》主要调整产品生产和销售两个环节。即主要调整在产品生产、销售活动中所发生的权利、义务和责任关系，重点解决生产、销售两个环节中的质量问题。也就是要从生产、销售两个重要环节能够根治假冒伪劣产品，保证和提高我国的产品质量。

（3）适用的具体产品范围　《产品质量法》中的产品是一个特定的概念，有特定的范围，它仅是指经过加工、制作后用于销售的产品。这里所称的产品有两个特点：一是经过加工、制作，也就是将原材料、半成品经过加工、制作，改变其形状、性质，成为成品，而未经加工的农产品不在其列；二是用于出售，也就是进入市场用于交换的商品，不用于销售仅是自己为自己加工、制作的物品不在其列。建设工程，包括房屋、公路、桥梁、隧道等工程不适用于本法规定；但是，建设工程使用的建筑材料、建筑构配件和设备，属于产品范围的，适用本法规定。

3. 《产品质量法》与专门法的关系

并不是经过加工、制作和用于销售的产品都由《产品质量法》调整，另有法律规定的则分别由相关法律进行调整，主要有：食品安全由《食品安全法》进行调整，药品质量由《中华人民共和国药品管理法》（以下简称《药品管理法》）进行调整，建筑质量由《中华人民共和国建筑法》进行调整，此外还有一些法律涉及特定产品的质量，则按有关法律的规定办理。《产品质量法》是产品质量普通法，而产品质量特别法是指调整某些特殊产品的专门法律，如《食品安全法》《药品管理法》《中华人民共和国进出口商品检验法》等。

《产品质量法》与其他产品质量专门法存在的法律关系，在适用时一般根据特别法优于普通法的原则、后法优于前法的原则。所谓特别法优先原则，是指特别法有规定的应当首先适用特别法，如《食品安全法》对食品安全卫生和监督管理规定了一系列制度，对食品的监督管理应当首先适用《食品安全法》的规定。所谓后法优于前法的原则，是指对同一种行为，前后两种法律的规定不一致，且两者均为现行有效的法律，那么，在适用法律时，一般要首先适用后来颁布的法律的规定。

除此之外，在实施的众多产品质量法中，还经常碰到同一问题而其法律、法规、规章的规定不一致的情况，适用时就要按照效力等级原则和规章、法规不得与法律相抵触原则来掌握。

4. 产品质量国家宏观管理制度

为加强产品质量，通过立法的形式，确立了我国对产品质量宏观调控的措施，主要有工业产品生产许可证制度、质量认证制度、产品质量监督检查制度和产品质量社会监督制度。

（1）工业产品生产许可证制度　工业产品许可证制度是指由国家特定的行政机关根据国家的产业政策，为保证国家需要控制的重要工业产品的质量，经过对企业质量体系检查和对产品质量检验，对符合要求的企业，以颁发证书的形式批准其生产的一种许可制度。国家对具有保护国家安全、保护人类健康或安全、保护动植物生命或健康、保护环境等功能的重要工业产品实施生产许可证制度。

（2）质量认证制度　质量认证包括企业质量体系认证和产品质量认证。

企业质量体系认证是指由国家有关部门认可的认证机构依据国际通用的“质量管理和质量保证标准”，按照规定的程序，对企业的质量保证体系，包括企业的质量管理制度、企业的生产、技术条件等保证产品质量的诸因素进行全面的评审，对符合条件要求的，通过颁发认证证明书的形式，证明企业的质量保证力符合相应标准要求的活动。这里所说的“国际通用的质量标准”，主要是指国际标准化组织制定的并已经为许多国家普遍采用的 IS09000 质量管理体系系列国际标准。

1987 年 3 月 ISO 9000 系列标准正式发布以后，我国在原国家标准局部署下组成了“全国质量保证标准化特别工作组”。1988 年 12 月，我国正式发布了等效采用 ISO 9000 标准的 GB/T 10300《质量管理和质量保证》系列国家标准，并于 1989 年 8 月 1 日起在全国实施。1992 年 5 月，我国决定等同采用 IS09000 系列标准，发布了 GB/T 19000—1992 系列标准。1994 年我国发布了等同采用 1994 版 IS09000 系列标准的 GB/T 19000 系列标准。2000 年至 2003 年我国陆续发布了等同采用 2000 版 ISO 9000 系列标准的国家标准，包括：GB/T 19000、GB/T 19001、GB/T 19004 和 GB/T 19011 标准。2008 年我国根据 ISO 9000：2005、ISO 9001：2008 版的发布，同时也修订发布了 GB/T 19000—2008、GB/T 19001—2008 标准。

产品质量认证是指由依法取得产品质量认证资格的认证机构依据有关的产品标准和要求，按照规定的程序，对申请认证的产品进行工厂审查和产品检验，对符合条件要求的，通过颁发认证书和认证标志以证明该项产品符合相应标准要求的活动。推行产品质量认证制度的目的是通过对符合认证标准的产品颁发认证证书和认证标志，便于消费者识别，同时又利于提高经认证合格的企业和产品的市场信誉，增强产品的市场竞争力，以激励企业加强质量管理，提高产品质量水平。

（3）产品质量监督检查制度　《产品质量法》规定国家对产品质量实行基本监督制度；明确规定生产者、销售者不得拒绝产品质量监督部门依法对其产品质量进行监督检查，对拒绝检查的有关产品的质量按不合格论处。

产品质量监督检查是指县级以上人民政府技术监督行政部门及法律规定的其他部门依据国家法律、法规的规定，遵循各级人民政府赋予的职权，代表政府履行职责、执行公务，对生产领域、流通领域的产品质量实施监督的一种具体行政行为。它既是一项强制性的行政措施，又是一项强化产品质量监督的法律手段。

(4) 产品质量社会监督制度　社会监督是指除国家权力机关以外的民间监督，包括来自个人、企事业单位、社会团体及其他组织的民间监督。用户和消费者具有查询权和申诉权。保护消费者权益的社会组织对产品质量进行社会监督，既是履行保护消费者合法权益的职责体现，又是消费者行使产品质量监督权的具体方式。

5. 生产者的法定产品质量义务

产品质量义务是指法律、法规所规定的产品质量法律关系主体必须做出或者不得做出一定行为的要求。《产品质量法》规定的产品质量义务根据产品质量法律规范产生，并以国家强制力保障其正常履行。《产品质量法》规定生产者的产品质量义务主要有：保证产品质量符合规定，保证产品标识符合要求，产品包装必须符合规定的要求，禁止生产假冒伪劣产品等。

6. 销售者的法定产品质量义务

《产品质量法》规定销售者四个方面的产品质量义务：①严格执行进货检查验收制度，验明产品合格证；②采取措施，保持销售产品的原有质量；③保证销售产品的标识符合法律规定；④严禁销售假冒伪劣产品，即不得销售失效、变质产品，不得伪造产地，不得伪造或者冒用他人的厂名、厂址，不得伪造或者冒用认证标志、名优标志等质量标志，不得在产品中掺杂、掺假，不得以次充好，不得以不合格产品冒充合格产品等。

7. 产品质量的民事责任

《产品质量法》第四章对有关产品质量的民事责任问题作了规定，包括两类。一类是有关产品质量问题的合同责任。产品的出售和购买，在销售者和购买者之间构成买卖合同关系，不论这种合同关系是以事先订立书面合同的形式出现，还是以销售者与零售商之间用即时清结方式买卖商品的形式出现。在商品买卖合同关系中，销售者应在合理范围内，对其出售商品的质量向购买者承担合理的保证责任。违反这一责任的，构成买卖合同中的产品质量违约行为，应依照本法第四十条的规定及合同法的有关规定承担包括修理、更换、退货及赔偿损失的违约责任。另一类是因产品存在缺陷给他人人身、财产造成损害的侵权责任，即通常所说的产品责任。

8. 产品质量的行政责任

行政责任一般分为行政处罚和行政处分两类。行政处罚是对有行政违法的单位或个人给予的行政制裁。按照行政处罚法的规定，行政处罚的种类包括警告、罚款、没收财产、责令停止生产或停止营业、吊销营业执照等。行政处分是对国家机关工作人员及由国家机关委派到企业单位任职的人员的违法行为由所在单位或者其上级主管机关所给予的一种制裁性处理。按照《中华人民共和国行政监察法》及国务院的有关规定，行政处分的种类包括警告、记过、降级、降职、撤职、开除等。

在《产品质量法》中，分别对包庇、放纵产品生产、销售中的违反本法规定行为的国家机关工作人员，对产品质量监督部门在产品质量监督抽查中超过规定索取样品或者向被抽查者收取检验费用的行为负有直接责任的主管人员和其他直接责任人员，对产品质量监督部门或者其他国家机关违反法律规定向社会推荐产品或者以监制、监销等方式参与产品经营活动的行为负有直接责任的主管人员和其他直接责任人员，以及产品质量监督部门或者工商行政管理部门的工作人员不依法履行对产品质量的监督职责，滥用职权、玩忽职守、徇私舞弊，但尚未构成犯罪的行为，应依法给予行政处分。

9. 产品质量的刑事责任

刑事责任是指依照刑法规定构成犯罪的严重违法行为所应承担的法律后果。追究刑事责任的方式，是依照刑法的规定给予刑事制裁。《中华人民共和国刑法》第三章第一节对生产、销售伪劣商品构成犯罪的行为的刑事责任作了具体规定。

二、 农产品质量安全法

《中华人民共和国农产品质量安全法》（以下简称《农产品质量安全法》）于2005年10月22日由国务院审议通过并提请全国人大审议，全国人大常委会经过三次审议，于2006年4月29日第十届全国人民代表大会常务委员会第二十一次会议通过，自2006年11月1日起施行。之后历经2018年修正，2022年修订，共8章81条。该法修订版于2023年1月1日正式实施。

《中华人民共和国农产品质量安全法》

1. 《农产品质量安全法》立法的背景和意义

《农产品质量安全法》立法的目的是保障农产品质量安全，维护公众健康，促进农业农村经济发展。实施《农产品质量安全法》是坚持科学发展观，推进现代农业和社会主义新农村建设的现实要求；是保障农产品消费安全，维护最广大人民群众根本利益的重要保障；是提升我国农产品竞争力，参与国际竞争的现实需要；是履行法定监管职责，推进农业依法行政的紧迫任务。

2. 《农产品质量安全法》的主要内容

《农产品质量安全法》主要包括总则、农产品质量安全风险管理和标准制定、农产品产地、农产品生产、农产品销售、监督检查、法律责任和附则。针对保障农产品质量安全的主要环节和关键点，确立了七项基本制度，建立了从农田到市场的农产品全程监管体系和可追溯制度，是完善农产品质量安全监管长效机制的制度保障。

（1）总则部分　“本法所称农产品，是指来源于种植业、林业、畜牧业和渔业等的初级产品，即在农业活动中获得的植物、动物、微生物及其产品。”“本法所称农产品质量安全，是指农产品质量达到农产品质量安全标准，符合保障人的健康、安全的要求。”

（2）农产品质量安全风险管理和标准制定　国家建立农产品质量安全风险监测制度和风险评估制度。“国家建立健全农产品质量安全标准体系，确保严格实施。”“农产品质量安全标准是强制执行的标准。”“农产品质量安全标准的制定和发布，依照法律、行政法规的规定执行。”“制定农产品质量安全标准应当充分考虑农产品质量安全风险评估结果，并听取农产品生产经营者、消费者、有关部门、行业协会等的意见，保障农产品消费安全。”“农产品质量安全标准应当根据科学技术发展水平以及农产品质量安全的需要，及时修订。”“农产品质量安全标准由农业农村主管部门商有关部门推进实施。”

（3）农产品产地　《农产品质量安全法》对农产品禁止生产区域的确定、农产品标准化生产基地的建设、农业投入品的合理使用等方面做出了明确规定。

“县级以上地方人民政府农业农村主管部门应当会同同级生态环境、自然资源等部门按照保障农产品质量安全的要求，根据农产品品种特性和产地安全调查、监测、评价结果，依照土壤污染防治等法律、法规的规定提出划定特定农产品禁止生产区域的建议，报本级人民政府批准后实施。”“任何单位和个人不得在特定农产品禁止生产区域种植、养殖、捕捞、采集特定农产品和建立特定农产品生产基地。”“特定农产品禁止生产区域划定和管理的具体办法由国务院农业农村主管部门商国务院生态环境、自然资源等部门制定。”“任何单位和个人不得违反有关环境保护法律、法规的规定向农产品产地排放或者倾倒废水、废气、固体废物或者其他有毒有害物质。”“农业生产用水和用作肥料的固体废物，应当符合法律、法规和国家有关强制性标准的要求。”“农产品生产者应当科学合理使用农药、兽药、肥料、农用薄膜等农业投入品，防止对农产品产地造成污染。”“农药、肥料、农用薄膜等农业投入品的生产者、经营者、使用者应当按照国家有关规定回收并妥善处置包装物和废弃物。”“县级以上人民政府应当采取措施，加强农产品基地建设，推进农业标准化示范建设，改善农产品的生产条件。”

（4）农产品生产　《农产品质量安全法》的第四章专门对农产品生产技术规范的制度、农业投入品的生产许可与监督抽查、农产品质量安全技术培训与推广、农产品生产档案记录、农产品生产者自检、农产品行业协会自律等方面进行了规定。

“县级以上地方人民政府农业农村主管部门应当根据本地区的实际情况，制定保障农产品质量安全的生产技术要求和操作规程，并加强对农产品生产经营者的培训和指导。”

“对可能影响农产品质量安全的农药、兽药、饲料和饲料添加剂、肥料、兽医器械，依照有关法律、行政法规的规定实行许可制度。”“县级以上人民政府农业农村主管部门应当加强对农业投入品使用的监督管理和指导，建立健全农业投入品的安全使用制度，推广农业投入品科学使用技术，普及安全、环保农业投入品的使用。农产品生产企业、农民专业合作社、农业社会化服务组织应当建立农产品生产记录，如实记载，农产品生产记录应当至少保存两年。”“禁止在农产品生产经营过程中使用国家禁止使用的农业投入品以及其他有毒有害物质。”

（5）农产品销售　“销售的农产品应当符合农产品质量安全标准。”“农产品生产企业、农民专业合作社应当根据质量安全控制要求自行或者委托检测机构对农产品质量安全进行检测；经检测不符合农产品质量安全标准的农产品，应当及时采取管控措施，且不得销售。”“农产品在包装、保鲜、储存、运输中所使用的保鲜剂、防腐剂、添加剂、包装材料等，应当符合国家有关强制性标准以及其他农产品质量安全规定。”“储存、运输农产品的容器、工具和设备应当安全、无害。禁止将农产品与有毒有害物质一同储存、运输，防止污染农产品。”

“农产品质量符合国家规定的有关优质农产品标准的，农产品生产经营者可以申请使用农产品质量标志。禁止冒用农产品质量标志。”“属于农业转基因生物的农产品，应当按照农业转基因生物安全管理的有关规定进行标识。”

（6）监督管理　依法实施对农产品质量安全状况的监督管理，是防止不符合农产品质量安全标准的产品流入市场、危害人民群众健康的必要措施，是农产品质量安全监督部门必须履行的法定职责。

“县级以上人民政府农业农村主管部门和市场监督管理等部门应当建立健全农产品质量安全全程监督管理协作机制，确保农产品从生产到消费各环节的质量安全。”

“县级以上人民政府农业农村主管部门和市场监督管理部门应当加强收购、储存、运输过程中农产品质量安全监督管理的协调配合和执法衔接，及时通报和共享农产品质量安全监督管理信息，并按照职责权限，发布有关农产品质量安全日常监督管理信息。”

“县级以上人民政府农业农村主管部门应当根据农产品质量安全风险监测、风险评估结果和农产品质量安全状况等，制定监督抽查计划，确定农产品质量安全监督抽查的重点、方式和频次，并实施农产品质量安全风险分级管理。”“县级以上人民政府农业农村主管部门应当建立健全随机抽查机制，按照监督抽查计划，组织开展农产品质量安全监督抽查。”

"农产品质量安全监督抽查检测应当委托符合本法规定条件的农产品质量安全检测机构进行。监督抽查不得向被抽查人收取费用，抽取的样品应当按照市场价格支付费用，并不得超过国务院农业农村主管部门规定的数量。""上级农业农村主管部门监督抽查的同批次农产品，下级农业农村主管部门不得另行重复抽查。"

三、 标准化法

《中华人民共和国标准化法》（以下简称《标准化法》）由中华人民共和国第七届全国人民代表大会常务委员会第五次会议于1988年12月29日通过，2017年11月4日第十二届全国人民代表大会常务委员会第三十次会议修订，自2018年1月1日起施行。

《中华人民共和国标准化法》

1.《标准化法》的立法目的和意义

为了发展社会主义市场经济，促进技术进步，改进产品质量，提高社会主义经济效益，维护国家和人民的利益，国家制定了《标准化法》，通过标准化立法，使标准化工作适应社会主义现代化建设和发展对外经济关系的需要。

2.《标准化法》的内容体系

《标准化法》共六章四十五条，包括总则、标准的制定、标准的实施与监督管理及法律责任等内容。

国务院标准化行政主管部门统一管理全国标准化工作，国务院有关行政主管部门分工管理本部门、本行业的标准化工作，省、自治区、直辖市人民政府标准化行政主管部门统一管理本行政区域的标准化工作。

国家鼓励采用国际标准和国外新近标准，积极参与制定国际标准。

标准依据适用范围分为国家标准、行业标准、地方标准化、团体标准和企业标准。国家标准、行业标准分为强制性标准和推荐性标准。

强制性标准包括：药品标准、食品卫生标准、兽药标准；产品及产品生产、储运和使用中的安全、卫生标准，劳动安全、卫生标准，运输安全标准；工程建设的质量、安全、卫生标准及国家需要控制的其他工程建设标准；环境保护的污染物排放标准和环境质量标准；重要的通用技术术语、符号、代号和制图方法；通用的试验、检验方法标准；互换配合标准；国家需要控制的重要产品质量标准。

强制性标准以外的标准是推荐性标准。

四、 计量法

《中华人民共和国计量法》（以下简称《计量法》）于1985年9月6日第六届全国人民代表大会常务委员会第十二次会议通过。根据2009年8月27日第十一届全国人民代表大会常务委员会第十次会议《关于修改部分法律的决定》第一次修正；根据2013年12月28日第十二届全国人民代表大会常务委员会第六次会议《关于修改〈中华人民共和国海洋环境保护法〉等七部法律的决定》第二次修正；根据2015年4月24日第十二届全国人民代表大会常务委员会第十四次会议《关于修改（中华人民共和国计量法）等五部法律的决定》第三次修正；根据2017年12月27日第十二届全国人民代表大会常务委员会第三十一次会议《关于修改

《中华人民共和国计量法》

〈中华人民共和国招标投标法〉、〈中华人民共和国计量法〉的决定》第四次修正。

《计量法》是我国建立计量法律制度的依据，自实施以来，在加强计量监督管理、保障国家计量单位制度的统一和量值的准确可靠，促进生产、贸易和科学技术的发展，适应社会进步和国民经济建设的需要，维护国家和人民的利益等方面作出了巨大贡献。

1. 调整范围和对象

《计量法》调整的地域是中华人民共和国境内。调整对象，一是机关、团体、部队、企事业单位和个人在建立计量基准和标准器具，进行计量检定、制造、修理、销售，使用计量器具等方面的各种法律关系；二是使用计量单位、实施计量监督管理等方面发生的各种法律关系。

2. 我国的法定计量单位

国家采用国际单位制单位。国家法定计量单位包括国际单位制单位、国家规定的其他计量单位或由以上两种单位构成的组合单位。

3. 计量监督管理

为保障国家计量单位统一和量值准确可靠，《计量法》规定建立计量监督管理制度。我国的计量监督管理实行统一领导、分级负责的监督管理体制。从全国整体看，国家、部门、企事业单位三者的计量监督是相辅相成的，各有侧重，互为补充，从而构成了一个协调有序的计量监督网络。

4. 计量器具监督管理的具体规定

对计量器具的管理实行制造（或修理）计量器具许可证制度。县级以上人民政府计量行政部门根据需要可设计量监督员和计量检定机构。

计量器具是指能用以直接或间接测出被测对象量值的装置、仪器仪表、量具和用于统一量值的最高依据。计量器具是实施全国量值统一的重要手段，也是计量监督管理的重点。

五、 反不正当竞争法

《中华人民共和国反不正当竞争法》（以下简称《反不正当竞争法》）于1993年9月2日第八届全国人民代表大会常务委员会第三次会议通过，于1993年12月1日起施行。2017年11月4日第十二届全国人民代表大会常务委员会第三十次会议修订，根据2019年4月23日第十三届全国人民代表大会常务委员会第十次会议《关于修改〈中华人民共和国建筑法〉等八部法律的决定》修正。

《中华人民共和国反不正当竞争法》

《反不正当竞争法》的立法宗旨在于保障社会主义市场经济健康发展，鼓励和保护公平竞争，制止不正当竞争行为，保护经营者和消费者的合法权益。《反不正当竞争法》立法的要点在于制止和矫正不正当竞争对竞争秩序的个别性、局部性破坏，实现市场竞争的公平、正当，从实际来看，是较多地保护名牌企业或大型企业的利益，通常它与民事侵权法、知识产权法相联系（有些国家将其视为民事特别法），具有“兜底”的特征。《反不正当竞争法》是对过度的竞争行为（现象）进行规制。

六、 消费者权益保护法

《中华人民共和国消费者权益保护法》（以下简称《消费者权益保护法》）是为了保护消费

者的合法权益，维护社会经济秩序稳定，促进社会主义市场经济健康发展而制定的一部法律。1993 年 10 月 31 日第八届全国人民代表大会常务委员会第四次会议通过，自 1994 年 1 月 1 日起施行。根据 2009 年 8 月 27 日第十一届全国人民代表大会常务委员会第十次会议《关于修改部分法律的规定》进行第一次修正。根据 2013 年 10 月 25 日第十二届全国人民代表大会常务委员会第五次会议《关于修改〈中华人民共和国消费者权益保护法〉的决定》第二次修正，新版《消费者权益保护法》（简称“新消法”）于 2014 年 3 月 15 日正式实施。《消费者权益保护法》分总则、消费者的权利、经营者的义务、国家对消费者合法权益的保护、消费者组织、争议的解决、法律责任、附则，共 8 章 63 条。

《中华人民共和国消费者权益保护法》

1.《消费者权益保护法》的适用对象

（1）消费者权益保护法所称消费者，是指为个人生活消费需要购买、使用商品和接受服务的自然人。

（2）农民购买、使用直接用于农业生产的生产资料时，参照《消费者权益保护法》执行。

（3）经营者为消费者提供其生产、销售的商品或者提供服务，适用于《消费者权益保护法》。

2. 消费者的权利

（1）安全保障权　消费者有权要求经营者提供的商品和服务符合保障人身、财产安全的要求。

（2）知悉真情权　消费者不仅有权要求经营者提供相关信息，而且所提供的信息必须是真实的。

（3）自主选择权　自主选择权是指消费者享有自主选择商品和服务的权利。

（4）公平交易权　即消费者在购买商品或接受服务时，有权获得质量保证、价格合理、计量正确等公平交易条件。

（5）获得赔偿权　消费者因购买、使用商品或者接受服务受到人身、财产损害的，享有依法获得赔偿的权利。

（6）结社权　消费者享有依法成立维护自身合法权益的社会组织的权利。

（7）知识权　消费知识主要指有关商品和服务的知识。消费者权益保护知识主要指有关消费者权益保护方面及权益受到损害时如何有效解决方面的法律知识。

（8）受尊重权　消费者购买、使用商品和接受服务时享有其人格尊严、民族风俗习惯得到尊重的权利。

（9）监督批评权　这种监督权的表现，一是有权对经营者的商品和服务进行监督，在权利受到侵害时有权提出检举或控告；二是有权对国家机关及工作人员进行监督，对其在保护消费者权益工作中的违法失职行为进行检举、控告；三是对消费者权益工作的批评、建议权。

3. 争议的解决

（1）消费者和经营者发生消费者权益争议的，可以通过下列途径解决：与经营者协商和解；请求消费者协会调解；向有关行政部门申诉；提请仲裁；向人民法院提起诉讼。

（2）消费者与生产者之间的责任归属　消费者先行赔偿制度；消费者与生产者之间连带赔偿制度；消费者在接受服务时，其合法权益受到损害的，可以向服务者要求赔偿。

（3）变更后的企业仍应承担赔偿责任　消费者在购买、使用商品或者接受服务时，其合法权益受到损害，因原企业分立、合并的，可以向变更后承受其权利义务的企业要求赔偿。

（4）营业执照持有人与租借人的赔偿责任　使用他人营业执照的违法经营者提供商品或者服务，损害消费者合法权益的，消费者可以向其要求赔偿，也可以向营业执照的持有人要求赔偿。

（5）展销会举办者、柜台出租者的特殊责任　消费者在展销会、租赁柜台购买商品或者接受服务，其合法权益受到损害的，可以向销售者或服务者要求赔偿。展销会结束或者柜台租赁期满后，也可以向展销会的举办者、柜台的出租者要求赔偿。展销会的举办者、柜台的出租者赔偿后，有权向销售者或者服务者追偿。

（6）虚假广告的广告主与广告经营者的责任　当消费者因虚假广告而购买、使用商品或者接受服务时，若合法权益受到损害，可以向利用虚假广告提供商品或服务的经营者要求赔偿。广告经营发布者发布虚假广告的，消费者可以请求行政主管部门予以惩处。广告的经营者不能提供经营者的真实名称、地址的，应当承担赔偿责任。

七、专利法

《中华人民共和国专利法》

《中华人民共和国专利法》（以下简称《专利法》）是调整因发明创造的归属和实施而产生的各种社会关系的法律。《专利法》于 1984 年 3 月 12 日第六届全国人民代表大会常务委员会第四次会议通过，之后根据 1992 年 9 月 4 日第七届全国人民代表大会常务委员会第二十七次会议《关于修改〈中华人民共和国专利法〉的决定》第一次修正，根据 2000 年 8 月 25 日第九届全国人民代表大会常务委员会第十七次会议《关于修改（中华人民共和国专利法》的决定》第二次修正，根据 2008 年 12 月 27 日第十一届全国人民代表大会常务委员会第六次会议《关于修改〈中华人民共和国专利法〉的决定》第三次修正，根据 2020 年 10 月 17 日第十三届全国人民代表大会常务委员会第二十二次会议《关于修改〈中华人民共和国专利法〉的决定》第四次修正。

《专利法》共 8 章 82 条，主要内容包括：授予专利权的条件、专利的申请、专利申请的审查和批准，专利权的期限、终止和无效，专利实施的特别许可，专利权的保护等。

1. 总则

（1）本法所称的发明创造是指发明、实用新型和外观设计。

（2）国务院专利行政部门负责管理全国的专利工作；统一受理和审查专利申请，依法授予专利权。

（3）执行本单位的任务或者主要是利用本单位的物质技术条件所完成的发明创造为职务发明创造。职务发明创造申请专利的权利属于该单位；申请被批准后，该单位为专利权人。

非职务发明创造，申请专利的权利属于发明人或者设计人；申请被批准后，该发明人或者设计人为专利权人。

利用本单位的物质技术条件所完成的发明创造，单位与发明人或者设计人订有合同，对申请专利的权利和专利权的归属作出约定的，从其约定。

2. 授予专利权的条件

（1）授予专利权的发明和实用新型，应当具备新颖性、创造性和实用性。

（2）申请专利的发明创造在申请日以前六个月内，有下列情形之一的，不丧失新颖性：

①在国家出现紧急状态或者非常情况时，为公共利益目的首次公开的；

②在中国政府主办或者承认的国际展览会上首次展出的；

③在规定的学术会议或者技术会议上首次发表的；

④他人未经申请人同意而泄露其内容的。

3. 专利的申请

（1）申请发明或者实用新型专利的，应当提交请求书、说明书及其摘要和权利要求书等文件。申请外观设计专利的，应当提交请求书、该外观设计的图片或者照片以及对该外观设计的简要说明等文件。

（2）申请人要求发明、实用新型专利优先权的，应当在申请的时候提出书面声明，并且在第一次提出申请之日起十六个月内，提交第一次提出的专利申请文件的副本。申请人要求外观设计专利优先权的，应当在申请的时候提出书面声明，并且在三个月内提交第一次提出的专利申请文件的副本。申请人未提出书面声明或者逾期未提交专利申请文件副本的，视为未要求优先权。

（3）申请人可以对其专利申请文件进行修改，但是，对发明和实用新型专利申请文件的修改不得超出原说明书和权利要求书记载的范围，对外观设计专利申请文件的修改不得超出原图片或者照片表示的范围。

4. 专利申请的审查和批准

（1）国务院专利行政部门收到发明专利申请后，经初步审查认为符合本法要求的，自申请日起满十八个月，即行公布。

（2）发明专利申请自申请日起三年内，国务院专利行政部门可以根据申请人随时提出的请求，对其申请进行实质审查。

（3）实用新型和外观设计专利申请经初步审查没有发现驳回理由的，由国务院专利行政部门作出授予实用新型专利权或者外观设计专利权的决定，发给相应的专利证书，同时予以登记和公告。实用新型专利权和外观设计专利权自公告之日起生效。

5. 专利权的期限、终止和无效

（1）发明专利权的期限为二十年，实用新型专利权的期限为十年，外观设计专利权的期限为十五年，均自申请日起计算。

（2）专利权人应当自被授予专利权的当年开始缴纳年费。

（3）有下列情形之一的，专利权在期限届满前终止：

①没有按照规定缴纳年费的；

②专利权人以书面声明放弃其专利权的。

（4）自国务院专利行政部门公告授予专利权之日起，任何单位或者个人认为该专利权的授予不符合本法有关规定的，可以请求国务院专利行政部门宣告该专利权无效。

6. 专利权的保护

（1）发明或者实用新型专利权的保护范围以其权利要求的内容为准，说明书及附图可以用于解释权力要求的内容。

（2）外观设计专利权的保护范围以表示在图片或者照片中的该产品的外观设计为准，简要说明可以用于解释图片或者照片所表示的该产品的外观设计。

（3）未经专利权人许可，实施其专利，即侵犯其专利权，引起纠纷的，由当事人协商解决；不愿协商或者协商不成的，专利权人或者利害关系人可以向人民法院起诉，也可以请求管理专利工作的部门处理。

（4）专利侵权纠纷涉及新产品制造方法的发明专利的，制造同样产品的单位或者个人应当提供其产品制造方法不同于专利方法的证明。

（5）在专利侵权纠纷中，被控侵权人有证据证明其实施的技术或者设计属于现有技术或者现有设计的，不构成侵犯专利权。

（6）向外国申请专利，泄漏国家秘密的，由所在单位或者上级主管机关给予行政处分；构成犯罪的，依法追究刑事责任。

（7）从事专利管理工作的国家机关工作人员以及其他有关国家机关工作人员玩忽职守、滥用职权、徇私舞弊，构成犯罪的，依法追究刑事责任；尚不构成犯罪的，依法给予行政处分。

八、 商标法

《中华人民共和国商标法》（以下简称《商标法》）于 1982 年 8 月 23 日第五届全国人民代表大会常务委员会第二十四次会议通过，自 1983 年 3 月 1 日起施行。之后根据 1993 年 2 月 22 日第七届全国人民代表大会常务委员会第三十次会议《关于修改〈中华人民共和国商标法〉的决定》第一次修正，根据 2001 年 10 月 27 日第九届全国人民代表大会常务委员会第二十四次会议《关于修改〈中华人民共和国商标法〉的决定》第二次修正，根据 2013 年 8 月 30 日第十二届全国人民代表大会常务委员会第四次会议《关于修改〈中华人民共和国商标法〉的决定》第三次修正，根据 2019 年 4 月 23 日第十三届全国人民代表大会常务委员会第十次会议《关于修改〈中华人民共和国建筑法〉等八部法律的决定》第四次修正。

《中华人民共和国商标法》

《商标法》对于加强商标管理，保护商标专用权，促使生产者保证商品质量和维护商标信誉，保障消费者利益，促进社会主义商品经济的发展，有举足轻重的意义。

《商标法》共 8 章 73 条，主要规定了商标法调整的范围、基本原则，商标注册的申请，商标注册的审查和核准，注册商标的续展、变更、转让和使用许可，注册商标的无效宣告，商标使用的管理，注册商标专用权的保护等。

国家严厉禁止侵犯注册商标专用权，对违法者依其情节轻重和后果，处以相应处罚。

九、 民法典

《中华人民共和国民法典》被称为“社会生活百科全书”，是民事权利的宣言书和保障书，如果说宪法重在限制公权力，那么民法典就重在保护私权利，几乎所有的民事活动大到合同签订、公司设立，小到缴纳物业费、离婚，都能在民法典中找到依据。

《中华人民共和国民法典》

2020 年 5 月 28 日，十三届全国人大三次会议表决通过了《中华人民共和国民法典》（以下简称《民法典》），《民法典》共十章，一千二百六十条，自 2021 年 1 月 1 日起施行，《中华人民共和国婚姻法》《中华人民共和国继承法》《中华人民共和国民法通则》《中华人民共和国收养法》《中华人民共和国担保法》《中华人民共和国合同法》《中华人民共和国物权法》《中华人民共和国侵权责任法》《中华人民共和国民法总则》同时废止。

1954 年，全国人大常委会组织力量起草《民法典》。此后，由于反右斗争扩大化，立法活动被终止。

1962 年，《民法典》起草工作再次被提上议程，并于 1964 年完成了草案（试拟稿）。后因“文化大革命”而停止。

1979 年 11 月，全国人大常委会第三次组织《民法典》起草工作，至 1982 年形成民法草案第四稿。虽然草案并未正式通过成为法律，但现行的民法通则都是以该草案为基础。

2002 年 12 月，第九届全国人大常委会第三十一次会议审议《民法典》草案。之后，由于物权法尚未制定，加之对《民法典》草案认识分歧较大等原因，《民法典》草案最终被搁置下来。

2014 年 11 月，党的十八届四中全会明确提出编纂《民法典》。

2016 年 3 月 4 日，十二届全国人大四次会议副秘书长、发言人傅莹在新闻发布会上表示，《民法典》编纂工作已经启动，从做法上分两步走，第一步是制定民法总则，第二步是全面整合民事法律。民法总则的征求意见稿已经出来，预期 6 月份能够提请人大常委会进行审议。

2016 年 6 月，十二届全国人大常委会第二十一次会议初次审议了民法总则草案，标志着民法典编纂工作进入立法程序。

2017 年 3 月 15 日，《中华人民共和国民法总则》由中华人民共和国第十二届全国人民代表大会第五次会议通过，自 2017 年 10 月 1 日起施行。

2018 年 8 月 27 日，《民法典》各分编草案提请第十三届全国人大常委会第五次会议审议，不再保留计划生育的有关内容，新增离婚冷静期。12 月 23 日，《民法典》侵权责任编草案提请十三届全国人大常委会第七次会议审议。12 月 23 日，《民法典》合同编草案二审稿提交全国人大常委会审议。为体现对合同的保护，二审稿规定，依法成立的合同，受法律保护。

2019 年 6 月 25 日，栗战书委员长主持召开十三届全国人大常委会第十一次会议，会议审议了《民法典》婚姻家庭编草案和民法典继承编草案。12 月 20 日，法工委对《民法典》各分编草案进行了修改完善，并将 2017 年已经出台施行的《中华人民共和国民法总则》编入草案，重新编排条文序号，形成《中华人民共和国民法典（草案）》以下简称《民法典（草案）》，提请 12 月常委会会议审议。12 月 23 日上午，十三届全国人大常委会第十五次会议听取全国人大宪法和法律委员会副主任委员沈春耀作关于《民法典各分编（草案）》修改情况和《中华人民共和国民法典（草案）》编纂情况的汇报。据沈春耀介绍，《民法典（草案）》共 7 编，依次为总则编、物权编、合同编、人格权编、婚姻家庭编、继承编、侵权责任编，以及附则，共 1260 条。12 月 24 日上午，十三届全国人大常委会第十五次会议举行分组会议，审议《民法典（草案）》。12 月 28 日上午，十三届全国人大常委会第十五次会议表决通过了全国人大常委会关于提请审议《民法典（草案）》的议案，决定将《民法典（草案）》提请 2020 年召开的十三届全国人大三次会议审议。

2020 年 5 月 22 日，在第十三届全国人民代表大会第三次会议上，全国人民代表大会常务委员会副委员长王晨作关于《中华人民共和国民法典（草案）》的说明。

2020 年 5 月 28 日，十三届全国人大三次会议表决通过了《中华人民共和国民法典》，自 2021 年 1 月 1 日起施行。

十、广告法

《中华人民共和国广告法》（以下简称《广告法》）由中华人民共和国第八届全国人民代表

大会常务委员会第十次会议于1994年10月27日通过，自1995年2月1日起施行。2015年4月24日第十二届全国人民代表大会常务委员会第十四次会议修订，根据2018年10月26日第十三届全国人民代表大会常务委员会第六次会议《关于修改〈中华人民共和国野生动物保护法〉等十五部法律的决定》第一次修正，根据2021年4月29日第十三届全国人民代表大会常务委员会第二十八次会议《关于修改〈中华人民共和国道路交通安全法〉等八部法律的决定》第二次修正。

《中华人民共和国广告法》

表决稿新增规定，利用互联网发布广告，未显著标明关闭标志，确保一键关闭的，将处五千元以上三万元以下的罚款。新广告法明确，任何单位或者个人未经当事人同意或者请求，不得向其住宅、交通工具等发送广告，也不得以电子信息方式向其发送广告。在互联网页面以弹出等形式发布的广告，应当显著标明关闭标志，确保一键关闭。违者将被处五千元以上三万元以下罚款。新法明确，广告不得含有虚假或者引人误解的内容，不得欺骗、误导消费者。禁止在大众传播媒介或公共场所等发布烟草广告；禁止利用其他商品或服务的广告、公益广告，宣传烟草制品名称、商标等内容。

新版《广告法》的一大亮点是完善了广告代言制度，尤其对明星代言和未成年人代言进行了严格限定。明星代言虚假广告的将被禁止代言三年，还将承担连带民事责任。新版《广告法》的一些条款有：

（1）发小广告规定，滥发小广告最高罚3万　新《广告法》规定，任何单位或者个人未经当事人同意或者请求，不得向其住宅、交通工具等发送广告，也不得以电子信息方式向其发送广告。利用互联网发布、发送广告，不得影响用户正常使用网络，确保一键关闭。违反以上两种者，将对广告主处五千元以上三万元以下的罚款。

（2）儿童代言规定，禁10岁以下儿童代言　不得利用不满十周岁的未成年人作为广告代言人；针对不满十四周岁的未成年人的商品或服务广告，不得含有劝诱其要求家长购买广告商品或服务的内容等。

（3）明星代言规定　各类明星将告别任性代言，接广告代言需使用过该产品；广告代言人如果代言虚假广告受到行政处罚，三年内不能再代言。明星代言各类生活用品、男星代言女性用品、童星代言药品在新广告法中这些情形将受到限制。

（4）保健广告规定　对于保健食品广告，要求不能有表示功效、安全性的断言或者保证；不能涉及疾病预防、治疗功能；不能声称或者暗示广告商品为保障健康所必需；不能与药品、其他保健食品进行比较；不能利用广告代言人推荐、证明。

第三节　中国主要食品行政法规

行政法规是指国务院根据宪法和法律，按照法定程序制定的有关行使行政权力、履行行政职责的规范性文件的总称。行政法规的制定主体是国务院，行政法规根据宪法和法律的授权制定，行政法规必须经过法定程序制定，行政法规具有法的效力。行政法规一般以条例、办法、实施细则、规定等形式组成。发布行政法规需要国务院总理签署国务院令。行政法规的效力仅次于宪法和法律，高于部门规章和地方性法规。食品安全相关的行政法规有《中华人民共和国食品安全法实施条例》《农业转基因生物安全管理条例》《乳品质量安全监督管理条例》《生猪屠宰管理条例》以及《国务院关于加强食品等产品安全监督管理的特别规定》等。

一、 食品安全法实施条例

《中华人民共和国食品安全法实施条例》（以下简称《食品安全法实施条例》是根据《食品安全法》制定，2009 年 7 月 20 日由国务院令第 557 号公布，自公布之日起施行。）2019 年 3 月 26 日，国务院第 42 次常务会议审议通过了新修订的《中华人民共和国食品安全法实施条例》，于 2019 年 12 月 1 日起施行。作为《食品安全法》的配套法规，《实施条例》的修订出台，对进一步贯彻落实《食品安全法》，保障食品安全和人民群众生命健康，具有重要意义。

《中华人民共和国食品安全法实施条例》

1. 《食品安全法实施条例》的修订背景

党的十八大以来，以习近平同志为核心的党中央坚持以人民为中心的发展思想，从党和国家事业发展全局、实现中华民族伟大复兴中国梦的战略高度，把食品安全工作放在“五位一体”总体布局和“四个全面”战略布局中统筹谋划部署，在体制机制、法律法规、产业规划、监督管理等方面采取了一系列重大举措。为了以法律形式巩固改革成果，完善食品安全监督管理制度机制，2015 年 4 月，第十二届全国人大常委会第十四次会议通过了新修订的《食品安全法》。新修订的《食品安全法》实施以来，各地区各部门认真贯彻执行，我国食品产业快速发展，安全标准体系逐步健全，检验检测能力不断提高，全过程监管体系基本建立，重大食品安全风险得到控制，人民群众饮食安全得到保障，食品安全形势不断好转。2018 年，我国食用农产品抽检合格率为 97.5%，食品抽检合格率为 97.6%，婴幼儿配方乳粉合格率达到 99.9%。

但也要清醒地认识到，尽管我国的食品安全工作取得积极进展，食品安全形势依然复杂严峻：一是微生物和重金属污染、农药兽药残留超标、添加剂使用不规范、制假售假等问题时有发生，环境污染对食品安全的影响逐渐显现；二是违法成本低，维权成本高，一些生产经营者唯利是图、主体责任意识不强；三是新业态、新资源潜在风险增多，国际贸易带来的食品安全问题增加；四是有些方面制度措施不够健全，落实落细不够，食品安全标准与最严谨标准要求尚有一定差距，风险监测评估预警等基础工作薄弱，基层监管力量和技术手段跟不上；五是一些地方对食品安全重视不够，责任落实不到位，安全与发展的矛盾仍然突出。因此，必须进一步细化《食品安全法》的各项规定，全面落实食品生产经营者和有关部门的义务和责任，保障食品安全。同时，《食品安全法》修订后，2009 年制定的原条例中的很多规定已被纳入《食品安全法》，无需继续保留，有的规定则需要根据新修订的《食品安全法》做出相应修改。此外，监管实践中形成的一些有效做法也值得总结上升为法规规范。

2. 《食品安全法实施条例》修订过程

2016 年 7 月，国家食品药品监督管理总局在广泛听取意见的基础上，起草了《中华人民共和国食品安全法实施条例（修订草案送审稿）》，报国务院审查。收到送审稿后，国务院法制办公室立即启动立法审查工作，根据科学立法、民主立法、依法立法的原则，先后两次征求有关部门、地方政府和有关行业协会、企业的意见，并向社会公开征求意见；赴天津、吉林、黑龙江等地调研；多次召开企业座谈会听取意见。在此基础上，会同食品药品监管总局、国家卫生计生委、质检总局、农业部等部门对送审稿进行了反复研究、修改。2018 年 9 月，国务院食品安全委员会召开第一次全体会议。根据会议精神，司法部会同国家市场监督管理总局等有关部门和单位对条例修订草案作了进一步修改完善，形成了《中华人民共和国食品安全法实施条例（修订草案）》。2019 年 3 月 26 日，国务院常务会议审议并原则通过修订草案。2019 年 10 月 11 日，李克强总理签署第 721 号国务院令，公布《中华人民共和国食品安全法实施条例》，自 2019 年 12 月 1 日起施行。

3. 《食品安全法实施条例》修订的思路

在修订工作中主要把握了以下几点思路：

一是细化并严格落实《食品安全法》，进一步增强制度的可操作性。作为《食品安全法》的配套行政法规，《食品安全法实施条例》的修订工作是在整个食品安全法法律制度大框架下统筹进行的，合理划分了法律、行政法规和部门规章的边界。因此，《食品安全法实施条例》以《食品安全法》为依据，严格遵循《食品安全法》确定的指导思想和基本原则，对《食品安全法》从概念上明确、制度上补充、操作上完善，对法律规定事项的适用情形和条件、处罚标准、监管部门具体职责等作出更具体、更具操作性的规定。

二是坚持问题导向，着眼解决实际问题。在修订过程中，认真梳理《食品安全法》实施以来我国食品安全领域依然存在的问题和出现的新情况，有针对性地完善相关制度措施。针对部门间协调配合不够顺畅、部分食品安全标准之间衔接不够紧密、食品贮存运输环节不够规范、食品虚假宣传时有发生、保健食品市场比较混乱、监督检查手段不够完善、对责任人员处罚力度偏轻等实践中存在的突出问题，对症下药，从制度上查缺补漏，进一步扎紧制度的笼子。

三是重点细化过程管理、处罚规定等内容，进一步夯实食品生产经营者的主体责任。《食品安全法实施条例》细化了企业主要负责人的责任，强化了对食品生产经营有严重违法情形的单位的责任人员处以罚款。立刚性制度于前，施严密监管于中，行猛药去向于后，通过提高违法成本，进一步增强制度的威慑力，督促生产经营者落实食品安全主体责任。

4. 主要内容

《食品安全法实施条例》共十章八十六条，主要包括以下内容。

（1）关于各级人民政府职责　食品安全监管的链条长、环节多，需要各级人民政府在食品安全监督管理工作中发挥统一领导、组织、协调的作用。《食品安全法实施条例》在《食品安全法》的基础上，主要补充了以下几条规定：

一是强调县级以上人民政府要建立统一权威的食品安全监督管理体制，加强食品安全监督管理能力建设，并细化了国务院食品安全委员会和县级以上地方人民政府食品安全委员会的职责，强化食品安全委员会的协调能力。

二是明确乡镇一级政府的职责。食品安全管理重在基层，乡镇一级政府在支持、协助监管部门在基层开展具体工作时具有不可替代的作用。因此，《食品安全法实施条例》规定乡镇人民政府和街道办事处应当支持、协助县级人民政府食品安全监督管理部门及其派出机构依法开展食品安全监督管理工作。

三是强化政府应急能力建设，规定县级以上人民政府应当根据实际情况及时修改、完善食品安全事故应急预案，完善食品安全事故应急管理机制、应急装备，做好应急物资储备和应急队伍建设，加强应急培训、演练。

（2）关于部门间协调配合　2015 年修订的《食品安全法》规定了由食品安全监督管理部

门对食品安全统一监督管理的体制。尽管不再分段监督管理，但由于食品安全工作涉及多个部门，部门之间的协作配合依然重要。2015 年修订的《食品安全法》实施以来，各有关部门加强了合作力度，会商、协调机制逐渐建立和完善起来。但实践中发现，某些工作环节仍存在部门沟通不畅、配合不力的现象。为解决这个问题，《食品安全法实施条例》新增了相关规定，进一步明确部门职责，细化程序规定，减少模糊地带和监管盲区。例如，在食品安全事故处置方面，明确了食品安全监督管理部门、卫生行政部门和疾控机构的具体工作衔接程序；在监督管理方面，细化了食品安全监督管理部门和公安机关之间的案件移送具体程序等。

（3）关于食品安全风险监测和评估　2015 年修订的《食品安全法》实施以来，我国食品安全风险监测与评估机制不断完善，为食品安全工作提供了坚实的技术支撑。在食品安全风险监测与评估方面，《食品安全法实施条例》主要补充了以下三方面内容。

一是强化食品安全风险监测结果的运用。《食品安全法实施条例》在《食品安全法》的基础上，进一步规定食品安全风险监测结果表明存在食品安全隐患，监管部门经调查确认有必要的，要及时通知食品生产经营者。接到通知的食品生产经营者应当立即进行自查，发现食品不符合食品安全标准或者有证据证明可能危害人体健康的，应当依照《食品安全法》的规定停止生产、经营，实施食品召回。通过该机制，食品安全风险监测与食品召回程序实现有效衔接，强化了食品安全风险监测结果的运用，有利于及时消除食品安全隐患。

二是规定国务院有关部门建立食品安全风险交流机制。根据《食品安全法》，县级以上人民政府食品安全监督管理部门和其他有关部门、食品安全风险评估专家委员会及其技术机构应当组织食品安全风险交流。《食品安全法实施条例》进一步规定国务院有关部门建立风险信息交流机制，明确交流的内容、程序和要求。通过国家层面建立相关机制，指导全国地方层面开展食品安全风险交流，促进风险交流常态化和制度化，进一步落实《食品安全法》的要求。

三是加强部门在食品安全风险监测和评估工作中的协调配合。《食品安全法实施条例》规定县级以上各级政府有关部门需开展食品安全风险监测的会商、研判工作，使县级以上各级政府均能全面了解本行政区域的食品安全风险状况。在农业投入品的风险监测和评估上，要求国务院卫生行政、食品安全监督管理等部门发现需要对农药、肥料、兽药、饲料和饲料添加剂等进行安全性评估的，应当向国务院农业行政部门提出安全性评估建议。

（4）关于食品安全标准　食品安全标准是开展食品安全监督管理的重要技术依据。在食品安全标准方面，《食品安全法实施条例》主要细化了以下几方面内容。

一是规范地方标准的制定及纠正程序以及适用范围等。

我国食品安全适用强制、唯一的国家标准；与此同时，《食品安全法》规定了例外情形，在没有食品安全国家标准的情况下，对地方特色食品，可以制定食品安全地方标准。为进一步提高地方标准制定的科学性和规范性，《食品安全法实施条例》规定，制定地方标准应当公开征求意见，并报国务院卫生行政部门备案，地方标准违反法律、法规或食品安全国家标准的，国务院卫生行政部门应当及时予以纠正。

在实践中，一些食品生产经营者对本应实行特殊严格管理措施的保健食品等特殊食品，以地方特色食品名义生产经营，逃避法定义务。如果地方政府对这些食品按地方特色食品出台地方标准，将进一步使这些产品在表面上“合法化”，给食品安全带来隐患。因此。《食品安全法实施条例》明确了特殊食品不属于地方特色食品，不得对其制定食品安全地方标准。

二是允许食品生产经营者提前实施食品安全标准。在征求意见过程中，一些企业、协会建议在《食品安全法实施条例》中明确规定生产经营者可以提前实施食品安全标准。主要理由一是要求生产经营者严格按照新标准确定的实施时间节点执行新标准，在实践中比较困难；二是提前实施不会影响食品安全，也有利于新标准的推广应用。《食品安全法实施条例》采纳了上述意见，规定食品生产经营者可以在食品安全标准规定的实施日期之前实施该标准。

三是对食品生产企业制定企业标准的要求进一步细化。实践中，企业除了可以制定严于食品安全国家标准或者地方标准的企业标准外，还可以制定等同于国家标准或者地方标准的企业标准。食品安全指标等同于国家标准或者地方标准的相应规定的企业标准无需备案，这可以减轻企业备案的负担。

（5）关于落实生产经营者的食品安全主体责任　食品生产经营者是食品安全的第一责任人。食品安全是“产”出来的，也是“管”出来的，但归根到底还是“产”出来的。《食品安全法实施条例》在《食品安全法》的基础上，对进一步落实生产经营者的食品安全主体责任作了细化规定，主要有以下几方面内容。

一是细化企业主要负责人的责任，规定主要负责人要对本企业的食品全面负责，加强供货者管理、进货查验和出厂检验、生产经营过程控制工作。

二是规定贮存、运输有温度、湿度等特殊要求的食品应当具备相应的设备设施并保持有效运行，同时规范了委托贮存、运输食品的行为。

三是规范餐具的集中消毒，规定餐饮服务提供者应当查验、留存服务单位的营业执照复印件和消毒合格证明，建立餐具饮具出厂检验记录制度。

四是针对实践中存在的对食品虚假宣传、误导消费者等问题，明确禁止利用包括会议、讲座、健康咨询在内的任何方式对食品进行虚假宣传，禁止对保健食品之外的其他食品声称具有保健功能。

五是规范网络食品经营，规定网络食品交易第三方平台提供者应当保存入网食品经营者的登记信息和交易信息，配合监管部门的监督检查、案件侦查和事故处理，按照要求向监管部门提供有关信息。

六是完善特殊食品管理制度，对特殊食品的出厂检验、销售渠道、广告管理、产品命名等内容作出规范。

（6）关于食品检验　食品检验是对食品原料、辅料、成品的质量和安全性进行的检验，是保证食品安全，加强食品安全监管的重要技术支撑。《食品安全法》第五章规定了食品检验有关内容。《食品安全法实施条例》针对现实中存在的问题，主要补充了以下几项内容。

一是规定可以制定补充检验项目和检验方法。检验结果是对违法行为定性的重要证据，但在查办一些掺杂抄假案件时，目前并没有相应的食品安全标准规定检验项目和检验方法，也不符合《食品安全法》第一百一十　条规定的食品中有害物质临时限量值和临时检验方法的情形。检验机构经常由于没有法定的检验方法，无法出具有效的检验报告，影响了监管工作的开展。为解决问题，防止出现监管漏洞，《实施条例》规定，对此类情形，国务院食品安全监督管理部门可以制定补充检验项目和检验方法，用于抽样检验、食品安全案件调查处理和食品安全事故处置。

二是规范食品检验信息的发布。实践中，一些组织和个人擅自发布未取得我国资质认定的机构出具的食品检验信息，欺骗、误导消费者。因此，《食品安全法实施条例》规定，任何单位和个人不得发布未依法取得资质认定的食品检验机构出具的食品检验信息，不得利用上述检验信息对食品、食品生产经营者进行等级评定，欺骗、误导消费者。

（7）关于进口食品监管　为保障进口食品安全，《食品安全法》建立了覆盖进口前、进口时、进口后三个环节的全过程监管体系，规定了多项具体制度，如境外食品安全管理体系和食品安全状况评估和审查、生产企业注册、境外出口商代理商备案、口岸检验检疫监管、风险监测、进口和销售记录、风险预警及快速反应等。《食品安全法实施条例》重点细化、补充了以下内容。

一是对部分食品实行指定口岸进口。《食品安全法实施条例》规定国家出入境检验检疫部门根据风险管理需要，可以对部分食品实行指定口岸进口。指定口岸进口是指出入境检验检疫部门根据进口食品的特点，在具有相应软硬件条件的指定口岸对该类进口食品集中实施检验检疫。我国目前开放的口岸条件不一，有些还不能满足进口肉类等高风险食品最基本的检验检疫监管条件，存在较大的安全风险，外来疫情一旦传入，后果不堪设想。实施指定口岸制度能够实现优化资源配置，有效防范风险，提高口岸安全把关效能，体现口岸功能化、专业化、科学化发展趋势。

二是细化了进口商的义务。《食品安全法实施条例》细化了进口商的报检义务，对境外出口商、境外食品生产企业进行审核的义务，进口食品运达口岸后的存放要求等。通过督促进口商履行食品安全义务，将食品安全监管传导到境外出口商和生产企业，从源头上加强进口食品安全监管。

三是明确了进口食品风险预警和控制措施。《食品安全法实施条例》规定境外发生的食品安全事件可能对我国境内造成影响，或者在进口食品、食品添加剂、食品相关产品中发现严重食品安全问题的，国家出入境检验检疫部门应当及时进行风险预警，并可以对相关的食品、食品添加剂、食品相关产品采取退货或者销毁处理、有条件地限制进口、暂停或者禁止进口等控制措施。

四是对食品进口环节长期存在的标准适用问题，《食品安全法实施条例》作出了明确规定："食品安全国家标准中通用标准已经涵盖的食品，不属于《食品安全法》第九十三条规定的尚无食品安全国家标准的食品"，大大减少了食品进口环节标准适用问题的异议；同时规定，境外出口商、境外生产企业或其委托的进口商提交的相关国家（地区）标准或者国际标准，可以由国务院卫生行政部门进行审核，认为符合食品安全要求的，决定暂予适用并予以公布。

（8）关于保健食品监管　保健食品属于特殊食品，安全风险较高，国家对其实行严于一般食品的监管制度。实践中，保健食品的问题主要集中在两个方面：一是原料，主要是非法添加的问题；二是宣称，主要是虚假夸大的问题。针对这两方面问题，《食品安全法》已经作了一系列制度安排。为进一步加强对保健食品的监管，在《食品安全法》基础上，《食品安全法实施条例》主要补充了以下内容。

一是加强生产环节的把关，规定保健食品生产工艺有原料提取、纯化等处理工序的，生产企业应当具备相应的原料前处理能力。

二是加强对销售环节的监管，规定销售者应当核对保健食品标签、说明内容是否与经注册或者备案的内容一致，不一致的不得销售；特殊食品不得与普通食品或者药品混放销售。

三是不允许对保健食品制定食品安全地方标准，防止一些食品生产经营者以地方特色食品的名义生产经营保健食品，逃避法定义务。

（9）关于监督管理制度　为进一步落实对食品安全实行"最严格的监管"的要求，《食品安全法实施条例》主要补充、细化了以下几项内容。

一是补充必要的监管检查方式，规定食品安全监管部门在日常属地管理基础上，可以采取上级部门随机监督检查（飞行检查）、组织异地检查等监察方式。目前，这两种方式已在实践中广泛应用，取得良好效果，《食品安全法实施条例》将实践中的做法进一步上升为规范。开展飞行检查和异地检查有利于及时发现和排除食品风险隐患和问题，督促各级监督管理部门认真履行监管职责，强化监督检查方法及工作经验交流，也有利于排除地方保护主义对监督管理工作的干扰，营造公平公正的市场秩序。

二是加强监管队伍建设，规定国家建立食品安全检查员制度，依托现有资源加强职业化检查员队伍建设，强化考核培训，提高检查员专业化水平。随着科技的发展，食品研发、生产、经营以及使用等活动的专业性、技术性日益增强，食品安全需要高素质、高水平的监管人员来保障。当前，我国食品监督人员数量不足，检查岗位吸引力不强、队伍不稳定与多数检查员应在监管一线的矛盾日益突出。因此，必须切实加强队伍建设，全面提高监管工作水平。《食品安全法实施条例》规定了食品安全检查员制度，旨在全面加强食品安全监管能力建设。

三是完善举报奖励制度，鼓励社会共治。《食品安全法实施条例》明确了举报奖励的资金来源、规定举报奖励资金纳入各级人民政府预算，并规定举报人举报所在企业食品安全重大违法犯罪行为的，应当加大奖励力度，打消内部举报人的后顾之忧。

四是加强食品安全信用监管。《食品安全法实施条例》规定，国务院食品安全监督管理部门应当会同国务院有关部门建立守信联合激励和失信联合惩戒机制，结合食品生产经营者信用档案，建立严重违法生产经营者黑名单制度，将食品安全信用状况与准入、融资、信贷、征信等相衔接，及时向社会公布。通过让失信者“一处失信，处处受限”，完善食品安全信用体系建设，督促市场主体诚信经营。

（10）关于法律责任　《食品安全法》特别规定了对企业负责人个人的行政处罚。即被吊销许可证的食品生产经营者及其法定代表人、直接负责的主管人员和其他直接责任人员自处罚决定作出之日起五年内不得申请食品生产经营许可，或者从事食品生产经营管理工作、担任食品生产经营企业食品安全管理人员。因食品安全犯罪被判处有期徒刑以上刑罚的，终身不得从事食品生产经营管理工作，也不得担任食品生产经营企业食品安全管理人员。本次《食品安全法实施条例》修订也体现了“最严厉处罚”的立法精神，法律责任方面的变化是本次修订中最受关注的内容。

《食品安全法实施条例》第七十五条规定，食品生产经营企业等单位有食品安全法规定的违法情形，除依据食品安全法的规定给予处罚外，存在“故意实施违法行为”“违法行为性质恶劣”或者“违法行为造成严重后果”这三种情形之一的，还要对违法单位的法定代表人、主要负责人、直接负责的主管人员和其他直接责任人员处以其上一年度从本单位取得收入的 1 倍以上 10 倍以下罚款。同时，在《食品安全法实施条例》第六十八条、第七十三条等新设法律责任中也明确要求依照第七十五条的规定对有责任的个人进行处罚。在企业负责人对企业所实施的食品安全违法行为负有责任的情况下，除对企业进行处罚外，通过增加对企业负责人一定力度的罚款，一方面是个人承担法律责任的表现，另一方面达到惩戒的效果，使食品生产经营企业负有责任的个人能够真正履行自己的法律职责。如何让食品企业的管理者真正负起自己的主体责任，是重中之重。而加大处罚力度，特别是增加“罚款到人”制度非常必要。

除了“处罚到人”，《食品安全法实施条例》还在其他方面完善了法律责任。一是细化属于

"情节严重"的具体情形，例如违法行为涉及的产品货值金额2万元以上、违法行为持续3个月以上、拒绝逃避监督检查等，并明确规定对情节严重的违法行为要从重从严给予罚款，为具体执法中的法律适用提供了明确的量化指引。二是针对《食品安全法实施条例》新增的义务性规定，设定严格的法律责任，确保有过必有罚。三是细化食品安全监管部门和公安机关的协作机制，明确行政拘留与其他行政处罚的衔接程序，使行政拘留这一处罚手段在执行上更加顺畅，更好地发挥威慑作用。四是规范大额罚款的决定机关，确保处罚的实施更加规范合理。在执法过程中，如果执法者自由裁量权太大，会影响法制执行的公正性，容易导致腐败滋生。所以在加强处罚的同时，《实施条例》也为处罚权限增加了兜底条款，第八十一条规定，对违法单位或者个人处罚30万元以上罚款的，由设区的市级以上人民政府食品安全监督管理部门决定。在实际执行过程中，国家市场监督管理总局还根据各省、自治区、直辖市的需求出台了《关于〈食品安全法实施条例〉第81条适用有关事项的意见》，指导具体业务。五是在严罚的同时，注重引导企业主动采取措施减轻、消除食品安全风险。《食品安全法实施条例》规定，食品生产经营者依法实施召回或者采取其他有效措施减轻、消除食品安全风险，未造成危害后果的，可以从轻或者减轻处罚，以此保护食品生产经营者依法主动采取措施控制风险、减少危害的积极性。

二、 农业转基因生物安全管理条例

《食品安全法》《农产品质量安全法》等法律文件中对转基因食品或农产品的标识进行了要求，但均未对其具体的食品安全管理进行要求。

《食品安全法》第一百二十五条第三款规定，生产经营转基因食品未按规定进行标示，将视情节严重程度进行处罚。

《食品安全法》第一百五十一条规定，"转基因食品和食盐的食品安全管理，本法未作规定的，适用其他法律、行政法规的规定。"

《农业转基因生物安全管理条例》

《农产品质量安全法》第四十三条规定，"属于农业转基因生物的农产品，应当按照农业转基因生物安全管理的有关规定进行标识。"

我国对转基因产品的管理主要由《农业转基因生物安全管理条例》这一行政法规来规定。2001年5月23日中华人民共和国国务院令第304号公布《农业转基因生物安全管理条例》，其后根据2011年1月8日《国务院关于废止和修改部分行政法规的决定》进行修订，之后根据2017年10月7日《国务院关于修改部分行政法规的决定》进行第二次修订。

修订后的《农业转基因生物安全管理条例》法规全文分八章五十四条，包括总则、研究与试验、生产与加工、经营、进口与出口、监督检查、罚则与附则。

农业转基因生物是指利用基因工程技术改变基因组构成，用于农业生产或者农产品加工的动植物、微生物及其产品，主要包括以下四个方面。

（1）转基因动植物（含种子、种畜禽、水产苗种）和微生物。

（2）转基因动植物、微生物产品。

（3）转基因农产品的直接加工品。

（4）含有转基因动植物、微生物或者其产品成分的种子、种畜禽、水产苗种、农药、兽药、肥料和添加剂等产品。

我国批准的主要是转基因植物。目前批准发放了7种转基因作物安全证书，分别是耐贮存番茄、抗虫棉花、改变花色矮牵牛、抗病辣椒、抗病番木瓜、转植酸酶玉米和抗虫水稻，但实现大规模商业化生产的只有抗虫棉花和抗病番木瓜。此外，我国批准进口进行加工的有大豆、玉米、棉花、油菜和甜菜等转基因原料。进口的农业转基因生物仅批准用作加工原料，不允许在国内种植。在基因工程领域有许多基因工程菌的研究，但目前我国并没有批准任何一株生物工程菌作为食品加工原料。

我国发布的《第一批实施标识管理的农业转基因生物目录》中包括：①大豆种子、大豆、大豆粉、大豆油、豆粕；②玉米种子、玉米、玉米油、玉米粉；③油菜种子、油菜籽、油菜籽油、油菜籽粕；④棉花种子；⑤番茄种子、鲜番茄、番茄酱。

根据《农业转基因生物标识管理办法》，我国转基因食品都有明确标识，如：①转基因直接产品，标识为："转基因×××"；②转基因加工品，标识为：转基因×××加工品或加工原料为转基因×××；③加工产品为转基因原料，但已不含有转基因成分的产品，标识为：本产品为转基因×××加工制成，但本产品中已不再含有转基因成分。

三、乳品质量安全监督管理条例

《乳品质量安全监督管理条例》于2008年经国务院第28次会议审议通过并发布实施，条例对乳品质量安全责任作出明确划分，建立起县级以上地方人民政府对本行政区域内乳品质量安全负总责，各级畜牧、质检、工商、食药、卫生等主管部门负监管责任，乳畜养殖者、生鲜乳收购站、乳制品生产企业和销售者负第一责任的乳品质量安全责任体系。目前条例已实施十余年。

《乳品质量安全监督管理条例》

《乳品质量安全监督管理条例》（以下简称《条例》）共八章六十四条，分为总则、奶畜养殖、生鲜乳收购、乳制品生产、乳制品销售、监督检查、法律责任和附则。

条例第七条规定，"禁止在生鲜乳生产、收购、贮存、运输、销售过程中添加任何物质。禁止在乳制品生产过程中添加非食品用化学物质或者其他可能危害人体健康的物质。"条例是在"三聚氰胺乳粉事件"之后发布的，本条直指核心，要杜绝乳及乳制品生产、储运及销售环节的非法添加行为，保障食品安全。

《条例》的基本原则：质量为主——保证乳品质量安全；分清责任——第一责任、负总责、监管责任；问责制——及时报告、处理，严重事故必须追责。

一个重要概念：什么是乳品？《条例》第二条规定，乳品是指生鲜乳和乳制品，生鲜乳是指未经加工的乳畜原乳。生乳是从符合国家有关要求的健康乳畜乳房中挤出的无任何成分改变的常乳。

进一步明确分段管理体制：畜牧部门负责乳畜饲养和生鲜乳生产、收购；质检部门负责乳制品生产、乳品进出口；工商部门负责乳制品销售监管；食药部门负责乳制品餐饮服务；卫生部门负责乳品管理综合协调，查处重大事故，组织制定乳品国家标准。目前这一部分相关要求在《食品安全法》及监管部门权责中已有变化，条例要求应以《食品安全法》等法律条款为准。

严格限制奶站开办主体：三类主体即乳制品生产企业、乳畜养殖场、奶农专业生产合作社。禁止其他单位和个人开办奶站和收购生鲜乳。

三项许可制度：设立养殖场、养殖小区备案制度；生鲜乳收购站许可制度；生鲜乳运输车辆要领取准运证明，携带交接单。

严格规范生产、收购行为：生鲜乳应当冷藏，超过2h未冷藏不得销售。奶站必须具备六个条件：符合生鲜乳收购站建设规划布局；有符合环保和卫生要求的收购场所；有与收奶量相适应的冷却、冷藏、保鲜设施和低温运输设备；有与检测项目相适应的化验、计量、检测仪器设备；有经培训合格并持有有效健康证明的从业人员；有卫生管理和质量安全保障制度。其中培训应是一般知识，健康证明是一般体检。奶站对挤奶设施、储存运输设施清洗消毒。奶站对收购的生鲜乳进行常规检验：感官、酸度、密度、含碱量。奶站建立收购、销售和检测记录，签订书面合同。

2013年国务院机构改革和职能转变以来，特别是2018年新一轮党和国家机构改革后，乳制品生产经营环节部门监管职责进行了相应调整，与《乳品质量安全监督管理条例》规定存在不一致的地方。农业农村部在2019年公布的《对十三届全国人大二次会议第2282号建议的答复》及2020年公布的《对十三届全国人大三次会议第7630号建议的答复》中均表示，农业农村部将会同有关部门及时进行研究，积极推动并配合做好《乳品质量安全监督管理条例》修订的各项准备工作。但目前条例修订工作尚未正式立项。

《对十三届全国人大三次会议第7630号建议的答复》节选："《乳品质量安全监督管理条例》的实施，完善了乳品质量安全管理制度，明确了监管部门的职责和法律责任，加大了对违法生产经营行为的处罚力度，使我国乳品质量安全得到了显著提升，有效保障了公众身体健康和生命安全。为贯彻落实《乳品质量安全监督管理条例》，我部自2009年起实施全国生鲜乳质量安全监测计划，监测区域覆盖北京、天津等全国30个省（区、市）及新疆生产建设兵团，累计抽检生鲜乳样品约23万批次，做到生鲜乳收购站和运输车年度监测全覆盖。下一步，我部将会同有关部门，加强与企业、行业专家沟通交流，深入开展实地调研，积极推动《乳品质量安全监督管理条例》修订，为乳业健康发展保驾护航。"

第四节　中国主要食品规章

一、食品生产许可管理办法

《食品生产许可管理办法》是国家市场监督管理总局为规范食品、食品添加剂生产许可活动，加强食品生产监督管理，保障食品安全而制定的部门规章。2019年12月23日，经国家市场监督管理总局2019年第18次局务会议审议通过，2020年1月2日由国家市场监督管理总局令第24号发布，自2020年3月1日起施行。

《食品生产许可管理办法》

在中华人民共和国境内，从事食品生产活动，应当依法取得食品生产许可。食品生产许可的申请、受理、审查、决定及其监督检查，适用本办法。食品生产许可证发证日期为许可决定作出的日期，有效期为5年。食品生产许可证分为正本、副本。正本、副本具有同等法律效力。食品生产许可证应当载明：生产者名称、社会信用代码、法定代表人（负责人）、住所、生产地址、食品类别、许可证编号、有效期、发证机关、发证日期和二维码。副本还应当载明食品明细。生产保健食品、特殊医学用途配方食品、婴幼儿配方食品的，还应当载明产品或者产品配方的注册号或者备案登记号；接受委托生产保健食品的，还应当载明委托企业名称及住所等相关信息。食品生产许可证编号由SC（“生产”的汉语拼音字母缩写）和14位阿拉伯数字组成。数字从左至右依次为：3位食品类别编码、2位省（自治区、直辖市）代码、2位市（地）代码、2位县（区）代码、4位顺序码、1位校验码。

《食品生产许可管理办法》提到，申请食品生产许可，应当按照以下食品类别提出：粮食加工品，食用油、油脂及其制品，调味品，肉制品，乳制品，饮料，方便食品，饼干，罐头，冷冻饮品，速冻食品，薯类和膨化食品，糖果制品，茶叶及相关制品，酒类，蔬菜制品，水果制品，炒货食品及坚果制品，蛋制品，可可及焙烤咖啡产品，食糖，水产制品，淀粉及淀粉制品，糕点，豆制品，蜂产品，保健食品，特殊医学用途配方食品，婴幼儿配方食品，特殊膳食食品及其他食品品种、数量相适应的食品原料处理和食品加工、包装、贮存等场所；要具有与生产的食品品种、数量相适应的生产设备或者设施。

保健食品生产工艺有原料提取、纯化等前处理工序的，要具备与生产的品种、数量相适应的原料前处理设备或者设施；应有专职或者兼职的食品安全专业技术人员、食品安全管理人员和保证食品安全的规章制度；要有合理的设备布局和工艺流程等。此外，申请保健食品、特殊医学用途配方食品、婴幼儿配方食品等特殊食品的生产许可，还应当提交与所生产食品相适应的生产质量管理体系文件以及相关注册和备案文件。《食品生产许可管理办法》还就许可证管理、变更、延续与注销等作了明确规定。

二、食品经营许可和备案管理办法

2015年8月31日，国家食品药品监督管理总局令第17号公布《食品经营许可管理办法》，自2015年10月1日起施行。2017年11月7日，国家食品药品监督管理总局令第37号通过《国家食品药品监督管理总局关于修改部分规章的决定》，对《食品经营许可管理办法》进行了修改。2023年6月15日，国家市场监督管理总局令第78号公布《食品经营许可和备案管理办法》，自2023年12月1日起实施，原《食品经营许可管理办法》废止。

《食品经营许可和备案管理办法》

“为了规范食品经营许可和备案活动，加强食品经营安全监督管理，落实食品安全主体责任，保障食品安全，根据《中华人民共和国行政许可法》《中华人民共和国食品安全法》《中华人民共和国食品安全法实施条例》等法律法规，制定本办法。”

“食品经营许可的申请、受理、审查、决定，仅销售预包装食品（含保健食品、特殊医学用途配方食品、婴幼儿配方乳粉以及其他婴幼儿配方食品等特殊食品，下同）的备案，以及相关监督检查工作，适用本办法。”

“在中华人民共和国境内从事食品销售和餐饮服务活动，应当依法取得食品经营许可。下列情形不需要取得食品经营许可：（一）销售食用农产品；（二）仅销售预包装食品；（三）医疗机构、药品零售企业销售特殊医学用途配方食品中的特定全营养配方食品；（四）已经取得食品生产许可的食品生产者，在其生产加工场所或者通过网络销售其生产的食品；（五）法律、法规规定的其他不需要取得食品经营许可的情形。除上述情形外，还开展其他食品经营项目的，应当依法取得食品经营许可。”

“仅销售预包装食品的，应当报所在地县级以上地方市场监督管理部门备案。”“仅销售预包装食品的食品经营者在办理备案后，增加其他应当取得食品经营许可的食品经营项目的，应当依法取得食品经营许可；取得食品经营许可之日起备案自行失效。”“食品经营者已经取得食品经营许可，增加预包装食品销售的，不需要另行备案。”“已经取得食品生产许可的食品生产者在其生产加工场所或者通过网络销售其生产的预包装食品的，不需要另行备案。”“医疗机构、药品零售企业销售特殊医学用途配方食品中的特定全营养配方食品不需要备案，但是向医疗机构、药品零售企业销售特定全营养配方食品的经营企业，应当取得食品经营许可或者进行备案。”

三、 新食品原料安全性审查管理办法

《新资源食品管理办法》于2006年12月26日经卫生部部务会议讨论通过，目的是加强对新资源食品的监督管理，保障消费者身体健康。该办法自2007年12月1日起施行。2013年5月31日，国家卫生和计划生育委员会令第1号公布《新食品原料安全性审查管理办法》。该办法第二十四条决定，废止原卫生部2007年12月1日公布的《新资源食品管理办法》。

《新食品原料安全性审查管理办法》

《新食品原料安全性审查管理办法》是为规范新食品原料安全性评估材料审查工作而制定的法规，经2013年2月5日中华人民共和国卫生部部务会审议通过，2013年5月31日国家卫生和计划生育委员会令第1号公布，自2013年10月1日起施行。根据2017年12月26日国家卫生和计划生育委员会令第18号《国家卫生计生委关于修改〈新食品原料安全性审查管理办法〉等7部门规章的决定》修正。

（一）《新食品原料安全性审查管理办法》修正的主要内容

（1）修改名称　将《新资源食品管理办法》修订为《新食品原料安全性审查管理办法》。

（2）修改新食品原料的定义和范围　新食品原料是指在我国无传统食用习惯的以下物品：动物、植物和微生物；从动物、植物和微生物中分离的成分；原有结构发生改变的食品成分；其他新研制的食品原料。新食品原料不包括转基因食品、保健食品、食品添加剂新品种，上述物品的管理依照国家有关法律法规执行。

（3）取消生产经营和卫生监督相关内容　按照《食品安全法》规定，原国家卫生计生委不再承担食品安全的具体监管任务，《新食品原料安全性审查管理办法》将涉及生产经营和卫生监督的相关内容取消。

（4）增加向社会征求意见程序　受理新食品原料申请后，向社会公开征求意见，在不涉及企业商业机密的前提下，公开其生产工艺及执行的相关标准等。

（5）规定新食品原料现场核查要求　对需要进行现场核查的，组织专家对新食品原料研制及生产现场核查并出具现场核查意见，省级卫生监督机构应当予以配合。同时还规定参加现场核查的专家不参与该产品安全性评估材料的审查表决。

（二）《新食品原料安全性审查管理办法》解决的问题

（1）修改了新食品原料的定义、范围，进一步规范了新食品原料应当具有的食品原料属性和特征。“新资源食品”的名称是《食品卫生法》中提出的，为与《食品安全法》相衔接，将“新资源食品”修改为“新食品原料”。

（2）进一步明确了研发新食品原料的目的。考虑到科学技术发展，今后还会有其他新研制的食品原料，修改了新食品原料的定义、范围，进一步规范了新食品原料应当具有的食品原料属性和特征，避免一些不具备食品原料特征的物品申报新食品原料。

（3）规定了原国家卫生计生委卫生监督中心承担新食品原料安全性评估材料的申报受理和组织开展技术评审，具体程序按照《行政许可法》《卫生行政许可管理办法》有关规定执行。

（4）增加了新食品原料受理后即向社会征求意见的程序。

（5）补充并完善了新食品原料现场核查要求。

（6）增加了新食品原料申请人隐瞒造假处理条款。申请人隐瞒有关情况或者提供虚假材料申请新食品原料许可的，申请人在一年内不得再次申请该新食品原料许可。

四、网络食品安全违法行为查处办法

随着我国电子商务经济的迅猛发展，网络食品安全与人民群众日常生活日益密切，越来越成为食品安全监管关注的焦点。为依法查处网络食品安全违法行为，加强网络食品安全监督管理，保证食品安全，根据《食品安全法》等法律法规，国家食品药品监督管理总局于 2016 年 7 月 13 日制定颁布了《网络食品安全违法行为查处办法》，自同年 10 月 1 日起施行。之后根据 2021 年 4 月 2 日《国家市场监督管理总局关于废止和修改部分规章的决定》（国家市场监督管理总局令第 38 号）修改，自 2021 年 6 月 1 日起施行。

《网络食品安全违法行为查处办法》

《网络食品安全违法行为查处办法》适用于在中华人民共和国境内网络食品交易第三方平台提供者，以及通过第三方平台或者自建的网站进行交易的食品生产经营者违反食品安全法律、法规、规章或者食品安全标准行为的查处。

《网络食品安全违法行为查处办法》对入网食品生产经营者的义务作出了相关规定。

（1）入网食品生产经营者应当依法取得许可并按照许可的类别范围销售食品；入网食品经营者应当按照许可的经营项目范围从事食品经营。

（2）入网食品生产经营者不得从事下列行为。

①网上刊载的食品名称、成分或者配料表、产地、保质期、贮存条件、生产者名称和地址等信息与食品标签或者标识不一致。

②网上刊载的非保健食品信息明示或者暗示具有保健功能；网上刊载的保健食品的注册证书或者备案凭证等信息与注册或者备案信息不一致。

③网上刊载的婴幼儿配方乳粉产品信息明示或者暗示具有益智、增加抵抗力、提高免疫力、保护肠道等功能或者保健作用。

④对在贮存、运输、食用等方面有特殊要求的食品，未在网上刊载的食品信息中予以说明和提示。

⑤法律、法规规定禁止从事的其他行为。

（3）通过第三方平台进行交易的食品生产经营者应当在其经营活动主页面显著位置公示其食品生产经营许可证。通过自建网站交易的食品生产经营者应当在其网站首页显著位置公示营业执照、食品生产经营许可证。餐饮服务提供者还应当同时公示其餐饮服务食品安全监督量化分级管理信息。入网销售保健食品、特殊医学用途配方食品、婴幼儿配方乳粉的食品生产经营者，还应当依法公示产品注册证书或者备案凭证，持有广告审查批准文号的还应当公示广告审查批准文号，并链接至市场监督管理部门网站对应的数据查询页面。保健食品还应当显著标明“本品不能代替药物”。

（4）明确特殊医学用途配方食品中特定全营养配方食品不得进行网络交易。

（5）明确网络食品经营过程中的贮存、运输要求。网络交易的食品有保鲜、保温、冷藏或者冷冻等特殊贮存条件要求的，入网食品生产经营者应当采取能够保证食品安全的贮存、运输措施，或者委托具备相应贮存、运输能力的企业贮存、配送。

《网络食品安全违法行为查处办法》中还规定了市场监督管理部门对网络食品抽样检验的管理办法。“县级以上市场监督管理部门通过网络购买样品进行检验的，应当按照相关规定填写抽样单，记录抽检样品的名称、类别以及数量，购买样品的人员以及付款账户、注册账号、收货地址、联系方式，并留存相关票据。买样人员应当对网络购买样品包装等进行查验，对样品和备份样品分别封样，并采取拍照或者录像等手段记录拆封过程。”

“检验结果不符合食品安全标准的，市场监督管理部门应当按照有关规定及时将检验结果通知被抽样的入网食品生产经营者。入网食品生产经营者应当采取停止生产经营、封存不合格食品等措施，控制食品安全风险。”而针对通过网络食品交易第三方平台购买的样品，应当同时将检验结果通知网络食品交易第三方平台提供者，由网络食品交易第三方平台提供者依法制止不合格食品的销售。入网食品生产经营者联系方式不详的，网络食品交易第三方平台提供者应当协助通知；入网食品生产经营者无法联系的，网络食品交易第三方平台提供者应当停止向其提供网络食品交易平台服务。

五、 网络餐饮服务食品安全监督管理办法

为加强网络餐饮服务食品安全监督管理，规范网络餐饮服务经营行为，保证餐饮食品安全，保障公众身体健康，2017 年 9 月 5 日，国家食品药品监督管理总局局务会议审议通过了《网络餐饮服务食品安全监督管理办法》，11 月 6 日国家食品药品监督管理总局局长签署第 36 号令并公布，自 2018 年 1 月 1 日起施行。

《网络餐饮服务食品安全监督管理办法》

《网络餐饮服务食品安全监督管理办法》适用于“在中华人民共和国境内，网络餐饮服务第三方平台提供者、通过第三方平台和自建网站提供餐饮服务的餐饮服务提供者（以下简称入网餐饮提供者）”。

《网络餐饮服务食品安全监督管理办法》共四十六条，其中明确了入网餐饮服务提供者的主要义务，包括以下内容。

（1）主体资质要求　“入网餐饮服务提供者应当具有实体经营门店并依法取得食品经营许可证，按照食品经营许可证载明的主体业态、经营项目从事经营活动，不得超范围经营。”

（2）公示义务　“入网餐饮服务提供者应当在网上公示菜品名称和主要原料名称，公示的信息应当真实。”

（3）制定并实施原料控制要求的义务　入网餐饮服务提供者应当“选择资质合法、保证原料质量安全的供货商，或者从原料生产基地、超市采购原料，做好食品原料索证索票和进货查验记录，不得采购不符合食品安全标准的食品及原料”。

（4）加工过程控制要求　入网餐饮服务提供者“在加工过程中应当检查待加工的食品及原料，发现有腐败变质、油脂酸败、霉变生虫、污秽不洁、混有异物、掺假掺杂或者感官性状异常的，不得加工使用”。

（5）定期维护设施设备等义务　入网餐饮服务提供者应当“在自己的加工操作区内加工食品，不得将订单委托其他食品经营者加工制作”。“网络销售的餐饮食品应当与实体店销售的餐

饮食品质量安全保持一致。”

六、　食品安全抽样检验管理办法

食品安全抽样检验是食品安全监督抽检与风险监测的基础性工作，是食品安全监督管理部门防控食品安全风险、实现科学监管的重要手段。国家食品药品监督管理总局组建后，认真吸取质检、工商、食品药品监督管理（现为食品安全监督管理部门）等部门相关制度建设的有益经验，于 2014 年 12 月 31 日发布《食品安全抽样检验管理办法》，并自 2015 年 2 月 1 日起施行。新版本由 2019 年 8 月 8 日国家市场监督管理总局令第 15 号公布，于 2019 年 10 月 1 日起施行。2022 年 9 月 29 日，国家市场监督管理总局令第 61 号《国家市场监督管理总局关于修改和废止部分部门规章的决定》对《食品安全抽样检验管理办法》作出修改。

《食品安全抽样检验管理办法》

《食品安全抽样检验管理办法》强化了食品生产经营者的主体责任，要求食品生产经营者应当依法配合市场监督管理部门组织实施的食品安全抽样检验工作，同时要求食品生产经营者收到不合格检验结论后，应当立即采取封存库存问题食品，暂停生产、销售和使用问题食品等措施控制食品安全风险。

2019 年修订的主要内容包括以下七方面：

（1）完善食品安全抽样检验的涵义和范围　着力提高监管的靶向性，根据工作目的和工作方式的不同，将食品安全抽检工作分为监督抽检、风险监测和评价性抽检。首次明确评价性抽检是指依据法定程序和食品安全标准等规定开展抽样检验，对市场上食品总体安全状况进行评估的活动，并明确可以参照本办法有关规定组织开展评价性抽检。同时，坚持原则性和灵活性相结合，对于评价性抽检以及餐饮食品、食用农产品的抽检，规定市场监督管理部门可以参照本办法关于食品安全监督抽检的规定组织开展。

（2）坚持问题导向，完善抽样程序要求　一是落实“双随机一公开”要求，明确食品安全抽样工作应当遵守随机选取抽样对象、随机确定抽样人员的要求。二是针对现场抽样和网络抽样在权利义务告知、现场信息采集、封样、签字盖章确认等方面的区别，分别完善了现场抽样和网络抽样应当履行的程序要求，并对网络食品抽检方式、费用支付、信息采集、样品收集等作出规定。三是着力解决实践中的突出问题，对涉及抽样、检验、样品移交等各环节的时限依法作了进一步明确和完善。四是坚持包容审慎监管，明确市场监督管理部门可以参照本办法关于网络食品安全监督抽检的规定对自动售卖机、无人超市等没有实际经营人员的食品经营者组织实施抽样检验。

（3）完善复检程序规定　调整了申请复检时限、复检机构确定方式，明确复检备份样品移交、报告提交、结果通报等各环节工作时限。规定复检备份样品确认由复检机构实施并记录，改变既往复检机构、初检机构、复检申请人三方确认的做法，提高工作效率。

（4）完善抽样异议处理程序　依法保障食品生产经营者权益，将抽样、检验及判定依据纳入异议申请范围，针对不同的异议情形明确异议提出主体。同时，补充完善了异议提出、受理、审核、结果通报等各环节时限和程序等相关规定要求，提高工作效率。

（5）强化核查处置措施　落实属地监管责任，完善监督抽检信息通报机制，进一步明确国家市场监督管理总局组织的抽检、涉及跨省级行政区域、地方组织的抽检以及网络抽检不合格食品的通报程序，并明确通过食品安全抽样检验信息系统进行通报，提高通报时效性，以便监管部门及时处置、控制风险。

（6）落实“四个最严”要求　严格抽样管理，要求抽样单位建立食品抽样管理制度，明确岗位职责、抽样流程和工作纪律，加强对抽样人员的培训和指导，保证抽样工作质量。严格检验标准，明确监督抽检应当采用食品安全标准规定的检验项目和检验方法。严格承检机构管理，明确承检机构进行检验应当尊重科学，恪守职业道德，保证出具的检验数据和结论客观、公正，不得出具虚假检验报告。同时，落实《食品安全法》及其实施条例，规定没有食品安全标准的，应当采用依照法律法规制定的临时限量值、临时检验方法或者补充检验方法。

（7）强化法律责任　一是依法加大了食品生产经营者无正当理由拒绝、阻挠或者干涉抽样检验、风险监测和调查处理的，拒不召回或者停止经营以及提供虚假证明材料申请异议的处罚力度。二是强化信用惩戒，规定监督抽检结果和不合格食品核查处置的相关信息除依法公示外，还要按要求记入食品生产经营者信用档案；受到的行政处罚等信息还要依法提交至国家企业信用信息公示系统。对存在严重违法失信行为的，按规定实施联合惩戒。三是强化承检机构管理责任，对存在违法行为的，除依法处理外，规定市场监督管理部门五年不得委托其承担抽样检验任务；调换样品、伪造检验数据或者出具虚假检验报告的，终身不再委托。四是强化复检机构承担复检任务的约束，明确无正当理由1年内2次拒绝承担复检任务的，撤销其复检机构资质并向社会公布。

2022年修改的主要内容如下：

（1）将第二十五条第一款修改为：“食品安全监督抽检的检验结论合格的，承检机构应当自检验结论作出之日起3个月内妥善保存复检备份样品。复检备份样品剩余保质期不足3个月的，应当保存至保质期结束。合格备份样品能够合理再利用，且符合省级以上市场监督管理部门要求的，可以不受上述保存时间限制。”

（2）将第二十七条中的“食品安全抽样检验信息系统”修改为“国家食品安全抽样检验信息系统”。

七、食品召回管理办法

为落实食品生产经营者食品安全第一责任，强化食品安全监管，保障公众身体健康和生命安全，2015年2月9日，国家食品药品监督管理总局局务会议审议通过了《食品召回管理办法》。2015年3月11日，国家食品药品监督管理总局毕井泉局长签署第12号令，并于同年9月1日起施行。

《食品召回管理办法》

《食品召回管理办法》内容包括总则、停止生产经营、召回、处置、监督管理、法律责任、附则，共7章46条。《食品召回管理办法》是对不安全食品实施停止生产经营、召回和处置监管的规范性文件，同时适用于食品添加剂和保健食品监管。本办法所称不安全食品，是指“食品安全法律法规规定禁止生产经营的食品以及其他有证据证明可能危害人体健康的食品”，包括：①已经诱发食品污染、食源性疾病或对人体健康造成危害甚至死亡的食品；②可能引发食品污染、食源性疾病或对人体健康造成危害的食品；③含有对特定人群可能引发健康危害的成分而在食品标签和说明书上未予以标识，或标识不全、不明确的食品；④有关法律、法规规定的其他不安全食品。

在生产经营过程中发现不安全食品的，食品生产经营者应当立即停止生产经营；产品已经进入市场的，食品生产经营者应当严格按照期限召回不安全食品，并告知相关食品生产经营者停止生产经营、消费者停止食用，并采取必要的措施防控食品安全风险。

《食品召回管理办法》中所称召回，是指食品生产者按照规定程序，对由其生产原因造成的某一批次或类别的不安全食品，通过换货、退货、补充或修正消费说明等方式，及时消除或减少食品安全危害的活动。食品召回的责任主体主要包括食品生产者、食品集中交易市场的开办者、食品经营柜台的出租者、食品展销会的举办者、网络食品交易第三方平台提供者等，其中食品生产经营者是第一责任人。

我国的食品召回制度依据安全危害程度分为三级：一级召回是已经或可能诱发食品污染、食源性疾病等对人体健康造成严重危害甚至死亡的，或者流通范围广、社会影响大的不安全食品的召回；二级召回是已经或可能引发食品污染、食源性疾病等对人体健康造成危害，危害程度一般或流通范围较小、社会影响较小的不安全食品的召回；三级召回是已经或可能引发食品污染、食源性疾病等对人体健康造成危害，危害程度轻微的不安全食品的召回，或者含有对特定人群可能引发健康危害的成分而在食品标签和说明书上未予以标识，或标识不全、不明确的食品的召回。

八、 食品安全标准管理办法

为规范食品安全国家标准制（修）订工作，根据《食品安全法》及其实施条例，于2010年9月20日经卫生部部务会议审议通过《食品安全国家标准管理办法》，10月20日公布，自2010年12月1日起实施。《食品安全国家标准管理办法》规定了食品安全国家标准规划和制（修）订计划的内容及制定程序、标准起草过程要求、公开征求意见要求、标准审查程序、标准批准发布形式及实施后的管理等。

2023年9月28日国家卫生健康委员会审议通过《食品安全标准管理办法》，自2023年12月1日起施行。原《食品安全国家标准管理办法》同时废止。《食品安全标准管理办法》包括7章，共45条，主要包括以下内容：

《食品安全标准管理办法》

一是明确食品安全标准包括食品安全国家标准和食品安全地方标准。明确食品安全国家标准具体工作程序按照食品安全国家标准审评委员会章程、工作程序执行，进口无国标食品、临时限量值管理按照相关规定执行。

二是明确国家卫生健康委员会、省级卫生健康委员会、食品安全国家标准审评委员会的食品安全标准工作职责。

三是从立项、起草、审查、公布、修订和跟踪评价各环节，突出强调了以风险评估为科学依据、明确标准研制内容、严格项目承担单位技术能力要求、优化委员会审查机制和提升审查效能等相应重点措施。增加标准实施过渡期、标准修改单等方式要求。

四是规定了地方标准职责和备案要求等，明确了地方标准与国家标准衔接要求。

九、保健食品相关管理规定

为加强保健食品的监督管理，保证保健食品质量，原卫生部制定《保健食品管理办法》，共分为7章35条，并于1996年6月1日起实施。《保健食品管理办法》对保健食品的审批，保健食品的生产经营，保健食品标签、说明书及广告宣传，保健食品的监督管理，违反《保健食品管理办法》的处罚进行了规定和规范。2003年6月12日起，卫生部停止受理新的保健食品申报，移交由国家食品药品监督管理局统一审批和监管。《保健食品注册管理办法（试行）》（国家食品药品监督管理局令第 19 号）经国家食品药品监督管理局局务会审议通过，于 2005 年 4 月 30 日公布，自 2005 年 7 月 1 日起施行。

1996 年卫生部在颁发的《保健食品管理办法》中将保健食品定义为：“具有特定的保健功能的食品，即适宜于特定人群食用，具有调节机体功能，不以治疗疾病为目的的食品”。2005 年国家食品药品监督管理局在公布的《保健食品注册管理办法（试行）》中将保健食品定义为：“声称具有特定保健功能或者以补充维生素矿物质为目的的食品。即适宜于特定人群食用，具有调节机体功能，不以治疗疾病为目的，并且对人体不产生任何急性、亚急性或者慢性危害的食品”。

《食品安全法》对保健食品、特殊医学用途配方食品、婴幼儿配方食品的监管做了进一步完善。《食品安全法》中涉及保健食品的主要条款如下。

第七十四条 国家对保健食品、特殊医学用途配方食品和婴幼儿配方食品等特殊食品实行严格监督管理。

第七十五条 保健食品声称保健功能，应当具有科学依据，不得对人体产生急性、亚急性或者慢性危害。

保健食品原料目录和允许保健食品声称的保健功能目录，由国务院食品安全监督管理部门会同国务院卫生行政部门、国家中医药管理部门制定、调整并公布。

保健食品原料目录应当包括原料名称、用量及其对应的功效；列入保健食品原料目录的原料只能用于保健食品生产，不得用于其他食品生产。

第七十六条 使用保健食品原料目录以外原料的保健食品和首次进口的保健食品应当经务院食品安全监督管理部门注册。但是，首次进口的保健食品中属于补充维生素、矿物质等营养物质的，应当报国务院食品安全监督管理部门备案。其他保健食品应当报省、自治区、直辖市人民政府食品安全监督管理部门备案。

进口的保健食品应当是出口国（地区）主管部门准许上市销售的产品。

《食品安全法》对保健食品的具体要求如下所述。

（1）明确了对保健食品实行注册与备案分类管理的方式，改变了过去单一的产品注册制度。

（2）明确了保健食品原料目录和功能目录的管理制度，通过制定保健食品原料目录，明确原料用量和对应的功效，对使用符合保健食品原料目录规定原料的产品实行备案管理。

（3）明确了保健食品企业应落实主体责任，生产必须符合良好生产规范，并实行定期报告等制度。

（4）明确了保健食品广告发布必须经过省级市场监督管理部门的审查批准。

（5）明确了保健食品违法行为的处罚依据。

（6）保健食品原料目录中原料只能用于保健食品生产，不能用于其他食品生产。在保健食品原料目录中，应当包括原料的名称、用量及其对应的功效。有些物质属于药食同源，既可以用于普通食品，也可以用于保健食品，为了清晰地界定保健食品与其他食品的区别，《保健食品原料目录与保健功能目录管理办法》中明确地提出了列入保健食品原料目录的原料，按照目录规定的用量、声称的对应功效只能用于保健食品的生产，这条规定进一步明确了保健食品和其他食品的区别。

随着2015年修订的《食品安全法》的公布，对保健食品管理方面也提出了很多新的要求。因此，国家食品药品监督管理总局于2016年2月24日公布了《保健食品注册与备案管理办法》（国家食品药品监督管理总局令第22号），自2016年7月1日起施行。原《保健食品注册管理办法（试行）》同时废止。新的管理办法共8章75条，分别对保健食品的管理对象、管理机构、注册、注册证书管理、备案、标签和说明书、监督管理、法律责任等方面提出了具体要求。

《保健食品注册与备案管理办法》

新的保健食品管理办法进一步强调了《食品安全法》中将保健食品产品上市的管理模式由原来的单一注册制，调整为注册与备案相结合的管理模式，由原国家食品药品监督管理局和省、自治区、直辖市食药监局分别管理；规定了生产使用保健食品原料目录以外原料的保健食品，以及首次进口的保健食品（属于补充维生素、矿物质等营养物质的保健食品除外）必须通过产品注册。

该管理办法进一步明确了惩罚细则：

（1）重申优化保健食品注册口程序（备案可节约大量行政时间成本）。

（2）强化保健食品注册证书的管理，该办法规定保健食品注册证书有效期为5年。

（3）明确保健食品的备案要求，备案保健品允许使用的原料已经列入保健食品原料目录，首次进口的保健食品中属于补充维生素、矿物质等营养物质的保健食品应当进行备案。

（4）严格保健食品的命名规定。不得使用虚假、夸大或者绝对化、明示或者暗示预防、治疗功能等词语；不得使用功能名称或者与表述产品功能相关的文字；规定同一企业不得使用同一配方注册或者备案不同名称的保健食品，不得使用同一名称注册或者备案不同配方的保健食品。

（5）强化对保健食品注册和备案违法行为的处罚。

2018年3月，国务院进行机构改革，根据第十三届全国人民代表大会第一次会议批准的国务院机构改革方案，将国家工商行政管理总局的职责、国家质量监督检验检疫总局的职责、国家食品药品监督管理总局的职责、国家发展和改革委员会的价格监督检查与反垄断执法职责、商务部的经营者集中反垄断执法以及国务院反垄断委员会办公室等职责整合，组建国家市场监督管理总局，作为国务院直属机构。保健食品由市场监督管理总局下设的特殊食品安全监督管理司负责管理。该司的管辖范围包括保健食品、特殊医学用途配方食品和婴幼儿配方乳粉等特殊食品。

2018年12月18日，《保健食品原料目录与保健功能目录管理颁发》经国家市场监督管理总局2018年第9次局务会议审议通过，经与国家卫生健康委员会协商一致，2019年8月2日由国家市场监督管理总局令第13号公布，颁发共4章26条，自2019年10月1日起施行。

十、食品检验机构相关规定

食品检验工作是加强食品安全监管，保证消费者食用安全的关键环节。食品检验既是对市场销售食品实施安全监控的重要手段，也是对食品原料及加工过程进行安全控制、确保合格产品进入市场的必不可少的重要措施。有效的食品安全监管工作依赖于公正、客观的食品检验结果，科学、严谨的食品检验工作是整个食品安全监管体系的基础。《食品安全法》中，第五章专门对食品检验相关工作进行了规定。其中几个关键问题是，食品检验机构按照国家有关认证认可的规定取得资质认定后，方可从事食品检验活动；食品检验由食品检验机构指定的检验人独立进行；食品检验实行食品检验机构与检验人负责制；县级以上市场监督管理部门应当对食品进行定期或者不定期的抽样检验，并依据有关规定公布检验结果，不得免检。

食品检验机构应符合实验室资质认定（计量认证）和食品检验机构资质认定的相关规定。

1. 检验检测机构资质认定管理办法

依据《计量法》第二十二条和《中华人民共和国计量法实施细则》第七章，所有从事产品质量检测检验的机构，均应进行计量认证。1987 年 7 月 10 日，国家计量局发布的《产品质量检验机构计量认证管理办法》中规定，对产品质量检验机构的计量认证，是考核产品质量检验机构的计量检定、测试的能力和可靠性，证明其具有为社会提供公证数据的资格，并为国际产品质量检验机构的相互承认创造条件。凡为社会提供公证数据的产品质量检验机构，必须进行计量认证。经计量认证合格的产品质量检验机构所提供的数据，用于贸易出证、产品质量评价、成果鉴定作为公证数据，才具有法律效力。

2006 年 4 月 1 日起施行的《实验室和检查机构资质认定管理办法》（国家质量监督检验检疫总局令第 86 号）代替了原有的《产品质量检验机构计量认证管理办法》，规定了实验室资质认定的形式（包括计量认证和审查认可），实验室和检查机构的基本条件与能力，资质认定程序，实验室和检查机构行为规范，监督检查等内容。

为了配套《实验室和检查机构资质认定管理办法》的实施，国家认监委于 2007 年 1 月 1 日开始实施《实验室资质认定评审准则》（国认实函［2006］141 号），共包含 19 个要素，管理要求 11 个，技术要求 8 个。管理要求包括：①组织；②管理体系；③文件控制；④分包；⑤服务和供应品采购；⑥合同评审；⑦申诉和投诉；⑧纠正措施、预防措施和改进；⑨记录；⑩内审；⑪管理评审。技术要求包括：①人员；②设施和环境条件；③检测和校准方法；④设备和标准物质；⑤量值溯源；⑥抽样和样品处置；⑦结果质量控制；⑧结果报告。

自 2015 年 8 月 1 日起施行的《检验检测机构资质认定管理办法》（总局令第 163 号）又取代了《实验室和检查机构资质认定管理办法》。该办法共 7 章 50 条，规定了检验检测机构资质认定条件和程序、技术评审管理、检验检测机构从业规范、监督管理、法律责任等相关内容。

在《检验检测机构资质认定管理办法》出台后，认监委于 2015 年 7 月 29 日出台了《国家认监委关于实施检验检测机构资质认定管理办法的若干意见》（国认实［2015］49 号），就检验检测机构资质认定实施范围、检验检测机构主体准入条件、调整有关检验检测机构资质、资格许可权限、检验检测机构资质认定的技术评审、检验检测机构资质认定证书有效期的衔接、检验检测人员的有关要求、检验检测报告或者证书的责任、检验检测机构资质认定标志、检验检测专用章的规定、检验检测机构资质认定的监督管理、检验检测机构资质认定分类监督管理、检验检测机构资质认定能力验证的规定等相关问题进行了详细的说明。

此外，依据该意见，认监委于 2016 年 1 月 1 日正式实施《检验检测机构资质认定评审准则》。该评审准则共有 15 个配套的工作程序和技术要求：①检验检测机构资质认定公正性和保密性要求；②检验检测机构资质认定专业技术评价机构基本要求；③检验检测机构资质认定评审员管理要求；④检验检测机构资质认定标志及其使用要求；⑤检验检测机构资质认定证书及其使用要求；⑥检验检测机构资质认定检验检测专用章使用要求；⑦检验检测

《检验检测机构资质认定评审准则》

机构资质认定分类监管实施意见；⑧检验检测机构资质认定评审工作程序；⑨检验检测机构资质认定评审准则；⑩检验检测机构资质认定刑事技术机构评审补充要求；⑪检验检测机构资质认定司法鉴定机构评审补充要求；⑫检验检测机构资质认定许可公示表；⑬检验检测机构资质认定申请书；⑭检验检测机构资质认定评审报告；⑮检验检测机构资质认定审批表。

2021 年 4 月 2 日根据《国家市场监督管理总局关于废止和修改部分规章的决定》又对《检验检测机构资质认定管理办法》进行了修改。国家市场监督管理总局主管全国检验检测机构的资质认定工作，并负责检验检测机构资质认定的统一管理、组织实施、综合协调工作，省级市场监督管理部门负责本行政区域内检验检测机构的资质认定工作。

《检验检测机构资质认定管理办法》

2023 年 5 月 15 日市场监管总局第 9 次局务会议通过修订版《检验检测机构资质认定评审准则》，自 2023 年 12 月 1 日起实施。该准则规定：检验检测机构资质认定一般程序的技术评审方式包括现场评审、书面审查和远程评审。根据机构申请的具体情况，采取不同技术评审方式对机构申请的资质认定事项进行审查。

2. 食品检验机构资质认定

卫生部于 2010 年 3 月 4 日颁布实施了《食品检测机构资质认定条件》（以下简称《认定条件》）和《食品检验工作规范》（以下简称《检验工作规范》）两项法规。

其中《认定条件》共 8 章 28 条是从事食品检验的机构“入门”条件，规定了食品检验机构在组织机构、检验能力、质量管理、人员、设施和环境、仪器设备和标准物质等方面应当达到的基本要求。其重点在于推动食品检验机构及其检验人员提高技术能力，规范检验工作行为，保证检验的诚信和公正性。对于使用非标准检验方法开展食品中非法添加物和违禁使用化学物质检验的食品检验机构的认定条件，在《认定条件》中进行规定不符合目前食品检验机构的工作现状，因此将实施研制和使用食品检验非标准检验方法的人员条件（人员数量、职称、专业背景等）仅在《检验工作规范》进行了规定。

《检验工作规范》共二十九条，重点围绕检验人的道德素质、技术素养和其承担的法律责任，食品检验工作中尤其是食品安全突发事件时非标方法的建立和使用，检验数据和检验报告的管理，食品检验中计算机系统的功能要求，以及检验机构怎样为各级食品安全政府监管部门提供更好的技术支持等方面提出相关要求。另外，为及时发现食品安全隐患，制定和调整食品安全风险评估和监测方案，根据《食品安全法》的规定，《检验工作规范》明确了检验机构在食品检验中发现非食用物质时，应当及时向食品检验机构所在辖区县级以上食品安全综合协调部门报告，并保留书面报告的复印件、检验报告和原始记录。

质检总局于 2010 年 11 月 1 日起施行《食品检验机构资质认定管理办法》（国家质量监督检验检疫总局令第 131 号）。该办法分为 6 章，43 条。主要规定了食品检验机构资质认定条件与程序、技术评审工作如何开展、如何对食品检验机构进行监督管理以及违规违法情况的处罚等。食品检验机构资质认定证书有效期为 6 年。食品检验机构需要延续依法取得的资质认定的有效期的，应当在资质认定证书有效期届满 3 个月前，向资质认定部门提出复查换证申请。为了配合《食品检验机构资质认定管理办法》的实施，国家认监委组织制定了《食品检验机构资质认定评审准则》（国认实［2010］49 号），自 2010 年 11 月 1 日起实施。该准则主要对食品检验机构的组织机构、检验能力、工作制度、人员、设施和环境、原始数据报告管理、

《食品检验机构资质认定管理办法》

仪器设备和标准物质等方面进行了细致的规定。随着2015年修订的《食品安全法》的出台，原质检总局也对《食品检验机构资质认定管理办法》进行了修订（国家质量监督检验检疫总局令第165号）。新管理办法对食品检验机构资质认定主管部门、技术评审时间期限、处罚依据等条目进行了修订，于2015年10月1日起实施。同时，国家认监委颁布了配套的《关于实施食品检验机构资质认定工作的通知》（国认实［2015］63号），对食品检验机构资质认定范围、食品检验机构资质认定申请要求、食品检验机构资质认定评审要求、食品检验机构资质认定证书及标志等问题进行了进一步的说明。新规实施后，食品检验机构并存的资质认定（CMA）和食品检验机构资质认定（CMAF）两张证书将统一合并为CMA证书，减少资质认定证书4300余张，从而在规范食品检测资质能力的同时，有效减少对检验检测机构的重复发证。

思考题

1. 阐述《食品安全法》的立法背景及目的。
2. 《食品安全法》的调整范围是什么？
3. 请结合《食品安全法》阐述我国食品法律、法规的制定和监管机制。
4. 《产品质量法》的立法目的和意义有哪些？
5. 《农产品质量安全法》的主要内容是什么？
6. 《食品经营许可和备案管理办法》分类许可的内涵是什么？
7. 举例我国转基因食品明确标识方法。

CHAPTER 3

第三章 食品标准的制定

[学习目标]

1. 了解食品标准制修订原则和制定程序；
2. 掌握企业标准的制定；
3. 理解企业标准制定的意义。

第一节 食品标准制修订原则与制定程序

一、食品标准制修订原则

1. 必须贯彻国家有关政策和法律法规

食品标准直接关系到国家、企业和广大人民的利益。国家的法律法规是维护全体人民利益的根本保证。因此，凡是国家颁布的相关法律法规都应贯彻。食品标准中的所有规定均不得与相关法律法规相违背。

2. 积极采用国际标准，注意标准间的协调性

在制定食品标准时，有国际标准和国外先进标准的，要积极采用。采用国际标准实际上是一种技术引进，有利于消除贸易技术壁垒，促进国际间产品的贸易和经济合作。但采用国际标准时要充分考虑我国的国情、自然条件。由于国家安全、保护人身体健康和安全、保护环境或技术问题，与国际标准存在一定的差异也是必要的。能等同采用的尽可能等同采用，不能等同采用的可以修改采用。采用国际标准应优先采用与食品标准有关的安全（卫生）、环保、原材料和食品检验方法标准。协调性是针对标准之间的，由于标准是一种成体系的文件，各个标准之间存在着广泛的内在联系。因此，一定范围内的标准是互相联系、互相衔接、互相补充、互相制约的。各种标准之间只有相互协调、相辅相成，才能保证生产、流通、使用和管理等各环

节之间协调一致，从而充分发挥标准系统的功能，获得良好的系统效应。要达到标准整体协调，必须注意每项标准都应遵循现有基础标准的有关条款，尤其涉及术语、量、公差、单位、符号、缩略语及检验检测方法等的，更应注意相关标准间的协调一致。标准的本质是统一，因此制定食品标准时也要遵循统一的原则。制定食品标准应做到与现行食品标准的协调、配套，避免重复，更不能与现行标准相抵触。制定食品企业标准时，应以现行相应的食品国家标准为准则，技术指标应严于现行国家标准、行业标准或地方标准。

3. 坚持统一性

统一性是对标准编写及表达方式最基本的要求。

统一性是指在每项标准或每个系列标准内，标准的结构、文体和术语应保持一致。统一性强调的是内部的统一，即一项标准内部或一系列相关标准内部的统一。

如果一项标准中的各个部分或系列标准中的几个标准一同起草，或者所起草的标准是一项标准的某个部分或系列标准中的一个标准，这时，应注意以下几个问题的统一性。

（1）标准结构的统一性　标准或标准各部分之间的结构应尽可能相同。标准或部分中的章、条的编号应尽可能相同。一个企业的产品标准也应有自己的特色的统一性。

（2）文体的统一性　类似的条文应由类似措辞来表达；相同条文应由相同的措辞来表达。

（3）术语的统一性　在每项标准或系列标准内，某一给定概念应使用相同的术语。对于已定义的概念应避免使用同义词。每个选用的术语应尽量只有唯一的含义。对于相关标准，虽然不是系列标准也应该考虑统一性问题。

统一性有利于人们对标准的理解和执行，避免同样内容不同表达方法导致标准使用者产生疑惑。

4. 充分考虑使用要求和生产实际

食品生产的根本目的，是为了满足广大消费者的消费需求。因此，制定食品标准要充分考虑使用要求，要从使用者的实际需要出发来制定食品标准。满足使用要求应包括各方的使用要求，也就是说不但要满足使用者的要求，还要满足生产者以及检测者的要求。在考虑这些因素的同时，还要考虑实际生产的可能性，也就是标准的可实践性，即要保证生产工艺能够实现，也就是标准制定出来以后，企业能够通过技术手段来实现。

5. 遵循技术上先进和经济上合理的原则

制定食品标准时，应力求反映科学研究、技术革新和生产实践的先进成果，只有这样技术标准才能促进生产发展和技术进步。但任何先进技术的采用和推广都受着经济条件的制约。因此，要求食品标准技术先进，并不是盲目地追求高指标，还要考虑它的经济性，是否符合我国的实际情况和消费者的需求，既要注重吸纳采用先进的技术成果，也要充分考虑经济上的合理性，提高技术标准水平必须与取得良好的经济效益统一起来。

6. 坚持以科学试验和实践经验为基础

科学性是标准的最基本特性，标准反映了某一时期的科学技术发展水平。标准只有以一定的科学技术理论及科学试验为依据，并经生产实践的验证制定出来，才会具有可操作性。用先进的科学技术和生产经验才能促进生产力的发展，否则所制定的标准就有可能阻碍生产力的发展。

7. 适时复审

标准具有时效性，它是特定的科学技术发展水平和特定的经济环境条件的产物，随着科学技术的快速发展和经济环境的改善，标准的不适应性会日益显现。食品标准也是一样，随着社会主义市场经济的不断完善，人们的生活水平日益提高，对食品质量的要求越来越高，“标龄”过长的食品标准会不适应社会的发展，需要新的标准来替代。我国与世界各国之间的贸易和交往日趋频繁，人们的饮食文化相互影响、相互渗透，新的食品层出不穷，也促使食品标准不断更新。因此，一项新的食品标准发布后，标准起草和编写部门还要适时对标准进行复审，特别是当新的食品国家标准发布后，与之相关的行业标准、地方标准、团体标准和企业标准都要复审，以保证各层次标准的协调统一和有效。在没有新的食品国家标准发布的情况下，各层次的食品标准也要定期进行复审。根据《中华人民共和国标准化法实施条例》和《企业标准化管理办法》规定，国家标准、行业标准和地方标准的复审周期一般不超过五年，团体标准和企业标准的复审周期一般不超过三年。复审结果分为三种情况，确认有效、修订和废止。标准的批准发布部门应及时向社会公布标准的复审结果。

二、食品标准的制定程序

标准制定是标准化工作的核心工作，要想有效地开展标准化工作，标准的制定就应该有计划、有组织、有秩序地按一定程序进行。食品标准的制定程序与一般标准的制定程序是一致的。借鉴世界贸易组织（WTO）、国际标准化组织（ISO）和国际电工委员会（IEC）关于标准制定阶段划分的规定，结合我国的实际情况，我国确立了国家标准的制定程序，即：预备阶段、立项阶段、起草阶段、征求意见阶段、审查阶段、批准和备案阶段、复审阶段。行业标准、地方标准、团体标准、企业标准的制订程序可以此为参照，在保证质量的前提下，可根据实际情况，简化各阶段的某些环节或步骤。标准制定程序如图3－1所示。

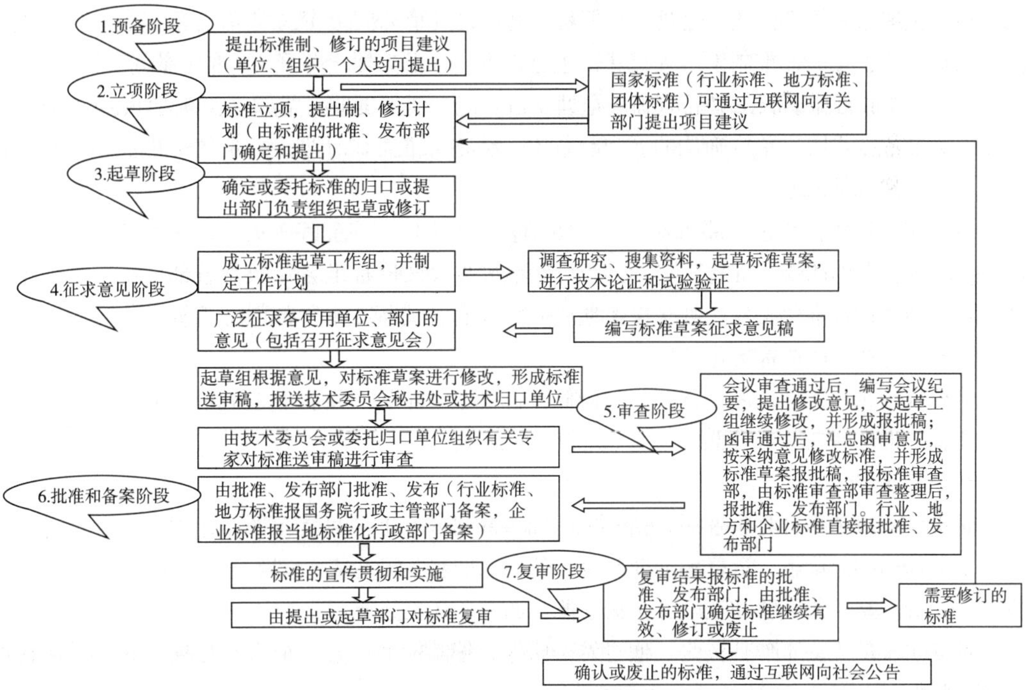

图3－1　标准制定流程

1. 预备阶段

预备阶段是标准计划项目的提出阶段。

国家标准、行业标准和地方标准的制定，需预先提出项目建议。各级标准化行政主管部门可以随时向社会征集标准制修订项目建议，各有关部门、单位、组织或个人也可以随时提出和上报标准制修订项目建议。

标准的制定项目建议应包括：拟制定的标准名称和范围，标准草案或大纲，制定该标准的依据、目的、意义及主要工作内容，国内外相应标准及有关科学技术成就的简要说明，工作步骤及计划进度、工作分工，制定过程中可能出现的问题和解决措施，经费预算等。

2. 立项阶段

确定制定标准的项目，通常称为标准立项。立项的目的是保证标准的统一性和协调性，避免标准的交叉和重复制定。

食品安全国家标准的立项，是根据《食品安全标准管理办法》，由国家卫生健康委员会依法会同国务院有关部门负责食品安全国家标准的制定、公布工作。国家卫生健康委员会同国务院有关部门，根据食品安全国家标准规划制定年度实施计划，并应公开征求意见。各有关部门认为本部门负责监管的领域需要制定食品安全国家标准的，应当在每年编制食品安全国家标准制定计划前，向国家卫生健康委员会提出立项建议。任何公民、法人和其他组织都可以提出食品安全国家标准立项建议。立项建议应当包括：要解决的主要食品安全问题、立项的背景和理由、现有食品安全风险监测和评估依据、可能产生的经济和社会影响、标准起草候选单位等。国家卫生健康委员会采取招标、委托等形式，择优选择具备相应技术能力的单位承担食品安全国家标准起草工作。

地方标准的立项审批与国家标准的立项审批基本相同。地方标准由省、自治区、直辖市人民政府卫生健康主管部门统一管理。各级标准化行政主管部门负责对各有关部门、单位、组织或个人提出和上报的标准制修订项目建议进行审查、批准立项，并下达标准制修订项目计划。

行业标准由行业标准归口部门统一管理。在制定行业标准时，需要经过标准化技术委员会及专业标准化技术归口单位确认的标准起草单位制定标准工作计划，并成立标准起草小组，由专门人员负责标准的起草工作。

国务院标准化行政主管部门统一管理团体标准化工作。国务院有关行政主管部门分工管理本部门、本行业的团体标准化工作。县级以上地方人民政府标准化行政主管部门统一管理本行政区域内的团体标准化工作。县级以上地方人民政府有关行政主管部门分工管理本行政区域内本部门、本行业的团体标准化工作。

企业标准则由企业的有关部门提出制修订标准立项申请，由企业法人或企业法人授权的负责人审批，批准后向各有关部门下达标准制修订计划。

3. 起草阶段

标准制修订项目计划下达后，由标准的归口部门或标准项目提出部门组织标准制修订工作小组，也称标准起草组，负责标准的起草工作。标准起草组的成员应当由熟悉食品生产、检验、安全，有较丰富实践经验和较好文字表达能力的专业人员组成。

起草阶段的主要工作任务是：通过调查研究，编制标准草案（征求意见稿）及其编制说明和有关附件。

（1）调查研究　各类技术资料是起草食品标准的依据，是否充分掌握有关资料直接影响食品标准的质量。因此，起草阶段必须进行广泛的调查研究，通过调查研究主要搜集以下几方面资料。

①国内外有关标准及法规：包括同一或同类标准化对象的各种技术标准及相关法律法规。

②国内外最新科技成果：包括有关科技文献、出版物、专利、科研成果等，由此获得大量的技术情报，掌握国内外相关科学技术发展的水平和趋势，准确地确定标准的技术水平。

③生产实践资料、生产的技术水平等。

④试验数据：列入标准的技术要求必须以试验数据为依据，对标准的技术内容或技术指标应进行反复的试验验证。

（2）起草征求意见稿和编制说明　进行整理、分析、对比、选优后，根据标准化的对象和目的，按技术标准编写要求起草标准征求意见稿和编制说明。起草标准可由一个人执笔，也可分成若干部分分别由几个人起草，最后由一个人整理完成，经起草小组集体讨论后定稿。编制说明的主要内容包括：

①任务来源，起草单位，协作单位，主要起草人，工作概况。

②制定标准的必要性和意义。

③主要起草（工作）过程。

④制定标准的原则和确定主要技术指标、试验方法的依据。

⑤有争议条款的说明。

⑥采用国际标准或国外先进标准的程度，以及与国内外同类标准水平的对比情况。

⑦标准性质的建议：推荐性标准、强制性标准或条文强制标准。

⑧与现行法律、行政法规、标准的关系。

⑨其他应说明的事项。

⑩参考标准、文献、资料目录。

以上内容，依具体标准草案而定，不是所有编制说明都具备的内容。

4. 征求意见阶段

标准草案征求意见是制定标准的重要环节，要做到周密、细致、完备。征求意见的期限一般不超过三个月。征求意见稿要经专业技术委员会或提出单位技术负责人审核同意后，方可对外征求意见。发往征求意见的单位应是与本标准有密切关系的生产、使用、科研、监督检验单位及有关大专院校。企业标准征求意见，还应将标准草案（征求意见稿）分发企业内有关部门征求意见。征求意见时，要明确征求意见期限。被征求意见单位应在规定的期限内回复意见，逾期不回复的按无意见处理。回复意见涉及重要技术指标时，应附上必要的技术数据。

标准起草小组对返回的意见要汇总整理，逐条讨论、确定处理结果。对意见的处理应填写《意见汇总处理表》，作为审查会讨论的依据和报批标准的附件。标准起草小组依据处理结果，修改征求意见稿，提交标准归口部门或提出部门审查同意，形成标准送审稿。

5. 审查阶段

国家标准与地方标准的审查由各专业技术委员会组织有关专家进行，一要审查标准草案是否与国家有关法律法规、行政规章、强制性标准相抵触；二要审查技术内容是否符合实际和科学技术的发展方向，技术要求是否先进合理，是否符合市场需求等。审查标准送审稿，可采取会审，也可采取函审。对技术内容复杂、涉及面广、分歧意见较多的食品标准宜采用会议审查；

特殊情况或标准技术内容简单、意见分歧少、较成熟的标准可以采取函审。依据《关于加强强制性标准管理的若干规定》，强制性标准必须会议审查。参加审查会的代表应包括行政机关、生产、使用、经销、科研、检验以及大专院校等各有关方面的专家或长期从事与标准有关的科研、生产或检验工作、具有较丰富实践经验的人员。使用方面的代表人数不应少于四分之一。会议审查如需表决，必须有出席会议代表人数的四分之三同意为通过。企业标准的审查会由企业自行组织。

标准审查会应充分发扬民主，尽量听取各方不同意见，对代表提出的合理意见应积极采纳，对有分歧的技术内容可通过民主协商的方式达成一致意见。对在审查会上提出的主要修改意见，要形成会议纪要，修改内容较多的可作为会议纪要附件处理。对需要起草小组会后落实的内容，起草小组落实后要及时将落实的结果通知与会代表或专家。审查会结束后，起草小组应根据会议决定的修改内容，将送审稿改写为报批稿。

6. 批准和备案阶段

审查通过后，由标准化行政主管部门统一编号、批准、发布。食品安全国家标准由国家卫生健康委员会会同国务院有关部门公布，由国家标准化管理委员会提供编号。地方标准由省级卫生健康主管部门批准、发布，团体标准由行业产业协会联合企业发布，企业标准由企业法人代表或法人代表授权的主管领导批准、发布。经审查不符合要求的标准草案将予以退回。涉及国际贸易的强制性食品标准，应根据我国关于《制定、采用和实施标准的良好行为规范》的承诺，向世界贸易组织各成员国通报，自通报之日起60天之内，无反对意见，国务院标准化行政主管部门方可批准、发布。

国家鼓励社会团体通过标准信息公共服务平台自我声明公开其团体标准信息。社会团体到标准信息公共服务平台上自我声明公开信息的，需提供社会团体法人登记证书、开展团体标准化工作的内部工作部门及工作人员信息、团体标准制修订程序等相关文件，并自我承诺对以上材料的合法性，真实性负责。

企业产品标准批准发布后，须报当地政府标准化行政主管部门和有关行政主管部门备案。

7. 复审阶段

标准发布实施后，制定标准的部门应当根据科学技术的发展、生产的进步和消费者需求的变化，适时进行复审，以确认现行标准继续有效或者予以修订、废止。在我国标准化实际工作中，国家标准和地方标准的复审周期一般不超过五年。随着科学技术的发展，标准的复审周期将越来越短。企业标准则应根据国家标准和地方标准的更替，及时复审，复审周期一般不超过三年。

标准的复审结果分为：继续有效、修订或废止。国家标准的复审工作应纳入专业标准化技术委员会的日常工作计划。各专业标准化技术委员会每年向国务院标准化行政主管部门报告标准的复审结论，国务院标准化行政主管部门应对报送的复审结论进行审查、确认和批复，并及时向社会公告。经复审确认继续有效的标准，其顺序号、年代号不变；重版印刷时，在国家标准的封面上、国家标准编号下写明“××××年确认有效”。需要修订的标准，应列入国家标准制修订计划，按照标准的制修订程序进行修订；与国家现行法律法规、行政规章、强制性标准相抵触或内容已不适应当前的经济建设和科学技术发展需要的标准应予以废止。地方标准的复审由地方标准化行政主管部门提出复审计划，标准的提出或技术归口机构负责具体的复审工作，并应将复审结果报地方标准化行政主管部门确认和批复，复审结果由标准化行政主管部门向社会公告。企业产品标准由企业自行复审，复审后报当地标准化行政主管部门重新备案。

第二节 食品企业标准的制定

随着经济全球化和贸易自由化的进一步加深，企业拥有更多的机会参与国际竞争，参与竞争的条件之一就是遵循国际上现行的技术和贸易标准。“得标准者得天下”，标准的作用已不只是企业组织生产的依据，而是企业开创市场继而占领市场的“排头兵”。同时大量的跨国集团公司进入中国市场，也为企业提供了采用和制定先进技术标准的示范作用。此外，也给了企业参与制定国际产业游戏规则的空前机遇，作为世界贸易组织的成员之一，企业有机会了解国际上相关产业发展的最新动向，参与国际标准化活动和参与国际机构标准的制定工作，从而为突破他国的技术壁垒提供了路径。

《标准化法》第六条第二款规定，“企业生产的产品没有国家标准和行业标准的，应当制定企业标准，作为组织生产的依据。企业的产品标准须报当地标准化行政主管部门和有关行政主管部门备案。《中华人民共和国标准化法实施条例》第十七条第一款规定，“企业生产的产品没有国家标准、行业标准和地方标准的，应当制定相应的企业标准，作为组织生产的依据。企业标准由企业组织制定（农业企业标准制定办法另定），并按省、自治区、直辖市人民的规定备案。”

《企业标准化管理办法》规定企业标准由企业制定，由企业法人代表或法人代表授权的主管领导批准、发布，由企业法人代表授权的部门统一管理。企业产品标准有以下几种。

（1）企业生产的产品没有国家标准、行业标准和地方标准的，应制定企业产品标准。

（2）为提高产品质量和技术进步，制定严于国家标准、行业标准和地方标准的企业产品标准。

（3）对国家标准、行业标准的选择或补充的标准。

（4）工艺工装、半成品和方法标准。

（5）生产、经营活动中的管理标准和工作标准。

《企业标准化管理办法》第十四条规定，“企业产品标准，应在发布后三十日内办理备案。一般按企业的隶属关系报当地标准化行政主管部门和有关行政主管部门备案”。

根据《食品安全法》以及《中华人民共和国食品安全法实施条例》（2019 年修订版）规定，对于制定的企业标准明确规定以下几点。

（1）食品生产企业不得制定低于食品安全国家标准或者地方标准要求的企业标准。

（2）食品生产企业制定食品安全指标严于食品安全国家标准或者地方标准的企业标准的，必须报省、自治区、直辖市人民政府卫生行政部门备案。

（3）食品生产企业制定企业标准的，应当公开，供公众免费查阅。

《国家卫生计生委办公厅关于进一步加强食品安全标准管理工作的通知》（国卫办食品函〔2016〕733 号）：严于食品安全国家标准、地方标准是指，企业标准中的食品安全指标严于国家标准或者地方标准的相应规定；企业标准备案是指卫生行政部门将企业标准中食品安全相关内容材料进行登记、存档、公开、备查的过程。进一步明确了企业标准备案范围，是食品安全指标严于国家标准或者地方标准的相应规定，并确定了企业标准备案的性质，只对备案材料进行登记、存档、公开、备查的过程，备案不是行政许可，也不是行政审批，不作为准予生产和保证企业食品安全的依据。

原卫生部关于食品安全企业标准备案问题的批复（卫监督函〔2010〕66 号）：根据《食品安全法》第二十五条、第二十九条规定，食品生产企业取得相应资质后可以生产食品，但生产没有食品安全国家标准或者地方标准的食品时，应当制定企业标准，并向省级卫生行政部门备案。没有取得相应资质的食品生产者办理所谓的企业标准备案的，卫生行政部门不应受理。

这里需要注意的是，并不是所有没有食品安全国家标准或地方标准的食品都可以制定企业标准。比如《卫生部办公厅关于干酪素、苦荞油、苦荞黄酮等食品安全企业标准备案问题的复函》中明确：苦荞油、苦荞黄酮是由苦荞皮壳中分离生产的物质，不属于普通食品，在我国尚无食用习惯，应当按照《新食品原料安全性审查管理办法》的规定进行安全性评估和申报。

《卫生部质检总局关于规范食品添加剂标准管理的公告》（卫生部　质检总局公告 2011 年第 6 号）：生产企业应当按照国家标准或者指定的食品添加剂标准组织生产，生产企业不需要制定食品添加剂产品企业标准，省级卫生行政部门和地方标准化行政主管部门不再对食品添加剂产品企业标准进行备案。食品添加剂不得制定企业标准，必须执行国家标准或者指定的食品添加剂标准组织生产。

国家市场监督管理总局在 2018 年 12 月 20 日明确指出："食品安全标准包括食品安全国家标准、地方标准以及依法备案有效的企业标准。"这表明，《食品安全法》中的"企业标准"是食品安全标准。2018 年 12 月 25 日又明确指出："产品标准可以是食品安全国家标准、食品安全地方标准、食品安全企业标准或其他国家标准、行业标准、地方标准和企业标准"。这明白无误地表明，"食品安全企业标准"与"其他企业标准"不可混为一谈。《食品安全法》中的"企业标准"属于"食品安全标准"，是强制执行标准！

《食品安全法》第三十条国家鼓励食品生产企业制定严于食品安全国家标准或者地方标准的企业标准，在本企业内部适用，并报省、自治区、直辖市人民政府卫生行政部门备案。

各地企业标准备案管理办法匀按照《食品安全法》以及《食品安全法实施条例》等法规制定的，有高度的一致性，但在"一致性"的达到方式上有一定的个性化。

北京市卫生健康委员会在《北京市食品生产企业食品企业标准备案办法（征求意见稿）》的编制说明中提到"考虑强制执行的食品安全标准只包括食品安全国家标准、食品安全地方标准，不包括企业标准，将文件名称改为《北京市食品生产企业食品企业标准备案办法》"。同时该编制说明给出了企业标准备案主体"认定食品生产企业应具有以下两种材料之一：①食品生产许可证；②经营范围包含食品生产或者食品加工内容的营业执照。"北京拟明确企业标准不是食品安全标准。企业标准 备案主体要求是符合国家法规"取得相应资质"的食品生产企业。

上海市卫生健康委员会《上海市食品安全企业标准备案办法（2021 版）》（沪卫规〔2021〕16 号）：市卫生健康行政部门负责新食品原料、特殊膳食用食品、生食水产品、乳及乳制品、保健食品的企业标准备案工作；企业注册地址位于浦东新区的，由浦东新区卫生健康行政部门负责上述产品企业标准备案工作；区卫生健康行政部门负责企业注册地址位于辖区，除前款规定以外的食品类别企业标准备案工作。卫生健康行政部门应当根据市“一网通办”的规定，依托全流程一体化在线政务服务平台，开展食品安全企业标准备案工作。市卫生健康行政部门接收企业标准备案资料后，对材料齐全且符合备案要求的应当当场办结，并在企业标准文本封面上标注备案号。市卫生健康行政部门应当在指定的网站上公布备案的企业标准，供公众免费查阅、下载。

山东省卫生健康委员会《关于规范和改进全省食品安全企业标准备案工作的通知》［鲁卫食品字〔2019〕1号］：普通食品类企业标准名称或内容有保健、疾病预防、治疗功能声称或有严重歧义和误导性表述、不体现食品属性的不予备案。《食品安全法》规定的“特殊食品”申请企业标准备案的，应具备相关主管部门的批准（或备案）文件。如已备案企业标准中食品安全相关内容与国家标准或者地方标准冲突的，该备案自行废止。企业应修订并重新备案。企业重新备案后，原备案废止。对特殊食品的要求其实也是特别指出的“取得相应资质”的食品生产企业才可以进行企业标准备案，没有食品安全国家标准或地方标准的可以制定企业标准，但在执行过程中，一旦与国家标准或者地方标准有所冲突，该备案自行废止，企业应修订并重新备案。

黑龙江省卫生计生委《黑龙江省食品安全企业标准备案办法》（黑卫食品规发〔2018〕27号）：黑龙江省卫生健康委员会委托市级卫生健康行政部门开展并管理辖区内的企业标准备案工作，负责对市级卫生健康行政部门的企业标准备案工作进行指导和监督。企业应承诺申报备案的企业标准中至少一项食品安全指标严于国家标准或者地方标准的相应规定，其他食品安全相关内容符合相应法律法规、国家标准、地方标准及其他有关规定。企业取得的企业标准登记号仅为该企业标准已经完成备案的凭证，不作为准予生产和保证企业食品安全的依据。

福建省卫生计生委《福建省食品安全企业标准备案管理办法》（闽卫监督〔2018〕5号）：省级卫生计生行政部门负责专供婴幼儿、孕产妇等特定人群的主辅食品的企业标准备案工作。设区市卫生计生行政部门、平潭综合实验区卫生计生局负责辖区内除前款规定以外的食品类别企业标准备案工作。集团公司所属企业适用统一的企业标准的，可以由集团公司总部或者其所属任一生产企业申请备案。该企业标准备案时，应当注明适用的各企业名称及地址。委托加工或者授权制造的食品，委托方或者授权方已经备案的企业标准，受托方或者被授权方无需重复备案。但委托方或者授权方在备案时，应当注明受托方或者被授权方的名称及地址。委托方无相关企业标准的，以及受托方不执行委托方标准的，受托方应当制定企业标准，并按照规定备案。福建对“集团公司与子公司或分公司”“委托方与受托方”做了规定：集团公司可以适用统一的企业标准，由集团或所属任一生产企业申请备案即可，但需要注明适用企业名称及地址；委托方已备案的受托方可以使用但需要注明受托方名称及地址，委托方没有企业标准或受托方不采用的，受托方应当制定企业标准并备案。总之就是所生产的产品必须有其执行的标准。

河北省卫生计生委《河北省食品安全企业标准备案管理办法》（冀卫规〔2017〕6号）：委托生产食品的，由委托方在其所在地备案。保健食品还需提供保健食品批准证书影印件。企业标准的备案有效期为五年。河北省对于委托加工食品企业标准的要求比较特殊，直接要求由委托方在其所在地备案；对保健食品也是做了提供“批准证书”的要求。

宁夏回族自治区卫生计生委《宁夏回族自治区食品安全企业标准备案管理办法（修订版）》

（宁卫计办发〔2017〕398 号）：宁夏对“集团公司与子公司或分公司”“委托方与受托方”的规定与福建省的大致相同，企业标准与食品安全国家标准或地方标准冲突的，自动废止，与山东等地区相同。

新疆维吾尔自治区卫生计生委《新疆维吾尔自治区食品安全企业标准备案实施办法》（新卫通发［2017］8 号）：有效期内，企业名称发生变更的，更名后企业应当按照本办法规定重新备案企业标准。备案同时，向办理机构提供变更书面说明及变更后营业执照复印件。企业名称发生变更的要求重新备案企业标准；对保健食品企业标准备案另有规定，本办法不适用。

一、食品企业产品标准备案的作用

（1）便于对企业执行标准情况实施管理。经过备案，便于当地标准化行政主管部门掌握所辖地区企业执行标准的情况，实行有效管理。

（2）便于准化行政主管部门和有关行政主管部门监督检查企业执行有关强制性标准情况，如发现有标准没执行强制性标准的，提出修改建议或令其改进或责令停业执行。

（3）备案标准可作为产品质量纠纷的仲裁依据。经标准化行政主管部门备案的企业产品标准具有法律效力，增强了公正性，提高了可信度，避免了企业标准可能出现的随意性。用它作为仲裁检验依据，容易得到顾客的认同。

二、食品企业标准体系总要求

2021 年修正的《食品安全法》第三章食品安全标准中规定：

第二十四条 制定食品安全标准，应当以保障公众身体健康为宗旨，做到科学合理、安全可靠。

第二十五条 食品安全标准是强制执行的标准。除食品安全标准外，不得制定其他食品强制性标准。

作为食品企业的企业标准，需到政府行政部门备案的是食品安全企业标准，而其他的食品企业标准可以自己备案，在公众可查询的平台公开公示。无论是到政府行政部门备案的食品安全企业标准还是自行备案的企业标准，生产企业都需对标准实际负责。

三、企业标准体系的构成

国家标准 GB/T 13017—2018《企业标准体系表编制指南》中对“企业标准体系”的定义是：“企业已实施及拟实施的标准按其内在联系形成的科学的有机整体”。这一定义包含了三个涵义：

①企业标准体系内的基本单元是标准，是企业内用的标准，可包括企业直接采用的国家标准、行业标准、地方标准、团体标准和企业标准，以及在必要时有限制地直接采用的国际标准和国外先进标准（例如技术引进项目所用的标准、中外合作生产所用的标准、国外公司标准）。

②企业标准体系内的标准具有内在联系，体现为标准之间的系统联系、结构联系和功能联系，标准之间要协调、配套。

③企业标准体系是科学的有机整体，要求每个标准及整个标准体系应科学合理、切合实际

和形成系统，而不是简单的集合。

企业标准体系含有技术标准、管理标准和服务标准三个子体系，企业标准体系是企业其他各管理体系（如经营管理、质量管理、生产管理、技术管理财务成本管理、环境管理、职业健康安全管理、信息管理体系等）的基础。建立企业标准体系应根据企业的特点充分满足其他管理体系的要求，并促进企业形成一套完整、协调配合、自我完善的管理体系和运行机制。企业标准体系内的所有标准都要在本企业方针、目标和有关标准化法律、法规的指导下形成，包括企业贯彻、采用的上级标准和本企业制定的标准。

企业标准体系（图3-2）应以技术标准体系为主体，与管理标准体系和服务标准体系相配套；应符合国家有关法律、法规，符合有关国家标准、行业标准、团体标准和地方标准；企业标准体系内的标准应能满足企业生产、技术和经营管理的需要；企业标准体系应在企业标准体系表的框架下制定；企业标准体系内的标准之间应相互协调，管理标准体系、服务标准体系应能保证技术标准体系的实施；企业标准体系应与其他管理体系（如质量管理体系、环境管理体系、职业健康安全管理体系等）相协调并提供支持。

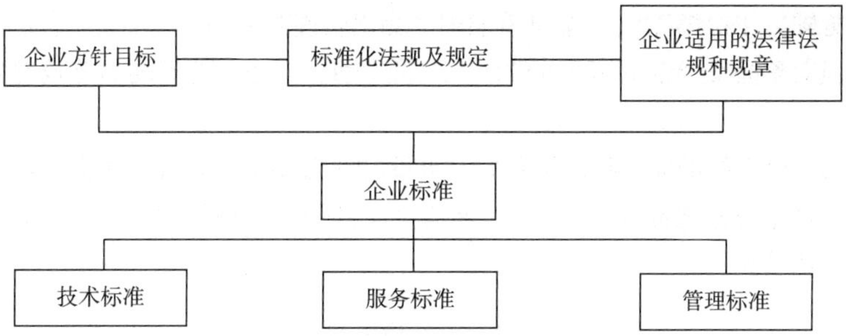

图3-2　企业标准体系

企业只生产单一类型的产品时，技术标准体系可用序列结构表示，它包括产品质量形成全过程的技术标准，以及能源、安全、职业健康、环境、信息等技术标准。详见技术标准体系结构图（图3-3）。

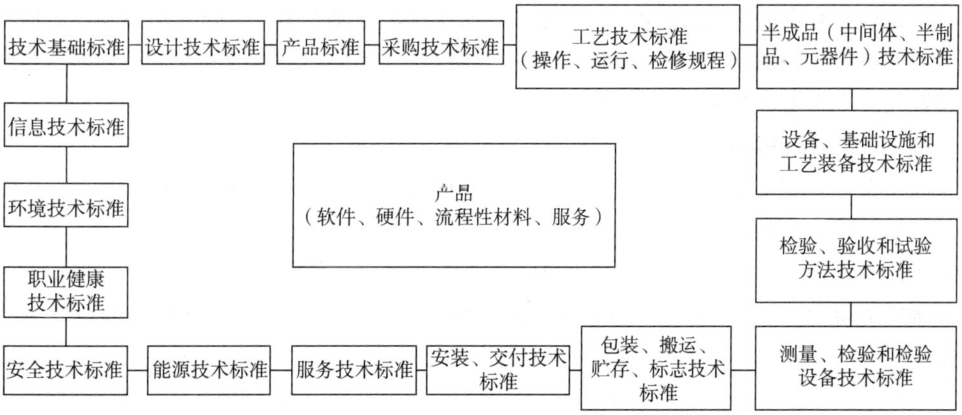

图3-3　技术标准体系结构图

企业制定产品标准是一项技术复杂、政策性很强的工作，它直接关系到国家、企业和广大消费者的利益。企业产品标准是一种技术规范，是组织生产的依据，因此要做到实事求是，既不能为了纯粹提高产品标准的水平而把各项性能指标定得过高，使产品在市场抽查中不能满足标准要求而被判为不合格，又不能仅仅为了使产品在抽查中合格而降低产品标准的水平，使产品的性能指标甚至低于行业标准和国家标准的水平，使标准起不到稳定和提高产品质量的作用，这也不利于产品的销售，降低了产品的市场竞争力。

四、制定食品安全企业标准的一般要求

（1）企业生产的产品在没有国家标准、行业标准或地方标准的情况下，应当制定企业标准。企业标准由企业组织制定和进行技术审查，由企业法定代表人或被授权人批准、发布和组织实施。

（2）企业产品标准应当符合国家法律、法规的规定，不得与强制性标准相抵触。标准的结构、格式要符合 GB/T 1.1—2020《标准化工作导则　第 1 部分：标准化文件的结构和起草规则》和 GB/T 1.2—2020《标准化工作导则　第 2 部分：以 ISO/IEC 标准化文件为基础的标准化文件起草规则》，内容完整，并能准确表述产品的功能和特性。

（3）企业应对食品安全企业标准的合法性、科学性、与强制性标准的符合性以及标准的实施后果负责。

（4）食品安全企业标准应在批准发布后三十日内到当地相关部门备案。

（5）食品安全企业标准备案具有一定的有效期，到期未办理相关手续的，备案部门将注销标准备案，并予以公告。

五、食品安全企业标准的编写

国家鼓励食品生产企业制定严于食品安全国家标准或者地方标准的企业标准，编制企业标准前先应对需要编写标准的产品有充分的了解。应充分调研与产品相关的国家标准或行业标准，内容应完整并准确表述产品的功能特性，一般应包含要求、试验方法、检验规则、标志、标签、包装、运输、贮存等内容。

食品安全企业标准应当包括食品原料（包括主料、配料和使用的食品添加剂）、生产工艺以及与食品安全相关的指标、限量、技术要求。标准内容可参考相关的国家标准或行业标准并结合产品自身特点来编写，其中技术指标的制定应符合国家法律、法规的规定，不得与强制性标准相抵触，并且保证能通过产品检测。

（一）企业标准的格式

食品安全企业标准作为一种规范性文件，需要有统一的格式。标准文本格式包括：标准封面、前言、首页、中间页和末页。

1. 封面

封面左上角三位“×××”为标准文献分类号，由一位大写字母和两位数字组成，如“×16”。

范 例

ICS:
× 16

× × × × × ×有限公司企业标准

Q/× × × ×S—2021

巴氏杀菌乳——鲜牛乳

Pasteur ized milk—Fresh milk

2021 - 01 - 10 发布　　2021 - 02 - 10 实施

× × × × × ×有限公司　发布

2. 食品安全企业标准编号

食品安全企业标准编号格式为：Q/（企业代号）（四位顺序号）S—（年号）。

企业代号按中央所属企业和地方企业分别由国务院有关行政主管部门和省、自治区、直辖市政府标准化行政主管部门会同同级有关行政主管部门规定。企业代号可用汉语拼音字母或阿拉伯数字或两者兼用组成。例如，Q/ABAC 00345S—2023　高温杀菌乳。

注释：

①企业标准代号 Q 代表企业制定、批准、发布的企业标准。

②企业代号由企业定（在不发生重复的状况下），如：光年乳业股份有限公司代号是 ABAC。

③顺序号是企业自己制定的企业标准的顺序号，用四位阿拉伯数字表示。如：0034。

④年代号为标准发布的年代，用四位数表示。如：2023

3. 字体要求

大标题及一级标题用黑体，前言、正文的标题（如“前言”“标准名称”）应为三号黑体。从前言开始到正文结束每页右上角用五号黑体写出标准号。涉及表格的，表格题目用五号黑体位于表格上方居中，表格内容用小五号宋体，表格宽度与版面同宽。正文中章、条的编号和标题，图的编号、图题均为五号黑体，文本正文全部用五号宋体或者按 GB/T 1.1—2020 规定要求。

4. 页码

除封面外，每页在右下角标注页码，前言的页码标注罗马数字。

（二）企业标准的内容

1. 范围

第 1 章“范围”中，“本标准适用于……”应完整交代本标准能“干什么用”，阐明标准的适用性，或适用的领域、界限。

对于食品安全企业标准中的“适用范围”需标明所需原料，包括主要原料、所添加的食品添加剂、营养强化剂的种类，以“添加或不添加”进行扩充，标准中没有提及的食品添加剂、营养强化剂原则上不允许在实际产品中额外添加。

“适用范围”还需阐述所需要的必要、关键性工艺或工序，标明适用产品的状态或属性等。

范　　例

1　范围

本标准规定了谷物类罐头生产加工过程的卫生要求、试验方法、检验规则、标签、标志、包装、运输、贮存和保质期要求。

本标准适用于以裸燕麦（莜麦）、裸大麦、黑米、大米、藜麦米、孝感米酒（酒酿）、复合麦片、核桃仁等为原料，经煮沸复水或不经煮沸复水，添加或不添加新鲜水果或冷冻水果、浓缩果蔬汁、白砂糖、麦芽糖、果葡糖浆、玉米淀粉等辅料、选择添加羟丙基二淀粉磷酸酯、果胶、柠檬酸、三氯蔗糖、食品用香精等食品添加剂，经配料、熬煮、装袋、密封、杀菌等工艺制成的谷物类罐头。

2. 规范性引用文件

第2章“规范性引用文件”中所涉及的标准必须是现行有效的标准，标准号与名称一致（不写标准的年代号），可以通过网络进行查询。另外，凡是“规范性引用文件”中引用的标准，后面的正文里必须涉及，后面引用到的标准必须列入“规范性引用文件”，一一对应。排序规则如下：

（1）“标准”在前，“法规”在后。

（2）国家标准在前，行业标准、地方标准在后。

（3）国内标准在前，国际标准在后。

（4）行标按A到Z顺序排列。

（5）所有标准按“标准编号”由小到大排列。

范　　例

2　规范性引用文件

下列文件中的内容通过文中的规范性引用而构成本文件必不可少的条款。其中，注日期的引用文件，仅该日期对应的版本适用于本文件；不注日期的引用文件，其最新版本（包括所有的修改单）适用于本文件。

GB/T 191　包装储运图示标志

GB 7718　食品安全国家标准　预包装食品标签通则

GB/T 11901　水质　悬浮物的测定　重量法

GB 12693　食品安全国家标准　乳制品良好生产规范

GB/T 18706　液体食品保鲜包装用纸基复合材料

GB 19301　食品安全国家标准　生乳
GB 19645　食品安全国家标准　巴氏杀菌乳
GB/T 22388　原料乳与乳制品中三聚氰胺检测方法
GB/T 27590　纸杯
GB 28050　食品安全国家标准　预包装食品营养标签通则
HJ 828　水质　化学需氧量的测定　重铬酸盐法
NY/T 800　生鲜牛乳中体细胞的测定方法
QB/T 2357　聚酯（PET）无汽饮料瓶
JJF 1070　定量包装商品净含量计量检验规则

3. 术语和定义

第3章中的“术语和定义”作为标准中特性环境下的解释和定义，在有些标准中不一定必须包含，此条款可选择保留或者删除。

范　　例

3　术语和定义

下列术语和定义适用于本文件。

3.1　巴氏杀菌

在有效杀灭生牛乳中病原性微生物的同时，产生最低程度的化学、物理以及感官变化的热杀菌操作。

3.2　巴氏杀菌乳

以生牛乳为原料，经过滤、均质、巴氏杀菌、灌装等工序制得的液体产品。

4. 要求

第4章“要求”中要注意：

（1）标准中的所有特性，可以直接用文字写出来，也可用引用方式引用其他标准中的相关内容。可量化的特性应给出极限值或可选值。

（2）食品安全企业标准是针对最终产品而言，提“要求”时不涉及对其他中间生产环节的要求。

（3）执行“可检验性原则”，即提出的每一项要求一定要提及相应的试验方法。方法可采用附录的形式直接用文字写出来，也可以引用现成的方法标准。

（4）指标应不低于食品安全国家标准、行业标准和地方标准的相关规定，且应制定至少一项严于强制性国家标准、行业标准和地方标准的指标。

（5）食品类标准必须写出适用范围中原辅料要求、感官指标、理化指标、微生物指标、食品添加剂、生产加工过程的卫生要求、保质期、净含量等内容，检验规则参照《食品生产许可审查通则（2022版）》的相关规定制定。

（6）感官要求、理化指标、微生物指标等应按规定用表格体现。

（7）涉及人身财产安全的其他类产品，必须制定出安全要求。

范　例

4 技术要求

4.1 原辅料要求

麦芽糊精应符合 GB/T 20882.6 的规定。

黄原胶应符合 GB 1886.41 的规定。

鱼胶原蛋白肽应符合 Q/BW 0001S 的规定。

松花粉应符合 GH/T 1030 的规定。

抗性糊精应符合原卫生部 2012 年第 16 号公告和我国相关标准的规定。

4.2 感官要求

应符合表 1 的规定。

表 1　感官要求

项目	要求
色泽	呈乳白色或微黄色
滋味和气味	具有乳固有的香味、无异味
组织状态	呈均匀一致液体，无凝块、无沉淀、无正常视力可见异物

4.3 理化指标

应符合表 2 的规定。

表 2　理化指标

项目		指标
脂肪/(g/100g)	≥	3.3
蛋白质/(g/100g)	≥	3.3

4.4 污染物限量

应符合 GB 2762 的规定；严于食品安全国家标准的指标应符合表 3 的要求。

表 3　污染物限量

项目		指标
总砷（以 As 计）/(mg/kg)	≤	0.05

……

"技术要求"中对于适用范围中提及的所有原辅材料均需标明应符合的相应标准、法规等要求；需要体现标准设定的各个指标的规定或者限量；对于设定的严于国家标准、行业标准和地方标准的指标应列出。

5. 试验方法

第5章“试验方法”是对第4章“要求”中特性及各种数值进行验证手段的描述，应符合一一对应的原则，有一项“要求”就应有一项对应的试验方法；且应尽量使用国家、行业中现有的试验方法。如果企业自己编写试验方法，需要符合下列要求。

（1）测定特性值时需要有测定程序，给出详细的操作步骤。

（2）检查是否符合要求需要有数据，给出结果的计算方法。

（3）测试结果要有保证，给出方法的精密度数据。

（4）试验方法如涉及安全，给出警示内容。

范 例

5 试验方法

5.1 感官指标

感官指标按照 GB 19645 中表1规定的检验方法测定。

5.2 理化指标

5.2.1 脂肪含量的测定

脂肪含量按照 GB 5009.6 测定。

5.2.2 蛋白质含量的测定

蛋白质含量按照 GB 5009.5 测定。

……

6.2.1 非脂乳固体含量的测定

非脂乳固体含量按照 GB 5413.39 测定。

6.2.2 酸度的测定

酸度按照 GB 5009.239 测定。

“试验方法”一章根据不同地方的企业标准文件规定有所不同，也可以采用将相应的检验方法直接放置在“技术要求”章节中，在指标项后面直接排列“检验方法”项。

范 例

4.4 污染物限量

应符合 GB 2762 的规定；严于食品安全国家标准的指标应符合表4的要求。

表4 污染物限量

项目	指标	检验方法
总砷（以 As 计）/（mg/kg） ≤	0.05	GB 5009.11

6. 检验规则

第6章“检验规则”中，企业可根据实际情况规定检验类别，例如：出厂检验（常规检验、交收检验、交付检验），型式检验（属于全项检验）。每种检验类别中必须包含检验项目、组批抽样规则、判定规则。

复检规则中包含：项目、条件、次数、结果判定，指什么项目可以复检，什么项目不可以复检，所谓“不可以复检”是指该“项目”对于该产品是致命的，一旦出现，对该产品而言是不可修复的项目。

范　例

6　检验规则

6.1　出厂检验

每批产品须经工厂检验部门检验。出厂每批必检项目为：感官指标、净含量……国家另有规定的应符合相关的规定。

6.2　型式检验

型式检验包括本标准的所有项目，正常生产时至少每半年进行一次，有下列情况下之一时，亦应进行型式检验：

a）产品定型投产时；

b）停产半年以上恢复生产时；

……

6.3　组批

同一生产日期、同一品种的产品为一批。

6.4　判定规则

……

7. 标识、包装、运输、贮存

第7章“标识、包装、运输、贮存”中，应注意：

标识、标签可参照：GB/T 1.1、GB/T 1.2，符合 GB 7718、GB 28050 等国家标准的规定，还应符合行业对某类产品的标志有特殊要求的。

包装可包括包装技术与方法、包装材料与要求、对内装物的要求及包装试验。包装材料要符合相应的标准及相关规定。

运输包括运输方式（工具）、运输条件（密封、保温）、运输中的注意事项。

贮存可包括贮存场所、贮存条件、贮存方式及贮存期限。

范　例

7　标识、标签、包装、运输及贮存要求

7.1　标识、标签

产品标识标签应符合 GB 7718 的规定，营养标识标签应符合 GB 28050 的规定。包装储运图示标志应符合 GB/T 191 的规定……

7.2　包装

包装材料和容器应密封无洞，封口牢固……包装形式，其材质应符合食品包装材料相关规定。

7.3　运输

运送工具、车辆应清洁、卫生，备有防雨、防晒设施。不得与有毒、有害、有异味或影响产品品质的物品混运……

7.4　贮存

产品应贮存在干燥、通风良好并具有防鼠设施的仓库中。不得与有毒、有害、有异味、易腐蚀、易挥发或潮湿的物品混放。

……

六、食品安全企业标准备案需要提交的材料

食品安全企业标准应当报省级卫生行政部门备案。为规范企业标准备案，根据《食品安全法》，原卫生部组织制定了《食品安全企业标准备案办法》（卫政法发［2009］54号）。《食品安全企业标准备案办法》规定，企业标准备案时须提交以下材料。

1. 食品安全企业标准备案登记

（1）食品安全企业标准备案登记表

接收编号：　企标（　　）第　　号
接收日期：　　　年　　月　　日
备案号：
备案日期：　　　年　　月　　日

食品安全企业标准

备案登记表

企业名称 ________________

标准名称 ________________

标准编号 ________________

XXXXX 制

（2）食品安全企业标准备案登记——承诺书

<table>
<tr><td>类别</td><td colspan="3">备案□　　　　重新备案□</td></tr>
<tr><td>标准名称</td><td colspan="3"></td></tr>
<tr><td>标准编号</td><td colspan="3"></td></tr>
<tr><td>食品安全国家标准或者地方标准</td><td colspan="3">没有□　　　　严于□</td></tr>
<tr><td>适用的食品</td><td colspan="3"></td></tr>
<tr><td>适用本企业标准的食品是否委托生产（注明委托方和受托方的名称和地址）</td><td colspan="3"></td></tr>
<tr><td>食品类型</td><td colspan="3">一般食品□　　　　特殊食品□</td></tr>
<tr><td>食品生产企业名称</td><td colspan="3"></td></tr>
<tr><td>地址</td><td colspan="3"></td></tr>
<tr><td>邮编</td><td></td><td>电话</td><td></td></tr>
<tr><td>传真</td><td></td><td>联系人</td><td></td></tr>
<tr><td colspan="4">企业承诺书
本食品生产企业承诺：
一、本备案登记表中所填写的内容、所提交的备案资料（包括研究和检验数据）均为真实，并符合《食品安全法》及有关法律法规。如有不实之处，本单位愿承担全部法律责任。
二、按照备案的食品安全企业标准生产的食品不含有未经许可的食品（包括原料）、食品添加剂，以及有关法律、法规禁止使用的食品（包括原料）、食品添加剂。
三、本单位将按照备案的食品安全企业标准组织生产，并保证所生产的食品符合《食品安全法》及有关法律法规。

企业（盖章）　　　　法定代表人或主要负责人［签字（章）］
年　月　日　　　　年　月　日</td></tr>
</table>

（3）企业标准符合的基本要求

本食品生产企业保证所备案的企业标准符合以下基本要求：（确认后在各项前的□内打“√”）

□ 1. 以本食品安全企业标准为依据生产的食品符合《食品安全法》及相关法律法规的规定。

□ 2. 所提交备案的食品安全企业标准内容符合《食品安全法》及相关法律法规的规定。

□ 3. 食品原料符合相关质量安全要求，未使用非食品原料，未添加食品添加剂以外的化学物质和其他可能危害人体健康的物质。

<table>
<tr><td>□ 4. 未使用未经国家卫生计生委批准的新的食品原料和食品添加剂。食品添加剂的使用量、使用范围符合相应国家标准的规定。
□ 5. 生产工艺安全可靠，不会对食品产品造成危害人体健康的污染。
□ 6. 用于食品的包装材料和容器、工具和设备、洗涤剂和消毒剂符合相应国家标准的规定。
□ 7. 如为专供婴幼儿和其他特定人群的主辅食品，其营养成分符合相应食品安全国家标准的规定。</td></tr>
<tr><td>其他需要说明的问题</td></tr>
</table>

2. 企业标准文本及电子版

3. 企业标准编制说明

企业标准编制说明一般包括以下内容（但不仅限于）：

（1）任务来源，制定该标准的目的和意义，标准制定背景和必要性、工作简要过程。其中包括调研、试验、验证、起草过程等。

（2）采用和借鉴国内外标准资料的情况，包括国内外标准水平分析。标准比较适用下列原则：①有国家标准或者地方标准时，与国家标准或者地方标准比较；②没有国家标准和地方标准时，与国际标准比较；③没有国家标准、地方标准、国际标准时，与两个以上国家或者地区的标准比较。

（3）标准主要内容的解释，修订标准时应有新旧内容的对比，同时还要写出修订的理由。

（4）主要技术指标试验方法和检验规则的制定依据、标准制定主要参考标准及文献等内容。

（5）贯彻该标准的措施、要求、建议。

（6）技术经济效果分析及其他应说明的问题。

（7）卫生行政部门规定的其他资料。

企业标准编制说明应详细说明企业标准制定过程和与相关国家标准、地方标准、国际标准、国外标准的比较情况，企业应确保备案的企业标准的真实性和合法性、确保根据备案的企业标准所生产的食品的安全性，并对其实施后果承担全部法律责任。企标文本内容项目（结构）要完整，缺少相应项目应有专家审查意见的认可或者在编制说明中说明理由。

4. 严于国家标准、地方标准、行业标准等的技术指标说明

按照《国家卫生计生委关于加强食品安全标准工作的指导意见》（国卫食品发〔2013〕18号）要求，企业标准是基于没有相应的或者严于相应的国家标准、地方标准、行业标准中的指标而制定的，所以制定企业标准时应对严于指标进行说明，给出合理、科学、详尽的说明，并应当如实提交必要的依据和验证材料。

5. 验证报告

验证报告必须由具有食品检验资质的检验机构出具；验证报告中的检测项目应包含标准中所列的理化指标、微生物指标、添加剂等主要安全性指标，并提供一份检验报告为原件。

七、企业标准专家审查的规定

（1）《企业产品标准管理规定》第八条规定，“企业在批准、发布企业产品标准前应当组织

专家进行审查。”审查内容包括以下五点。

①企业产品标准与国家法律法规和强制性标准规定的符合性；

②技术内容的先进性、合理性和完整性；

③试验方法的科学性；

④检验规则的可操作性；

⑤标准编写与《标准化工作导则》GB/T 1 系列国家标准的符合性。

（2）《企业产品标准管理规定》第十三条规定，“标准审查必须经专家组全体人员三分之二以上同意方可通过，专家组应当根据审查意见填写审查单（会议纪要）。”

审查情况应当包括：审查日期、地点、起草单位、组织审查机构、参加审查人员名单。审查结论主要涉及：评价意见、主要修改意见和采纳情况；所审查的企业产品标准送审稿是否符合法律、法规和强制性标准的规定；低于推荐性国家标准、行业标准和地方标准的，应当具有相应的理由和相关影响的说明；是否予以通过审查等内容。

审查结论可以作为企业批准发布企业产品标准的技术依据。

八、食品安全企业标准制定的责任主体

按照《国家卫生计生委关于加强食品安全标准工作的指导意见》（国卫食品发〔2013〕18 号）要求，企业是食品安全第一责任人。食品生产企业依法制定发布食品安全企业标准后，应当按照规定进行备案；对其制定的企业标准内容真实性、合法性负责，并对备案后的企业标准的实施后果依法承担责任。

九、我国食品企业标准自我声明公开情况

新修订实施的《标准化法》第二十七条和《国务院关于印发深化标准化工作改革方案的通知》（国发（2015）13 号）中规定：“国家实行团体标准、企业标准自我声明公开和监督制度。企业应当公开其执行的强制性标准、推荐性标准、团体标准或者企业标准的编号和名称；企业执行自行制定的企业标准的，还应当公开产品、服务的功能指标和产品的性能指标。国家鼓励团体标准、企业标准通过标准信息公共服务平台向社会公开。”

截至 2022 年，北京、天津、河北、山西、浙江、山东、江苏、河南、辽宁等地区已制定了相应的制度，其中江苏、河北等地区将食品排除在外。

企业标准自我声明公开的具体要求有两点：

（1）企业执行国家标准、行业标准、地方标准、企业标准的，可直接在全国标准信息公共服务平台进行自我声明公开。

（2）标准备案时，按照企业产品标准信息公共服务平台操作要求，自行向社会公开企业产品标准。企业自我声明公开标准的，视同完成标准备案。各地区应按照其相应要求执行。

十、食品安全企业标准的制定建议

2019 年修订并于 2019 年 12 月 1 日起实施的《食品安全法实施条例》第七十四条明确规定：“食品生产经营者生产经营的食品符合食品安全标准但不符合食品所标注的企业标准规定的食品安全指标的，由县级以上人民政府食品安全监督管理部门给予警告，并责令食品经营者停止经营该食品，责令食品生产企业改正；拒不停止经营或者改正的，没收不符合企业标准规定的

食品安全指标的食品，货值金额不足1万元的，并处1万元以上5万元以下罚款，货值金额1万元以上的，并处货值金额5倍以上10倍以下罚款。”

新产品标准的起草、制定，在新产品开发时就应充分考虑。在开发过程中，要有意识测定一些可能有的指标，并积累数据加以分析，以供制定企业标准时参考。待新产品定性、小批量生产后，新产品的标准文本初稿也随之产生，使标准的制定与新产品批量上市保持同步。

企业标准的草拟稿应先在企业内部召开预审会，由预审小组从各方面进行修改审定，依据修改稿，试生产一段时间，对比检测，待指标检测数值较稳定时，形成企业标准的报批稿。为使企业标准更具有完整性、合理性、先进性，可请当地市级主管技术部门的专业人员和食品加工专家对报批稿的格式、引用的标准、各项指标、保质期、包装标志等进行更深入的讨论审定，最后形成正式标准，由企业法人代表批准、发布，并在当地省级卫生行政部门备案后实施。

思考题

1. 阐述食品标准制定的原则。
2. 阐述食品标准制定的程序。
3. 企业标准需要包含哪些内容？
4. 阐述制定企业标准的目的和意义。

CHAPTER 4

第四章

食品安全国家标准

[学习目标]

1. 了解食品添加剂使用标准；
2. 掌握营养成分表的要求及制作；
3. 掌握食品标签的制定原则；
4. 了解营养强化剂的使用原则；
5. 了解食品微生物安全检测标准；
6. 了解食品卫生理化检验标准。

截至 2023 年，我国食品安全国家标准已经超过 1400 项，涉及近 2 万项食品安全指标，这对食品从业人员来说学习每一个标准是不可能完成的任务，本章选取了食品领域最重要、最常用的 5 个标准，GB 2760—2014《食品安全国家标准　食品添加剂使用标准》、GB 28050—2011《食品安全国家标准　预包装食品营养标签通则》、GB 7718—2011《食品安全国家标准　预包装食品标签通则》、GB 13432—2013《食品安全国家标准　预包装特殊膳食用食品标签通则》和 GB 14880—2012《食品安全国家标准　食品营养强化剂使用标准》进行详细解读，解析食品安全标准的具体规范。最后对食品微生物学检验标准和食品卫生理化检验标准进行了汇总分析，让大家了解食品相关微生物和理化要求全貌。

第一节　食品添加剂使用标准

食品添加剂是为改善食品品质和色、香、味，以及为防腐、保鲜和加工工艺的需要而加入食品中的人工合成或者天然物质。食品用香料、胶基糖果中基础剂物质、食品工业用加工助剂也包括在内。随着食品工业的快速发展，食品添加制已经成为现代食品工业的重要组成部分，并成为食品工业技术进步和科技创新的重要推动力。对于食品添加剂的使用，除保证其发挥应有的功能和作用外，最重要的是应保证食品安全。

为了规范食品添加剂的使用，根据《食品安全法》的有关规定，卫生部于2011年4月20日发布了《食品安全国家标准　食品添加剂使用标准》，该标准最新修订版本GB 2760—2014已于2014年12月24日由国家卫生计生委发布，并于2015年5月24日实施。

GB 2760—2014
《食品安全国家标准
食品添加剂使用标准》

一、我国食品添加剂管理概况

《食品安全法》第二十六条明确规定，食品安全标准应该包括食品、食品添加剂、食品相关产品中的致病性微生物，农药残留、兽药残留、生物毒素、重金属等污染物质以及其他危害人体健康物质的限量规定，以及食品添加剂的品种、使用范围、用量。第三十七条规定，“利用新的食品原料生产食品，或者生产食品添加剂新品种、食品相关产品新品种，应当向国务院卫生行政部门提交相关产品的安全性评估材料。”第四十条规定“食品添加剂应当在技术上确有必要且经过风险评估证明安全可靠，方可列入允许使用的范围；有关食品安全国家标准应当根据技术必要性和食品安全风险评估结果及时修订。”“食品生产经营者应当按照食品安全国家标准使用食品添加剂。”国务院卫生行政部门应当根据技术必要性和食品安全风险评估结果，及时对食品添加剂的品种、使用范围、用量的标准进行修订。也就是说，同世界其他国家一样，我国对食品添加剂实行审批制度，只有经过国务院卫生行政部门批准，按照《食品安全国家标准　食品添加剂使用标准》及原卫生部、原国家卫生计生委及国家卫生健康委员会公布的食品添加剂新品种公告才能使用。

我国一直以来都高度重视对食品添加剂的监督管理工作，任何一种产品要作为食品添加剂被批准使用到食品中，都必须经过严格的技术评价和风险评估，任何未经批准的产品都不得作为食品添加剂进行生产使用，这是保证食品添加剂使用安全性的基本前提。在我国，对食品添加剂最基本的要求就是应当在技术上确有必要且经过风险评估证明安全可靠。

经过多年的发展，我国建立了比较完善的食品添加剂标准体系框架（图4－1），对于食品添加剂的使用规定、允许使用的食品添加剂需要达到的质量规格要求、食品添加剂的标签标识、食品添加剂的生产经营规范等作了较为系统的规定。

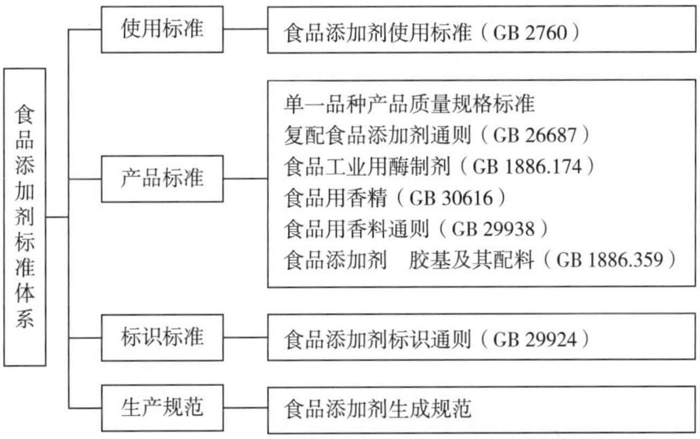

图4－1　我国食品添加剂标准体系框架图

从 GB 2760—2014《食品安全国家标准　食品添加剂使用标准》发布实施至今，国务院卫生行政部门历年都以公告形式公布食品添加剂的新品种以及扩大使用范围和扩大使用量的食品添加剂，以作为对标准的增补。根据《食品安全法》以及相关法律法规，食品添加剂标准纳入食品安全国家标准体系，由国家卫生健康委员会组织发布。

我国《食品安全法》对食品添加剂新品种许可、食品添加剂评估、生产以及标准均作出了明确的规定。根据《食品安全法》及相关法规的规定，国务院食品安全监督管理部门负责制定、公布食品添加剂相关的食品安全标准，负责食品添加剂的安全性评价及审批工作，国务院食品安全监督管理部门负责食品添加剂生产、流通的监督管理，县级以上地方人民政府食品安全监督管理部门应当组织对食品添加剂的生产经营和使用情况进行监督，并向社会公布监督抽查结果。

二、食品添加剂使用管理

GB 2760—2014《食品安全国家标准　食品添加剂使用标准》是食品添加剂使用的依据，该标准规定了我国批准使用的食品添加剂的种类、名称、每个食品添加剂的使用范围和使用量等内容，同时还明确规定了食品添加剂的使用原则，包括基本要求、使用条件带入原则等内容。食品生产者应严格按照本标准规定的食品添加剂品种、使用范围、使用量使用食品添加剂，对科学研究结果或者有证据表明食品添加剂安全性可能存在问题的，或者不再具备技术上必要性的，国家卫生健康委员会应当及时组织对食品添加剂进行重新评估，对重新审查认为不符合食品安全要求的，可以公告撤销已批准的食品添加剂品种或者修订其使用范围和用量。

GB 2760—2014《食品安全国家标准　食品添加剂使用标准》主要内容如下：

1　范围

2　术语和定义

3　食品添加剂的使用原则

4　食品分类系统

5　食品添加剂的使用规定

6　食品用香料

7　食品工业用加工助剂

附录 A　食品添加剂的使用规定

附录 B　食品用香料使用规定

附录 C　食品工业用加工助剂使用规定

附录 D　食品添加剂功能类别

附录 E　食品分类系统

附录 F　附录 A 中食品添加剂使用规定索引

表 A.1　食品添加剂的允许使用品种、使用范围以及最大使用量或残留量

表 A.2　可在各类食品中按生产需要适量使用的食品添加剂名单

表 A.3　按生产需要适量使用的食品添加剂所例外的食品类别名单

表 B.1　不得添加食品用香料、香精的食品名单

表 B.2　允许使用的食品用天然香料名单

表 B.3　允许使用的食品用合成香料名单

表 C.1　可在各类食品加工过程中使用，残留量不需限定的加工助剂名单（不含酶制剂）

表 C.2　需要规定功能和使用范围的加工助剂名单（不含酶制剂）

表 C.3　食品用酶制剂及其来源名单

表 E.1　食品分类系统

三、食品添加剂的作用

在食品中使用食品添加剂以提亮食品的内在品质及其色、香、味等感官指标，有利于食品产品的防腐、保鲜、贮藏以及对加工的调整和改善，如利用某些食品添加剂可以改善食品风味，以满足不同人群的食欲要求；或通过食品强化剂来补充某些食品中自然缺欠或加工中损失的营养物质，以此提高或强化加工食品的营养值，增加了人体对食品营养成分的消化和吸收比例；利用食品添加剂可以调整某些食品的成品结构或形态，有利于机械化加工和批量储运，延长货架时间。总之，食品添加剂在食品加工中的使用应该对食品质量的提高、食品工业的发展起到积极的促进或推动作用。

总而言之，食品添加剂的产生与应用是基于食品工业发展的需求，二者相辅相成；其使用反映了食品工业水平的提高或加工技术的进步，不能由于对个别食品添加剂的使用不当或滥用现象，而将其归咎于食品添加剂，或者得出食品添加剂的使用会使食品工业的发展受到制约和影响、食品质量会出现下降的偏见，当然食品添加剂的使用效果无不依赖于使用者对其具有的正确认识和恰当的使用，对此使用者除要有一定的专业技术和相关知识外，还应该对食品添加剂本身有所了解，这样才能在食品添加剂使用和管理过程中做到合理、恰当，达到正确使用食品添加剂的目的和积极的添加效果，以获得优质、稳定、安全、品味俱佳、适宜存放的加工食品。

四、食品添加剂的使用原则

1. 食品添加剂使用应符合的基本要求

在满足技术上确有必要且经过风险评估证明安全可靠的基本前提下，食品添加剂在使用过程中还应符合以下基本要求。

（1）不应对人体产生任何健康危害　世界各国和地区的食品安全法律对食品添加剂的使用规定不完全相同，在日本使用食品添加剂坚持的是有益健康原则；美国规定只有经过评价和公布的食品添加剂才能生产和应用；欧盟要求必须证明食品添加剂无害方可使用。不过各国在食品添加剂不应对人体健康产生危害这一基本使用原则上都有共识，为了保障食品添加剂的使用安全性，国内外对于食品添加剂都建立了严格的风险评估程序，并根据风险评估结果制定了使用范围和使用量的规定。目前我国规定的食品添加剂使用范围和使用量都是建立在科学的评估体系基础之上的。而且，对一些可能存在安全隐患或不再具备技术必要性的食品添加剂，卫生部门会及时组织进行重新评估，对不符合食品安全要求的产品予以撤销或修订其使用范围和使用量，以期最大程度上保障人体健康。

GB 2760—2014 实施允许名单制，即只有标准中列出的食品添加剂品种才被允许用于食品。每种食品添加剂在纳入标准前均经过了严格的安全性评价，根据生产工艺需求以及我国居民膳食结构模式，进行系统的风险评价，在确保食用安全的前提下，确定其使用范围和最大使用量。对于安全性较高、每日允许摄入量（ADI）不需规定的食品添加剂品种，往往规定其可以按照生产需要适量使用于大部分食品。而对于有 ADI 的食品添加剂品种，则限定其具体的使用范围和使用量，当需要扩大使用范围或使用量时，需要重新进行风险评估，以确保不会给人体造成任何健康危害。

（2）不应掩盖食品腐败变质　使用食品添加剂的目的之一，是为了防止食品腐败变质的发生，但不应为了掩盖食品已经发生的腐败变质而使用食品添加剂。《食品安全法》第一百二十四条明文规定禁止“生产经营腐败变质、油脂酸败、霉变生虫、污秽不洁、混有异物、掺假掺杂或者感官性状异常的食品、食品添加剂”。合理使用食品添加剂可以防止食品腐败变质、延长食品的保存时间，以达到便于食品保藏和运输的目的。但是对于已经腐败变质、食用后可能引起食源性疾病的食品，通过使用食品添加剂来掩盖其腐败变质真实属性的做法，已经违背了不应对人体产生任何健康危害的食品添加剂使用原则。

（3）不应掩盖食品本身或加工过程中的质量缺陷或以掺杂、掺假、伪造为目的而使用食品添加剂　本原则与食品添加剂不应掩盖食品腐败变质的使用原则出发点相同，都是禁止利用食品添加剂造假，禁止违法生产销售《食品安全法》明令禁止生产经营的食品。此前曾被食品安全监督管理部门查处过的“假冒黄酒”，就是通过使用诸如焦糖色素、甜蜜素等食品添加剂与水及其他食品辅料勾兑而成的，这类“黄酒”中没有任何酒精成分，使用食品添加剂完全是为了达到仿造真实黄酒的颜色与口感的目的，这种行为就违反了食品添加剂的使用原则，属于以伪造为目的的违法行为。

食品添加剂有多种功能，能够改善食品品质、口感、色泽和味道等，但是，禁止以此掩盖食品本身或加工过程中的质量缺陷，也不允许利用食品添加剂进行掺杂、掺假、伪造。对于食品本身或者在生产加工过程中可能出现的质量缺陷，企业应该通过选用合格原料、改进工艺等方式提高产品品质。

（4）不应降低食品本身的营养价值　食品添加剂的作用之一是保持食品本身的营养价值，更甚者，在食品中适当添加一些营养强化剂，能够大大提高食品的营养价值，这对于防止营养不良和营养缺乏，保持营养平衡，提高人们的健康水平都具有重要的意义。使用食品添加剂后反而降低了食品本身营养价值的做法，违背了食品添加剂的基本作用。食品最重要的功能是给消费者提供机体正常代谢和生理活动所需要的营养物质，不能因为使用食品添加剂而破坏食品的营养成分，降低食品本身的营养价值。

（5）在达到预期效果的前提下尽可能降低食品添加剂在食品中的使用量　这一原则可以简化为我们在使用食品添加剂时通常所说的“能不用就不用，能少用就少用”。食品添加剂毕竟不是食品，如果能够通过改进食品加工工艺等方法达到保持生产工艺顺利进行、保证食品品质的目的，建议尽量不要使用食品添加剂。在食品生产加工过程中确实需要使用某种食品添加剂时，也必须正确理解“最大允许使用量”的概念。比如将色素作为食品添加剂，适量使用可以达到为食品增色、满足产品多样性的市场需求等目的，但是生产者在使用过程中必须了解所谓的“最大允许使用量”是一个临界点的概念，应该在达到预期目的前提下，使添加量尽可能地低于使用限量，而非“一定”要达到这一使用限量，这有助于降低非食品中原有组分给食品带来的安全风险。

标准中允许使用的所有食品添加剂均应在达到该添加剂使用预期效果前提下，尽可能降低在食品中的使用量，同时应保证在良好生产规范条件下生产加工食品。对于安全性较高的食品添加剂品种，标准中往往没有最大使用量的规定，而是规定按照生产需要适量使用。在这种情况下，同样也应在良好生产规范条件下，在达到该添加剂预期效果前提下，尽可能降低在食品中的使用量。

（6）食品工业用加工助剂一般应在制成最后成品之前除去，有规定食品中残留的除外　加工助剂应在食品生产加工过程中使用，使用时应具有工艺必要性，在达到预期目的的前提下应尽可能降低使用量。加工助剂一般应在制成最后成品之前除去，有规定食品中残留量的除外。食品中加工助剂的残留不应对健康产生危害，不应在最终食品中发挥功能作用。

2. 食品添加剂使用情况

在下列情况下可使用食品添加剂：

（1）保持或提高食品本身的营养价值　例如，油脂含量高的食品很容易发生脂肪酸败变质。抗氧化剂能够防止或延缓食品油脂成分的氧化变质，保持食品本身的营养价值。

（2）作为某些特殊膳食用食品的必要配料或成分　例如，婴幼儿配方食品是提供给婴幼儿的特殊膳食用食品，相关标准对其配方有严格的要求，但是为了保证该类产品在货架期内的品质或者满足该产品的工艺需求，需要使用一定的食品添加剂。再如为了满足糖尿病人群对甜味食品的需求，需要添加一些不会引起血糖骤升的甜味剂来改善口感，在这些情况下，食品添加剂的使用也成为必需。

（3）提高食品的质量和稳定性，可改进其感官特性　例如，乳化剂能够改善乳化体中各种构成相互之间的表面张力，形成均匀分散体或乳化体。它能稳定食品的物理状态，改进食品组织结构，简化和控制食品加工过程，改善风味、口感，提高食品质量，延长货架期。护色剂能够与肉及肉制品中的呈色物质发生作用，使呈色物质在食品加工、保藏等过程中不致分解、破坏，呈现良好色泽。

（4）便于食品的生产、加工、包装、运输或者贮藏　某些防腐剂具有良好的防霉变效果，合理使用防腐剂可以保证产品货架期内的安全性，便于食品的流通和贸易往来。

五、食品添加剂的质量标准

按照 GB 2760—2014 使用的添加剂应当符合相应的质量规格要求。

（1）单一品种食品添加剂　对于单一品种食品添加剂产品应符合相应的质量标准，包括国家标准、行业标准，如没有国家标准或行业标准的食品添加剂品种，添加剂生产企业可参照国家卫生健康委员会、原国家卫生计生委和原卫生部公告中的食品添加剂质量规格要求进行生产。

例如，GB 29207—2012《食品安全国家标准　食品添加剂　硫酸镁》主要规定了我国食品中允许使用的食品添加剂——硫酸镁的生产工艺、描述、结构式、分子式及相对分子质量等基本信息，感官指标、理化指标、微生物指标等技术要求以及相应的检验方法和鉴别试验等内容；GB 1886. 322—2021《食品安全国家标准　食品添加剂　可溶性大豆多糖》可作为食品添加剂可溶性大豆多糖的执行标准。又如食品添加剂海藻酸钙，国家卫生计生委于 2016 年 6 月 30 日发布其作为食品添加剂新品种的公告，当时没有对应的国家标准或行业标准，但食品添加剂新品种发布公告中已公布其质量规格要求，则可按此质量规格要求进行生产。2020 年，国家卫生健康委员会、国家市场监督管理总局发布 GB 1886. 308—2020《食品安全国家标准　食品添加剂　海藻酸钙改名褐藻酸钙》以后，则执行该标准。

（2）复配食品添加剂　GB 26687—2011《食品安全国家标准　复配食品添加剂通则》适用于除食品用香精和胶基糖果基础剂物质以外的复配食品添加剂，主要规定了复配食品添加剂的定义、命名原则、标识和要求等内容。但复配膨松剂应符合 GB 1886. 245—2016《食品安全国家标准　食品添加剂　复配膨松剂》的要求。GB 26687 是对所有类型复配食品添加剂的基本要求。GB 1886. 245 是专门针对复配膨松剂类产品制定的标准，在 GB 26687 规定的基本要求上，规定了二氧化碳气体发生量、加热减量、硝酸不溶物等指标，对复配膨松剂更具有适用性和针对性。

（3）食品用香料和食品用香精 GB 29938—2020《食品安全国家标准 食品用香料通则》是 GB 2760—2014 中允许使用的食品用香料的产品质量规格要求的通用标准，主要规定了食品用香料等的定义和要求等内容。对于尚无食品安全国家标准或相关标准的食品用香料品种，执行 GB 29938—2020《食品安全国家标准 食品用香料通则》，按其要求进行生产。此标准适用于 GB 2760 中允许使用且无单独质量规格标准或相关公告规格的食品用香料，不适用于已有食品安全国家标准或相关标准的食品用香料品种；食品用香料有食品安全国家标准或相关标准的，其质量规格应符合食品安全国家标准或相关标准的要求。其中，相关标准包括现行有效的国家标准、行业标准（包括行业推荐性标准）等。如食品用合成香料二氢香豆素，其应符合 GB 28363—2012《食品安全国家标准 食品添加剂 二氢香豆素》的要求。GB 30616—2020《食品安全国家标准 食品用香精》是食品用香精的产品质量规格标准，规定了食品用香精、食品用香精辅料等的定义、技术要求、标签等内容。

（4）食品工业用加工助剂（食品工业酶制剂、食品工业用加工助剂） GB 1886.174—2016《食品安全国家标准 食品添加剂 食品工业用酶制剂》是 GB 2760—2014 中允许使用的食品工业用酶制剂的产品质量规格要求的通用标准，主要规定了食品工业用酶制剂的定义和技术要求等内容。原卫生部办公厅在关于食品工业用酶制剂适用标准问题的复函中规定，“生产经营已列入 GB 2760 和我部公告的食品工业用酶制剂，应当按照 GB 25594 规定的质量要求和检验方法执行。以往公布的食品用酶制剂质量要求与 GB 25594 不一致的，应当按照 GB 25594 执行。”食品工业用加工助剂目前无通用的产品质量规格标准，各品种执行对应的国家标准或相关标准。

（5）胶基及其配料 GB 29987—2014《食品安全国家标准 食品添加剂 胶基及其配料》由国家卫生计生委于 2014 年 12 月 24 日发布，2015 年 5 月 24 日正式实施。该标准主要规定了胶基及其配料的定义、基本要求技术要求标签标识以及用于配制胶基的每种物质的质量规格要求。目前已由 GB 1886.359—2022《食品安全国家标准 食品添加剂 胶基及其配料》替代。

六、食品添加剂功能类别

GB 2760—2014《食品安全国家标准 食品添加剂使用标准》和国家卫生行政部门公告允许使用的食品添加剂分为 22 类，共 2400 多种，在每种食品添加剂的具体规定中列出了该食品添加剂常用的功能，食品添加剂的分类名称如表 4－1 所示。

表 4－1 食品添加剂的分类名称

序号	食品添加剂分类名称	序号	食品添加剂分类名称
D.1	酸度调节剂 acidity regulator	D.8	着色剂 color
D.2	抗结剂 anticaking	D.9	护色剂 color fixative
D.3	消泡剂 antifoaming agent	D.10	乳化剂 emulsifier
D.4	抗氧化剂 antioxidant	D.11	酶制剂 enzyme preparation
D.5	漂白剂 bleaching agent	D.12	增味剂 flavor enhancer
D.6	膨松剂 bulking agent	D.13	面粉处理剂 flour treatment agent
D.7	胶基糖果中基础剂物质 chewing gum base	D.14	被膜剂 coating agent

续表

序号	食品添加剂分类名称	序号	食品添加剂分类名称
D. 15	水分保持剂 humectant	D. 19	增稠剂 thickener
D. 16	防腐剂 preservative	D. 20	食品用香料
D. 17	稳定剂和凝固剂 stabilizer and coagulator	D. 21	食品工业用加工助剂
D. 18	甜味剂 sweeter	D. 22	其他 other

GB 2760—2014《食品安全国家标准　食品添加剂使用标准》中关于食品添加剂常用功能的规定如下。

D. 1　酸度调节剂：用以维持或改变食品酸碱度的物质。

D. 2　抗结剂：用于防止颗粒或粉状食品聚集结块，保持其松散或自由流动的物质。

D. 3　消泡剂：在食品加工过程中降低表面张力，消除泡沫的物质。

D. 4　抗氧化剂：能防止或延缓油脂或食品成分氧化分解、变质，提高食品稳定性的物质。

D. 5　漂白剂：能够破坏、抑制食品的发色因素，使其褪色或使食品免于褐变的物质。

D. 6　膨松剂：在食品加工过程中加入的，能使产品发起形成致密多孔组织，从而使制品具有膨松、柔软或酥脆的物质。

D. 7　胶基糖果中基础剂物质：赋予胶基糖果起泡、增塑、耐咀嚼等作用的物质。

D. 8　着色剂：使食品赋予色泽和改善食品色泽的物质。

D. 9　护色剂：能与肉及肉制品中呈色物质作用，使之在食品加工、保藏等过程中不致分解、破坏，呈现良好色泽的物质。

D. 10　乳化剂：能改善乳化体中各种构成相之间的表面张力，形成均匀分散体或乳化体的物质。

D. 11　酶制剂：由动物或植物的可食或非可食部分直接提取，或由传统或通过基因修饰的微生物（包括但不限于细菌、放线菌、真菌菌种）发酵、提取制得，用于食品加工，具有特殊催化功能的生物制品。

D. 12　增味剂：补充或增强食品原有风味的物质。

D. 13　面粉处理剂：促进面粉的熟化和提高制品质量的物质。

D. 14　被膜剂：涂抹于食品外表，起保质、保鲜、上光、防止水分蒸发等作用的物质。

D. 15　水分保持剂：有助于保持食品中水分而加入的物质。

D. 16　防腐剂：防止食品腐败变质、延长食品贮存期的物质。

D. 17　稳定剂和凝固剂：使食品结构稳定或使食品组织结构不变，增强黏性固形物的物质。

D. 18　甜味剂：赋予食品甜味的物质。

D. 19　增稠剂：可以提高食品的黏稠度或形成凝胶，从而改变食品的物理性状，赋予食品黏润、适宜的口感，并兼有乳化、稳定或使呈悬浮状态作用的物质。

D. 20　食品用香料：能够用于调配食品香精，并使食品增香的物质。

D. 21　食品工业用加工助剂：有助于食品加工能顺利进行的各种物质，与食品本身无关。如助滤、澄清、吸附、脱模、脱色、脱皮、提取溶剂等。

D. 22　其他：上述功能类别中不能涵盖的其他功能。

INS 是 International Number System 的缩写，即“国际编码系统”，是食品添加剂的国际编码，用于代替复杂的化学结构名称表述，由世界卫生组织/联合国粮农组织（WHO/FAO）共同建立的食品法典委员会编制。CNS 是食品添加剂的中国编码，由食品添加剂的主要功能类别代码和在本功能类别中的顺序号组成。前两位数字表示食品添加剂类目序号、如 01 代表酸度调节剂、02 代表抗结剂等；而后三位数字则表示该类目中的编号代码，如 01.001 代表在酸度调节剂类目中的第一个物种，即柠檬酸。食品添加剂的 INS 号和 CNS 码都可以在现行的 GB 2760—2014《食品安全国家标准　食品添加剂使用标准》中查到。

每种食品添加剂在食品中常常具有一种或多种功能。在 GB 2760 中的功能栏中只是规定了添加剂的主要功能，不代表全部功能，而食品添加剂在食品中的具体功能要根据实际使用的情况确定。例如，碳酸氢钠（06.001）受热后发生分解反应生成二氧化碳、水和碳酸钠，可作为膨松剂起到膨松作用，用于生产饼干、糕点、馒头、面包等，能使面坯在焙烤过程中变得松软多孔；而用在汽水饮料中时，碳酸氢钠则作为二氧化碳的发生剂；在奶油及乳清奶油等产品中，碳酸氢钠主要作为酸度调节剂用于调节 pH。

微晶纤维素（02.005）是一种纯化的、部分解聚的纤维素，白色、无臭、无味，由多孔微粒组成的结晶粉末，不同的微粒大小和含水量有不同的特征和应用范围。微晶纤维素可作为抗结剂添加到速溶咖啡、汤料粉等食品中，防止粉末粘连；作为稳定剂用于饮料中提高液体的稳定性；作为乳化剂用于冰淇淋，在冰淇淋中使用可提高整体乳化效果，防止冰碴形成，改善口感。

七、食品的分类体系

目前，我国食品分类体系根据不同专业领域的需求制定有不同的食品分类系统，在使用过程中要特别注意同一种食品在不同的分类系统中的类别可能是不同的。不同的食品安全国家标准通用标准对应不同的食品分类系统，因此，在使用食品安全标准时，一定要选择该标准对应的食品分类系统并确定食品的分类。例如，《食品生产许可分类目录》（2020 年修订）将食品分为 32 大类，并具体规定了亚类及其所属的品种明细。《食品生产许可证》中“食品生产许可品种明细表”即是按照《食品生产许可分类目录》填写的，该目录适用于食品生产许可。而 GB 2760—2014《食品安全国家标准　食品添加剂使用标准》中的食品分类采用分级系统，将食品分为 16 大类，该分类系统用于界定食品添加剂的使用范围，只适用于食品添加剂标准的使用。其中如某一食品添加剂应用于一个食品类别时，即允许其应用于该食品类别包含的所有下级食品（除非另有规定），反之下级食品允许使用的食品添加剂不能被认为可应用于其上级食品，所以在查找一个食品类别中允许使用的食品添加剂时，特别需要注意食品类别的上下级关系。此外，污染物标准的分类系统只适用于污染物限量，农药最大残留限量标准的分类系统只适用于农药。

☞ 案例分析

按照《实施食品生产许可证管理的产品目录》，馒头应当归为糕点中的蒸煮类糕点。按照该分类方法，很容易认为馒头在 GB 2760—2014 中也属于糕点，可以使用甜蜜素，限量为 1.6g/kg。

国家食品安全风险评估中心编著的《GB 2760—2014〈食品安全国家标准　食品添加剂使用标准〉实施指南》对食品有更详细的分类说明，明确将馒头归为发酵面制品

(06.03.02.03)，也就是说馒头中不能使用甜蜜素。

食品生产许可分类和 GB 2760—2014 食品分类系统是两个完全独立的分类方法，作为馒头制作者，到底该听谁的？甜蜜素是添加还是不添加？答案是，既然你往食品里面添加添加剂，就要按照 GB 2760—2014《食品安全国家标准　食品添加剂使用标准》的规定去制作。

另外，从毒理学的角度进行分析，FAO/WHO 食品添加剂联合专家委员会（JECFA）将甜蜜素的每日允许摄入量（ADI）定为 0～11mg/kg，相当于 60kg 成年人的摄入无害剂量每天为 660mg。如果按照甜蜜素限量 1.6g/kg，每天食用 500g 馒头计算，每天从馒头中摄入甜蜜素的量为 800mg/kg，大大超过一个成年人每天允许摄入的量 660mg。尤其是对于三餐都习惯吃馒头的人来讲，是很容易超过最大摄入量的。

所以，无论是依据标准法规还是从毒理学角度进行分析，馒头中都不能使用甜蜜素。当在食品中添加食品添加剂的时候，一定要按照 GB 2760—2014《食品安全国家标准　食品添加剂使用标准》的规定严格执行。

GB 2760—2014 中食品分类系统采用分级分类的方法，每一食品名称及分类均有其对应的分类号。该标准中食品分类系统共分为 16 大类，具体 16 大类的食品名称及分类号表示如下：

（1）01.0 乳及乳制品（13.0 特殊膳食用食品涉及品种除外）；

（2）02.0 脂肪，油和乳化脂肪制品；

（3）03.0 冷冻饮品；

（4）04.0 水果、蔬菜（包括块根类）、豆类、食用菌、藻类、坚果以及籽类等；

（5）05.0 可可制品、巧克力和巧克力制品（包括代可可脂巧克力及制品）以及糖果；

（6）06.0 粮食和粮食制品，包括大米、面粉、杂粮、块根植物、豆类和玉米提取的淀粉等（不包括 07.0 类焙烤制品）；

（7）07.0 焙烤食品；

（8）08.0 肉及肉制品；

（9）09.0 水产及其制品（包括鱼类、甲壳类、贝类、软体类、棘皮类等水产及其加工制品等）；

（10）10.0 蛋及蛋制品；

（11）11.0 甜味料，包括蜂蜜；

（12）12.0 调味品；

（13）13.0 特殊膳食用食品；

（14）14.0 饮料类；

（15）15.0 酒类；

（16）16.0 其他类（01.0～15.0 除外）。

每一大类下分为若干亚类，依次下分为次亚类、小类及次小类等 5 级，举例如下。

04.0　水果、蔬菜（包括块根类）、豆类、食用菌、藻类、坚果以及籽类等

04.01　水果

04.01.01　新鲜水果

……

04.01.02　加工水果

04.01.02.01 冷冻水果

04.01.02.02 水果干类

……

04.01.02.08 蜜饯凉果

04.01.02.08.01 蜜饯类

04.01.02.08.02 凉果类

……

八、带入原则

食品添加剂的带入是指某种食品添加剂不是直接加入到食品中的，而是随着其他含有该种食品添加剂的食品原（配）料进入食品的。以下结合 GB 2760—2014《食品安全国家标准 食品添加剂使用标准》“3.4 带入原则”的原文并结合案例分析介绍食品添加剂的带入原则。

（一）“被动带入”原则

3.4.1 在下列情况下食品添加剂可以通过食品配料（含食品添加剂）带入食品中：

a. 根据本标准，食品配料中允许使用该食品添加剂；

b. 食品配料中该添加剂的用量不应超过允许的最大使用量；

c. 应在正常生产工艺条件下使用这些配料，且食品中该添加剂的含量不应超过由配料带入的水平；

d. 由配料带入食品中的该添加剂的含量应明显低于直接将其添加到该食品中通常所需要的水平。

GB 2760—2014 带入原则 3.4.1 是食品添加剂使用原则中的一项重要内容，只有同时符合以上四个条件才能适用带入原则 3.4.1，即“被动带入”原则：

（1）前提 食品添加剂在食品配料中允许使用。

（2）在食品配料中的用量要求 符合 GB 2760 中规定的最大使用量。

（3）工艺必要性 正常工艺条件下使用这些配料，故意使用某种添加了防腐剂、抗氧化剂等食品配料的行为不符合本规则。

（4）在食品终产品中的用量要求 由配料带入的量要明显低于直接加入终产品中通常需要的水平。

☞ 案例分析

糕点生产中不允许添加植酸钠，但是糕点需要使用植物油作为配料，植物油中允许使用植酸钠［符合 GB 2760—2014 3.4.1（a）条款“食品配料中允许使用该食品添加剂”］，植酸钠起到防止植物油氧化酸败的作用，其最大使用量为 0.2g/kg。如果该植物油中的植酸钠添加量为 0.1g/kg［符合 GB 2760—2014 3.4.1（b）条款“食品配料中该添加剂的用量不应超过允许的最大使用量”］，而糕点中的植物油添加量为 10%，那么在正常生产工艺条件下，如果糕点中检出的植酸钠含量不超过 0.01g/kg（0.1g/kg × 10%），则符合 GB 2760—2014 3.4.1（c）条款“食品中该添加剂的含量不应超过由配料带入的水平”。并且由植物油带入的植酸钠的含量对于直接添加量来说非常小，也起不到抗氧化的作用［符合 GB 2760—2014 3.4.1（d）条款“由配料带入食品中的该添加剂的含量应明显低于直接将其添加到该食品中通常所需要的水平”］。

☞ 案例分析

按照 GB 2760—2014 的规定不允许在酱肉中使用苯甲酸，但作为配料使用的酱油可以使用苯甲酸，在这种情况下，生产出来的酱肉会带有少量或微量的苯甲酸，是否合规？某公司生产酱牛肉时由食品配料酱油带入了山梨酸及其钾盐，且检出量为 0.12g/kg，是否合法？

分析：酱牛肉属熟肉制品，根据 GB 2760—2014 山梨酸及其钾盐允许直接添加到熟肉制品中，最大使用量为 0.075g/kg；同时，它也允许添加到酱油中，最大使用量为 1.0g/kg。实际检出值为 0.12g/kg，配料带入水平明显高于直接添加到终产品中水平（0.075g/kg），就带入原则 3.4.1 逐条判定得出违反了 3.4.1（0）条款，结论予以处罚。按照 GB 2760—2014 的规定，酱肉生产中不允许添加苯甲酸，但是生产过程中会使用到酱油作为配料，而酱油中允许使用苯甲酸，因此在正常生产工艺条件下，酱肉中可以含有苯甲酸，而该苯甲酸的存在来源于使用的配料酱油。

而按照 GB 2760—2014 规定，作为防腐剂功能使用的苯甲酸在酱油中的最大使用量为 1.0g/kg，所以其在酱肉中的含量不应超过由酱油带入的水平，即如果上述提到的酱油在生产酱肉全部配料占比中不到 5%，那么终产品酱肉中苯甲酸检出的最大使用量应不超过 0.05g/kg（1.0g/kg 乘以 5%），而且该酱肉中苯甲酸的量对于酱肉不起到任何防腐作用。在这种情况下，该酱肉中检出的苯甲酸就属于 3.4.1 中的配料带入。如有明显超出的，应考虑有违法主动添加的可能性；根据终产品的性质，对有无必要主动添加该食品添加剂进行分析，以排除可能。

食品添加剂的使用必须严格按照《食品安全国家标准　食品添加剂使用标准》执行，但在检验和判定食品中食品添加剂时应考虑带入原则，结合配料表中各配料成分允许使用的食品添加剂使用范围和使用量进行综合判定。常见的符合 GB 2760—2014 带入原则 3.4.1 的食品品种如表 4 - 2 所示。

如果为了使终产品达到一定的工艺作用，而故意在其食品配料中大量添加某些具有功能作用的添加剂，或者故意将某无工艺必要性的配料以具有添加功能为载体的身份用于终食品，即在配料中使用具有该功能作用添加剂是为了在终产品中发挥功能作用的情况不符合 GB 2760—2014 带入原则 3.4.1。

表 4 - 2　　常见符合 GB 2760—2014 带入原则 3.4.1 的食品品种

食品品种	添加的食品配料	易带入的食品添加剂
熟肉制品、豆干再制品	酱油、醋、蚝油等调味料	防腐剂：苯甲酸、脱氧乙酸
熟肉制品	鸡精、姜黄粉等调味料	着色剂：柠檬黄、日落黄
香辛料油（如辣椒油、芥辣油等）、油炸食品	食用植物油	抗氧化剂：丁基羟基茴香醚（BHA）、二丁基羟基甲苯（BHT）、叔丁基对苯二酚（TBHQ）
饼干	人造奶油、干酪、氢化植物油等	防腐剂：山梨酸

续表

食品品种	添加的食品配料	易带入的食品添加剂
煲汤料	蜜饯产品	防腐剂：苯甲酸、山梨酸 抗氧化剂、漂白剂：二氧化硫、硫黄、亚硫酸盐类物资
糕点、面包	吉士粉、果酱、装饰性水果、蛋黄酱	着色剂：柠檬黄、日落黄、胭脂红、苋菜红、诱惑红（部分添加剂作为馅料允许使用）
腊肠、香肠类	胶原蛋白肠衣、可食用动物肠衣	着色剂：胭脂红、诱惑红

（二）“主动带入”原则

随着食品工业的发展，食品生产加工行业上下游的专业性和匹配性越来越高，食品原辅料行业应食品终产品行业的需求，为食品终产品“量身定制”的食品配料中有时会添加允许在终产品中使用的食品添加剂。

> 3.4.2 当某食品配料作为特定终产品的原料时，批准用于上述特定终产品的添加剂允许添加到这些食品配料中，同时该添加剂在终产品中的量应符合本标准的要求。在所述特定食品配料的标签上应明确标示该食品配料用于上述特定食品的生产。

本条规定的在食品配料中添加的食品添加剂，是为了在特定终产品中发挥工艺作用的，而不是在食品配料中发挥工艺作用的，这种食品添加剂必须是 GB 2760 中规定的可以用于该食品终产品中的品种，且这种食品添加剂在食品配料中的使用量应保证在食品终产品中的量不能超过 GB 2760 的规定。添加了上述食品添加剂的食品配料仅能作为特定食品终产品的原料，而且标签上必须明确标识出该食品配料用于特定食品终产品的生产。

3.4.2 也是“主动带入”原则，其应用要点：

（1）前提　食品添加剂在终产品中允许使用。

（2）添加方式　由于物化性质不能直接添加到终产品中，需以食品配料为载体加入。

（3）在终产品中的用量要求　符合 GB 2760 中规定的最大使用量。

常见的符合带入原则 3.4.2 的食品品种如表 4－3 所示。

表 4－3　　常见符合带入原则 3.4.2 的食品品种

食品配料	易带入的食品添加剂	终产品
冰淇淋预拌粉	调味剂、着色剂、增稠剂等	冰淇淋
碳酸饮料用糖浆	防腐剂、调味剂、着色剂、香精香料等	可乐、果味汽水等碳酸饮料
蛋糕预拌粉	膨松剂、乳化剂、增稠剂、水分保持剂、酸度调节剂等	蛋糕
面包专用小麦粉	防腐剂、膨松剂、酶制剂等	面包
糕点专用油脂	β－胡萝卜素等油溶性色素	各种中西式糕点

续表

食品配料	易带入的食品添加剂	终产品
果冻、布丁粉	甜味剂、防腐剂、着色剂、增稠剂、酸度调节剂等	果冻、布丁

☞ 案例分析

一种植物油产品是某种蛋糕的配料，为了方便这种蛋糕的生产，这种植物油中添加了在蛋糕的生产过程中起着色作用的β-胡萝卜素。根据GB 2760—2014规定，β-胡萝卜素可以作为着色剂在焙烤食品中使用，最大使用量为1.0g/kg。蛋糕属于焙烤食品的一种，着色剂可用于蛋糕生产，但不能在植物油中使用。由于它是脂溶性色素，在植物油中才能分散均匀，便于蛋糕生产，所以β-胡萝卜素被允许添加到用于蛋糕生产的植物油中，且要明确标示这种植物油是用于蛋糕生产的。

由此可以判断，在这种用于蛋糕生产的植物油中可以添加β-胡萝卜素，且β-胡萝卜素在植物油中的添加量换算到蛋糕中时应不超过1.0g/kg，这种情况符合GB 2760—2014带入原则3.4.2。同时，这种植物油的标签上应明确标示用于蛋糕的生产。

通过上面两个食品添加剂的“带入原则”可见，有些食品添加剂被检出并不一定就是非法添加。主动带入和被动带入原则的比较如表4-4所示，食品中食品添加剂的使用必须严格按照GB 2760执行，但在判定食品中食品添加剂的使用情况时应考虑带入原则，结合食品终产品以及配料表中各成分允许使用的食品添加剂的使用范围和使用量进行综合判定。如果某种食品终产品及其配料中均不允许使用某种食品添加剂，但却在这种食品中发现了这种食品添加剂的使用，这既违反了该食品中食品添加剂的使用规定，也不符合带入原则。如果食品终产品中不允许使用某种食品添加剂，却发现了这种食品中有添加剂的存在，应考虑是不是因为该食品的某种配料允许使用这种食品添加剂，是否符合GB 2760—2014带入原则3.4.1；如果食品配料中不允许使用某种食品添加剂，却在这种食品中发现了食品添加剂的存在，或者食品配料中某种食品添加剂的用量不符合GB 2760规定，应结合该配料的标签标识来判断其是否符合GB 2760—2014带入原则3.4.2中关于食品添加剂的使用原则要求。

对于食品用香料、胶基糖果中基础剂物质以及食品工业用加工助剂，同样适用食品添加剂的两个带入原则。

表4-4　　GB 2760—2014中带入原则条款的比较

项目	带入原则3.4.1	带入原则3.4.2
工艺作用	在食品配料中发挥工艺作用	在终产品中发挥工艺作用
允许使用情况	食品配料中允许添加，终产品中不允许添加	终产品中允许添加，食品配料中不允许添加
带入的主观性	随食品配料不可避免带入终产品中，属被动带入	以食品配料作为载体加入到终产品中，属主动带入

续表

项目	带入原则 3.4.1	带入原则 3.4.2
带入的量	食品配料和终产品中的含量应符合 3.4.1 中（b）（c）（d）的要求	符合 GB 2760—2014 关于最大添加量的规定
标签标示	可在配料表中列明带入该添加剂的食品配料的原料	明确标示该食品配料用于特定终产品生产（展开项含带入的食品添加剂）
常见情况	防腐剂（如苯甲酸）、着色剂（如柠檬黄）、抗氧化剂（如 TBHQ）通过酱油、醋、鸡精等调味料带入到熟肉制品中，或通过食用植物油、果酱、蜜饯等带入到糕点、饼干、面包中	某些调味剂、着色剂、增稠剂等通过预拌粉加入到冰激凌、蛋糕、面包中；酶制剂、膨松剂通过面包专用小麦粉加入到面包中等

九、食品添加剂的使用规定

在 GB 2760—2014《食品安全国家标准　食品添加剂使用标准》的附录 A 中对食品添加剂的使用进行了规定。

表 A.1 规定了食品添加剂的允许使用品种、使用范围以及最大使用量或残留量。

表 A.1 列出的同一功能的食品添加剂（相同色泽着色剂、防腐剂、抗氧化剂）在混合使用时，各自用量占其最大使用量的比例之和不应超过 1。

表 A.2 规定了可在各类食品（表 A.3 所列食品类别除外）中按生产需要适量使用的食品添加剂。

表 A.3 规定了表 A.2 所例外的食品类别，这些食品类别使用添加剂时应符合表 A.1 的规定。同时，这些食品类别不得使用表 A.1 规定的其上级食品类别中允许使用的食品添加剂。

表 A.1 和表 A.2 未包括对食品用香料和用作食品工业用加工助剂的食品添加剂的有关规定。

A.6 上述各表中的“功能”栏为该添加剂的主要功能，供使用时参考。

（1）表 A.1 对食品添加剂具体使用品种、该食品添加剂所应用的食品范围以及在其中的最大使用量或者残留量进行了规定。

（2）表 A.1 列出的同一功能的食品添加剂（相同色泽着色剂、防腐剂、抗氧化剂）在混合使用时，各自用量占其最大使用量的比例之和不应超过 1。例如，某种食品中按照添加剂标准可以使用两种防腐剂 A（最大使用量为 0.95g/kg）和 B（最大使用量为 0.01g/kg），那么两者在混合使用时应当满足：A 实际添加量/0.95 + B 实际添加量/0.01≤1。

本条是对标准中列出的同一功能的食品添加剂，主要是针对具有相同色泽的着色剂、防腐剂和抗氧化剂在同一食品中混合使用时的特殊规定。以下情况不受本条规定约束：

①不同色泽的着色剂共同使用时：着色剂要求具有同一的色泽，如同样都是红色或蓝色。如果一种食品添加剂是红色，一种是蓝色，即使其具有相同的使用范围，在使用时也不受本条的约束；只有具有相同色泽的着色剂，需要进行加权计算不超过1。

②本条所列功能外的其他功能的食品添加剂共同使用时：本条所说的加权计算不超过1的情况仅针对相同色泽着色剂、防腐剂、抗氧化剂三种情况，其他功能的食品添加剂共同使用时不作此限制。

③具有多种功能的食品添加剂在不使用其着色剂、防腐剂和抗氧化剂功能时：本条针对某些食品添加剂可能具有多种功能，但是只要它的实际使用工艺目的不是用于着色剂、防腐剂或者抗氧化剂的情况，则该添加剂的使用量不受此限制。

④不具有同一功能或具有同一功能但没有相同使用范围的食品添加剂。

（3）表A.3规定了表A.2所例外的食品类别，这些食品类别及其下级食品类别使用添加剂时应符合表A.1的规定，即不能按表A.2的规定按生产需要适量使用食品添加剂，除非表A.1另有规定。同时，这些食品类别及其下级食品类别不得使用表A.1规定的其上级食品类别中允许使用的食品添加剂，这正是前面提到的“另有规定的除外”的情况。

十、GB 2760—2014的查询方法

1. 已知某食品添加剂的名称，查询其使用范围和最大使用量

建议先查表A.1，再查表A.2，参考表A.3，再查看国家卫生行政部门关于食品添加剂的公告。一般可能会出现以下四种情况。

（1）只在表A.1，不在表A.2　如果所查询的食品添加剂只在表A.1上，不在表A.2上，其使用范围为表A.1上规定的内容。除此之外，还需考虑国家卫生行政部门关于食品添加剂的公告，是否涉及扩大范围或者扩大使用量的规定。

（2）不在表A.1，只在表A.2　如果查询的食品添加剂不在表A.1上，只在表A.2上，其使用范围为表A.3中所例外食品类别名单以外的各类食品，其最大使用量为按生产需要适量使用（没有限量规定）。除此之外，还需考虑国家卫生行政部门关于食品添加剂的公告，是否涉及扩大范围或者扩大使用量的规定。

（3）既在表A.1，又在表A.2　如果所查询的食品添加剂既在表A.1上，又在表A.2上，其使用范围和最大使用量至少由两部分组成。表A.2规定了可在各类食品中按生产需要适量使用的食品添加剂，但这里的“各类食品”不包括表A.1和表A.3中的食品类别。

（4）既不在表A.1，又不在表A.2　如果所查询的食品添加剂既不在表A.1上，又不在表A.2上，可以直接判定它不是我国目前允许使用的食品添加剂。

2. 已知某食品类别，该如何正确使用食品添加剂

一般可能会出现四种情况：

（1）只在表A.1，不在表A.3　已知某类别食品只在表A.1上，不在表A.3上，其允许使用的添加剂及最大使用量如下分析。

例如，食品分类号是06.07；食品名称：方便米面制品。

①只在表A.1上，方便米面制品处的食品添加剂可按规定使用；

②表A.1方便面米制品其上级别06.0粮食和粮食制品处的食品添加剂也可按规定使用；

③不在表A.3上，不属于所例外的食品类别，表A.2中的食品添加剂可按生产需要适量

使用；

④再查2010年3月16日以后的卫生行政部门公告。

（2）不在表A.1，只在表A.3　已知某类别食品不在表A.1中，只在表A.3上，属例外的食品类别名单，该类食品不允许使用任何食品添加剂。

例如，食品分类号08.01；食品名称：生、鲜肉。

①不在表A.1上（不适用）；

②只在表A.3上，属于所例外的食品类别，因此，表A.2上的食品添加剂均不允许使用，除非国家卫生健康委员会公告中增加新规定。

（3）既在表A.1，又在表A.3　已知某类别食品既在表A.1上，允许使用的食品添加剂为表A.1中该类别食品处的食品添加剂及最大使用量；又在表A.3上，属例外的食品类别，因此表A.2中食品添加剂均不得使用。其按照附录A“食品添加剂的使用规定”，不得使用表A.1中上级别食品类别中的食品添加剂。

例如，食品类别号是14.02.01，食品名称：果蔬汁（浆）。

①既在表A.1上，可以使用黄原胶；

②又在表A.3上，属例外的食品类别，因此表A.2中食品添加剂黄原胶不得使用；

③由于表A.3上出现的原因，按照附录A“食品添加剂的使用规定”，不得使用表A.1果蔬汁（浆）上级别食品［食品类别号是14.02（亚类）、14.0（大类）］中允许使用的食品添加剂。

（4）既不在表A.1，又不在表A.3　已知某类别食品不在表A.1中，又在表A.3上属例外的食品类别名单，该类食品允许使用表A.2中的食品添加剂（可按生产需要适量使用）。

十一、食品添加剂违规使用

1. 食品添加剂超范围使用

GB 2760—2014规定，每一种食品添加剂只能添加到特定范围的食品中，食品添加剂超出这个范围就是超范围添加。

☞ 案例分析

鲜枣使用糖精钠是否属于超范围使用食品添加剂？

GB 2760—2014《食品安全国家标准　食品添加剂使用标准》明确说明，糖精钠属于“限量限范围”使用的食品添加剂，即它只在表A.1中出现，允许使用范围如下。

糖精钠　　sodium saccharin

CNS号　19.001　　INS号　954

功能　甜味剂、增味剂

食品分类号	食品名称	最大使用量/（g/kg）	备注
03.0	冷冻饮品（03.04食用冰除外）	0.15	以糖精计
04.01.02.02	水果干类（仅限芒果干，无花果干）	5.0	以糖精计
04.01.02.05	果酱	0.2	以糖精计

续表

食品分类号	食品名称	最大使用量/（g/kg）	备注
04.01.02.08	蜜饯凉果	1.0	以糖精计
04.01.02.08.02	凉果类	5.0	以糖精计
04.01.02.08.04	话化类	5.0	以糖精计
04.01.02.08.05	果糕类	5.0	以糖精计
04.02.02.03	腌渍的蔬菜	0.15	以糖精计
04.04.01.05	新型豆制品（大豆蛋白及其膨化食品、大豆素肉等）	1.0	以糖精计
04.04.01.06	熟制豆类	1.0	以糖精计
04.05.02.01.01	带壳熟制坚果与籽类	1.2	以糖精计
04.05.02.01.02	脱壳熟制坚果与籽类	1.0	以糖精计
12.10	复合调味料	0.15	以糖精计
15.02	配制酒	0.15	以糖精计

该食品添加剂允许使用的食品中并不包含新鲜水果，也就是说新鲜水果中禁止添加糖精钠。“糖精枣”中使用糖精钠属于超范围使用食品添加剂，与“限量限范围”使用的原则相违背，属于滥用食品添加剂。

2. 食品添加剂超量使用

食品添加剂超限量使用指使用的食品添加剂品种并未违反 GB 2760—2014 的规定，但超出了 GB 2760—2014 规定的使用量，导致食品添加剂的残留量超出了 GB 2760—2014 的规定。

☞ 案例分析

油条在检测中检出金属铝的残留量为 965mg/kg，是否合规？

GB 2760—2014《食品安全国家标准 食品添加剂使用标准》明确规定，铝在面制品中的残留量，且只在表 A.1 中有规定：

硫酸铝钾（又名钾明矾），硫酸铝铵（又名铵明矾） aluminium potassium sulfate，aluminium ammonium sulfate

CNS 号 06.004.06.005 INS 号 522.523

功能 膨松剂、稳定剂

食品分类号	食品名称	最大使用量	备注
04.04	豆类制品	按生产需要适量使用	铝的残留量≤100mg/kg（干样品，以 Al 计）
06.03.02.04	面糊（如用于鱼和禽肉的拖面糊）、裹粉、煎炸粉	按生产需要适量使用	铝的残留量≤100mg/kg（干样品，以 Al 计）

续表

食品分类号	食品名称	最大使用量	备注
06.03.02.05	油炸面制品	按生产需要适量使用	铝的残留量≤100mg/kg（干样品，以Al计）
06.05.02.02	虾味片	按生产需要适量使用	铝的残留量≤100mg/kg（干样品，以Al计）
07.0	焙烤食品	按生产需要适量使用	铝的残留量≤100mg/kg（干样品，以Al计）
09.03.02	腌制水产品（仅限海蜇）	按生产需要适量使用	铝的残留量≤500mg/kg（以即食海蜇中Al计）

“铝”允许在油炸面制品中残留，但是GB 2760—2014对铝的残留量进行了规定，即≤100mg/kg。若油条中检出金属铝的残留量为965/mg，超出标准中规定的铝的残留量，则说明存在添加剂超量使用的情况。

3. 添加非食用物质

这一类物质从严格意义上说已经不在添加剂标准规定的范围内。这类物质属于非食用物质，既不能食用也不可使用，如三聚氰胺、吊白块等。

第二节　预包装食品标签通则

食品标签是指食品包装上的文字、图形、符号及一切说明物。它们提供了食品的内在质量信息、营养信息、时效消息和食用指导信息，是进行食品贸易及消费者选择食品的重要依据。通过实施食品标签标准，可以保护消费者的利益和健康，维护消费者的知情权；有利于保证公平的市场竞争，防止利用标签进行欺诈的行为。

根据《食品安全法》及其实施条例的规定，我国食品标签标准体系（图4－2）主要分为食品、食品添加剂和食品相关产品的标签标识管理规定，其中以食品标签标识为主体。食品标签标识又按照其包装形式不同分为预包装和非预包装两类进行管理。

GB 7718—2011《食品安全国家标准　预包装食品标签通则》是关于预包装食品标签的通用要求。涉及预包装食品标签管理的还有GB 28050—2011《食品安全国家标准　预包装食品营养标签通则》、GB 13432—2013《食品安全国家标准　预包装特殊膳食用食品标签》，以及其他普通食品产品标准中对标签的规定和保健食品、转基因食品、绿色食品、辐照食品等标签要求。

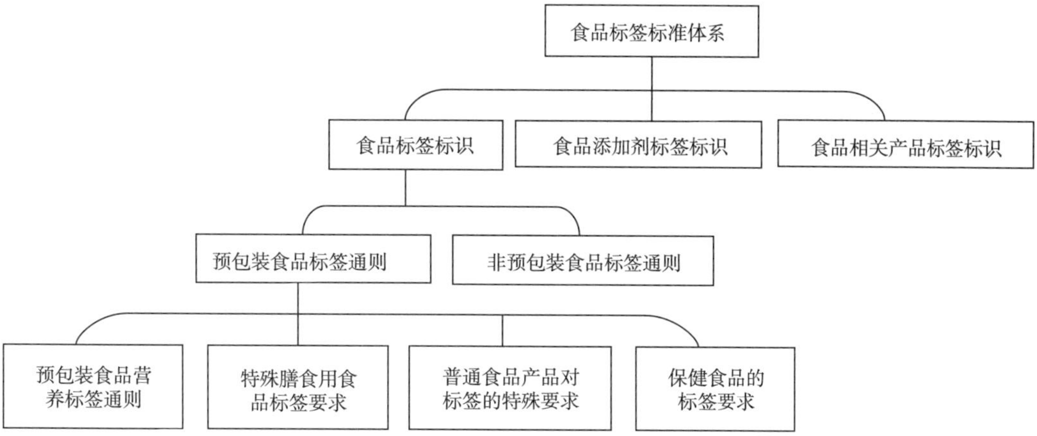

图4－2　我国食品标签标准体系

GB 7718—2011《食品安全国家标准　预包装食品标签通则》于2011年4月20日发布，2012年4月20日实施。该标准适用于直接提供给消费者的预包装食品标签和非直接提供给消费者的预包装食品标签，不适用于为预包装食品在储藏运输过程中提供保护的食品储运包装标签、散装食品和现制现售食品的标识。与GB 7718—2004《预包装食品标签通则》相比，新版标准既体现了食品安全标准的基本要求，又保证了消费者的知情权，提高了标准实施的可操作性。

GB 7718—2011
《食品安全国家标准
预包装食品标签通则》

一、预包装食品

预包装食品是指预先定量包装或者制作在包装材料和容器中的食品，包括预先定量包装以及预先定量制作在包装材料和容器中并且在一定量限范围内具有统一的质量或体积标识的食品。预包装食品首先应当预先包装，此外包装上要有统一的质量或体积的标示。预包装食品具有两个根本的特征，首先是“预先定量”，其次是“包装或者制作在包装材料和容器中”。同时具备这两个特征的加工食品就是预包装食品，任何一个特征不具备，则不成为预包装食品，即仅定量不包装（制作在包装材料和容器中）或仅包装（制作在包装材料和容器中）不定量都不是预包装食品。

预包装食品分为直接提供给消费者的预包装食品和非直接提供给消费者的预包装食品。直接提供给消费者的预包装食品的情形包括：一是生产者直接或通过食品经营者（包括餐饮服务）提供给消费者的预包装食品；二是既提供给消费者，也提供给其他食品生产者的预包装食品。进口商经营的此类进口预包装食品也应按照上述规定执行。非直接提供给消费者的预包装食品包括生产者提供给其他食品生产者的预包装食品和生产者提供给餐饮业作为原料、辅料使用的预包装食品。进口商经营的此类进口预包装食品也应按照上述规定执行。

二、食品标签

食品标签是指食品包装上的文字、图形、符号及一切说明物。食品标签可分为两种形式：①将文字、图形、符号印制或压印在食品的包装盒、袋、瓶、罐或其他包装容器上；

②单独印制纸签、塑料薄膜签或其他制品签，粘贴在食品包装容器上。我国对食品标签的管理是通过法律、法规和标准及其他技术性法规文件来实现的。食品安全国家标准体系包括两项通用食品标签标准：GB 7718—2011《食品安全国家标准　预包装食品标签通则》、GB 28050—2011《食品安全国家标准　预包装食品营养标签通则》，以及某些食品产品标准中的标签规定。

商品的标签说明商品的特征和性能，向消费者传递必要信息。食品的特征和性能关系着消费者的健康。正确有效的食品标签不仅能够为消费者选择购买食品提供信息，还可以通过影响消费者的购物习惯，对公共健康和科普宣传起到辅助作用。GB 7718—2011 将预包装食品标签分为直接提供给消费者的预包装食品标签和非直接提供给消费者的预包装食品标签。直接提供给消费者的预包装食品标签包括食品名称、配料表、净含量和规格、生产者和（或）经销者的名称、地址和联系方式、生产日期和保质期、贮存条件、食品生产许可证编号、产品标准代号及其他需要标示的内容，即所有事项均在标签上标示。非直接提供给消费者的预包装食品标签包括食品名称、规格、净含量、生产日期、保质期和贮存条件等。未在标签上标注的其他内容，应在说明书或合同中注明。

（一）食品标签的作用

食品标签的主要作用有以下五方面内容。

（1）引导、指导消费者购买食品　消费者除了通过标签上的文字、图形及其他说明了解食品的性状、生产者、经销者、生产日期、保质期、净含量等，还能通过配料表了解食品的成分，通过营养标签了解食品的营养信息等。这些信息均能影响消费者的购买行为。

（2）向消费者承诺　食品包装物表面的一切文字、图形信息是食品生产经营者对消费者的一种质量承诺；食品生产经营者的名称、地址、联系方式更是确保消费者在出现问题后能够找到责任方的重要承诺。

（3）向监督机构提供必要信息　食品生产行业众多且专业性很强，监管难度较大。食品生产许可证编号、产品标准代号等信息是为监督管理机构监管提供便利性的重要手段。

（4）促进销售　标签是展示产品最好的广告手段之一。好的食品标签除了向消费者说明产品外，还是食品生产经营企业展示产品特性、宣传企业形象的最佳途径之一。一些著名的企业，消费者仅通过标签的风格就可以从陈列货架上识别出其产品，甚至识别出不同品种的信息。

（5）维护生产经营者合法权益　食品生产经营者在食品标签上明示的保质期、贮存条件等信息同样便于企业维护自身利益。超过标签上明示的保质期限，或消费者未按标签上标示的贮存条件贮存食品而出现问题的，食品生产经营者不再承担责任。从这个意义上讲，食品标签也是对食品生产经营企业合法权益的保护。

（二）食品标签的原则

（1）食品标签的所有内容，不得以错误的、引起误解的或欺骗性的方式描述或介绍食品。

（2）食品标签的所有内容，不得以直接或间接暗示性的语言、图形、符号导致消费者将食品或食品的某一性质与另一产品混淆。

（3）食品标签的所有内容，必须符合国家法律和法规的规定，并符合相应产品标准的规定。

（4）食品标签的所有内容，必须通俗易懂、准确、科学。

三、预包装食品标签的基本要求

（1）应符合法律、法规的规定，并符合相应食品安全标准的规定。

（2）应清晰、醒目、持久，应使消费者购买时易于辨认和识读。食品标签的文字、图形清晰、醒目是为了便于识读；持久是为了保证在产品运输、销售过程中不会脱落。

（3）应通俗易懂、有科学依据，不得标示封建迷信、色情、贬低其他食品或违背营养科学常识的内容。

（4）应真实、准确，不得以虚假、夸大、使消费者误解或欺骗性的文字、图形等方式介绍食品，也不得利用字号大小或色差误导消费者。设计、制作标签时要体现直观性，不能使消费者将购买的食品与其他产品混淆。不得直接使用或是将其他产品的名称、设计稍作更改使用，故意误导消费者将某一产品与其他产品混淆。

（5）不应直接或以暗示性的语言、图形、符号，误导消费者将购买的食品或食品的某一性质与另一产品混淆。

（6）不应标注或者暗示具有预防、治疗疾病作用的内容，非保健食品不得明示或者暗示产品具有保健作用。

（7）不应与食品或者其包装物（容器）分离。

（8）应使用规范的汉字（商标除外）。具有装饰作用的各种艺术字，应书写正确，易于辨认。

（9）预包装食品包装物或包装容器最大表面面积大于 $35cm^2$ 时（最大表面面积计算方法见 GB 7718—2011《食品安全国家标准　预包装食品标签通则》附录 A），强制标示内容的文字、符号、数字的高度不得小于 1.8mm。

（10）一个销售单元的包装中含有不同品种、多个独立包装可单独销售的食品时，每件独立包装的食品标识应当分别标注。

（11）若外包装易于开启识别或透过外包装物能清晰地识别内包装物（容器）上的所有强制标示内容或部分强制标示内容，可不在外包装物上重复标示相应的内容；否则应在外包装物上按要求标示所有强制标示内容。

四、直接向消费者提供的预包装食品标签标示内容

直接向消费者提供的预包装食品标签标示应包括食品名称、配料表、净含量和规格、生产者和（或）经销者的名称、地址和联系方式、生产日期和保质期、贮存条件、食品生产许可证编号、产品标准代号及其他需要标示的内容。

1. 食品名称

（1）应在食品标签的醒目位置，清晰地标示反映食品真实属性的专用名称。当国家标准、行业标准或地方标准中已规定了某食品的一个，或几个名称时，应选用其中的一个，或等效的名称；无国家标准、行业标准或地方标准规定的名称时，应使用不使消费者误解或混淆的常用名称或通俗名称。

当通过预包装食品名称本身能够获得该产品的配料信息及其真实属性，且不会使消费者误解时，可以不在食品名称附近标示真实属性的专用名称。如“榛仁巧克力”，该名称可以体现配料和产品属性，因此不需要在该名称附近标示“巧克力制品”。

当从预包装食品名称本身无法获得产品真实属性，只有看到实物才能判断，而实物又难以看到时，应在该名称附近同时标示其真实属性的专用名称。食品名称中关于风味的描述应根据其组分中的特定原料或其生产的特定工艺真实描述，如焦香风味可以通过焦香化工艺来实现，草莓风味可以通过添加草莓粉或食用香精香料来实现；当产品风味仅来自所使用的食用香精香料时，不应直接使用该配料的名称来命名，如使用草莓香精但不含草莓成分的冰淇淋产品，产品名称不应命名为“草莓冰淇淋”，可命名为“草莓味冰淇淋”。

（2）标示“新创名称”“奇特名称”“音译名称”“牌号名称”“地区俚语名称”或“商标名称”时，应在所示名称的同一展示版面标示专用名称。当“新创名称”“奇特名称”“音译名称”“牌号名称”“地区俚语名称”或“商标名称”含有易使人误解食品属性的文字或术语（词语）时，应在所示名称的同一展示版面邻近部位使用同一字号标示食品真实属性的专用名称；当食品真实属性的专用名称因字号或字体颜色不同易使人误解食品属性时，也应使用同一字号及同一字体颜色标示食品真实属性的专用名称。

“新创名称”“奇特名称”是指生产企业针对某产品创造出来的食品名称，如“松露巧克力”；“音译名称”是指根据外文发音直接译过来的名称，有一些已被消费者所熟知，如“芝士”等；“地区俚语名称”是指使用范围极窄的方言名称。对于有一定历史传承，尤其是具有地方传统特色并广泛使用或在消费者中约定俗成的食品名称应予以认可并保留，如“魔芋粉”在陕西称为“麻芋子”、在云南普洱市思茅区称为“花麻蛇”、在江西新建地区称为“花梗莲”、在江西万年地区称为“虎掌”、在江西定南地区称为“花伞把”。在使用上述名称时，应用与之对应的真实属性的名称加以说明，并应在所示名称的同一展示版面上标示。

（3）为不使消费者误解或混淆食品的真实属性、物理状态或制作方法，可以在食品名称前或食品名称后附加相应的词或短语，如干燥的、浓缩的、复原的、熏制的、油炸的、粉末的、粒状的等。

为了方便消费者选购食品时了解食品的真实属性、食品的性质和制作方法，食品的制造者可以在食品名称前（后）用简短文字加以注明。如，香肠有腊制、风干、熏制等各种制作方法，可以在“香肠”前冠以“腊制”“风干”“熏制”等文字进行标示。

2. 配料表

（1）预包装食品的标签上应标示配料表，配料表中的各种配料应标示具体名称。

（2）配料表应以“配料”或“配料表”为引导词。当加工过程中所用的原料已改变为其他成分（如酒、酱油、食醋等发酵产品）时，可用“原料”或“原料与辅料”代替“配料”“配料表”，并按本标准相应条款的要求标示各种原料、辅料和食品添加剂。加工助剂不需要标示。

（3）各种配料应按制造或加工食品时加入量的递减顺序一一排列；加入量不超过2%的配料可以不按递减顺序排列。

（4）如果某种配料是由两种或两种以上的其他配料构成的复合配料（不包括复合食品添加剂），应在配料表中标示复合配料的名称，随后将复合配料的原始配料在括号内按加入量的递减顺序标示。当某种复合配料已有国家标准、行业标准或地方标准，且其加入量小于食品总量的25%时，不需要标示复合配料的原始配料。

企业可自愿展开标示复合配料中含有的复合配料。当复合配料中的原始配料与食品中的其他配料相同时，也可在配料表中直接标示复合配料中的各原始配料；各配料的排列顺序应在将同一配料合并计算后，按其在终产品中的总量决定。

（5）食品添加剂应当标示其在 GB 2760 中的食品添加剂通用名称。食品添加剂通用名称可以标示为食品添加剂的具体名称，也可标示为食品添加剂的功能类别名称并同时标示食品添加剂的具体名称或国际编码（INS 号）。当采用同时标示食品添加剂的功能类别名称和国际编码的形式时，若某种食品添加剂尚不存在相应的国际编码，或因致敏物质标示需要，可以标示其具体名称。食品添加剂的名称不包括其制法。加入量小于食品总量 25% 的复合配料中含有的食品添加剂，若符合 GB 2760 规定的带入原则且在最终产品中不起工艺作用的，不需要标示。

（6）在食品制造或加工过程中，加入的水应在配料表中标示，如饮料和饮料酒使用水作为配料，需要在配料表中加以标示。在加工过程中已挥发的水或其他挥发性配料不需要标示，如在饼干在制作过程中使用了水作为配料，但水在烘烤过程中已经挥发，因此不需要在配料清单中标示“水”。

（7）可食用的包装物也应在配料表中标示原始配料（如包装糖果的糯米纸），国家另有法律法规规定的除外。

（8）各种植物油或精炼植物油，不包括橄榄油，应标示为“植物油”或“精炼植物油”（如经过氢化处理，应标示为“氢化”或“部分氢化”）。有相应的国家标准、行业标准或地方标准规定名称的，可标示相关标准中的名称。如用棕榈油制成的植物起酥油可标示为“植物油”或“棕榈油”或“植物起酥油”。

各种淀粉或经过预糊化等物理改性淀粉可以标示为“淀粉”粉，应标示为“淀粉”；化学改性淀粉应按食品添加剂标示。

香辛料、香辛料类或复合香辛料作为食品配料时，如果香辛料或香辛料浸出物（单一的或合计的）加入量不超过 2%，可以在配料表中标示各自的具体名称，也可以在配料表中统一标示为“香辛料”“香辛料类”或“复合香辛料”；如果某种香辛料或香辛料浸出物加入量超过 2%，则应标示其具体名称；复合香辛料添加量超过 2% 时，也应该按复合配料标示方式进行标示。

胶基糖果的各种胶基物质制剂，应标示为“胶姆糖基础剂”“胶基”。

添加量不超过 10% 的各种果脯蜜饯水果，应标示为“蜜饯”“果脯”。

食用香精、香料，应标示为“食用香精”“食用香料”“食用香精香料”。

3. 配料的定量标示

（1）如果在食品标签或食品说明书上特别强调（即食品生产者通过对配料或成分的宣传引起消费者对该产品、配料或成分的重视，以文字的形式在配料表内容以外的标签上突出或暗示添加或含有一种或多种配料或成分）添加了或含有一种或多种有价值、有特性的配料或成分，应标示所强调配料或成分的添加量或在成品中的含量。

（2）如果在食品的标签上特别强调一种或多种配料或成分的含量较低或无时，应标示所强调配料或成分在成品中的含量。当使用“不添加”等词汇修饰某种配料（含食品添加剂）时，应真实准确地反映食品配料的实际情况，即生产过程中不添加某种物质，其原料也未使用该物质，否则可视为对消费者的误导。当 GB 2760 未批准某种添加剂在该类食品中使用时，不应使用“不添加”该种添加剂来误导消费者。

（3）食品名称中提及的某种配料或成分而未在标签上特别强调，不需要标示该种配料或成分的添加量或在成品中的含量。对配料中过敏物质的提示说明不属于定量标示的范围。

4. 净含量和规格

规格是指预包装内含有多件预包装食品时，对净含量和内含件数关系的表述。质检总局于

2009 年 10 月修订的《食品标识管理规定》第十条规定“定量包装食品标识应当标示净含量，并按照有关规定要求标示规格”，提示“规格”应当是与净含量相关的事项。规格不同于质量（品质）等级。有的食品在质量标准中有质量等级要求，如大米按加工精度分为四个等级，浸出式花生油按质量指标分为四个等级、压榨式分为两个等级等。质量等级是根据某一项或某几项质量标准的规定而确定的。净含量和规格的标示方式如下所述。

（1）净含量的标示应由净含量、数字和法定计量单位组成。赠送装或促销装预包装食品的净含量应按照本标准的规定标示，并应明示销售部分和赠送部分的净含量，可以分别标示销售部分的净含量和赠送部分的净含量或标示总净含量并同时用适当的方式标示赠送部分的净含量。

（2）应依据法定计量单位，按以下形式标示包装物（容器）中食品的净含量：①液态食品，用体积升（L 或 l）、毫升（mL 或 ml），或用质量克（g）、千克（kg）；②固态食品，用质量克（g）、千克（kg）；③半固态或黏性食品，用质量克（g）、千克（kg）或体积升（L 或 l）、毫升（mL 或 ml）。

（3）净含量应与食品名称在包装物或容器的同一展示版面标示。

（4）容器中含有固、液两相物质的食品，且固相物质为主要食品配料时，除标示净含量外，还应以质量或质量分数的形式标示沥干物（固形物）的含量。半固态、黏性、固液相均为主要食用成分或呈悬浮状、固液混合状等无法清晰区别固液相产品的预包装食品无需标示沥干物（固形物）的含量。预包装食品由于自身的特性，可能在不同的温度或其他条件下呈现固、液不同形态的，如蜂蜜、食用油等产品，也无需标示沥干物（固形物）的含量。

（5）同一预包装内含有多个单件预包装食品时，大包装在标示净含量的同时还应标示规格。

同一预包装内含有多件同种类预包装食品时，有三种标示方式：①标示大包装的净含量和单件预包装食品的件数；②标示单件预包装食品的件数和净含量；③标示大包装的净含量、单件预包装食品的件数和净含量。

同一预包装内含有多件不同种类预包装食品时，有两种标示方式：①标示大包装的净含量，分别标示其中各个种类单件预包装食品的净含量和件数；②标示其中各个种类单件预包装食品的净含量和件数。

（6）规格的标示应由单件预包装食品净含量和件数组成，或只标示件数，可不标示“规格”二字。单件预包装食品的规格即指净含量。

5. 生产者、经销者的名称、地址和联系方式

（1）应当标注生产者的名称、地址和联系方式。生产者名称和地址应当是依法登记注册、能够承担产品安全质量责任的生产者的名称、地址。在标示生产者、经销者的名称、地址时，可以标示“生产者”“经销者”“生产商”“制造商”等。对于委托分装的情况，可标示为“分装商”。

依法独立承担法律责任的集团公司、集团公司的子公司，应标示各自的名称和地址。如果预包装食品由集团公司（总公司）生产，则应标示集团公司（总公司）的名称和地址；如由能依法独立承担法律责任的分公司或子公司生产，则应标示该分公司或子公司的名称和地址。

不能依法独立承担法律责任的集团公司的分公司或集团公司的生产基地，应标示集团公司和分公司（生产基地）的名称、地址；或仅标示集团公司的名称、地址及产地，产地应当按照行政区划标注到地市级地域。不能依法独立承担法律责任的集团公司的分公司可按下列方式之

一来标示：①集团公司的名称和地址，加上集团分公司的名称和地址；②仅标示集团公司的名称和地址。不能依法独立承担法律责任的集团公司生产基地可按下列方式之一来标示：①集团公司的名称和地址，加上其生产基地的名称和地址；②仅标示集团公司的名称和地址。

（2）受其他单位委托加工预包装食品的，应标示委托单位和受委托单位的名称和地址；或仅标示委托单位的名称和地址及产地，产地应当按照行政区划标注到地市级地域。

（3）依法承担法律责任的生产者或经销者的联系方式应标示以下至少一项内容：电话、传真、网络联系方式等，或与地址一并标示的邮政地址。热线电话或电子邮箱不一定必须是食品生产商所注册并拥有的，可以是委托负责处理售后服务的第三方公司的电话和电子邮箱。

（4）进口预包装食品应标示原产国国名或地区区名（如香港、澳门、台湾），以及在中国依法登记注册的代理商、进口商或经销者的名称、地址和联系方式，可不标示生产者的名称、地址和联系方式。

6. 日期标示

日期标示主要包括生产日期和保质期。“生产日期”既包括传统意义上的“制造日期”“罐装日期”，也包括将食品置入最终销售单元的“包装日期”和食品能够进入销售领域的出厂日期。企业可自主决定以具体时间的形式还是以固定时间段的方式标示保质期，但保质期必须与生产日期具有对应关系，即以生产日期或生产日期第二天为保质期计算起点。

保质期是指预包装食品在标签指明的贮存条件下，保持品质的期限。在此期限内，产品完全适于销售，并保持标签中不必说明或已经说明的特有品质。预包装食品的保质期是保持食品品质的期限，准确讲是最佳食用期限，由生产者经过科学验证后确定并通过标签、标示等方式提供给消费者。保质期是食品包装在完整、无破损或未开封情况下的期限；如食品规定了贮存条件，保质期还包括应遵守贮存条件规定的含义。

保质期与保存期是一对相互联系又存在差异的概念，其共同点在于反映食品属性的统一性和确定程序的一致性；其区别在于保质期是最佳食用期，保存期是推荐的最后食用日期，二者不能混淆。超过保质期的预包装食品，在一定时间内仍然具有食用价值。企业应根据产品生产工艺、自身特性、贮存要求和具体包装形式等确定产品的保质期，可依据加速稳定性实验数据分析、同类产品的长期稳定性实验数据分析以及参考市售同类产品保质期等要素科学制定保质期。长期经验也是确定食品保质期的重要参考要素。日期标示的方式及注意事项如下所述。

（1）应清晰标示预包装食品的生产日期和保质期。如日期标示采用“见包装物某部位”的形式，应标示所在包装物的具体部位。在标签上可以标示为“生产日期见封口”“生产日期见瓶颈”“生产日期见底部”等，并在相应的部位标示具体的生产日期。体积不大的包装在标示日期时可采用“生产日期见包装”或“见标签上打印”等方式。日期标示不得另外加贴、补印或篡改，既不能在完整的标签上另行加贴生产日期和保质期，也不能在原标签上补印日期或任意更改已有的日期。进口的预包装食品，如只标示有保质期和最佳食用日期，企业可根据进口预包装食品上标示的保质期和最佳食用日期正确计算出生产日期并标示在产品标签上。

（2）当同一预包装内含有多个标示了生产日期及保质期的单件预包装食品时，外包装上标示的保质期应按最早到期的单件食品的保质期计算。外包装上标示的生产日期应为最早生产的单件食品的生产日期，或外包装形成销售单元的日期；也可在外包装上分别标示各单件装食品的生产日期和保质期。如果同一销售单元内装有多件非独立销售的小包装预包装食品或散装食品时，其内包装不强制要求标示生产日期和保质期，可自主决定是否标示和如何标示。

（3）应按年、月、日的顺序标示日期，如果不按此顺序标示，应注明日期标示顺序。

7. 贮存条件

生产者可按食品的实际贮存条件，选用合适的格式和文字来表述贮存条件。

8. 食品生产许可证编号

预包装食品标签应标示食品生产许可证编号的，标示形式按照相关规定执行。

9. 产品标准代号

在国内生产并在国内销售的预包装食品（不包括进口预包装食品）应标示产品所执行的标准代号和顺序号。标准代号标示涉及的标准可以是食品安全国家标准、食品安全地方标准、食品安全企业标准或其他相关国家标准、行业标准、地方标准、团体标准。应标示标准的代号和顺序号，标准的年代号可以免予标示。如 GB 17400—2015《食品安全国家标准　方便面》，其中标准代号为 GB ，顺序号为 17400，年代号为 2015。标题可以采用但不限于这些形式：产品标准号、产品标准代号、产品标准编号、产品执行标准号等。

进口食品无须标示我国的产品标准代号。

如同一销售单元的预包装食品含多种小包装的食品时，其产品标准代号可采用以下两种方式中的任意一种来标示：①标示该预包装食品的产品标准代号；②分别标示其内含的各小包装食品的标准代号。

10. 其他标示内容

（1）辐照食品　经电离辐射线或电离能量处理过的食品，应在食品名称附近标示“辐照食品”。经电离辐射线或电离能量处理过的任何配料，应在配料表中标明，如注明“辐照原料”“辐照”或“辐照灭菌”等字样。

（2）转基因食品　转基因食品的标示应符合相关法律、法规的规定。目前，在我国涉及转基因食品标示的法规为《农业转基因生物标识管理办法》（农业部令 2017 第 8 号），其中的第三条规定，“在中华人民共和国境内销售列入农业转基因生物标识目录的农业转基因生物，必须遵守本办法。凡是列入标识管理目录并用于销售的农业转基因生物，应当进行标识；未标识和不按规定标识的，不得进口或销售。”如出现相关新法规或该规定出现修改或变更，则按新要求执行。

（3）营养标签　特殊膳食类食品和专供婴幼儿的主辅类食品，应当标示主要营养成分及其含量，标示方式按照 GB 13432—2013《食品安全国家标准　预包装特殊膳食用食品标签》执行。对于婴幼儿的主辅类食品的标签还应符合 GB 10765—2021《食品安全国家标准　婴儿配方食品》、GB 10767—2010《食品安全国家标准　较大婴儿和幼儿配方食品》、GB 10769—2010《食品安全国家标准　婴幼儿谷类辅助食品》和 GB 10770—2010《食品安全国家标准　婴幼儿罐装辅助食品》中关于营养成分指标和标签的要求。其他预包装食品如需标示营养标签，标示方式参照相关法规标准执行。

（4）质量（品质）等级　食品所执行的相应产品标准已明确规定质量（品质）等级的，应标示质量（品质）等级。在标示质量（品质）等级时，应以产品标准为准。如玉米淀粉的标签上注明了产品标准号为 GB/T 8885—2017，该标准为国家标准《食用玉米淀粉》，其中规定了食用玉米淀粉的等级有“优级品”“一级品”和“二级品”，则还需根据标准的规定标示相应的等级。工艺描述、产品类别等不属于质量等级，如“初榨橄榄油”。标签上所标示的“执行标准”中若未规定产品的等级，则不需要标示质量（品质）等级。

进口预包装食品不强制标示质量（品质）等级。如果标示了质量（品质）等级，应确保真实、准确。

五、非直接提供给消费者的预包装食品标签标示内容

非直接提供给消费者的预包装食品标签应按照 GB 7718—2011《食品安全国家标准　预包装食品标签通则》4.1 项下的相应要求标示食品名称、规格、净含量、生产日期、保质期和贮存条件，其他内容如未在标签上标注，则应在说明书或合同中注明。

六、标示内容的豁免

（1）下列预包装食品可以免除标示保质期：酒精含量大于等于 10%（体积分数）的饮料酒；食醋；食用盐；固态食糖类（白砂糖、棉纱糖、冰糖之类，不包括糖果）；味精。该类产品的保质期企业也可以自愿标识。

（2）当预包装食品包装物或包装容器的最大表面面积小于 $10cm^2$ 时，可以只标示产品名称、净含量、生产者（或经销商）的名称和地址。

七、推荐标示内容

1. 批号

根据产品需要，可以标示产品的批号。

2. 食用方法

根据产品需要，可以标示容器的开启方法、食用方法、烹调方法、复水再制方法等对消费者有帮助的说明。

3. 致敏物质

以下食品及其制品可能导致过敏反应，如果用作配料，宜在配料表中使用易辨识的名称，或在配料表邻近位置加以提示：①含有麸质的谷物及其制品（如小麦、黑麦、大麦、燕麦、斯佩耳特小麦或它们的杂交品系）；②甲壳纲类动物及其制品（如虾、龙虾、蟹等）；③鱼类及其制品；④蛋类及其制品；⑤花生及其制品；⑥大豆及其制品；⑦乳及乳制品（包括乳糖）；⑧坚果及其果仁类制品。

如加工过程中可能带入上述食品或其制品，宜在配料表临近位置加以提示。对于配料中不含某种致敏物质，但同一车间或同一生产线上还生产含有该致敏物质的其他食品，使得致敏物质可能被带入该食品的情况，则可在邻近配料表的位置使用“可能含有……”“可能含有微量……”“本生产设备还加工含有……的食品”“此生产线也加工含……的食品”“生产本产品的设备也处理……”等方式标示致敏物质信息。

八、其他

按国家相关规定需要特殊审批的食品，其标签标识按照相关规定执行。如保健食品等经相关部门审批的食品，其标签标识内容原则上应与本标准相一致，但具体标示内容应按照特定的管理规定执行。

九、标签常见错误示例

（一）示例1

产品名称：　糖水菠萝罐头

净含量：　1kg（250g×4）

固形物：　≥58%

等级：　优级品

配料：　菠萝　饮用水　白砂糖　食品添加剂（柠檬酸 DL－苹果酸）

生产日期：　2016年12月12日

保质期：　12个月

执行标准：　GB/T 13207

生产商名称：　北京××××食品有限公司

生产商地址：　北京市朝阳区××路××号

生产许可证号：SC××××0901××××

联系电话：　400×××××××

内含4独立小罐　一次一罐　方便食用

生产许可

营养成分表

项目	每100克	营养素参考值%
能量	929千焦	11%
蛋白质	1.1克	2%
脂肪	0克	0%
碳水化合物	50.4克	17%
钠	0毫克	0%

分析：（1）GB 7718—2011《食品安全国家标准　预包装食品标签通则》4.1.8规定："预包装食品标签应标示贮存条件（标示形式参见附录C）。"综上，此标签未标示贮存条件，不符合GB 7718—2011的规定。

（2）GB 7718—2011《食品安全国家标准　预包装食品标签通则》4.1.9规定："预包装食品标签应标示食品生产许可证编号的，标示形式按照相关规定执行。"《食品生产许可管理办法》（国家食品药品监督管理总局令第16号）2015年10月1日实施后，对于更换完成的企业，已经不要求在食品标签上使用QS的标识。

（二）示例2

产品名称：	咖啡豆
净含量：	200g
配料表：	咖啡豆
生产日期：	2016 年 12 月 12 日
保质期：	18 个月
执行标准：	Q/××××—2016
贮存条件：	避免阳光直射，开封后请密闭保存于阴凉干燥处
生产商名称：	北京××××食品有限公司
生产商地址：	北京市朝阳区××路××号
生产许可证号：	QS××××2101××××
联系电话：	010－6677××××
给您带来最佳的咖啡选择！	

分析：不符合 GB 7718—2011《食品安全国家标准　预包装食品标签通则》3.1“应符合法律、法规的规定”。《中华人民共和国广告法》第二条规定：“在中华人民共和国境内，商品经营者或者服务提供者通过一定媒介和形式直接或间接地介绍直接所推销的商品或者服务的商业广告活动，适用本法。”该法第九条规定：“广告不得有下列情形：……（三）使用“国家级”“最高级”“最佳”等用语。”该标签介绍产品的话语“给您带来最佳的咖啡选择！”属于广告用语，“最佳”属于不符合相关法律、法规的规定。

（三）示例3

产品名称：	草本清凉牛奶硬糖
净含量：	31 克
配料表：	葡萄糖浆、白砂糖、稀奶油、食品添加剂（磷脂、二氧华钛、柠檬黄、亮蓝）、麦芽糊精、库拉索芦荟凝胶、食用香精、食盐
生产日期：	2016 年 12 月 12 日
保质期：	18 个月
执行标准：	SB/T 10018
贮存条件：	保存于阴凉干燥处　避免阳光直射
生产商名称：	北京××××食品有限公司
生产商地址：	北京市朝阳区××路××号

生产许可证号:QS××××2101××××

联系电话:　　010-6677××××

营养成分表

项目	每100克	营养素参考值%
能量	560千焦	7%
蛋白质	0克	0%
脂肪	2.6克	4%
碳水化合物	27.3克	9%
钠	41毫克	2%

分析：不符合GB 7718—2011《食品安全国家标准　预包装食品标签通则》3.1“应符合法律、法规的规定”。卫生部2009年第1号公告《关于含库拉索芦荟凝胶食品标识规定的公告》中规定：“添加库拉索芦荟凝胶的食品必须标注‘本品添加芦荟，孕妇与婴幼儿慎用’字样，并应当在配料表中标注‘库拉索芦荟凝胶’”；“企业应在企业标准中对添加库拉索芦荟凝胶的食品的每日食用量作出规定。若无法确保消费者芦荟日摄入量在安全范围内，应在包装上标注每日食用量警示语。”该标签产品配料中有“库拉索芦荟凝胶”，未标示“本品添加芦荟，孕妇与婴幼儿慎用”和每日食用量警示语。

（四）示例4

产品名称:　　龍井茶 LongJing Cha/LongJing Tea

净含量:　　100g

配料表:　　龙井茶鲜叶

质量等级:　　一级

产区:　　越州产区

产地:　　浙江　绍兴

生产日期:　　2016年12月12日

保质期:　　18个月

执行标准:　　GB/T 18650

贮存条件:　　密封、防潮、防异味

生产商名称:　　浙江×××茶叶有限公司

生产商地址:　　浙江省绍兴市×××高新技术产业园

生产许可证号:QS××××1401××××

联系电话:　　400×××××××

分析：不符合 GB 7718—2011《食品安全国家标准　预包装食品标签通则》3.8“应使用规范的汉字（商标除外）。具有装饰作用的各种艺术字，应书写正确，易于辨认。”3.8.1 规定“可以同时使用拼音或少数民族文字，拼音不得大于相应汉字。”3.8.2 规定“可以同时使用外文，但应与中文有对应关系（商标、进口食品的制造者和地址、国外经销者的名称和地址、网址除外）。所有外文不得大于相应的汉字（商标除外）。”

该标签产品名称中“龍井茶”中使用繁体字“龍”，且没有使用相对应的规范汉字；该标签产品名称中同时使用汉语拼音“LongJingCha”，但汉语拼音大于相应的汉字；该标签产品名称中，同时使用英文“LongJingTea”，且字号大于相应的汉字，以上均不符合 GB 7718 的规定。

（五）示例5

产品名称：　青苹果味橡皮糖

净含量：　30 克

配料：　麦芽糖　白砂糖　食品添加剂（明胶　山梨糖醇　柠檬酸　柠檬酸钠　果胶　胭脂红　亮蓝）　食用香精

生产日期：　2016 年 12 月 12 日

保质期：　18 个月

执行标准：　SB/T 10021

贮存条件：　保存于阴凉干燥处　避免阳光直射

生产商名称：　北京××××食品有限公司

生产商地址：　北京市朝阳区××路××号

生产许可证号：QS××××1301××××

联系电话：　010－6677××××

营养成分表

项目	每 100 克	营养素参考值%
能量	1324 千焦	16%
蛋白质	5.3 克	9%
脂肪	0 克	0%
碳水化合物	72.6 克	24%
钠	10 毫克	1%

生产许可

分析：不符合 GB 7718—2011《食品安全国家标准　预包装食品标签通则》3.4“应真实、准确，不得以虚假、夸大、使消费者误解或欺骗性的文字、图形等方式介绍食品，也不得利用字号大小或色差误导消费者。”3.5“不应直接或以暗示性的语言、图形、符号，误导消费者将购买的食品或食品的某一性质与另一产品混淆。”

该标签产品配料中没有添加和苹果相关的食品配料，只有食用香精，但使用了青苹果的图案介绍食品，可能使消费者误解，如要使用青苹果的图案，应用清晰醒目的文字加以说明，如“图片仅作口味提示”“图案仅供参考”等。

（六）示例6

2003 年，林某夫妇成立厨来香公司生产销售花生食用调和油，为了赚到更多的钱，他们决定在调和油中直接添加花生油香精。2012 年 6 月 5 日，海口警方根据群众举报，将生产销售伪劣食用油的林某夫妇抓获。

分析：根据 GB 2760—2014《食品安全国家标准　食品添加剂使用标准》的规定，植物油不得添加香精香料。法院判决林某犯生产、销售伪劣产品罪，判处有期徒刑 10 年，并处罚金 75 万元；判决林某爱人卢某犯生产、销售伪劣产品罪，判处有期徒刑 3 年，缓刑 4 年，并处罚金 20 万元。

（七）示例7

王明在某超市购买了三盒红茶，发现红茶包装上配料表中写有红茶食用香精。经查询食品安全标准，GB 2760—2014《食品安全国家标准　食品添加剂使用标准》附录 B 中明确禁止茶叶中添加食用香精，因此认为该超市属于销售不符合食品安全标准的食品，没有尽到审查义务，王明要求超市返还购茶款 38.70 元，并赔偿 387 元。

分析：《含茶制品和代用生产许可证审查细则》（2006）对含茶制品的定义是以茶叶为原料加工的速溶茶类和以茶叶为原料配以各种可食用物质或者食用香料等制成的调味茶类。王明购买的红茶包装上明显注明“含茶制品”，类别编号为 1402，是可以添加食品添加剂的类别。涉案商品的生产商具备合法的生产许可证，且编号为 1402 与商品相符。王明主张超市出售的商品不符合国家标准存在欺诈，没有事实依据。

（八）示例8

2020 年 5 月 9 日，投诉举报人向 A 县市场监督管理部门投诉举报，称其在某电商平台上购买的食品“首乌莲子黑米粉”的标签存在问题，要求查处。执法人员经过调查，发现该食品属于“其他方便食品”，执行标准为企业标准。厂家在食品标签上以图文并茂的形式注明使用方法有三种，其中第二种食用方法为“牛乳冲泡”。文字说明为：①撕开撕口将整袋产品倒入调羹中，直接食用。②用调羹拌匀即可。并附有两张图片，第一张图片内容为撕开撕口将整袋产品和牛乳倒入杯子，第二张图片内容为用调羹拌匀。

分析：首先，根据《食品安全法》（2021 年修正版）第六十七条第一款规定，食用方法并非《食品安全法》规定必须在食品标签或说明书上注明的事项。涉案食品执行标准为企业标准，其他法律法规规章和食品安全国家标准也未明确规定涉案食品必须标注食用方法。据此，涉案产品生产企业已经履行食品标签标注的法定义务，不违反法律的强制性规定，不存在食品安全问题。其次，虽然对“牛乳冲泡”的具体步骤的文字说明有误，但是“牛乳冲泡”本身已经明确了食用方法，且配制图片足以明示食用方法，以理性、谨慎的普通消费者的一般判断为标准进行衡量，这种标签错误不会对消费者造成误导。

第三节　预包装食品营养标签通则

食品营养标签属于食品标签的一部分。按照国际食品法典委员会（CAC）的定义，营养标签（nutrition labeling）是指向消费者提供食物营养特性的一种描述，包括营养成分标识和营养补充信息。

我国市场上营养标签的使用早已出现。2002 年，中国疾病预防控制中心营养与食品安全所在调查中发现，378 种包装食品中，有营养标签的占到总数的 39.4%，但标示内容随意性较大，标签中营养内容的描述不完整、标示不正确、用语不确切、表达格式不规范是比较常见的问题。某些厂商标识有意误导、夸大虚假的营养信息的情况屡见不鲜。所以虽然消费者认为营养标签很重要，但 80% 的人却表示对当时的标签内容不信任或半信半疑，一方面是信息内容片面、相互矛盾；另一方面，形式不规范、学术词语难理解等也是造成消费者不信任的主要原因。因此，规范食品营养标签对保护消费者利益、引导健康消费等都具有重要意义。

与发达国家相比，我国对营养标签的管理工作起步较晚。2002 年，受卫生部委托，中国疾病预防控制中心营养与食品安全所（现营养与健康所）就开始了我国营养标签法规的论证工作，成立了专家委员会，讨论了具体起草原则、制定内容和管理目标；并成立了标准起草组，负责资料查询、执笔编写、组织征求意见、修改等具体工作。经过多年研究，卫生部于 2007 年 12 月发布了《食品营养标签管理规范》。《食品营养标签管理规范》要求食品企业自愿在预包装食品标签上标注营养标签，即企业的每个食品产品都可以不标示营养标签，但是当标示任何营养信息时，则必须执行本规范。国家鼓励有能力的企业带头在其生产的食品包装上标示营养标签，并遵守《食品营养标签管理规范》有关规定。同时要求企业管理者、生产者和检验人员总结经验，为将来营养标签标注的强制实施奠定基础。

2009 年 6 月 1 日《食品安全法》发布和实施，使得食品安全标准的定义得以明确，食品营养标签成为食品安全标准的一部分。为遵照《食品安全法》并配合其实施，2010 年 2 月，卫生部委托中国疾病预防控制中心营养与食品安全所将《食品营养标签管理规范》转化为食品安全国家标准。随着 2010 年年底“反式脂肪酸事件”的发生，营养标签实施的必要性日益凸显。同时 GB 7718—2011《食品安全国家标准　预包装食品标签通则》已经通过审查并即将发布，便于保证标准的配套实施且避免企业多次修改标签。2011 年 3 月召开营养和特殊膳食食品分委员会第三次会议，最终于 2011 年 10 月 12 日发布了 GB 28050—2011《食品安全国家标准　预包装食品营养标签通则》，自 2013 年 1 月 1 日起实施，自此，我国对食品营养标签的管理逐步走上了正轨。

一、标准的适用范围及相关要求

GB 28050—2011 覆盖的范围仅指预包装食品营养标签上营养信息的描述和说明，包括营养成分表、营养声称和营养成分功能声称三部分内容，营养标签是预包装食品标签的一部分。不属于本标准管理范围的食品种类包括保健食品及预包装特殊膳食用食品的营养标签。

保健食品是指声称并具有特定保健功能或者以补充维生素、矿物质为目的的食品。即适用于特定人群食用，用于调节机体功能，不以治疗疾病为目的，并且对人体不产生任何急性、亚急性或慢性危害的食品。该类食品的营养标签应遵循相关的标示要求，GB 28050—2011 不适用于该类食品。

GB 28050—2011
《食品安全国家标准
预包装食品营养标签通则》

特殊膳食用食品是指为满足特殊的身体或生理状况和（或）满足疾病、紊乱等状态下的特殊膳食需求，专门加工或配方的食品。这类食品的营养素和（或）其他营养成分的含量与可类比的普通食品有显著不同。预包装特殊膳食用食品的标签应符合 GB 13432—2013《食品安全国家标准　预包装特殊膳食用食品标签》的规定，GB 28050—2011 不适用于该类食品。

直接提供给消费者的预包装食品，应按照本标准规定标示营养标签（豁免标示的食品除外）；非直接提供给消费者的预包装食品，可以参照本标准执行，也可以按企业双方约定或合同要求标注或提供有关营养信息。

食品营养标签是消费者选择食品的重要依据，虚假信息会误导消费者，夸大产品的作用也会造成企业之间不公平的竞争。因此，预包装食品营养标签标示的任何营养信息，应真实、客观，不得标示虚假信息，不得夸大产品的营养作用或其他作用。这同时也是《食品安全法》对食品标签的基本要求。

为保证消费者能够读懂营养标签，保护消费者的知情权。预包装食品营养标签应使用中文，如同时使用外文标示的，其内容应当与中文相对应，外文字号不得大于中文字号。营养标签应标在向消费者提供的最小销售单元的包装上。

二、营养成分表的要求及制作

（一）营养成分表的基本要素

营养成分表是标示食品中能量和营养成分的名称、含量及其占营养素参考值（NRV）百分比的规范性表格。营养成分表包括 5 个基本要素：表头、营养成分名称、含量、NRV% 和方框。

（1）表头　以“营养成分表”为表头。

（2）营养成分名称　按表 4－5 的名称和顺序标示。

（3）含量　具体含量数值及表达单位需要按照表 4－5 的表达单位、修约间隔和“0”界限值进行判断及表达，可使用中文或括号中的英文表达，也可两者都使用，但不可以使用其他单位。

表 4－5　能量和营养成分名称、顺序、表达单位、修约间隔和“0”界限值

能量和营养成分的名称和顺序	表达单位[1]	修约间隔	“0”界限值（每 100g 或 100mL）[2]
能量	千焦（kJ）	1	≤17kJ
蛋白质	克（g）	0.1	≤0.5g
脂肪	克（g）	0.1	≤0.5g
饱和脂肪（酸）	克（g）	0.1	≤0.1g
反式脂肪（酸）	克（g）	0.1	≤0.3g

续表

能量和营养成分的名称和顺序	表达单位[①]	修约间隔	“0”界限值（每100g或100mL）[②]
单不饱和脂肪（酸）	克（g）	0.1	≤0.1g
多不饱和脂肪（酸）	克（g）	0.1	≤0.1g
胆固醇	毫克（mg）	1	≤5mg
碳水化合物	克（g）	0.1	≤0.5g
糖（乳糖[③]）	克（g）	0.1	≤0.5g
膳食纤维（或单位成分，或可溶性、不可溶性膳食纤维）	克（g）	0.1	≤0.5g
钠	毫克（mg）	1	≤5mg
维生素A	微克视黄醇当量（μgRE）	1	≤8μgRE
维生素D	微克（μg）	0.1	≤0.1μg
维生素E	毫克α-生育酚当量（mgα-TE）	0.01	≤0.28mgα-TE
维生素K	微克（μg）	0.1	≤1.6μg
维生素 B_1（硫胺素）	毫克（mg）	0.01	≤0.03mg
维生素 B_2（核黄素）	毫克（mg）	0.01	≤0.03mg
维生素 B_6	毫克（mg）	0.01	≤0.03mg
维生素 B_{12}	微克（μg）	0.01	≤0.05μg
维生素C（抗坏血酸）	毫克（mg）	0.1	≤2.0mg
烟酸（烟酰胺）	毫克（mg）	0.01	≤0.28mg
叶酸	微克（μg）或微克叶酸当量（μgDFE）	1	≤8μg
泛酸	毫克（mg）	0.01	≤0.10mg
生物素	微克（μg）	0.1	≤0.6mg
胆碱	毫克（mg）	0.1	≤9.0mg
磷	毫克（mg）	1	≤14mg
钾	毫克（mg）	1	≤20mg
镁	毫克（mg）	1	≤6mg
钙	毫克（mg）	1	≤8mg
铁	毫克（mg）	0.1	≤0.3mg
锌	毫克（mg）	0.01	≤0.30mg
碘	微克（μg）	0.1	≤3.0μg

续表

能量和营养成分的名称和顺序	表达单位①	修约间隔	"0" 界限值（每 100g 或 100mL）②
硒	微克（μg）	0.1	≤1.0μg
铜	毫克（mg）	0.01	≤0.03mg
氟	毫克（mg）	0.01	≤0.02mg
锰	毫克（mg）	0.01	≤0.06mg

注：①营养成分的表达单位可选择表格中的中文或英文，也可以两者都使用。

②当某营养成分含量数值≤"0"界限值时，其含量应标示为"0"；使用"份"的计量单位时，也要同时符合每 100g 或 100mL 的"0"界限值的规定。

③在乳及乳制品的营养标签中可直接标示乳糖。

资料来源：GB 28050—2011《食品安全国家标准　预包装食品营养标签通则》

（4）NRV%　NRV% 为能量或营养成分含量占相应营养素参考值（NRV）的百分比，营养素参考值见表 4－6。对于 NRV 低于某数值的营养成分，如脂肪的 NRV≤60g，在计算产品脂肪含量占 NRV 的百分比时，应该按照 60g 来计算；对于未规定 NRV 的营养成分，其"NRV%"可以空白，也可以用斜线、横线等方式表达。当某营养成分含量≤"0"界限值时，应按照表 4－5 中"0"界限值的规定，含量值标示为"0"，NRV% 也标示为 0%。当某营养成分的含量＞"0"界限值，但 NRV%＜1% 时，则应根据 NRV 的计算结果四舍五入取整，如计算结果＜0.5%，标示为"0%"；计算结果≥0.5% 但＜1%，则标示为 1%。

表 4－6　营养素参考值（NRV）

营养成分	NRV	营养成分	NRV
能量①	8400kJ	叶酸	400μgDFE
蛋白质	60g	泛酸	5mg
脂肪	≤60g	生物素	30μg
饱和脂肪酸	≤20g	胆碱	450mg
胆固醇	≤300mg	钙	800mg
碳水化合物	300g	磷	700mg
膳食纤维	25g	钾	2000mg
维生素 A	800μgRE	钠	2000mg
维生素 D	5μg	镁	300mg
维生素 E	14mgα－TE	铁	15mg
维生素 K	80μg	锌	15mg
维生素 B_1	1.4mg	碘	150μg
维生素 B_2	1.4mg	硒	50μg
维生素 B_6	1.4mg	铜	1.5mg

续表

营养成分	NRV	营养成分	NRV
维生素 B_{12}	2.4mg	氟	1mg
维生素 C	100mg	锰	3mg
烟酸	14mg		

注：①能量相当于2000cal KJ；蛋白质、脂肪、碳水化合物供能分别占总能量的13%、27%与60%。

资料来源：GB 28050—2011《食品安全国家标准　预包装食品营养标签通则》

（5）方框　营养成分表应以一个“方框表”的形式表示（特殊情况除外），方框可为任意尺寸，并与包装的基线垂直，表题为“营养成分表”。

在制作营养标签时，可根据版面设计对字体进行变化，以不影响消费者正确理解为宜。

（二）营养成分表的格式

食品企业可根据食品的营养特性、包装面积的大小和形状等因素选择使用GB 28050—2011附录B中的一种格式。

若销售单元内包含不同食品，可以标示包装内不同食品营养成分的平均含量或分别标示各食品的营养成分含量，共有信息可共用。

（三）获取营养成分含量的方法

营养标签的标示值应真实客观地反映产品中营养成分的含量，而允许误差则是判断标签标示值是否正确的依据，但不能仅以允许误差判定产品是否合格。如果相应产品的标准中对营养素含量有要求，应同时符合产品标准的要求和营养标签标准规定的允许误差范围。如GB 25190—2010《灭菌乳》中规定牛乳中蛋白质含量应≥2.9g/100g，若该产品营养标签上蛋白质标示值为3.0g/100g，判定产品是否合格应看其蛋白质实际含量是否≥2.9g/100g。

GB 28050—2011《食品安全国家标准　预包装食品营养标签通则》中3.4规定“食品营养成分含量应以具体数值标示，数值可通过原料计算或产品检测获得”。相比较而言，计算法成本较低，但是要求产品配料来源稳定，配方简单明了，加工工艺中带来的不确定因素比较少，尤其是需要有明确的配料食物成分数据来源。而检测法成本较高，但结果相对准确。在企业实际操作中计算法和检测法常常联合应用，以最低的成本保证产品营养成分数据的准确性。

（1）直接检测　根据标准要求，食品营养成分的检测首选国家标准方法，如果国家标准方法中没有该检测项目，也可参照国际上公认的检测方法，如国际食品法典（Codex alimentarius）、美国分析化学家协会（AOAC）方法。在文献中检索到的方法因为没有经过广泛认可，最好不用于营养标签的检测。

在采用直接检测方法时，要注意抽样的误差，所抽样品对总体要有代表性和均匀性。根据总体性状，应充分考虑可能影响食品营养成分含量的因素，采用合适的抽样方法和预处理方法。

（2）间接计算

①利用原料的营养成分含量数据，根据原料配方计算获得。

②利用可信赖的食物成分数据库数据，如供货商提供的检测数据、企业产品生产研发中积累的数据、权威机构发布的数据，再根据原料配方计算获得。

对于采用计算法的，必要时可用检测数据进行比较和评价。为保证数值的溯源性，建议保留相关信息，以便查询和及时纠正相关问题。

（3）采用计算法制作营养标签的示例

①确认产品的配方和原辅料清单（表4－7）。

表4－7　产品配方和原辅料清单

原辅料名称	占配方百分比
原料 A	×
原料 B	×
原料 C	×
原料 D	×

②收集各原辅料的营养成分信息，并记录每个营养数据的来源（表4－8）。

表4－8　原辅料营养成分信息及其来源

原辅料名称	原辅料的营养成分信息				数据来源
	蛋白质/g	脂肪/g	碳水化合物/g	钠/mg	
原料 A	X	X	X	X	《中国食品成分表（第一册）》
原料 B	X	X	X	X	供应商提供
原料 C	X	X	X	X	……
原料 D	X	X	X	X	……

③通过上述原辅材料的营养成分数据，计算产品每种营养成分的数据和能量值，并结合能量及各营养成分的允许误差范围，对能量和营养成分数值进行修约。

④根据修约后的能量、营养成分数值和营养素参考值，计算 NRV%，并根据包装面积和设计要求，选择适当形式的营养成分表。

（四）能量及核心营养素的计算

1. 能量及其折算

能量指食品中蛋白质、脂肪、碳水化合物等产能营养素在人体代谢中产生能量的总和。

营养标签上标示的能量主要由计算法获得。即蛋白质、脂肪、碳水化合物等产能营养素的含量乘以各自相应的能量系数（表4－9）并进行加和，能量值以千焦（kJ）为单位标示。当产品营养标签中标示核心营养素以外的其他产能营养素如膳食纤维等时，还应计算膳食纤维等提供的能量；未标注其他产能营养素时，在计算能量时可以不包括其提供的能量。

表4－9　营养素能量系数

成分	能量系数/（kJ/g）	成分	能量系数/（kJ/g）
蛋白质	17	乙醇	29
脂肪	37	有机酸	13
碳水化合物	17	膳食纤维*	8

* 包括膳食纤维的单体成分，如不消化的低聚糖、不消化淀粉、抗性糊精等，也按照 8kJ/g 折算。

糖醇是指酮基或醛基被置换成羟基的糖类衍生物的总称，属于碳水化合物的一种。我国相关国家标准中尚未规定糖醇的能量系数。鉴于目前糖醇在部分类别食品中使用较多，为科学计算能量，建议赤藓糖醇能量系数为0kJ/g，其他糖醇的能量系数为10kJ/g。

2. 蛋白质及其含量

蛋白质是一种含氮有机化合物，以氨基酸为基本单位组成。食品中蛋白质含量可通过“总氮量”乘以“蛋白质折算系数”计算，如式（4－1）所示，还可通过食品中各氨基酸含量的总和来确定。

$$\text{蛋白质}\ (g/100g) = \text{总氮量}(g/100g) \times \text{蛋白质折算系数} \qquad (4-1)$$

不同食品中蛋白质折算系数如表4－10所示。对于含有两种或两种以上蛋白质来源的加工食品，统一使用折算系数6.25。

表4－10　不同食品中蛋白质折算系数

食品类别		折算系数	食品类别		折算系数
小麦	全小麦粉	5.83	大米及米粉		5.95
	麦糠麸皮	6.31	鸡蛋	鸡蛋（全）	6.25
	麦胚芽	5.80		蛋黄	6.12
	麦胚粉、黑麦、普通小麦、面粉	5.70		蛋白	6.32
燕麦、大麦、黑麦粉		5.83	肉与肉制品		6.25
小米、裸麦		5.83	动物明胶		5.55
玉米、黑小麦、饲料小麦、高粱		6.25	纯乳与纯乳制品		6.38
油料	芝麻、棉籽、葵花籽、蓖麻、红花籽	5.30	复合配方食品		6.25
	其他油料	6.25	酪蛋白		6.40
	菜籽	5.53			
坚果、种子类	巴西果	5.46	胶原蛋白		5.79
	花生	5.46	豆类	大豆及其粗加工制品	5.71
	杏仁	5.18		大豆蛋白制品	6.25
	核桃、榛子、椰果等	5.30	其他食品		6.25

资料来源：GB 5009.5—2016《食品安全国家标准　食品中蛋白质的测定》。

3. 脂肪及其含量

脂肪的含量可通过测定粗脂肪（crude fat）或总脂肪（total fat）获得，在营养标签上两者均可标示为“脂肪”。粗脂肪是食品中一大类不溶于水而溶于有机溶剂（乙醚或石油醚）的化合物的总称，除了甘油三酯外，还包括磷脂、固醇、色素等，可通过索氏抽提法或罗高氏法等方法测定。总脂肪是通过测定食品中单个脂肪酸含量并折算脂肪酸甘油三酯总和获得的脂肪含量。

4. 碳水化合物及其含量

碳水化合物是指糖（单糖和双糖）、寡糖和多糖的总称，是提供能量的重要营养素。食品中碳水化合物的量可按减法或加法计算获得。减法是以食品总质量为100，减去蛋白质、脂肪、水分、灰分和膳食纤维的质量，称为“可利用碳水化合物”；或以食品总质量为100，减去蛋白质、脂肪、水分、灰分的质量，称为“总碳水化合物”。在标签上，上述两者均以“碳水化合物”标示。加法是以淀粉和糖的总和计为“碳水化合物”的含量。

5. 食品中的钠

食品中的钠指食品中以各种化合物形式存在的钠的总和。食盐是膳食中钠的主要来源。世界卫生组织推荐健康成年人每日食盐摄入量不超过5g，中国营养学会推荐每日食盐摄入量不超过5g，但膳食调查结果显示我国居民盐平均摄入量远高于中国营养学会推荐水平。过量摄入食盐可引起高血压等许多健康问题，因此倡导低盐饮食。

三、强制标示内容

核心营养素是食品中存在的与人体健康密切相关，具有重要公共卫生意义的营养素，摄入不足可引起营养不良，影响儿童和青少年生长发育和健康，摄入过量则可导致肥胖和慢性病发生。GB 28050中的核心营养素是在充分考虑我国居民营养健康状况和慢性病发病状况的基础上，结合国际贸易需要与我国社会发展需求等多种因素而确定的，包括蛋白质、脂肪、碳水化合物、钠四种。

所有预包装食品营养标签强制标示的内容包括能量、核心营养素的含量值及其占营养素参考值（NRV）的百分比。当标示其他成分时，应采取适当形式使能量和核心营养素的标示更加醒目，如增大字、改变字体（如斜体、加粗、加黑）、改变颜色（字体或背景颜色）、改变对齐方式等。

对除能量和核心营养素外的其他营养成分进行营养声称或营养成分功能声称时，在营养成分表中还应标示出该营养成分的含量及其占营养素参考值的百分比（NRV%）。使用了营养强化剂的预包装食品，除了标示核心营养素外，在营养成分表中还应标示强化后食品中该营养成分的含量值及其占营养素参考值的百分比（NRV%）。对于未规定营养素参考值的营养成分仅需标示含量，例如，如果标示了“低乳糖”或“零乳糖”，由于标准中没有乳糖的参考值，则仅需标示其含量。

反式脂肪酸是油脂加工中产生的含1个或1个以上非共轭反式双键的不饱和脂肪酸的总和，不包括天然反式脂肪酸。在食品配料中含有或生产过程中使用了氢化和（或）部分氢化油脂时，应标示反式脂肪（酸）含量。

配料中含有以氢化油和（或）部分氢化油为主要原料的产品，如人造奶油、起酥油、植脂末和代可可脂等，也应标示反式脂肪（酸）含量；但是若上述产品中未使用氢化油，可由企业自行选择是否标示反式脂肪酸含量。

食品中天然存在的反式脂肪酸不要求强制标示，企业可以自愿选择是否标示。若企业对反式脂肪酸进行声称，则需要强制标示出其含量，并且必须符合标准中的声称要求。同样对于未规定营养素参考值的营养成分仅需标示含量。

四、可选择标示内容

除强制标示内容外，营养成分表中还可选择标示其他成分。

当某营养成分含量标示值符合标准中的含量要求和限制性条件时，可对该成分进行含量声称。当某营养成分含量满足标准中的要求和条件时，可对该成分进行比较声称。当某营养成分同时符合含量声称和比较声称的要求时，可以同时使用两种声称方式，或仅使用含量声称。当某营养成分的含量标示值符合含量声称或比较声称的要求和条件时，可使用标准中相应的一条或多条营养成分功能声称标准用语。不应对功能声称用语进行任何形式的删改、添加和合并。

企业用“份”标示营养成分含量对营养成分进行含量声称时，应满足相应每100g或每100mL的含量要求。

五、营养成分的表达方式

预包装食品中能量和营养成分的含量应以“每100克（g）”或“每100毫升（mL）”或“每份食品可食部”中的具体数值来标示。当用“份”标示时，应标明每份食品的量。份的大小可根据食品的特点或推荐量规定。用“份”为计量单位时，营养成分含量数值“0”界限值应符合每100g或每100mL的“0”界限值规定。例如，某食品每份（20g）中含蛋白质0.4g，100g该食品中蛋白质含量为2.0g，按照“0”界限值的规定，在产品营养成分表中蛋白质含量应标示为0.4g，而不能为0。

营养成分表中强制标示和可选择性标示的营养成分的名称和顺序、标示单位、修约间隔、“0”界限值应符合标准的规定。当不标示某一营养成分时，依序上移。当标示GB 14880—2012《食品安全国家标准　食品营养强化剂使用标准》和新食品原料公告中允许强化的GB 28050规定以外的其他营养成分时，其排列顺序应位于表4－5所列营养素之后，但对其排列顺序不作要求。对于既是营养强化剂又是食品添加剂的物质，如维生素C、维生素E、β－胡萝卜素、核黄素、碳酸钙等，若按照GB 14880规定作为营养强化剂使用，应当按照该标准要求标示其含量及NRV%（无NRV的无须标示NRV%）；若仅作为食品添加剂使用，可不在营养标签中标示。

六、豁免强制标示营养标签的预包装食品

根据国际上实施营养标签制度的经验，营养标签标准中规定了可以豁免标识营养标签的部分食品范围。鼓励豁免的预包装食品按GB 28050要求自愿标识营养标签。豁免强制标识营养标签的食品如下所述。

（1）生鲜食品　指预先定量包装的、未经烹煮、未添加其他配料的生肉、生鱼、生蔬菜和水果等，如袋装鲜（或冻）虾、肉、鱼或鱼块、肉块、肉馅等。此外，未添加其他配料的干制品类，如干蘑菇、木耳、干水果、干蔬菜等，以及生鲜蛋类等，也属于GB 28050中生鲜食品的范围。

但是，预包装速冻面米制品和冷冻调理食品不属于豁免范围，如速冻饺子、包子、汤圆、虾丸等。

（2）乙醇含量≥0.5%的饮料酒类　包括发酵酒及其配制酒、蒸馏酒及其配制酒以及其他酒类（如料酒等）。上述酒类产品除水分和酒精外，基本不含任何营养素，可不标示营养标签。

（3）包装总表面积≤100cm^{2}或最大表面面积≤20cm^{2}的食品（两者满足其一即可），但允许自愿标示营养信息。这类产品自愿标示营养信息时，可使用文字格式，并可省略NRV标示。包装总表面积计算可在包装未放置产品时平铺测定，但应除去封边及不能印刷文字部分所占尺寸。包装最大表面面积的计算方法同GB 7718—2011《预包装食品标签通则》。

对于重复使用玻璃瓶包装的食品，如果无法在瓶身印刷信息，可按照“包装总表面积≤100cm^{2}或最大表面面积≤20cm^{2}的食品”执行，免于标示营养标签。鼓励生产企业在上述食品

的外包装箱或其包装箱内提供营养信息。

（4）现制现售的食品　是指现场制作、销售并可即时食用的食品。但是，食品加工企业集中生产加工、配送到商场、超市、连锁店、零售店等销售的预包装食品，应当按标准规定标示营养标签。

（5）包装的饮用水　是指饮用天然矿泉水、饮用纯净水及其他饮用水，这类产品主要提供水分，基本不提供营养素，因此豁免强制标示营养标签。

对于包装饮用水，依据相关标准标注产品的特征性指标，如偏硅酸、碘化物、硒、溶解性总固体含量以及主要阳离子（K^+、Na^+、Ca^{2+}、Mg^{2+}）含量范围等，不作为营养信息。

（6）每日食用量≤10g 或≤10mL 的预包装食品　指食用量少、对机体营养素的摄入贡献较小，或者单一成分调味品的食品，具体包括：

①调味品：味精、食醋等；

②甜味料：食糖、淀粉糖、花粉、餐桌甜味料、调味糖浆等；

③香辛料：花椒、大料、辣椒等单一原料香辛料和五香粉、咖喱粉等多种香辛料混合物；

④可食用比例较小的食品：茶叶（包括袋泡茶）、胶基糖果、咖啡豆、研磨咖啡粉等；

⑤其他：酵母，食用淀粉等。

但是，对于单项营养素含量较高、对营养素日摄入量影响较大的食品，如腐乳类、酱腌菜（咸菜）、酱油、酱类（黄酱、肉酱、辣酱、豆瓣酱等）以及复合调味料等，应当标示营养标签。

（7）其他法律法规标准规定可以不标示营养标签的预包装食品　豁免强制标示营养标签的预包装食品，如果在其包装上出现任何营养信息，应按照本标准执行。

符合以上条件的预包装食品，如果有以下情形，应当按照营养标签标准的要求，强制标注营养标签：企业自愿选择标识营养标签的；标签中有任何营养信息（如“蛋白质≥3.3%”等）的。但是，相关产品标准中允许使用的工艺、分类等内容的描述，不应当作为营养信息，如“脱盐乳清粉”等；使用了营养强化剂、氢化和（或）部分氢化植物油的；标签中有营养声称或营养成分功能声称的。

七、常见错误示例

（一）示例 1

某草莓味再制干酪标签如下所述。

配料：干酪、水、稀奶油、棕榈油、脱脂乳粉、白砂糖、木糖醇、磷酸酯双淀粉、六偏磷酸钠、三聚磷酸钠、磷酸氢二钠、焦磷酸钠、柠檬酸、乳矿物盐、卡拉胶、琼脂、食用香精、栀子红、维生素 A、维生素 D。

营养成分表

项目	每 100g	营养素参考值%
能量	1252kJ	15%
蛋白质	10.8g	18%
脂肪	17.4g	29%
碳水化合物	25.0g	8%
钠	545mg	27%

分析：GB 28050—2011《食品安全国家标准 预包装食品营养标签通则》规定“使用了营养强化剂的预包装食品，除4.1的要求外，在营养成分表中还应标示强化后食品中该营养成分的含量值及其占营养素参考值（NRV）的百分比。”

（二）示例2

品名：红苹果果汁饮料

配料：水，白砂糖，苹果浓缩汁，果葡糖浆，DL-苹果酸，甜蜜素，三聚磷酸钠，阿斯巴甜（含苯丙氨酸），维生素C，焦糖色，食用香精。

果汁含量≥15%

保质期：12 个月

生产日期：见包装盒顶

贮存条件：请密封于阴凉干燥处，避免阳光直射。

营养成分表

项目	每100mL	NRV%
能量	102kJ	1%
蛋白质	0g	0%
脂肪	0g	0%
碳水化合物	6.0g	2%
钠	23mg	1%

分析：《GB 28050—2011〈食品安全国家标准 预包装食品营养标签通则〉实施指南及实例解析》中指出：既是营养强化剂又是食品添加剂的物质，如维生素C、维生素E、β-胡萝卜素、核黄素、碳酸钙等，若按照GB 14880—2012规定作为营养强化剂使用时，应当按照本标准要求标示其含量及NRV%（无NRV值的无需标示NRV%）；若仅作为食品添加剂使用，可不在营养标签中标示。

（三）示例3

2015年5月，刘洋在某商店购买了柠檬味泡腾片，发现其外包装营养成分表上标注维生素C含量为每100g含有5854mg。GB 14880—2012《食品安全国家标准 食品营养强化剂使用标准》规定，维生素C作为营养强化剂可以用于固体饮料类，使用量为1000~2250mg/kg。因此，刘洋认为该产品不符合国家食品安全标准，提起上诉。

分析：涉案商品有关维生素C的描述均出现在产品配料表及营养成分表中，未将维生素C的用途做出区分，消费者无法判断涉案商品中维生素C作为食品添加剂的含量。是否含有食品添加剂系消费者购买食品时的主要考量因素之一，涉案商品未依法进行标注，易对消费者造成误导。该商品的成分未依法标注且其维生素C作为营养强化剂的含量已超过我国食品安全国家标准的规定，商品属于违反食品安全标准的产品。

（四）示例4

强某在某连锁店购买了1瓶橙汁饮料，该产品外包装上的营养成分表标有：维生素C，每份33.8mg（经换算为75mg/kg）。强某根据GB 14880—2012《食品安全国家标准 食品营养强化剂使用标准》中的规定，维生素C在果蔬汁（肉）饮料（包括发酵型产品等）中使用量的范围为250～500mg/kg，认为涉案产品未达国家标准，以该产品属于不符合食品安全标准的食品为由提起诉讼，要求退货并予以10倍价款赔偿。

分析：GB 14880—2012《食品安全国家标准　食品营养强化剂使用标准》中规定维生素C在果蔬汁（肉）饮料（包括发酵型产品等）中使用量的范围为250～500mg/kg。该标准中营养强化剂的使用量，是指在生产过程中允许添加的实际添加量。不同的食品原料本底所含的各种营养素含量差异较大，且不同营养素在产品生产和货架期的衰减、损失也不尽相同，因此强化的营养素在终产品中的实际含量可能高于或低于使用量。本案中，×××橙汁饮料作为终产品，维生素C的实际含量低于使用量，并不属于《食品安全法》中规定的不符合食品安全标准的情况，人民法院遂驳回了强某的诉讼请求。

第四节　预包装特殊膳食用食品标签通则

GB 13432适用于预包装特殊膳食用食品的标签，包括营养标签。标准涵盖了对预包装特殊膳食用食品标签的一般要求，如食品名称、贮存条件、食用方法和适宜人群等，以及营养标签要求，包括营养成分表、营养成分含量声称和功能声称。标准明确了特殊膳食用食品的定义和分类，明确了符合定义和分类的产品其标签标示应符合本标准的规定。该标准从1992年第一次以《特殊营养食品标签》名称发布，之后在2004年和2013年分别进行了修订，并于2004年修订时将标准名称更改为《预包装特殊膳食用食品标签通则》（表4－11）。

GB 13432—2013
《食品安全国家标准
预包装特殊膳食用食品标签》

表4－11　　我国已发布的预包装特殊膳食用食品标签通则

序号	标准编号	标准名称
1	GB 13432—1992	特殊营养食品标签（已无效）
2	GB 13432—2004	预包装特殊膳食用食品标签通则（已无效）
3	GB 13432—2013	食品安全国家标准　预包装特殊膳食用食品标签（现行有效）

一、GB 13432—2013的基本要求

GB 13432—2013《食品安全国家标准　预包装特殊膳食用食品标签》规定了特殊膳食用食品标签中具有特殊性的标识要求。预包装特殊膳食用食品标签应按照GB 7718—2011《预包装食品标签通则》和GB 13432—2013执行。另外，对于符合GB 13432—2013含量声称要求的预包装特殊膳食用食品，如果对能量和（或）营养成分进行功能声称，其功能声称用语应选择GB 28050—2011《食品安全国家标准　预包装食品营养标签通则》中规定的功能声称标准用语。

GB 13432应符合GB 7718规定的基本要求内容外，还应符合以下要求：

——不应涉及疾病预防、治疗功能；

——应符合预包装特殊膳食用食品相应产品标准中标签、说明书的有关规定；

——不应对 0 ~6 月龄婴儿配方食品中的必需成分进行含量声称和功能声称。

需要注意的是,《食品安全法》明确规定:食品、食品添加剂的标签、说明书不得涉及疾病预防、治疗功能。特殊膳食用食品作为食品的一个类别,虽然其产品配方设计有明确的针对性,但其目的是为目标人群提供营养支持,不具有预防疾病、治疗等功能,因此 GB 13432—2013 明确了特殊膳食用食品标签不应涉及疾病预防、治疗功能。

二、术语与定义

(一) 特殊膳食用食品

特殊膳食用食品是指为满足特殊的身体或生理状况和(或)满足疾病、紊乱等状态下的特殊膳食需求,专门加工或配方的食品。特殊膳食用食品的类别主要包括:

(1) 婴幼儿配方食品

①婴儿配方食品;

②较大婴儿和幼儿配方食品;

③特殊医学用途婴儿配方食品。

(2) 婴幼儿辅助食品

①婴幼儿谷类辅助食品;

②婴幼儿罐装辅助食品。

(3) 特殊医学用途配方食品(特殊医学用途婴儿配方食品涉及的品种除外)。

(4) 除上述类别外的其他特殊膳食用食品(包括辅食营养补充品、运动营养食品,以及其他具有相应国家标准的特殊膳食用食品)。

(二) 其他术语与定义

1. 营养素

食物中具有特定生理作用,能维持机体生长、发育、活动、繁殖以及正常代谢所需的物质,包括蛋白质、脂肪、碳水化合物、矿物质及维生素等。

2. 营养成分

食物中的营养素和除营养素以外的具有营养和(或)生理功能的其他食物成分。

3. 推荐摄入量

可以满足某一特定性别、年龄及生理状况群体中绝大多数个体需要的营养素摄入水平。

4. 适宜摄入量

营养素的一个安全摄入水平。是通过观察或实验获得的健康人群某种营养素的摄入量。

三、强制标示内容

1. 一般要求

预包装特殊膳食用食品标签的标示内容应符合 GB 7718 中相应条款的要求。

2. 食品名称

只有符合 GB 13432—2013 中 2. 1 特殊膳食用食品定义的食品才可以在名称中使用“特殊膳食用食品”或相应的描述产品特殊性的名称。

3. 能量和营养成分的标示

(1) 应以“方框表”的形式标示能量、蛋白质、脂肪、碳水化合物和钠,以及相应产品标准中要求的其他营养成分及其含量。方框可为任意尺寸，并与包装的基线垂直，表题为“营养成分表”。如果产品根据相关法规或标准，添加了可选择性成分或强化了某些物质，则还应标示这些成分及其含量。

（2）预包装特殊膳食用食品中能量和营养成分的含量应以每 100g（克）或每 100mL（毫升）或每份食品可食部中的具体数值来标示。当用份标示时，应标明每份食品的量，份的大小可根据食品的特点或推荐量规定。如有必要或相应产品标准中另有要求的，还应标示出每 100kJ（千焦）产品中各营养成分的含量。

（3）GB 13432—2013 对能量和营养成分标示的名称、顺序、单位、修约间隔等不作强制要求，其具体标识时应在参考相关标准的基础上真实、客观标示。

以 GB 10765—2021《食品安全国家标准　婴儿配方食品》为例，产品标签中除应标示能量、蛋白质、脂肪、碳水化合物和钠的含量外，还应标示 GB 10765—2021 中规定的必需成分的含量，以及增加“100 千焦（100kJ）”的含量标示。且可以选择用中文标识，或中英文同时标识，如可按表 4-12 所示标示。

表 4-12　婴儿配方食品营养成分表

项目 Items	单位 Unit	每 100 千焦 Per 100kJ	每 100 克 Per 100g
能量（Energy）	kJ		
蛋白质（Protein）	g		
脂肪（Fat）	g		
亚油酸（Linoleic acid）	g		
α-亚麻酸（α-Linolenic acid）	mg		
碳水化合物（Carbohydrate）	g		
维生素			
维生素 A（Vitamin A）	μg RE		
维生素 D（Vitamin D）	μg		
维生素 E（Vitamin E）	mg α-TE		
维生素 K_1（Vitamin K_1）	μg		
维生素 B_1（Vitamin B_1）	μg		
维生素 B_2（Vitamin B_2）	μg		
维生素 B_6（Vitamin B_6）	μg		
维生素 B_{12}（Vitamin B_{12}）	μg		
烟酸（烟酰胺）（Niacin）	μg		
叶酸（Folic acid）	μg		
泛酸（Pantothenic acid）	μg		
维生素 C（Vitamin C）	mg		
生物素（Biotin）	μg		

续表

项目 Items	单位 Unit	每 100 千焦 Per 100kJ	每 100 克 Per 100g
胆碱（Choline）	mg		
矿物质			
钠（Sodium）	mg		
钾（Potassium）	mg		
铜（Copper）	μg		
镁（Magnesium）	mg		
铁（Iron）	mg		
锌（Zinc）	mg		
锰（Manganese）	μg		
钙（Calcium）	mg		
磷（Phosphorus）	mg		
碘（Iodine）	μg		
氯（Chloride）	mg		
硒（Selenium）	μg		

如果婴儿配方产品依据 GB 10765—2021 或 GB 14880—2012《食品安全国家标准　食品营养强化剂使用标准》以及卫生行政部门有关公告，添加了可选择性成分或强化了某些物质，则还应标示这些成分及其含量。必需成分和可选择成分含量标识都应增加“100 千焦（100kJ）”的含量标示。如配方中依据 GB 10765—2021 添加了可选择成分牛磺酸、二十二碳六烯酸（DHA）和二十碳四烯酸（ARA），依据 GB 14880—2012 添加了低聚半乳糖（GOS），则产品的营养标签可按表 4 – 13 标示。

表 4 – 13　　婴儿配方食品（添加可选择成分）营养成分表

项目 Items	单位 Unit	每 100 千焦 Per 100kJ	每 100 克 Per 100g
能量（Energy）	kJ		
蛋白质（Protein）	g		
脂肪（Fat）	g		
亚油酸（Linoleic acid）	g		
α – 亚麻酸（α – Linolenic acid）	mg		
碳水化合物（Carbohydrate）	g		
维生素			
维生素 A（Vitamin A）	μg RE		

续表

项目 Items	单位 Unit	每100千焦 Per 100kJ	每100克 Per 100g
维生素D（Vitamin D）	μg		
维生素E（Vitamin E）	mg α-TE		
维生素K_1（Vitamin K_1）	μg		
维生素B_1（Vitamin B_1）	μg		
维生素B_2（Vitamin B_2）	μg		
维生素B_6（Vitamin B_6）	μg		
维生素B_{12}（Vitamin B_{12}）	μg		
烟酸（烟酰胺）（Niacin）	μg		
叶酸（Folic acid）	μg		
泛酸（Pantothenic acid）	μg		
维生素C（Vitamin C）	mg		
生物素（Biotin）	μg		
胆碱（Choline）	mg		
矿物质			
钠（Sodium）	mg		
钾（Potassium）	mg		
铜（Copper）	μg		
镁（Magnesium）	mg		
铁（Iron）	mg		
锌（Zinc）	mg		
锰（Manganese）	ug		
钙（Calcium）	mg		
磷（Phosphorus）	mg		
碘（Iodine）	μg		
氯（Chloride）	mg		
硒（Selenium）	μg		
可选择性成分			
牛磺酸（Taurine）	mg		
二十二碳六烯酸（DHA）	mg		
二十碳四烯酸（ARA）	mg		
低聚半乳糖（GOS）	mg		

另外，GB 10765—2021 中脚注部分及营养素比值（如亚油酸与 α - 亚麻酸比值、钙磷比值、乳基婴儿配方食品中乳清蛋白含量的比例、脂肪中月桂酸和肉豆蔻酸总量占总脂肪酸的比例、乳糖占碳水化合物总量的比例等）不要求强制标示，企业可以自愿选择是否标示。

（1）能量或营养成分的标示数值可通过产品检测或原料计算获得。在产品保质期内，能量和营养成分的实际含量不应低于标示值的 80%，并应符合相应产品标准的要求。

（2）当预包装特殊膳食用食品中的蛋白质由水解蛋白质或氨基酸提供时，“蛋白质”项可用“蛋白质”“蛋白质（等同物）”或“氨基酸总量”任意一种方式来标示。

如特殊医学用途配方食品、特殊医学用途婴儿配方食品中的蛋白质是由水解蛋白质和（或）氨基酸提供时（如乳蛋白深度水解配方或氨基酸配方等），产品中不含有或含有很少量的整蛋白，因此“蛋白质”项可用“蛋白质”“蛋白质（等同物）”或“氨基酸总量”任意一种方式标示。GB 13432—2013 不强制要求标示配方中氨基酸的种类和含量，如依据 GB 25596—2010《食品安全国家标准　特殊医学用途婴儿配方食品通则》开发的氨基酸配方产品的中文营养标签可按表 4 - 14 标示。

表 4 - 14　　特殊医学用途婴儿氨基酸配方食品营养成分表

项目	单位	每 100kJ	每 100g	每 100mL
能量	kJ			
蛋白质（等同物）	g			
脂肪	g			
亚油酸	g			
α - 亚麻酸	mg			
碳水化合物	g			
……				

4. 食用方法和适宜人群

（1）应标示预包装特殊膳食用食品的食用方法、每日或每餐食用量，必要时应标示调配方法或复水再制方法。

以 GB 10765—2021《食品安全国家标准　婴儿配方食品》为例，产品标签中除应标示基本的营养成分表外，还需要标识喂哺推荐表或喂养分量说明。如按婴儿月龄进行划分可按表 4 - 15 所示列出 0 ~ 6 月的冲调建议，或者按婴儿体重划分可按表 4 - 16 所示列出 0 ~ 6 月的冲调建议。以上喂哺推荐表建议仅为案例举例，实际标识还需根据实际产品需求进行调整。

表 4 - 15　　婴儿配方食品的喂哺推荐说明

婴儿年龄	每次喂哺量		每日喂哺次数
	温开水量/mL	量匙数/次	
0 ~ 2 周	60	2	8
2 ~ 4 周	120	4	6
1 ~ 2 月	120	4	7
2 ~ 3 月	180	6	5
3 ~ 6 月	240	8	4 ~ 5

表 4－16 婴儿配方食品的喂哺推荐说明

婴儿体重/g	每次喂哺量		每日喂哺次数
	温开水量/mL	量匙数/次	
1800～3000	60	2	6
3000～3500	90	3	6
3500～4000	120	4	5
4000～5000	150	5	5

（2）应标示预包装特殊膳食用食品的适宜人群 对于特殊医学用途婴儿配方食品和特殊医学用途配方食品，适宜人群按产品标准要求标示。

5. 贮存条件

（1）应在标签上标明预包装特殊膳食用食品的贮存条件，必要时应标明开封后的贮存条件。

（2）如果开封后的预包装特殊膳食用食品不宜贮存或不宜在原包装容器内贮存，应向消费者特别提示。

6. 标示内容的豁免

当预包装特殊膳食用食品包装物或包装容器的最大表面面积小于 $10cm^2$ 时，可只标示产品名称、净含量、生产者（或经销者）的名称和地址、生产日期和保质期。

四、可选择标示内容

1. 能量和营养成分占推荐摄入量或适宜摄入量的质量百分比

在标示能量值和营养成分含量值的同时，可依据适宜人群，标示每 100g（克）或每 100mL（毫升）或每份食品中的能量和营养成分含量占《中国居民膳食营养素参考摄入量》中的推荐摄入量（RNI）或适宜摄入量（AI）的质量百分比。无推荐摄入量（RNI）或适宜摄入量（AI）的营养成分，可不标示质量百分比，或者用“—”等方式标示。

2. 能量和营养成分的含量声称

（1）能量或营养成分在产品中的含量达到相应产品标准的最小值或允许强化的最低值时，可进行含量声称。

（2）某营养成分在产品标准中无最小值要求或无最低强化量要求的，应提供其他国家和（或）国际组织允许对该营养成分进行含量声称的依据，并应符合其法规的条件和要求。在部分国家的特殊膳食用食品标签上使用但无明确法规依据的含量声称不作为参考依据。

（3）含量声称用语包括“含有”“提供”“来源”“含”“有”等。

需要注意的是，我国食品安全国家标准对 0～6 个月婴儿配方食品中必需成分的含量值有明确规定，婴儿配方食品必须符合标准规定的含量要求。由于 0～6 月龄婴儿需要全面、平衡的营养，不应对其必需成分进行声称。因此特殊膳食用食品可进行含量声称的主要为添加的可选择性成分或强化的其他物质。表 4－17 列出了特殊膳食用食品允许使用的含量声称及对应的特殊膳食用食品适用类别。

表 4-17 特殊膳食用食品允许使用的含量声称

营养物质	含量声称用语	含量要求	适用的产品类别
二十二碳六烯酸（DHA）	含有	≥总脂肪酸含量的 0.2%	婴儿配方食品 特殊医学用途婴儿配方食品
牛磺酸	含有	≥0.8mg/100kJ	婴儿配方食品 特殊医学用途婴儿配方食品
低聚半乳糖 低聚果糖 多聚果糖 棉子糖	含有膳食纤维或单体名称	其单体或混合物的含量≥3g/100g（固态或粉状）、≥1.5g/100mL（液态）或≥1.5g/420kJ	婴幼儿配方食品 婴幼儿谷类辅助食品

3. 能量和营养成分的功能声称

（1）符合含量声称要求的预包装特殊膳食用食品，可对能量和（或）营养成分进行功能声称。功能声称的用语应选择使用 GB 28050 中规定的功能声称标准用语。

（2）对于 GB 28050 中没有列出功能声称标准用语的营养成分，应提供其他国家和（或）国际组织关于该物质功能声称用语的依据。

表 4-18 列出了特殊膳食用食品允许使用的功能声称及对应的特殊膳食用食品适用类别。

表 4-18 特殊膳食用食品允许使用的功能声称

营养物质	功能声称用语	含量要求	可使用的产品类别
二十二碳六烯酸（DHA）	二十二碳六烯酸（DHA）有助于婴儿视力的正常发育	≥总脂肪酸含量的 0.3%	较大婴儿配方食品
低聚半乳糖 低聚果糖 多聚果糖 棉子糖	①膳食纤维有助于维持正常的肠道功能。 ②膳食纤维是低能量物质	其单体或混合物的含量≥3g/100g（固态或粉状）≥1.5g/100mL（液态）或≥1.5g/420kJ	婴幼儿配方食品 婴幼儿谷类辅助食品
聚葡萄糖	①膳食纤维有助于维持正常的肠道功能。 ②膳食纤维是低能量物质	达到允许强化的最低值	婴幼儿配方食品
酵母 β-葡聚糖	①膳食纤维有助于维持正常的肠道功能。 ②膳食纤维是低能量物质	达到允许强化的最低值	幼儿配方粉

第五节 食品营养强化剂使用标准

营养强化指的是根据营养需要向食品中添加一种或多种营养素或者某些天然食品，提高食品营养价值的过程。这种经过强化处理的食品称为强化食品。所添加的营养素或含有营养素的物质（包括天然的和人工合成的）称为食品营养强化剂。GB 14880—2012《食品安全国家标准 食品营养强化剂使用标准》规定，食品营养强化剂是“为了增加食品的营养成分（价值）而加入到食品中的天然或人工合成的营养素和其他营养成分”。

GB 14880—2012
《食品安全国家标准
食品营养强化剂使用标准》

一、食品营养强化的意义

食品营养强化最初是作为一种公众健康问题的解决方案提出的。食品强化总的目的是保证人们在各生长发育阶段及各种劳动条件下获得全面且合理的营养，以满足人体生理、生活和劳动的正常需要，以维持和提高人类的健康水平。

1. 弥补天然食物的缺陷，使其营养趋于均衡

人类的天然食物，几乎没有一种单纯食物可以满足人体的全部营养需要，由于各国人民的膳食习惯不同，地区的食物收获品种及生产、生活水平等的限制，很少能使日常的膳食包含所有的营养素，往往会出现某些营养上的缺陷。根据营养调查，各地普遍缺少维生素 B_2，食用精白米、精白面的地区缺少维生素 B_1，果蔬缺乏的地区常有维生素 C 缺乏，而我国内地往往缺碘。这些问题如能在当地的基础膳食中有的放矢地通过营养强化来解决，就能减少和防止疾病的发生，增强人体体质。

2. 弥补营养素的损失，维持食品的天然营养特性

食品在加工、贮藏和运输中往往会损失某些营养素。如精白面中维生素 B_1 已损失了相当大的比例，同一种原料，因加工方法不同，其营养素的损失情况也不同。在实际生产中，应该尽量减少食品在加工过程中的损耗。

3. 简化膳食处理，增加方便

由于天然的单一食物仅能供应人体所需的某些营养素，人们为了获得全面的营养需要，就要同时食用多种类的食物，涉及食材较多，膳食处理比较复杂。采用食品强化就可以简化这些复杂的膳食处理。

4. 适应特殊职业的需要

军队以及从事矿井、高温、低温作业及某些易引起职业病工作的人员，由于劳动条件特殊，均需要高能量、高营养的特殊食品。而每一种特殊工作对某些特定营养素都有特殊的需要。因此强化食品极为重要，已逐渐地被广泛应用。

5. 营养强化的其他意义

某些营养强化剂可提高食品的感官质量及改善食品的保藏性能，如维生素 E、卵磷脂、维生素 C 既是食品中主要的营养强化剂，又是良好的抗氧化剂。

二、营养强化剂的作用

在食品中添加营养强化剂，不仅可以补充天然食品的营养缺陷，而且可以改善食品中的营养成分及其比例，以满足人们对营养的需要。另外，利用食品营养强化剂可以特别补充某些营养物质，达到特殊饮食和健康的目的。

食品营养强化剂不仅可以提高食品的营养质量，还可以减少和预防很多营养缺乏症及营养缺乏引起的其他并发症，有些营养强化剂还兼有提高食品的感官质量和保藏性能的作用。

三、营养强化剂的使用原则

按 GB 14880—2012《食品安全国家标准　食品营养强化剂使用标准》允许使用的营养强化剂有 37 种，其中氨基酸及含氧化合物 12 种，维生素 17 种，矿物质 8 种，对这些产品品种都明确规定了使用范围和使用量，并制定了实施细则。在如此众多的营养强化剂中，根据不同的情况科学合理地选择营养强化剂，应遵循一定的原则。

（1）在选择强化某种营养素之前，必须考虑膳食中该营养素的其他来源，一方面要保证摄入强化食品后该营养素水平不会过量；另一方面，该营养素的添加也应该确有必要，营养素的强化用量应该使其在膳食中的含量有明显提高，以便摄入通常数量的食物即可得到充足的该种营养素。

（2）注意各种营养素之间的平衡，防止由于食品强化而造成营养素摄入的不平衡；而且在食品中添加一种必需营养素后，不得对其他营养素的代谢产生不利影响。

（3）尽量选择具有生物活性和稳定性高的营养强化剂。例如铁的营养效价就因采用的形式不同而有很大的差异。再如，有些营养素可由于接触空气或加热而被破坏，像维生素 A、抗坏血酸和核黄素、氨基酸等可因光、热和氧化作用而被破坏。面粉中的β-胡萝卜素含量很少，而β-胡萝卜素的稳定性又比较高，所以可在面包和饼干中添加适量的β-胡萝卜素（用量为 0.5mg/kg 面粉中），经过面团调制、醒发（面包）或压片（饼干）、焙烤过程，其保留量仍可高达 83.3%。

（4）尽量选择容易被人体吸收的营养强化剂，尽量避免使用难溶的、难以吸收或易被食物影响吸收率的强化剂。有些无机盐和维生素容易在食物中因相互作用而被破坏或因水洗而损失，因此所加入的营养素应对原有食物无干扰作用，如铁就可与食物中的某些单酸、酯酰形成沉淀。

（5）强化某种必需营养素必须同时提供其测定和监控的技术方法。

四、使用营养强化剂的要求

（1）营养强化剂的使用不应导致人群食用后营养素及其他营养成分摄入过量或不均衡，不应导致任何营养素及其他营养成分的代谢异常。

（2）营养强化剂的使用不应鼓励和引导与国家营养政策相悖的食品消费模式。

（3）添加到食品中的营养强化剂应能在特定的贮存、运输和食用条件下保持质量的稳定。

（4）添加到食品中的营养强化剂不应导致食品一般特性如色泽、滋味、气味、烹调特性等发生明显不良改变。

（5）不应通过使用营养强化剂夸大食品中某一营养成分的含量或作用，误导和欺骗消费者。

五、食品营养强化剂的分类

食品营养强化剂主要包括维生素、矿物质、氨基酸三类，另外还包括用于营养强化的天然食品及其制品和其他营养素类物质。

1. 维生素类

维生素类食品强化剂包括维生素 A、β－胡萝卜素、B 族维生素（硫胺素盐酸盐、核黄素、烟酸）、维生素 C。维生素是食品中应用得最早的一种强化剂，也是目前国际上应用得最广、最多的一个大类。为了满足充足的维生素摄入，除了合理地搭配好膳食结构，人们也可以根据自身需要选择摄入维生素强化食品。

2. 矿物质类

矿物质在食物中分布很广，一般均能满足机体需要，但是人体仍比较容易缺乏某些种类，如钙、铁、锌、碘、硒等。近年来应用较多的矿物质类营养强化剂主要有铁强化剂、锌强化剂、钙强化剂以及碘强化剂等。

3. 氨基酸类

常用的赖氨酸强化剂有 L－盐酸赖氨酸、L－赖氨酸、L－天冬氨酸盐、L－赖氨酸－L－谷氨酸盐等。另外，牛磺酸也是常用的一种氨基酸强化剂。已知的基本氨基酸有 20 多种，其中赖氨酸、苏氨酸、亮氨酸、异亮氨酸、缬氨酸、甲硫氨酸、色氨酸、苯丙氨酸这 8 种氨基酸人体不能自己合成，所以，这 8 种氨基酸被称为必需氨基酸，需要由食物提供给人体。营养强化剂氨基酸类物质主要包括这 8 种必需氨基酸和牛磺酸等。

4. 用于营养强化的天然食品及其制品

用于营养强化的天然食品及其制品包括大豆蛋白、骨粉、鱼粉、麦麸等。常用于食品强化的蛋白质有大豆蛋白、乳清蛋白、脱脂乳粉、酵母粉、鱼粉等。

5. 其他营养素类

其他营养素类食品营养强化剂包括二十二碳六烯酸（DHA）、膳食纤维等。

六、食品营养强化剂的质量规格

按照 GB 14880 使用的食品营养强化剂应当符合相应的质量规格要求。

1. 单一品种食品营养强化剂

单一品种食品营养强化剂产品应符合相应的质量标准，包括国家标准、行业标准，如没有国家标准或行业标准的食品添加剂品种，营养强化剂生产企业可参照国家卫生健康委员会公告中的食品营养强化剂质量规格要求进行生产。

例如，GB 1903.29—2018《食品安全国家标准　食品营养强化剂　葡萄糖酸镁》主要规定了我国允许使用食品营养强化剂的技术要求，包括生产工艺、描述、结构式、分子式及相对分子质量等基本信息，食品营养强化剂的感官指标、理化指标、微生物指标等技术要求以及相应的检验方法和鉴别试验等内容；GB/T 23528.2—2021《低聚糖质量要求　第 2 部分：低聚果糖》可作为食品营养强化剂低聚果糖的执行标准。而食品营养强化剂　维生素 K_2（合成法）目前没有对应的国家标准或行业标准，但食品营养强化剂新品种发布公告中已公布其质量规格要求，可按此质量规格要求进行生产。

2. 复配食品营养强化剂

GB 26687—2011《食品安全国家标准　复配食品添加剂通则》适用于除食品用香精和胶基糖果基础剂物质以外的复配食品添加剂，也适用于复配营养强化剂，主要规定了复配食品添加剂的定义、命名原则、标识和要求等内容。GB 26687—2011 是对所有类型复配食品添加剂（复配食品营养强化剂）的基本要求。

七、营养强化剂使用步骤

产品中营养强化剂使用常用步骤如图 4 – 3 所示。

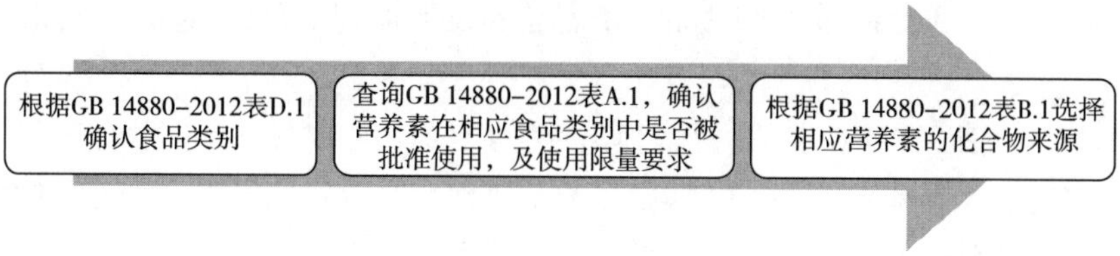

图 4 – 3 产品中营养强化剂使用常用步骤

八、营养强化剂标准的制定依据

营养强化剂的用量标准受很多因素的影响，主要应该依据下列资料制定。

1. 不同国家和地区对居民的膳食营养调查

膳食营养调查可以对不同国家和地区居民的膳食组成变化、营养素摄入水平进行全面的了解，为食物生产、加工及政策干预提供基本依据。特别是通过营养调查，得出某些人群营养缺乏的发生率，对于合理确定营养素强化用量具有重要指导作用。

2. 不同人群的推荐摄入量（RNI）

推荐摄入量（RNI）是“膳食营养素参考摄入量（DRIs）”中的重要指标之一。RNI 的主要用途是作为个体每日摄入该营养素的目标值。

各国营养素的推荐摄入量是营养素强化用量的主要依据。强化食品中，营养强化剂的用量与日常膳食中的营养素含量之和应当以满足特定人群中绝大多数个体的推荐摄入量为目标。设计良好的营养强化剂用量，应该依据科学的营养调查资料，计算出目标人群膳食包括食物、饮水等来源中营养素的全部摄入量，补充不足的部分，达到 RNI 水平，使人们通过长期摄入营养强化食品，满足身体对该营养素的需要，并使该营养素在人体组织中有适当的储备量。

3. 营养素的可耐受最高摄入量（UL）

营养素摄入过量时有可能产生不良作用，对健康造成危害。可耐受最高摄入量（UL）是“膳食营养素参考摄入量（DRIs）”中另一个重要指标。中国营养学会制定的中国居民营养素可耐受最高摄入量数值对我国食品强化是一个良好的安全性指标。UL 指的是平均每日可以摄入该营养素的最高限量，营养素摄入水平在此限量以下，对一般人群中的几乎所有个体都不会引起健康损害。如果某种营养素的摄入量超过 UL，其损害健康的危险性就随之增大。鉴于我国近年来营养素强化食品和膳食补充剂的快速发展，从安全性考虑，在确定营养强化剂用量时特别有必要考虑 UL 的水平。

4. 营养强化食品的目标人群对食物载体的消费量

营养强化剂最终要添加到食物载体中形成营养强化食品，人们每日对载体食物的食用量直接影响其中添加的营养素的摄入量。比如在食盐中强化碘，必须通过膳食调查，了解目标人群平均每日摄入食盐的多少，才能确定在一定量食盐中应该强化多少元素碘。

5. 强化剂在食物加工、运输、贮藏和食物制备过程中的损失率

为了避免营养强化剂在食物加工、运输、贮藏和食物制备过程中损失的影响，一般采用

按比例增加营养素强化量和改进工艺、减少加工和储运损失的办法来保证强化营养素的有效含量。

九、标准的基本框架

GB 14880—2012《食品安全国家标准　食品营养强化剂使用标准》包括正文和四个附录。

（一）正文

正文包括了范围、术语和定义、营养强化的主要目的、使用营养强化剂的要求、可强化食品类别的选择要求、营养强化剂的使用规定、食品类别（名称）说明和营养强化剂质量标准八个部分。四个附录则对允许使用的食品营养强化剂品种、使用范围及使用量，允许使用的营养强化剂化合物来源，允许用于特殊膳食用食品的营养强化剂及化合物来源，以及食品类别（名称）四个不同方面进行了规定。

（二）附录

1. 附录 A

附录 A 食品营养强化剂的使用规定，为肯定列表制，一共包括维生素、矿物质及其他营养营氧素在内的 42 种营养强化剂，其中表 A. 1 规定了除 13. 0 外的食品类别、具体类别的食品允许使用的营养强化剂类型，同时规定了其使用量。表 4 - 19 所示为 GB 14880—2012 表 A. 1 中有关维生素 A 使用范围及使用量的规定。

表 4 - 19　GB 14880—2012 表 A. 1 中有关维生素 A 使用范围及使用量的规定

营养强化剂	食品分类号	食品类别（名称）	使用量
	01. 01. 03	调制乳	600 ~ 1000μg/kg
		调制乳粉（儿童用乳粉和孕产妇用乳粉除外）	3000 ~ 9000μg/kg
	01. 03. 02	调制乳粉（仅限儿童用乳粉）	1200 ~ 7000μg/kg
		调制乳粉（仅限孕产妇用乳粉）	2000 ~ 10000μg/kg
	02. 01. 01. 01	植物油	4000 ~ 8000μg/kg
	02. 02. 01. 02	人造黄油及其类似制品	4000 ~ 8000μg/kg
	03. 01	冰淇淋类、雪糕类	600 ~ 1200μg/kg
	04. 04. 01. 07	豆粉、豆浆粉	3000 ~ 7000μg/kg
维生素 A	04. 04. 01. 08	豆浆	600 ~ 1400μg/kg
	06. 02. 01	大米	600 ~ 1200μg/kg
	06. 03. 01	小麦粉	600 ~ 1200μg/kg
	06. 06	即食谷物，包括辗轧燕麦（片）	2000 ~ 6000μg/kg
	07. 02. 02	西式糕点	2330 ~ 4000μg/kg
	07. 03	饼干	2330 ~ 4000μg/kg
	14. 03. 01	含乳饮料	300 ~ 1000μg/kg
	14. 06	固体饮料类	4000 ~ 17000μg/kg
	16. 01	果冻	600 ~ 1000μg/kg
	16. 06	膨化食品	600 ~ 1500μg/kg

资料来源：GB 14880—2012《食品安全国家标准　食品营养强化剂使用标准》。

☞ 案例分析

生产单位欲在调制乳粉中强化维生素 K，首先查看 GB 14880—2012《食品安全国家标准 食品营养强化剂使用标准》附录 A 中允许强化维生素 K 的食品类别（名称），维生素 K 只能在 01.03.02 调制乳粉（仅限儿童用乳粉和孕产妇用乳粉）中进行强化，在其他类别食品中不得强化维生素 K。对应的允许强化的维生素 K 的量为 420～750μg/kg（仅限儿童用调制乳粉）、340～680μg/kg（仅限孕产妇用调制乳粉）。

营养强化剂的使用量是指化合物来源营养强化剂中有效成分的使用量，因此一些化合物需要通过折算来确定其使用量。

示例 1：

维生素 A：本标准规定维生素 A 的使用量以“视黄醇当量”计，相应的维生素 A 化合物的换算系数如下：

1μg 视黄醇当量 = 1μg 全反式视黄醇 = 1.147μg 醋酸视黄酯 = 1.832μg 棕榈酸视黄酯 = 6μg β - 胡萝卜素（关于 β - 胡萝卜素是否需折算为维生素 A 的含量应参照相应产品标准的要求）。

示例 2：

维生素 E：本标准规定维生素 E 的使用量是以“d - α - 生育酚”计，相应的换算系数如下：

1mg *dl* - α - 生育酚 = 0.74mg *d* - α - 生育酚

1mg *d* - α - 醋酸生育酚 = 0.91mg *d* - α - 生育酚

1mg *dl* - α - 醋酸生育酚 = 0.67mg *d* - α - 生育酚

1mg 维生素 E 琥珀酸钙（天然型） = 0.78mg *d* - α - 生育酚

1mg 维生素 E 琥珀酸钙（合成型） = 0.57mg *d* - α - 生育酚

1mg *d* - α - 琥珀酸生育酚 = 0.81mg *d* - α - 生育酚

1mg *dl* - α - 琥珀酸生育酚 = 0.60mg *d* - α - 生育酚

2. 附录 B

附录 B 为允许使用的营养强化剂化合物来源名单，规定了某种营养素所对应的可供选择化合物来源。对大多数营养素而言，均提供了一种以上的化合物来源供生产单位选择。

例如，附录 A 中提到调制乳粉可强化锌，可使用的锌化合物应从附录 B 中锌的化合物来源名单中选择其中一种或多种，使用量（按“锌”元素计）应符合附录 A 对调制乳中锌的使用量要求，可使用的锌的化合物来源为硫酸锌、葡萄糖酸锌、甘氨酸锌、氧化锌、乳酸锌、柠檬酸锌、氯化锌、乙酸锌、碳酸锌。

3. 附录 C

附录 C 共两个表格，其中表 C.1 规定了允许用于特殊膳食用食品（即附录 D 中 13.0 类下的食品）的营养强化剂化合物来源名单，表 C.2 规定了目前可用于部分特殊膳食用食品类别的其他营养成分及使用量。

对于特殊膳食用食品，本标准表 C.2 中仅规定了营养强化剂的化合物来源名单，不再规定其使用量，即特殊膳食用食品中各营养素的含量按照相应标准执行，为达到含量要求，可使用的化合物来源应符合本标准表 C. 1 的要求。

☞ 案例分析

在婴幼儿谷类辅助食品中强化锌。

（1）根据 GB 14880—2012《食品安全国家标准 食品营养强化剂使用标准》表 D. 1，婴幼儿谷类辅助食品属于 13. 0 特殊膳食用食品一类，下级 13. 02 婴幼儿辅助食品再下级 13. 02. 01 婴幼儿谷类辅助食品。

（2）查询产品标准：GB 10769—2010《食品安全国家标准 婴幼儿谷类辅助食品》，可知锌在终产品中的含量需在 0. 17 ~ 0. 46mg/100kJ。

（3）确定锌的来源是否符合 GB 14880—2012 表 C. 1 及国家卫生计生委 2013 年第 5 号公告中所列。锌的化合物来源包括硫酸锌、葡萄糖酸锌、氧化锌、乳酸锌、柠檬酸锌、氯化锌、乙酸锌、柠檬酸锌（三水），生产单位可以根据产品的自身特性和本标准要求选择使用表 C. 1 中列出的一种或多种锌的化合物，除此之外，其他锌的化合物则不能在婴儿配方食品中使用。

对于在表 C. 2 中所列的目前批准用于部分特殊膳食用食品类别的其他营养成分，其使用量和使用范围按照表 C. 2 的规定执行。

4. 附录 D

附录 D 参考了国际和其他国家的食品分类，是结合我国颁布实施的食品安全国家标准，并考虑到一些产品的实际情况而确定的食品类别（名称）。该食品类别（名称）为了规范营养强化剂的使用，仅适用于本标准。

对于某些在分类上存在交叉的产品类别，生产单位可按照在食品标签上标示的产品类别来选择使用该类别允许使用的营养强化剂。

例如，豆乳中营养强化剂的使用品种和使用量可参照“04. 04. 01. 08 豆浆”执行，豆乳粉中营养强化剂的使用品种和使用量可参照“04. 04. 01. 07 豆粉、豆浆粉”执行。

对于 GB 14880—2012 标准中附录 A、附录 B、附录表 C. 1 和表 C. 2 以及附录 D 的查询关系如图 4 -4 所示。

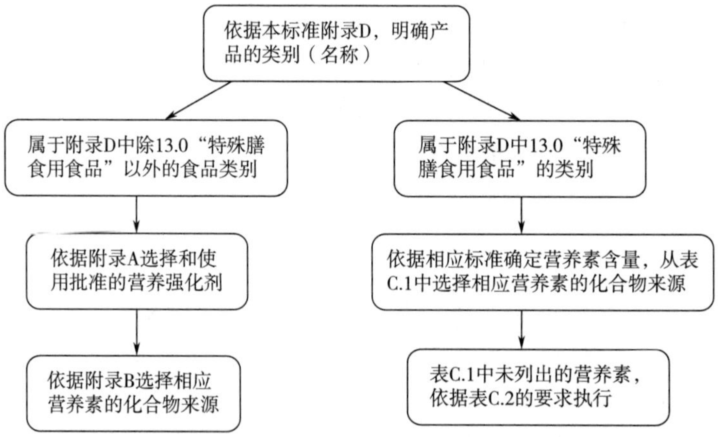

图 4 – 4 GB 14880—2012 中附录使用关系图

GB 14880—2012 标准中食品分类系统采用分级分类的方法，每一食品名称及分类均有其对应的分类号。该标准中食品分类系统共分为 16 大类，具体 16 大类的食品名称及分类号表示如下：

（1）01.0 乳及乳制品（13.0 特殊膳食用食品涉及品种除外）；

（2）02.0 脂肪，油和乳化脂肪制品；

（3）03.0 冷冻饮品；

（4）04.0 水果、蔬菜（包括块根类）、豆类、食用菌、藻类、坚果以及籽类等；

（5）05.0 可可制品、巧克力和巧克力制品（包括代可可脂巧克力及制品）以及糖果；

（6）06.0 粮食和粮食制品，包括大米、面粉、杂粮、淀粉等（07.0 焙烤食品涉及品种除外）；

（7）07.0 焙烤食品；

（8）08.0 肉及肉制品；

（9）09.0 水产及其制品（包括鱼类、甲壳类、贝类、软体类、棘皮类等水产及其加工制品等）；

（10）10.0 蛋及强制品；

（11）11.0 甜味料，包括蜂蜜；

（12）12.0 调味品；

（13）13.0 特殊膳食用食品；

（14）14.0 饮料类；

（15）15.0 酒类；

（16）16.0 其他类（01.0～15.0 中涉及品种除外）。

☞ 案例分析

在婴幼儿谷类辅助食品中强化酪蛋白钙肽。

根据 GB 14880—2012 表 D.1，婴幼儿谷类辅助食品属于 13.0 特殊膳食用食品一类，下级 13.02 婴幼儿辅助食品再下级 13.02.01 婴幼儿谷类辅助食品。

食品营养强化剂在食品分类中是按照级别进行使用，如某一食品营养强化剂应用于一个食品类别时，就允许其应用于该食品类别包含的所有下级食品（除非另有规定），反之下级食品允许使用的食品营养强化剂不能被认为可应用于其上级食品，所以在查找一个食品类别中允许使用的营养强化剂时，特别需要注意食品类别的上下级关系。

十、营养强化剂的使用量与终产品中的含量

（1）对于普通食品，营养强化剂使用量是否合规由添加量决定，而不是由终产品中的含量决定。GB 14880—2012 中规定了营养强化剂的使用量，指的是在生产过程中允许的实际添加量。鉴于不同食品原料本底所含的各种营养素含量差异性较大，而且不同营养素在产品生产和货架期的衰减和损失方面也不尽相同，所以强化的营养素在终产品中的实际含量可能高于或低于 GB 14880—2012 中规定的该营养强化剂的使用量。

（2）对于特殊膳食类食品，营养强化剂使用量是否合规是根据该特殊膳食类食品的产品标准中规定的相关营养强化剂在终产品中的含量来判断（除仅列入 GB 14880—2012 表 C.2 的营养素外，该部分营养素以 GB 14880—2012 规定的添加量判断）。

十一、关于营养强化剂中具有双重身份的物质的使用

对于既是食品营养强化剂又是新食品原料的物质来说，应按其在终产品中的实际功能来使用并标示。《食品营养强化剂使用标准（GB 14880—2012）问答》中指出，“对于部分既属于营养强化剂又属于新资源食品[1)]的物质，如二十二碳六烯酸、低聚半乳糖、多聚果糖、花生四烯酸等，如果以营养强化为目的，其使用应符合本标准的要求；如果作为食品原料，应符合新资源食品相关公告的规定。”

以二十二碳六烯酸（DHA）和花生四烯酸（AA 或 ARA）为例，其使用标准如表 4－20 及表 4－21 所示。

表 4－20　二十二碳六烯酸（DHA）使用标准

项目	营养强化剂	新食品原料
执行标准	GB 26400—2011《食品安全国家标准　食品添加剂　二十二碳六烯酸油脂（发酵法）》	关于批准 DHA 藻油、棉籽低聚糖等 7 种物品为新资源食品及其他相关规定的公告（2010 年第 3 号）（DHA 藻油）
使用规定	调制乳粉（仅限儿童用乳粉）：≤0.5%（%总脂肪酸）； 调制乳粉（仅限孕产妇用乳粉）：300～1000mg/kg； 婴幼儿谷类辅助食品：≤1150mg/kg	食用量：≤300mg/d（以纯 DHA 计）； 在婴幼儿配方食品中使用应符合相关标准要求［≤0.5%（%总脂肪酸）］

表 4－21　花生四烯酸（AA 或 ARA）使用标准

项目	营养强化剂	新食品原料
执行标准	GB 26401—2011《食品安全国家标准　食品添加剂　花生四烯酸油脂（发酵法）》	关于批准 DHA 藻油、棉籽低聚糖等 7 种物品为新资源食品及其他相关规定的公告（2010 年第 3 号）（花生四烯酸油脂）
使用规定	调制乳粉（仅限儿童用乳粉）：≤1%（%总脂肪酸）； 婴幼儿谷类辅助食品：≤2300mg/kg	食用量：≤600mg/d（以纯 ARA 计）； 在婴幼儿配方食品中使用应符合相关标准要求［≤1%（%总脂肪酸）］

当作为营养强化剂标示时，强化的营养素应当在营养成分表中标示其含量及营养素参考值 NRV%（无 NRV 值的无需标识，特殊膳食可选择性标示 NRV%）。其营养成分的标示（包括名称、顺序、表达单位、修约间隔等）应按照 GB 28050—2011《食品安全国家标准　预包装食品营养标签通则》中表 1 的要求执行。对于表 1 中没有列出但本标准允许强化的营养物质，其标示顺序应按照 GB 28050—2011 的规定位于表 1 所列营养素之后。

☞ 案例分析

维生素 C（L－抗坏血酸）既可以作为食品添加剂又可以作为营养强化剂。

1）“新资源食品”于 2013 年更名为“新食品原料”——编者注。

（1）首先确定该物质的使用目的：是作为食品添加剂（如抗氧剂），还是作为营养强化剂（补充维生素 C）。

（2）作为食品添加剂时，使用规定应参照 GB 2760—2014《食品安全国家标准 食品添加剂使用标准》及其增补公告；作为营养强化剂时，使用规定应参照 GB 14880—2012《食品安全国家标准 食品营养强化剂使用标准》及其增补公告。

当作为食品配料标示时，应当标出公告中的食用限量和不适宜人群。

第六节 食品卫生微生物学检验标准

食品在生产、储存、运输、销售、食用过程中，往往通过水、空气、人、动植物、机械设备及用具等使食品污染。食品微生物相关食品安全国家标准检验方法是应用微生物学的理论与方法，检验食品中微生物的种类、数量、性质，以判别食品是否符合标准的检验方法。2003 年，质检总局对我国食品微生物学检验方法标准和食品中各种成分含量检验方法标准进行了修订，并将以上标准归为食品微生物学检验（GB 4789 系列标准）和食品理化检验（GB 5009 系列标准）两个系列标准，由卫生部和国家标准化管理委员会于 2003 年 8 月 11 日发布。而后在 2008 年、2010 年、2016 年及 2020 年对其中一部分标准进行了修订。

一、食品微生物安全的检测范围

食品微生物安全的检测范围涉及食品的生产环境、食品生产用原辅料及食品产品本身等，具体包括以下四方面。

食品生产环境：食品生产车间空气、车间地面、车间墙壁、操作台、生产设备、生产用水等。

食品生产用具：加工用具、生产设备、包装材料、转运设备等。

食品加工用原辅料：主料、辅料、食品添加剂、营养强化剂等。

食品的检测：刚出厂食品、贮藏的食品、运输过程中的食品、销售的食品、直接作为食品的动植物器官、可疑食品等。

二、食品加工过程的微生物监控程序指南

食品加工过程的微生物监控，主要包括环境微生物监控和过程产品的微生物监控，环境微生物监控主要用于评判加工过程的卫生控制状况，以及找出可能存在的污染源。通常环境监控对象包括食品接触表面、与食品或食品接触表面邻近的接触表面，以及环境空气。过程产品的微生物监控主要用于评估加工过程卫生控制能力和产品卫生状况。

GB 14881—2013《食品安全国家标准 食品生产通用卫生规范》附录 A 给出了食品加工过程的微生物监控程序指南，该指南明确了食品加工过程的微生物监控涵盖了加工过程各个环节的微生物学评估、清洁消毒效果以及微生物控制效果的评价。具体内容如下所述。

（1）加工过程的微生物监控应包括微生物监控指标、取样点、监控频率、取样和检测方法、评判原则以及不符合情况的处理等。

（2）加工过程的微生物监控指标　应以能够评估加工环境卫生状况和过程控制能力的指示微生物［如菌落总数、大肠菌群、酵母、霉菌或其他指示菌］为主。必要时也可采用致病菌作为监控指标。

（3）加工过程微生物监控的取样点　环境监控的取样点应为微生物可能存在或进入而导致污染的地方。可根据相关文献资料确定取样点，也可根据经验或者积累的历史数据确定取样点。过程产品监控计划的取样点应覆盖整个加工环节中微生物水平可能发生变化且会影响产品安全性和/或食品品质的过程产品，例如微生物控制关键控制点之后的过程产品。具体可参考表4－22中示例。

表4－22　食品加工过程微生物监控示例

监控项目		建议取样点①	建议监控微生物②	建议监控频率③	建议监控指标限值
环境的微生物监控	食品接触表面	食品加工人员的手部、工作服、手套传送皮带、工器具及其他直接接触食品的设备表面	菌落总数、大肠菌群等	验证清洁效果应在清洁消毒之后，其他可每周、每两周或每月	结合生产实际情况确定监控指标限值
	与食品或食品接触表面邻近的接触表面	设备外表面、支架表面、控制面板、零件车等接触表面	菌落总数、大肠菌群等卫生状况指示微生物，必要时监控致病	每两周或每月	结合生产实际情况确定监控指标限值
	加工区域内的环境空气	靠近裸露产品的位置	菌落总数、霉菌、酵母等	每周、每两周或每月	结合生产实际情况确定监控指标限值
过程产品的微生物监控		加工环节中微生物水平可能发生变化且会影响食品安全性和（或）食品品质的过程产品	卫生状况指示微生物（如菌落总数、大肠菌群、酵母、霉菌或其他指示菌）	开班第一时间生产的产品及之后连续生产过程中每周（或每两周或每月）	结合生产实际情况确定监控指标限值

注：①可根据食品特性以及加工过程实际情况选择取样点。
②可根据需要选择一个或多个卫生指示微生物实施监控。
③可根据具体取样点的风险确定监控频率。

（4）加工过程微生物监控的监控频率　应基于污染可能发生的风险来制定监控频率。可根据相关文献资料、相关经验和专业知识或者积累的历史数据，确定合理的监控频率。具体可参考表4－17中示例。加工过程的微生物监控应是动态的，应根据数据变化和加工过程污染风险的高低而有所调整和进行定期评估。例如，当指示微生物监控结果偏高或者终产品检测出致病菌，或者在进行完重大维护施工活动后，或者卫生状况出现下降趋势时等，需要增加取样点和监控频率；当监控结果一直满足要求时，可适当减少取样点或者放宽监控频率。

(5) 取样和检测方法 环境监控通常以涂抹取样为主，过程产品监控通常直接取样。检测方法的选择应基于监控指标进行选择。

(6) 评判原则 应依据一定的监控指标限值进行评判，监控指标限值可基于微生物控制的效果以及对产品质量和食品安全性的影响来确定。

(7) 微生物监控的不符合情况处理要求 各监控点的监控结果应当符合监控指标的限值并保持稳定，当出现轻微不符合时，可通过增加取样频次等措施加强监控；当出现严重不符合时，应当立即纠正，同时查找问题原因，以确定是否需要对微生物控制程序采取相应的纠正措施。

三、食品微生物安全检测标准

食品安全微生物限量指标可分为致病菌和指示菌两类。致病菌主要包括沙门氏菌、单核细胞增生李斯特菌、副溶血性弧菌（*Vibrio parahaemolyticus*）、金黄色葡萄球菌（*Staphylococcus aureus*）等。指示菌包括菌落总数、肠杆菌科（Enterobacteriaceae）、大肠埃希菌（*Escherichia coli*）和大肠菌群等。我国食品安全国家标准体系中的食品微生物食品安全国家标准检验方法标准为 GB 4789 系列标准，目前已实施 43 项（更新至 2024 年 3 月）。其中，有 45 项国家强制性标准（表 4 - 23），有 3 项国家推荐性标准（表 4 - 24）。GB 4789 系列标准适应于食品中相应微生物的定性及定量检验，内容涉及对食品中的有益菌［双歧杆菌（*Bifidobacterium*）、乳酸菌等］、致病菌、指示菌以及商业无菌等的检验方法。

表 4 - 23 食品微生物检验强制性国家标准（截至 2024 年 3 月）

序号	标准编号	标准名称
1	GB 4789. 1—2016	食品安全国家标准 食品微生物学检验 总则
2	GB 4789. 2—2022	食品安全国家标准 食品微生物学检验 菌落总数测定
3	GB 4789. 3—2016	食品安全国家标准 食品微生物学检验 大肠菌群计数
4	GB 4789. 4—2024	食品安全国家标准 食品微生物学检验 沙门氏菌检验
5	GB 4789. 5—2012	食品安全国家标准 食品微生物学检验 志贺氏菌检验
6	GB 4789. 6—2016	食品安全国家标准 食品微生物学检验 致泻大肠埃希氏菌检验
7	GB 4789. 7—2013	食品安全国家标准 食品微生物学检验 副溶血性弧菌检验
8	GB 4789. 8—2016	食品安全国家标准 食品微生物学检验 小肠结肠炎耶尔森氏菌检验
9	GB 4789. 9—2014	食品安全国家标准 食品微生物学检验 空肠弯曲菌检验
10	GB 4789. 10—2016	食品安全国家标准 食品微生物学检验 金黄色葡萄球菌检验
11	GB 4789. 11—2014	食品安全国家标准 食品微生物学检验 β 型溶血性链球菌检验
12	GB 4789. 12—2016	食品安全国家标准 食品微生物学检验 肉毒梭菌及肉毒毒素检验
13	GB 4789. 13—2012	食品安全国家标准 食品微生物学检验 产气荚膜梭菌检验
14	GB 4789. 14—2014	食品安全国家标准 食品微生物学检验 蜡样芽孢杆菌检验
15	GB 4789. 15—2016	食品安全国家标准 食品微生物学检验 霉菌和酵母计数
16	GB 4789. 16—2016	食品安全国家标准 食品微生物学检验 常见产毒霉菌的形态学鉴定
17	GB 4789. 17—2024	食品安全国家标准 食品微生物学检验 肉与肉制品采样和检样处理
18	GB 4789. 18—2024	食品安全国家标准 食品微生物学检验 乳与乳制品采样和检样处理

续表

序号	标准编号	标准名称
19	GB 4789. 19—2024	食品安全国家标准　食品微生物学检验　蛋与蛋制品采样和检样处理
20	GB 4789. 20—2024	食品安全国家标准　食品微生物学检验　水产品及其制品采样和检样处理
21	GB 4789. 22—2024	食品安全国家标准　食品微生物学检验　调味品采样和检样处理
22	GB 4789. 23—2024	食品安全国家标准　食品微生物学检验　豆制品采样和检样处理
23	GB 4789. 24—2024	食品安全国家标准　食品微生物学检验　糖果、巧克力和代可可脂巧克力及其制品、可可制品采样和检样处理
24	GB 4789. 25—2024	食品安全国家标准　食品微生物学检验　酒类、饮料、冷冻饮品采样和检样处理
25	GB 4789. 26—2023	食品安全国家标准　食品微生物学检验　商业无菌检验
26	GB 4789. 28—2024	食品安全国家标准　食品微生物学检验　培养基和试剂的质量要求
27	GB 4789. 29—2020	食品安全国家标准　食品微生物学检验　唐菖蒲伯克霍尔德氏菌（椰毒假单胞菌酵米面亚种）检验
28	GB 4789. 30—2016	食品安全国家标准　食品微生物学检验　单核细胞增生李斯特氏菌检验
29	GB 4789. 31—2013	食品安全国家标准　食品微生物学检验　沙门氏菌、志贺氏菌和致泻大肠埃希氏菌的肠杆菌科噬菌体诊断检验
30	GB 4789. 33—2024	食品安全国家标准　食品微生物学检验　粮食制品采样和检样处理
31	GB 4789. 34—2016	食品安全国家标准　食品微生物学检验　双歧杆菌检验
32	GB 4789. 35—2023	食品安全国家标准　食品微生物学检验　乳酸菌检验
33	GB 4789. 36—2016	食品安全国家标准　食品微生物学检验　大肠埃希氏菌 O157：H7/NM 检验
34	GB 4789. 38—2012	食品安全国家标准　食品微生物学检验　大肠埃希氏菌计数
35	GB 4789. 39—2013	食品安全国家标准　食品微生物学检验　粪大肠菌群计数
36	GB 4789. 40—2024	食品安全国家标准　食品微生物学检验　克罗诺杆菌检验
37	GB 4789. 41—2016	食品安全国家标准　食品微生物学检验　肠杆菌科检验
38	GB 4789. 42—2016	食品安全国家标准　食品微生物学检验　诺如病毒检验
39	GB 4789. 43—2016	食品安全国家标准　食品微生物学检验　微生物源酶制剂抗菌活性的测定
40	GB 4789. 44—2020	食品安全国家标准　食品微生物学检验　创伤弧菌检验
41	GB 4789. 45—2023	食品安全国家标准　微生物检验方法验证通则
42	GB 4789. 46—2024	食品安全国家标准　食品微生物学检验　生鲜果蔬及其制品、食用菌制品、坚果与籽类食品采样和检样处理
43	GB 4789. 47—2024	食品安全国家标准　食品微生物学检验　食用油脂制品采样和检样处理
44	GB 4789. 48—2024	食品安全国家标准　食品微生物学检验　蜂产品采样和检样处理
45	GB 4789. 49—2024	食品安全国家标准　食品微生物学检验　产志贺毒素大肠埃希氏菌检验

表4-24　食品微生物检验推荐性国家标准

序号	标准编号	标准名称
1	GB/T 4789.3—2003	食品卫生微生物学检验　大肠菌群测定
2	GB/T 4789.21—2003	食品卫生微生物学检验　冷冻饮品、饮料检验
3	GB/T 4789.27—2008	食品卫生微生物学检验　鲜乳中抗生素残留检验

四、食品微生物检验采样方案

GB 4789.1—2016《食品安全国家标准　食品微生物学检验　总则》规定了食品微生物学检验的采样方案。具体要求如下所述。

（1）根据检验目的、食品特点、批量、检验方法、微生物的危害程度等确定采样方案。

（2）采样方案分为二级和三级采样方案。二级采样方案设有 n、c 和 m 值，三级采样方案设有 n、c、m 和 M 值。

n：同一批次产品应采集的样品件数；

c：最大可允许超出 m 值的样品数；

m：微生物指标可接受水平限量值（三级采样方案）或最高安全限量值（二级采样方案）；

M：微生物指标的最高安全限量值。

注1：按照二级采样方案设定的指标，在 n 个样品中，允许有 $\leqslant c$ 个样品其相应微生物指标检验值大于 m 值。

注2：按照三级采样方案设定的指标，在 n 个样品中，允许全部样品中相应微生物指标检验值小于或等于 m 值；允许有 $\leqslant c$ 个样品其相应微生物指标检验值在 m 值和 M 值之间；不允许有样品相应微生物指标检验值大于 M 值。

例如：$n=5$，$c=2$，$m=100$CFU/g，$M=1000$CFU/g。含义是从一批产品中采集5个样品，若5个样品的检验结果均小于或等于 m 值（$\leqslant 100$CFU/g），则这种情况是允许的；若 $\leqslant 2$ 个样品的结果（X）位于 m 值和 M 值之间（$100\text{CFU/g} < X \leqslant 1000\text{CFU/g}$），则这种情况也是允许的；若有3个及以上样品的检验结果位于 m 值和 M 值之间，则这种情况是不允许的；若有任一样品的检验结果大于 M 值（>1000CFU/g），则这种情况也是不允许的。

（3）各类食品的采样方案按食品安全相关标准的规定执行。

（4）食品安全事故中食品样品的采集　由批量生产加工的食品污染导致的食品安全事故，食品样品的采集和判定原则按（2）和（3）执行，重点采集同批次食品样品；由餐饮单位或家庭烹调加工的食品导致的食品安全事故，重点采集现场剩余食品样品，以满足食品安全事故病因判定和病原确证的要求。

截至2023年，我国公布的15项乳制品产品标准中的指示菌检测及GB 29921—2021《食品安全国家标准　食品中致病菌限量》限定的食品中致病菌的检测都已引入二级和三级采样方案。

五、食品中的指示菌

（一）指示菌在食品安全中的卫生学意义及检验方法

1. 菌落总数

菌落总数又称需氧菌落总数（aerobic platecount）或标准平板数（standard plate count，SPC），是指食品检样经过处理，在一定条件下（如培养基、培养温度和培养时间等）培养后，所得每克（毫升）检样中形成的微生物菌落（colony forming units，CFU）总数。需要注意的是，菌落总数并不表示实际中的所有细菌总数，而是指满足一定培养条件的总活菌数，这是因为菌落总数测定的条件不能满足厌氧或微需氧菌、有特殊营养要求的以及非嗜中温的细菌的生理需求，这些菌难以生长繁殖进而无法在菌落总数中体现。菌落总数可以评估食品被细菌污染的程度，用于评估食品的总体质量。食品的菌落总数严重超标，说明其产品的卫生状况达不到基本的卫生要求，微生物将会破坏食品的营养成分，加速食品的腐败变质。而在食品安全风险分析中，菌落总数并不是被优先考虑的项目。当菌落总数小于 10^6 CFU/g 时，食品中的细菌通常是混合菌，而超过这个数量，混合菌中通常会有一种优势菌，食品是否可以接受、食品的感官品质往往取决于优势菌的类型。菌落总数的测定方法详见 GB 4789. 2—2022《食品安全国家标准　食品微生物学检验　菌落总数测定》，其检验程序如图 4 - 5。

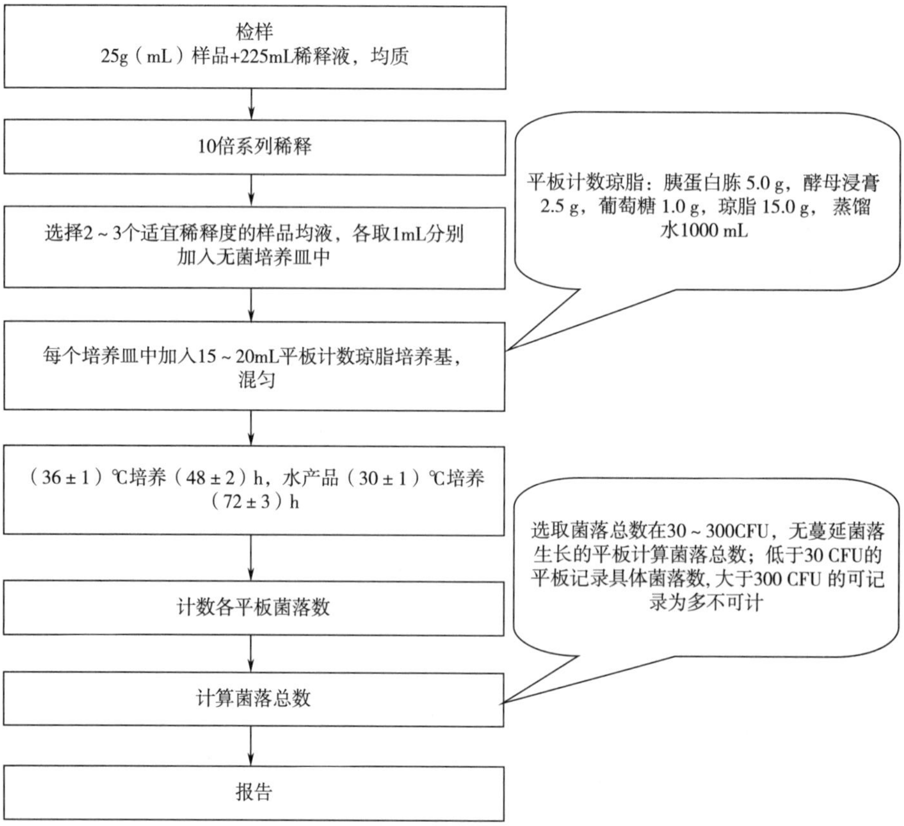

图 4 - 5　菌落总数检验程序

2. 大肠菌群

大肠菌群并非细菌学分类命名，它不代表某一个或某一属细菌，而指的是具有某些特性的一组与粪便污染有关的细菌。大肠菌群具体是指在一定培养条件下能发酵乳糖、产酸产气的需氧和兼性厌氧革兰阴性无芽孢杆菌。一般认为该菌群细菌可包括大肠埃希菌、柠檬酸杆菌（*Citrobacter*）、产气克雷伯菌（*Klebsiella aerogenes*）和阴沟肠杆菌（*Enterobacter cloacae*）等；不包括对乳糖发酵阴性的细菌，如沙门氏菌、志贺氏菌（*Shigella*）、耶尔森氏菌（*Yersinia*）。大肠菌群是评价食品卫生质量的重要指标之一，是评估食品是否存在粪便污染的重要指示菌。大肠菌群数量的高低表明了粪便的污染程度，也反映了对人体健康危害性的大小。

实际检测时，大肠菌群可以用最可能数（MPN）法和平板计数法来检测（详见 GB 4789.3—2016《食品安全国家标准　食品微生物学检验　大肠菌群计数》)，其中 MPN 法适用于大肠菌群含量较低的食品中的大肠菌群计数，平板计数法适用于大肠菌群含量较高的食品中的大肠菌群计数。其检验原理分别为：MPN 法是基于泊松分布的一种间接计数方法，其是统计学和微生物学结合的一种定量检测法。待测样品经系列稀释并培养后，根据其未生长的最低稀释度与生长的最高稀释度，应用统计学概率论可推算出待测样品中大肠菌群的最大可能数。平板计数法是根据大肠菌群在固体培养基中发酵乳糖产酸，在指示剂的作用下形成可计数的红色或紫色、带有或不带有沉淀环的菌落来计数的。大肠菌群的 MPN 计数法检验程序如图 4 -6 所示，平板计数法检验程序如图 4 -7 所示。

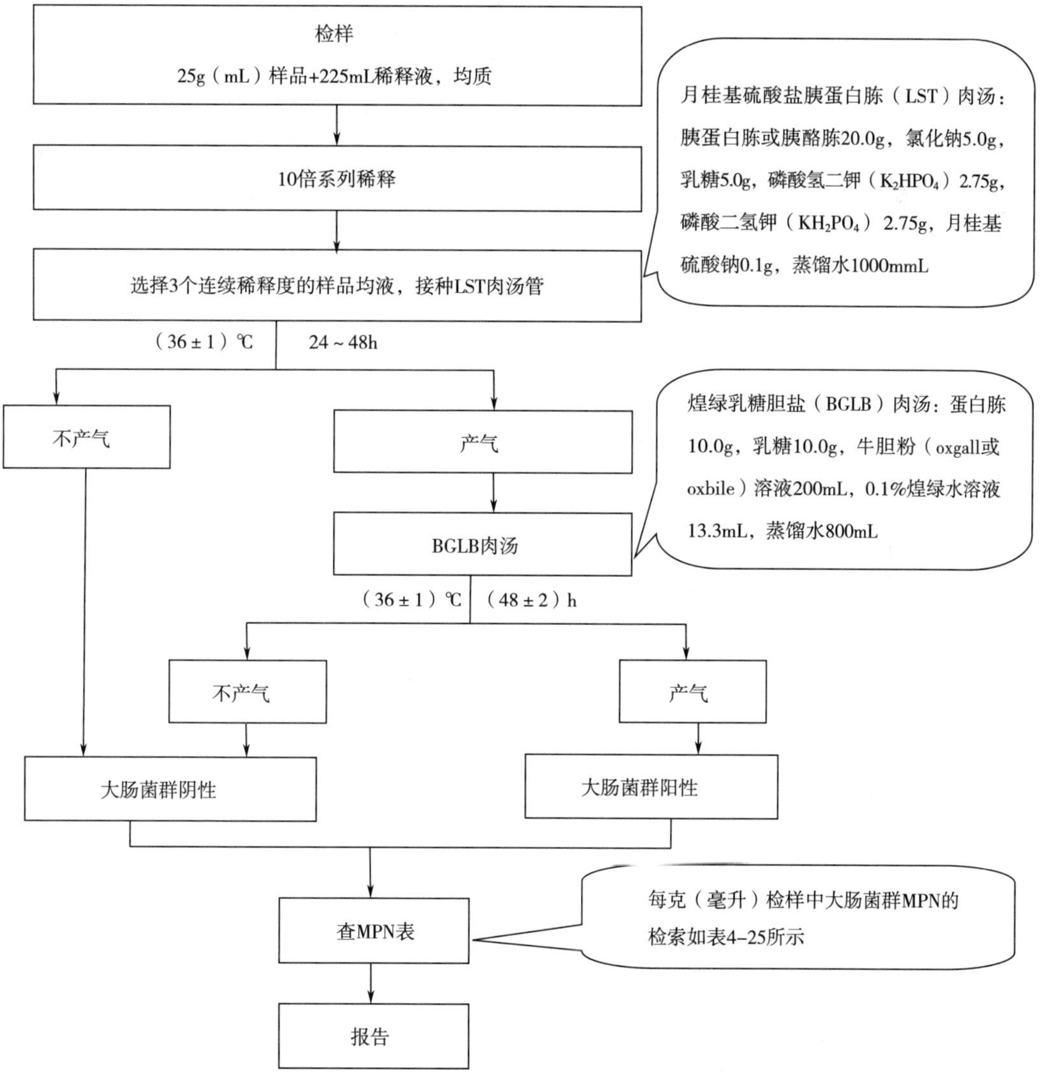

图 4 -6　大肠菌群 MPN 计数法检验程序

表4－25 大肠菌群、大肠埃希菌和肠杆菌科 MPN 检索表

阳性管数			MPN	95%可信限		阳性管数			MPN	95%可信限	
0.10	0.01	0.001		下限	上限	0.10	0.01	0.001		下限	上限
0	0	0	<3.0	—	9.5	2	2	0	21	4.5	42
0	0	1	3.0	0.15	9.6	2	2	1	28	8.7	94
0	1	0	3.0	0.15	11	2	2	2	35	8.7	94
0	1	1	6.1	1.2	18	2	3	0	29	8.7	94
0	2	0	6.2	1.2	18	2	3	1	36	8.7	94
0	3	0	9.4	3.6	38	3	0	0	23	4.6	94
1	0	0	3.6	0.17	18	3	0	1	38	8.7	110
1	0	1	7.2	1.3	18	3	0	2	64	17	180
1	0	2	11	3.6	38	3	1	0	43	9	180
1	1	0	7.4	1.3	20	3	1	1	75	17	200
1	1	1	11	3.6	38	3	1	2	120	37	420
1	2	0	11	3.6	42	3	1	3	160	40	420
1	2	1	15	4.5	42	3	2	0	93	18	420
1	3	0	16	4.5	42	3	2	1	150	37	420
2	0	0	9.2	1.4	38	3	2	2	210	40	430
2	0	1	14	3.6	42	3	2	3	290	90	1000
2	0	2	20	4.5	42	3	3	0	240	42	1000
2	1	0	15	3.7	42	3	3	1	460	90	2000
2	1	1	20	4.5	42	3	3	2	1100	180	4100
2	1	2	27	8.7	94	3	3	3	>1100	420	—

注：（1）本表采用3个稀释度［0.1g（mL）、0.01g（mL）、0.001g（mL）］，每个稀释度接种3管。

（2）表内所列检样量如改用1g（mL）、0.1g（mL）和0.01g（mL）时，表内数字应相应降低10倍，如改用0.01g（mL）、0.001g（mL）和0.0001g（mL）时，则表内数字应相应提高10倍，其余类推。

3. 大肠埃希菌

大肠埃希菌又称大肠杆菌，是肠道正常寄生菌，在环境卫生不良的情况下，常随粪便散布在周围环境中。大肠杆菌广泛存在于人和温血动物的肠道中，能够在44.5℃发酵乳糖产酸产气，IMViC（靛基质、甲基红、VP试验、柠檬酸盐）生化试验为＋＋－－或－＋－－的革兰阴

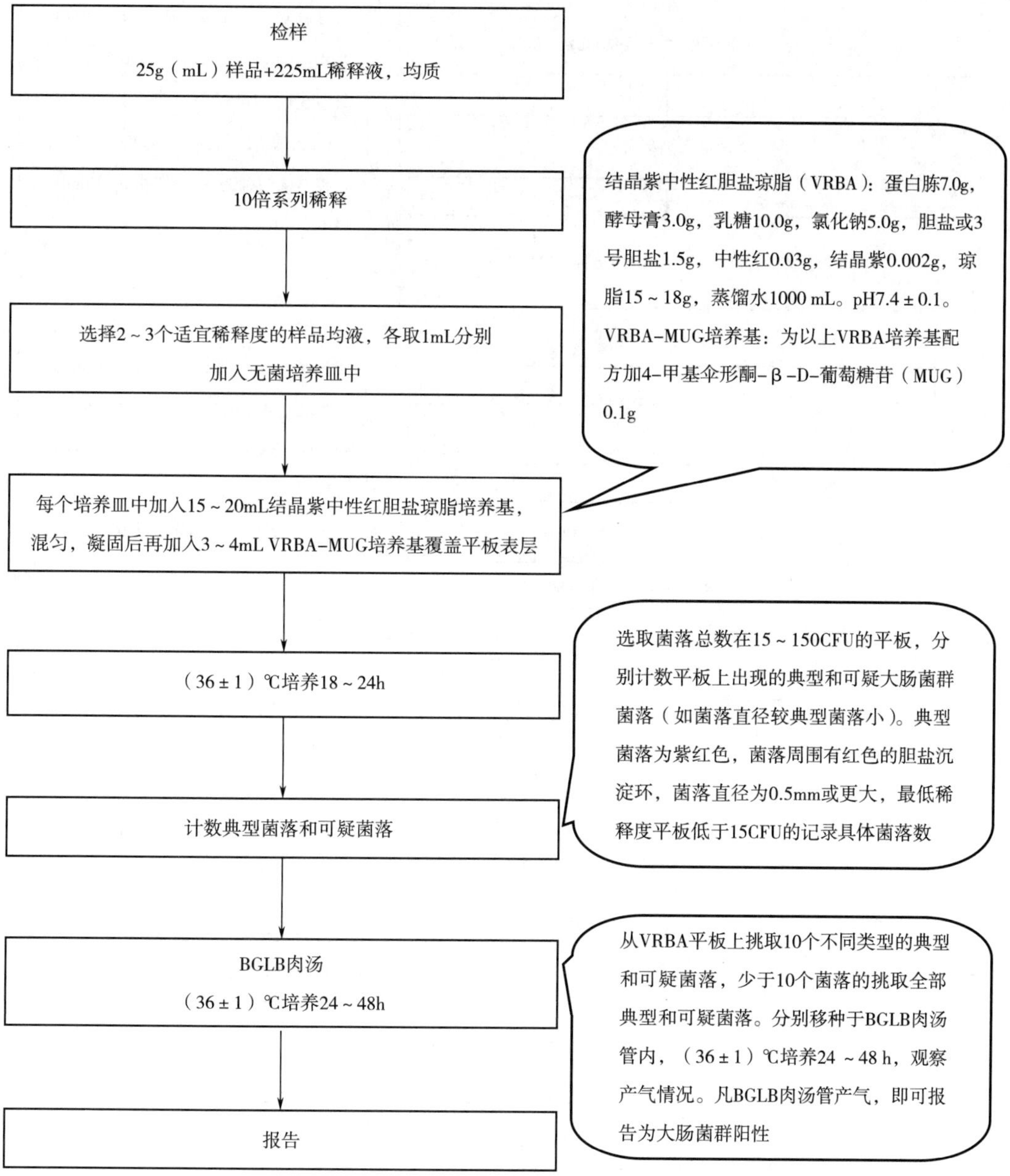

图4－7　大肠菌群平板计数检验程序

性杆菌。可以此作为粪便污染指标来评价食品的卫生状况，推断食品被肠道致病菌污染的可能性。大肠杆菌的检出说明可能存在粪便污染。如果在食品生产的多个环节重复检出大肠杆菌，则提示食品安全的风险在增加。与大肠菌群检验类似，实际检测时，大肠杆菌计数也可以用MPN法和平板计数法两种方法来检测（详见GB 4789.38—2012），其中MPN法适用于食品中大肠杆菌的计数。大肠杆菌的MPN计数法检验程序如图4－8所示，平板计数法检验程序如图4－9所示。

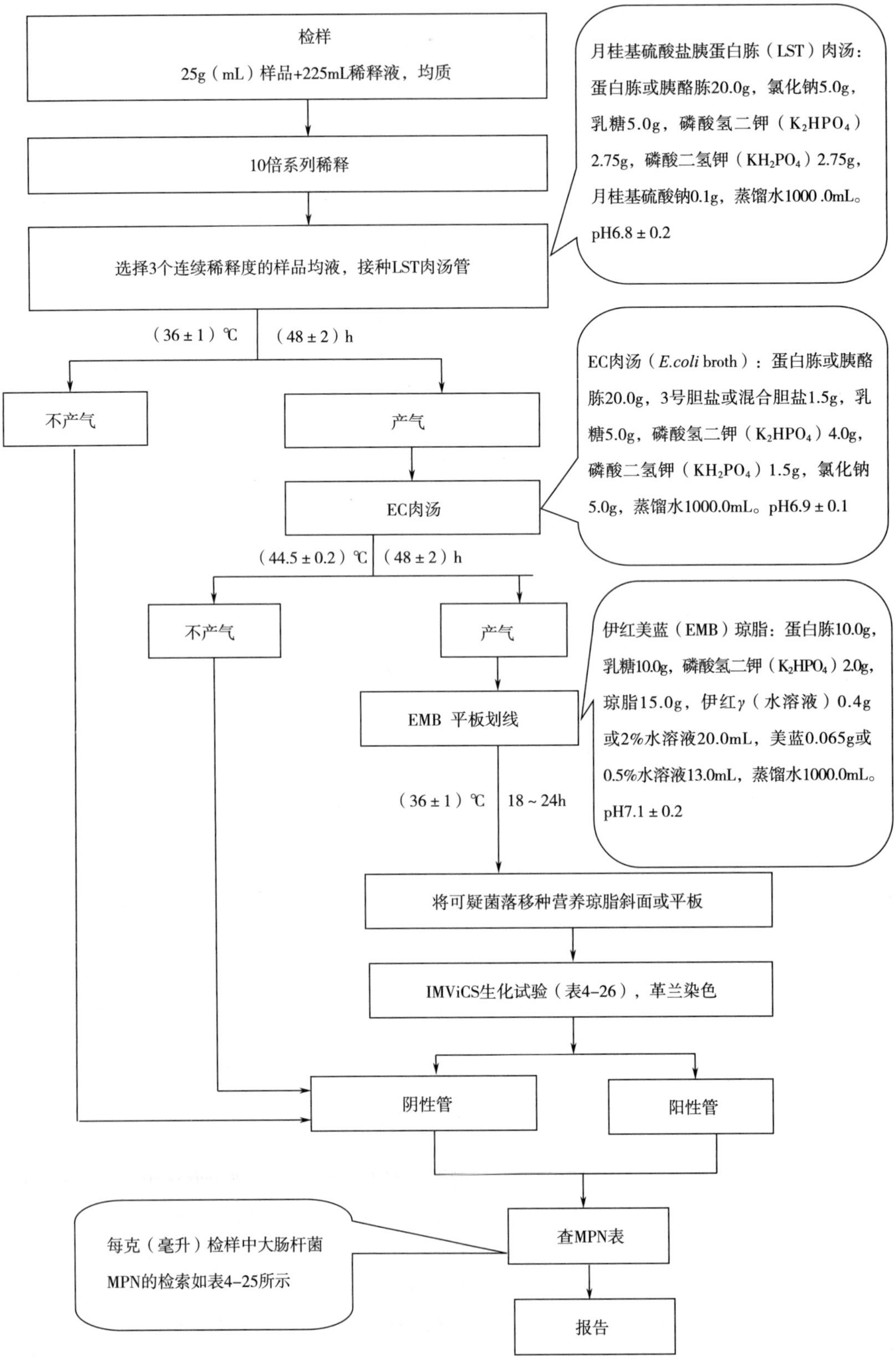

图4－8　大肠埃希菌 MPN 检验程序

表4－26　大肠埃希菌与非大肠埃希菌的生化鉴别（IMViCS 生化试验）

靛基质（I）	甲基红（MR）	VP 试验（VP）	柠檬酸盐（C）	鉴定（型别）
+	+	－	－	典型大肠埃希菌
－	+	－	－	非典型大肠埃希菌
+	+	－	+	典型中间型
－	+	－	+	非典型中间型
－	－	+	+	典型产气肠杆菌
+	－	+	+	非典型产气肠杆菌

注：(1) 如出现表中以外的生化反应类型，表明培养物可能不纯，应重新划线分离，必要时做重复试验。

(2) 生化试验也可以选用生化鉴定试剂盒或全自动微生物生化鉴定系统等方法，按照产品说明书进行操作。

(3) 大肠埃希菌为革兰阴性无芽孢杆菌，发酵乳糖、产酸、产气，IMViC 生化试验为＋＋－－或－＋－－。只要有 1 个菌落鉴定为大肠埃希菌，其所代表的 LST 肉汤管即为大肠埃希菌阳性。

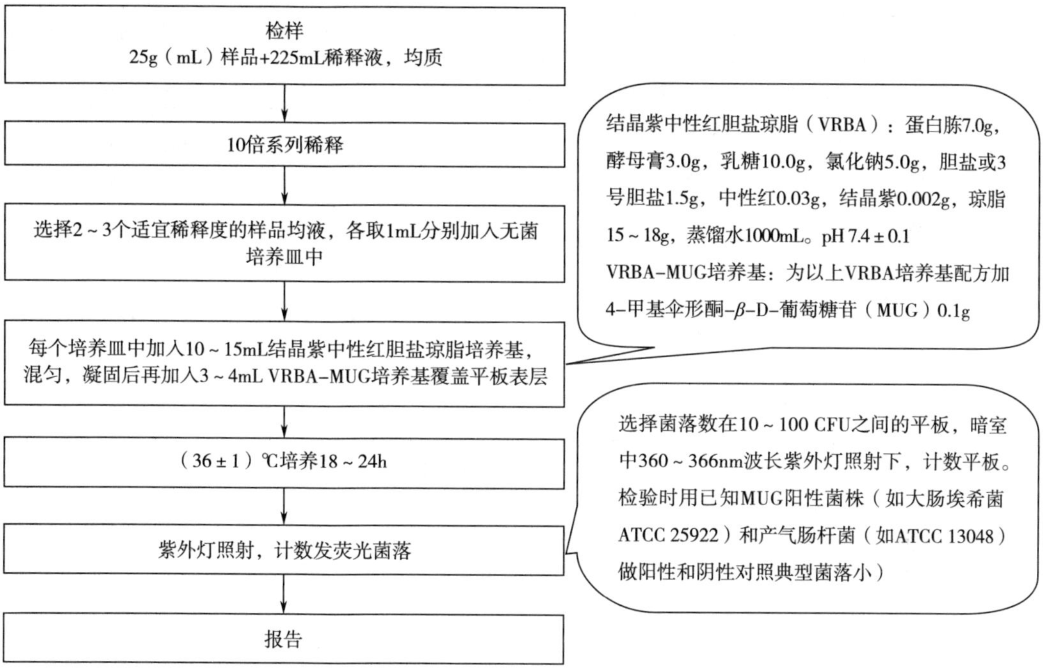

图4－9　大肠埃希菌平板计数法检验程序

4. 肠杆菌科

肠杆菌科是指在给定条件下发酵葡萄糖产酸、氧化酶阴性的需氧或兼性厌氧革兰阴性无芽孢杆菌。其大多数寄生在人和动物的肠道中，除包含大肠菌群外，还包括沙门氏菌、志贺氏菌和致病性大肠埃希菌等与食源性疾病暴发相关的重要致病菌。因此肠杆菌科作为指示菌较大肠菌群更敏感、更准确。其优点为可消除因大肠菌群产气特性随检验方法和实验条件不同而造成的结果不准确。若经过热处理的食品中肠杆菌科的计数超过一定限量，则表明在加工过程中存在着一个或多个缺陷，如不适当的加工工艺、加工后的二次污染、储存的温度不当等。在乳品工业中采用肠杆菌科作为指示菌则有着更重要的公共卫生学意义。与大肠菌群、大肠埃希菌检验类似，实际检测时，肠杆菌科计数也可以用 MPN 法和平板计数法两种方法来检测（详见 GB 4789.41—2016《食

品安全国家标准　食品微生物学检验　肠杆菌科检验》)，其中 MPN 法适用于肠杆菌科含量较低食品中肠杆菌科的计数，平板计数法适用于肠杆菌科含量较高的食品中肠杆菌科的计数。肠杆菌科的 MPN 计数法检验程序如图 4－10 所示，平板计数法检验程序如图 4－11 所示。

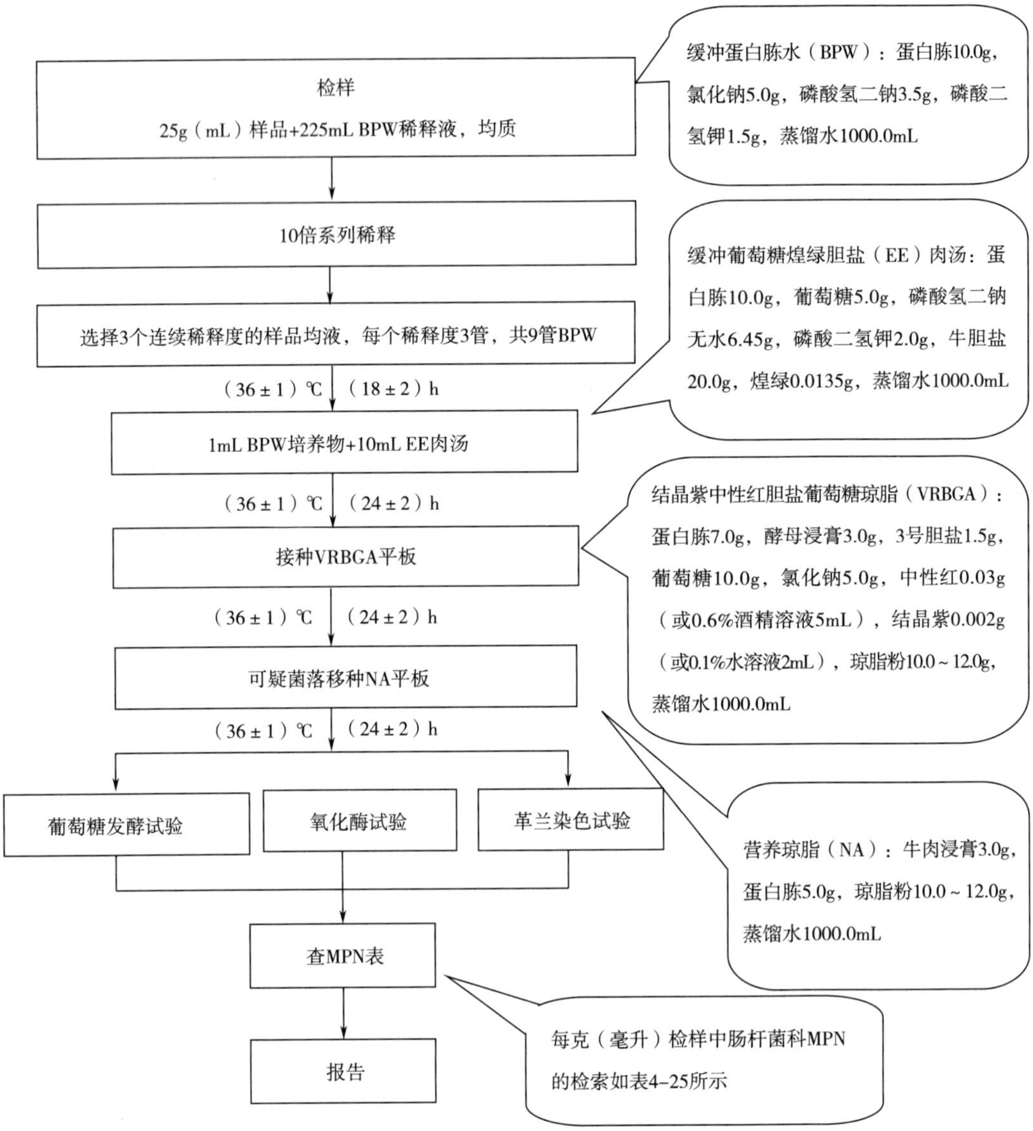

图 4－10　肠杆菌科 MPN 检验程序

注：肠杆菌典型菌落的确认步骤如下。

①分别将所挑选的每一个菌落划线于营养琼脂平板，(36 ± 1)℃培养 18～24h，挑取平板上的菌落进行革兰染色镜检、氧化酶试验及葡萄糖发酵试验。

②革兰染色镜检：肠杆菌科为革兰阴性杆菌，无芽孢，大小为（0.3～1.0）μm×（1.0～6.0）μm。

③氧化酶试验：用铂/铱接种环或玻璃棒（不要用镍铬接种环）挑取单个菌落涂于浸湿氧化酶试剂的滤纸上，滤纸的颜色在 10s 内变成蓝紫色，判为阳性反应。

④葡萄糖发酵试验：用接种针挑取少许氧化酶阴性的同一个菌落，穿刺于葡萄糖琼脂内，于（36 ± 1)℃培养（24 ± 2）h，若试管内的内容物变为黄色，判为阳性反应。

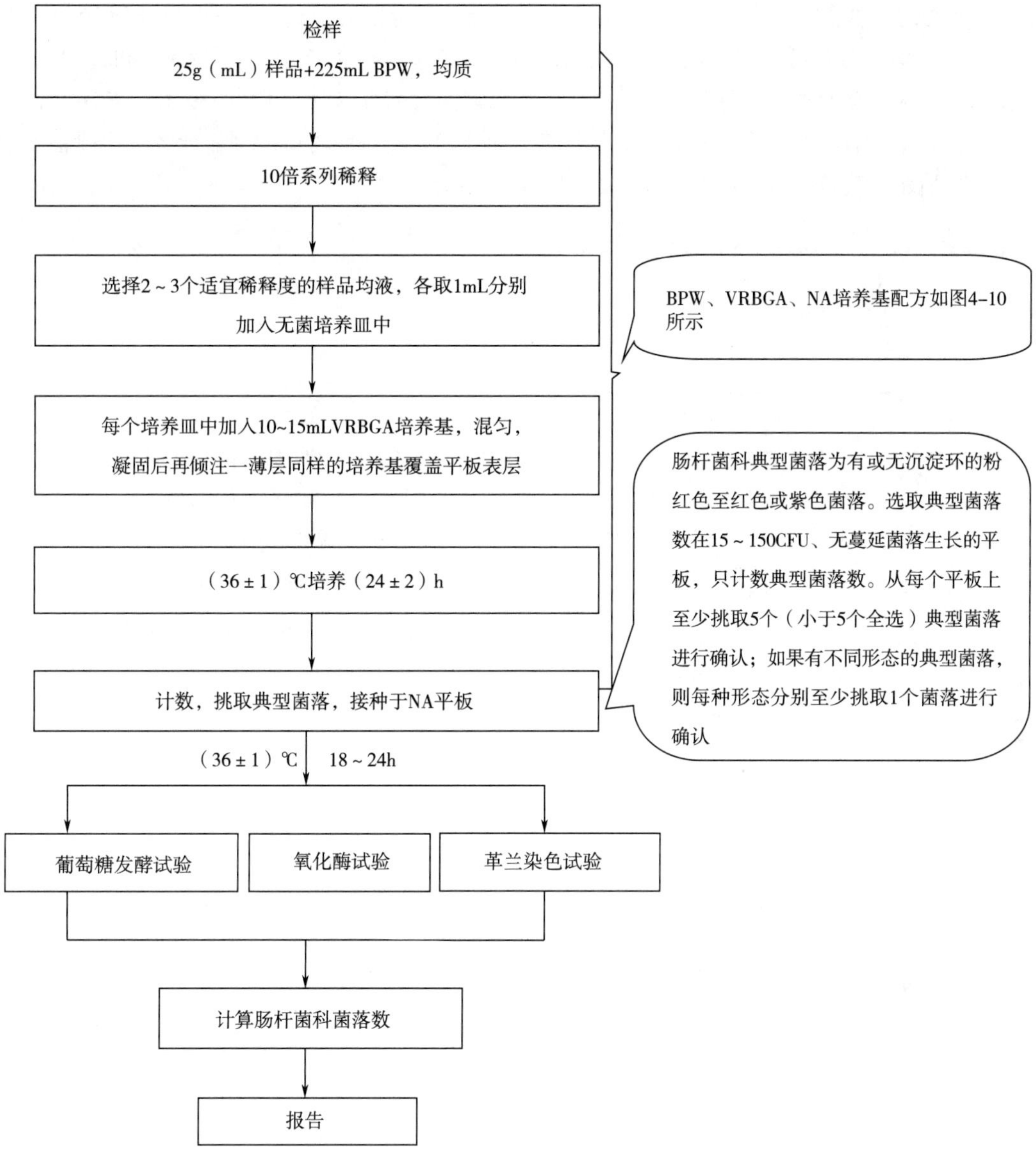

图4－11　肠杆菌科平板计数法检验程序

5. 霉菌与酵母

霉菌是丝状真菌的一个俗称，意即“会引起物品霉变的真菌”，通常指那些菌丝体较发达但又不产生大型肉质子实体结构的真菌。在潮湿环境下，它们往往在有机物上大量生长繁殖，从而引起食物、工农业产品的霉变。酵母一般泛指能发酵糖类的各种单细胞真菌。由于不同的酵母在进化和分类地位上的异源性，因此很难对酵母下一个确切的定义。通常认为酵母具有以下特征：个体一般以单细胞状态存在，多数营出芽繁殖，能发酵糖类产能，细胞壁常含甘露聚糖，常生活在含糖量高、酸度较大的水生环境中。霉菌与酵母可以作为加工环境和设备清洗后的卫生状况指示菌，推断食品加工过程中的环境状态。霉菌与酵母的菌落形态存在一定的差异性，酵母的菌落形态较湿，大而突起，菌落与培养基不结合，稍透明，菌落颜色单调（一般呈乳脂或矿烛色，少数为红色或黑色），多带有酒香味；而霉菌的菌落形态干燥，大而疏松或大而紧密，菌落与培养基结合较牢固，不透明，菌落颜色多样，多带霉味。实际检测时，可以用平板计数法和霉菌直接镜检计数法两种方法来检测霉菌与酵母（详见 GB 4789. 15—2016《食品安全国家标准　食品微生物学检验　霉菌和酵母计数》）。霉菌和酵母的平板计数法检验程序如图 4 – 12 所示，直接镜检计数法检验程序如图 4 – 13 所示。

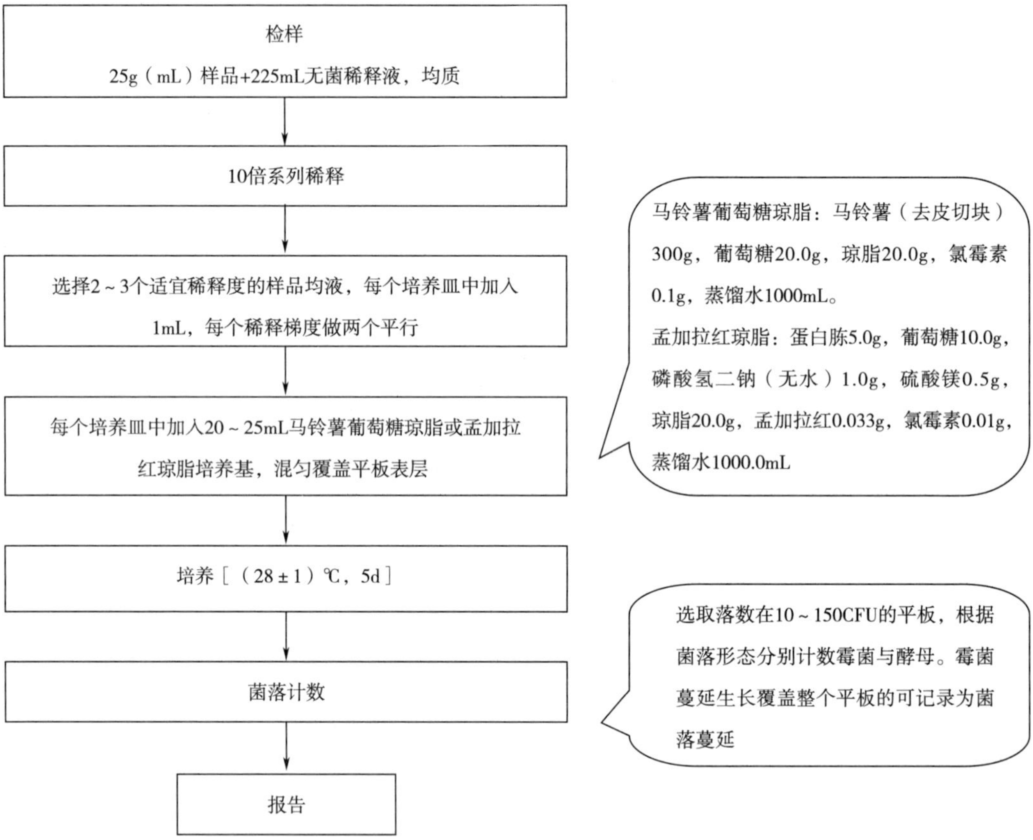

图 4 – 12　霉菌和酵母平板计数法检验程序

指示菌与致病菌存在有一定的相关性。另外，一般情况下指示菌的数量会明显高于致病菌，且容易检测和确认，因此指示菌一般用于食品的安全评估。指示菌超过一定的限量提示食品可能存在下列不良操作：原材料被污染，加工过程杀菌不彻底或杀菌温度和时间控制不当，存在交叉污染，设备清洗不彻底，贮存条件不合适等。

（二）乳制品中指示菌的限量

GB 4789. 18—2010《食品安全国家标准　食品微生物学检验　乳与乳制品检验》规定了乳制品中微生物学检验的基本要求，包括乳制品中指示菌的检验方法、乳制品（生乳、液态乳、半固态乳制品及固态乳制品）的采样方案及检样处理方案。表 4 – 27 显示了目前我国实施的 14 项乳制品产品标准微生物指示菌限量。通过该表可知，乳制品微生物指示菌限量主要是菌落总数和大肠菌群，发酵乳和再制干酪因为加工环境和产品本身特性增加了霉菌和酵母的限量。

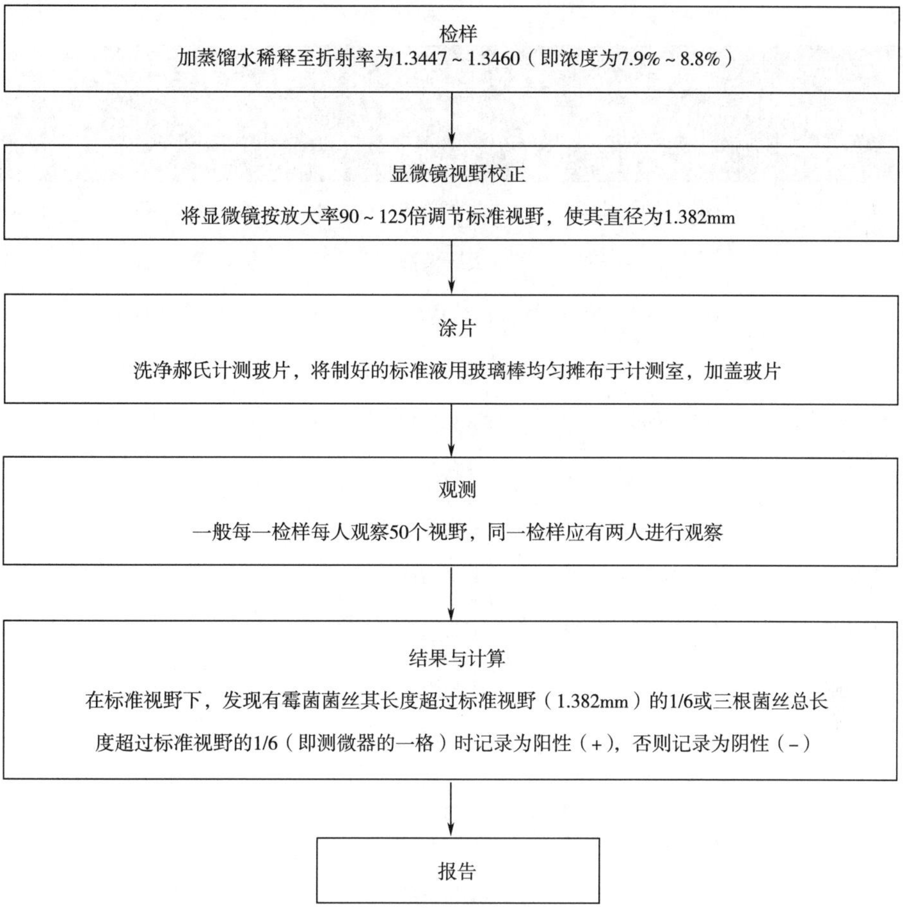

图4－13　霉菌和酵母直接镜检计数法检验程序

注：霉菌和酵母直接镜检法仅适用于番茄酱罐头、番茄汁中霉菌的计数。

表4－27　我国乳制品产品微生物指示菌限量

食品类别	标准号	指示菌	采样方案及限量			
			n	c	m	M
					CFU/g（mL）	
生乳	GB 19301—2010	菌落总数	—	—	≤2 ×106	—
巴氏杀菌乳	GB 19645—2010	菌落总数	5	2	50000	100000
		大肠菌群	5	2	1	5
调制乳	GB 25191—2010	菌落总数	5	2	50000	100000
		大肠菌群	5	2	1	5
发酵乳	GB 19302—2010	大肠菌群	5	2	1	5
		酵母	—	—	≤100	—
		霉菌	—	—	≤30	—

续表

食品类别	标准号	指示菌	采样方案及限量			
			n	c	m	M
					CFU/g（mL）	
炼乳	GB 13102—2022	菌落总数	5	2	10000	100000
		大肠菌群	5	1	10	100
乳粉	GB 19644—2010	菌落总数①	5	2	50000	200000
		大肠菌群	5	1	10	100
稀奶油、奶油和无水奶油	GB 19646—2010	菌落总数②	5	2	10000	100000
		大肠菌群	5	2	10	100
		霉菌	—	—	≤30	—
干酪	GB 5420—2021	大肠菌群	5	2	100	1000
再制干酪	GB 25192—2022	菌落总数	5	2	100	1000
		大肠菌群	5	2	100	1000
		酵母	—	—	≤50	—
		霉菌	—	—	≤50	—
婴儿配方食品	GB 10765—2021	菌落总数③	5	2	1000	10000
		大肠菌群	5	2	10	100
较大婴儿配方食品	GB 10766—2021	菌落总数③	5	2	1000	10000
		大肠菌群	5	2	10	100
幼儿配方食品	GB 10767—2021	菌落总数③	5	2	1000	10000
		大肠菌群	5	2	10	100
特殊医学用途婴儿配方食品	GB 25596—2010	菌落总数③	5	2	1000	10000
		大肠菌群	5	2	10	100
婴幼儿谷类辅助食品	GB 10769—2010	菌落总数④	5	2	1000	10000
		大肠菌群	5	2	10	100

注：菌落总数、大肠菌群和霉菌、酵母的检测方法分别为 GB 4789.2—2023、GB 4789.3—2016 平板计数法和 GB 4789.15—2016。

①不适用于添加活性菌种（好氧和兼性厌氧益生菌）的产品。

②不适用于以发酵稀奶油为原料的产品。

③不适用于添加活性菌种（好氧和兼性厌氧菌）的产品［产品中活菌数应≥106CFU/g（mL）］。

④不适用于婴幼儿生制类谷物辅助食品和添加活性菌种（好氧和兼性厌氧益生菌）的产品［产品中活性益生菌的活菌数应≥106CFU/g（mL）］。

六、食品中的致病菌

在对食品中指示菌进行检测的同时还需要对致病菌进行检测。致病菌是指能够引起人和动物发生疾病的致病性微生物，包括细菌、病毒、支原体等微生物，如金黄色葡萄球菌、蜡样芽孢杆菌（*Bacillus cereus*）等。产气荚膜杆菌（*Clostridium perfringen*）在食品中的总量高于 10^6 CFU/g时，便可能引发食用者出现中毒现象；副溶血性弧菌（*Vibrio parahaemolyticus*）神奈川阳性株的活菌数在食物中为10万株左右时，便会引起部分人群出现食物中毒现象，而在1000万株以上时大部分人会发病；志贺氏菌传染剂量范围在200万～10000万个；蜡样芽孢杆菌在食品中的含量达到 10^8～10^9CFU/g，便会引起食用者食物中毒。世界范围内有记载的食物中毒事件中，由沙门氏菌引起的占到绝大多数，沙门氏菌引起的食品中毒事件也是我国最主要的食品安全事故。当致病菌的含量超过标准时，就判定该食品的卫生状况不符合要求。

（一）预包装食品中致病菌限量

为控制食品中致病菌污染，预防微生物性食源性疾病发生，同时整合分散在不同食品标准中的致病菌限量规定，我国制定发布 GB 29921—2021《食品安全国家标准　预包装食品中致病菌限量》。GB 29921—2021 属于通用标准，适用于预包装食品，但不适用于执行商业无菌要求的食品、包装饮用水、饮用天然矿泉水。GB 29921—2021 对我国 13 大类食品：乳制品、肉制品、水产制品、即食蛋制品、粮食制品、即食豆类制品、巧克力类及可可制品、即食果蔬制品、饮料、冷冻饮品、即食调味品、坚果籽类食品和特殊膳食用食品的6种致病菌｛沙门氏菌、单核细胞增生李斯特菌、金黄色葡萄球菌、致泻大肠埃希菌、副溶血性弧菌、克罗诺杆菌属［*Cronobacter*，原称为阪崎肠杆菌（*Enterobacter sakazakii*）］｝进行了限量（表4－28）。由表4－28可知，这13大类食品都包含沙门氏菌的限量，另外，单核细胞增生李斯特菌仅在肉类制品、干酪、再制干酪和干酪制品中有限定，致泻大肠埃希菌在牛肉制品、即食生肉制品、发酵肉制品类、去皮或预切的水果、去皮或预切的蔬菜中有限定，副溶血性弧菌在即食生制动物性水产制品及水产调味品有限定，而金黄色葡萄球菌在乳制品（部分）、肉制品、粮食制品、即食豆类制品、即食果蔬制品、冷冻饮品、即食调味品和特殊膳食用食品中有限定。

（二）散装即食食品中致病菌限量

为控制散装即食食品中致病菌污染，预防微生物性食源性疾病发生，我国制定发布了 GB 31607—2021《食品安全国家标准　散装即食食品中致病菌限量》。GB 31607—2021 属于通用标准，适用于散装即食食品，不适用于餐饮服务中的食品、执行商业无菌要求的食品和未经加工或处理的初级农产品。GB 31607—2021 对我国3大类食品（热处理散装即食食品、部分或未经热处理散装即食食品和其他散装即食食品）的5种致病菌（沙门氏菌、金黄色葡萄球菌、蜡样芽孢杆菌、单核细胞增生李斯特菌、副溶血性弧菌）进行了限量（表4－29）。由表4－29可知这3大类食品都包含沙门氏菌和金黄色葡萄球菌的限量，另外，单核细胞增生李斯特菌和副溶血性弧菌仅在部分或未经热处理散装即食食品中有限定，蜡样芽孢杆菌在热处理散装即食食品、部分或未经热处理散装即食食品中有限定。

表 4－28　预包装食品致病菌限量

食品类别	致病菌指标	采样方案及限量（若非指定，均以每 25g 或 25mL 表示）				检验方法	备注
		n	*c*	*m*	*M*		
乳制品	沙门氏菌	5	0	0	—	GB 4789.4	—
	金黄色葡萄球菌	5	0	0	—	GB 4789.10	仅适用于巴氏杀菌乳、调制乳、发酵乳、加糖炼乳（甜炼乳）、调制加糖炼乳
		5	2	100CFU/g	1000CFU/g		仅适用于干酪、再制干酪和干酪制品
		5	2	10CFU/g	100CFU/g		仅适用于乳粉和调制乳粉
	单核细胞增生李斯特菌	5	0	0	—	GB 4789.30	仅适用于干酪、再制干酪和干酪制品
肉制品	沙门氏菌	5	0	0	—	GB 4789.4	—
	单核细胞增生李斯特菌	5	0	0	—	GB 4789.30	
	金黄色葡萄球菌	5	1	100CFU/g	1000CFU/g	GB 4789.10	
	致泻大肠埃希菌	5	0	0	—	GB 4789.6	仅适用于牛肉制品、即食生肉制品、发酵肉制品类
水产制品	沙门氏菌	5	0	0	—	GB 4789.4	—
	副溶血性弧菌	5	1	100MPN/g	1000MPN/g	GB 4789.7	仅适用于即食生制动物性水产制品
	单核细胞增生李斯特菌	5	0	100CFU/g	—	GB 4789.30	
即食蛋制品	沙门氏菌	5	0	0	—	GB 4789.4	—
粮食制品	沙门氏菌	5	0	0	—	GB 4789.4	—
	金黄色葡萄球菌	5	1	100CFU/g	1000CFU/g	GB 4789.10	

即食豆制品	沙门氏菌	5	0	0	—	GB 4789.4	—
	金黄色葡萄球菌	5	1	100CFU/g（mL）	1000CFU/g（mL）	GB 4789.10	
巧克力类及可可制品	沙门氏菌	5	0	0	—	GB 4789.4	—
即食果蔬制品	沙门氏菌	5	0	0	—	GB 4789.4	—
	金黄色葡萄球菌	5	1	100CFU/g（mL）	1000CFU/g（mL）	GB 4789.10	
	单核细胞增生李斯特菌	5	0	0	—	GB 4789.30	仅适用于去皮或预切的水果、去皮或预切的蔬菜及上述类别混合食品
	致泻大肠埃希菌	5	0	0	—	GB 4789.6	
饮料	沙门氏菌	5	0	0	—	GB 4789.4	—
冷冻饮品	沙门氏菌	5	0	0	—	GB 4789.4	—
	金黄色葡萄球菌	5	1	100CFU/g（mL）	1000CFU/g（mL）	GB 4789.10	
	单核细胞增生李斯特菌	5	0	0	—	GB 4789.30	
即食调味品	沙门氏菌	5	0	0	—	GB 4789.4	—
	金黄色葡萄球菌	5	1	100CFU/g（mL）	1000CFU/g（mL）	GB 4789.10	
	副溶血性弧菌	5	1	100MPN/g（mL）	1000MPN/g（mL）	GB 4789.7	仅适用于水产调味品
坚果与籽类食品	沙门氏菌	5	0	0	—	GB 4789.4	—
特殊膳食用食品	沙门氏菌	5	0	0	—	GB 4789.4	—
	金黄色葡萄球菌	5	2	10CFU/g（mL）	100CFU/g（mL）	GB 4789.10	—
	克罗诺杆菌属（阪崎肠杆菌）	3	0	0/100g	—	GB 4789.40	仅适用于婴儿（0～6 月龄）配方食品、特殊医学用途婴儿配方食品

注：表中“m＝0/25g 或 25mL 或 100g”代表“不得检出每 25g 或每 25mL 或每 100g”。

资料来源：GB 29921—2021《食品安全国家标准　预包装食品中致病菌限量》。

表 4－29　　散装即食食品中致病菌限量

散装即食食品类别	致病菌指标	限量	检验方法	备注
热处理散装即食食品	沙门氏菌	0/25g（mL）	GB 4789.4	—
	金黄色葡萄球菌	≤1000CFU/g（mL）	GB 4789.10	—
	蜡样芽孢杆菌	≤10000CFU/g（mL）	GB 4789.14	仅适用于以米为主要原料制作的食品
部分或未经热处理散装即食食品	沙门氏菌	0/25g（mL）	GB 4789.4	—
	金黄色葡萄球菌	≤1000CFU/g（mL）	GB 4789.10	—
	单核细胞增生李斯特菌	0/25g（mL）	GB 4789.30	—
	副溶血性弧菌	≤1000MPN/g（mL）	GB 4789.7	仅适用于含动物性水产品的食品
	蜡样芽孢杆菌	≤10000CFU/g（mL）	GB 4789.14	仅适用于以米为主要原料制作的食品
其他散装即食食品	沙门氏菌	0/25g（mL）	GB 4789.4	—
	金黄色葡萄球菌	≤1000CFU/g（mL）	GB 4789.10	—

注：表中 m =0/25g（mL）代表“每 25g（mL）不得检出”。

资料来源：GB 31607—2021《食品安全国家标准　散装即食食品中致病菌限量》。

第七节　食品卫生理化检验标准

衡量食品的产品特性、营养特性、安全性及货架期稳定性，除了需要借助微生物评价外，还需要通过理化指标来确定。食品理化检验是检测工作的一个重要组成部分，也是食品安全风险评估的重要依据，食品理化检验可以为食品质量监督及行政执法提供公证、准确的依据。因此，理化检验的目的是对食品及原材料的成分及其含量进行测定与检验，对食品品质、营养及安全等方面做出客观的评价，对生产过程进行检测，为食品的开发与改进提供可靠的参考依据。

我国食品安全标准中的理化检验方法标准（GB 5009 系列、CB 5413 系列等）适用于食品安全相关指标的检测，具体涉及食品添加剂、营养强化剂、重金属污染物、生物毒素、放射性物质等指标，以及食品产品、食品相关产品、婴幼儿食品和乳品以及辐照产品中相应理化指标的检验方法。标准规范了检测方法的操作步骤和检验手段，在某些标准方法中明确了方法的检出限、定量限等方法相关参数。其检验程序可以简单地归为：获取样品（采样方案）→预先处理（样品预处理）→分析（分析手段/方法选定）→数据处理→报告。表 4－30 总结了我国现行的主要食品理化检验方法食品安全国家标准。

表 4 -30 食品理化检验国家标准

序号	标准分类	标准编号	标准名称
1	GB 5009 系列（食品卫生理化检验）	GB/T 5009.1—2003	食品卫生检验方法 理化部分 总则
		GB 5009.2—2016	食品安全国家标准 食品相对密度的测定
		GB 5009.3—2016	食品安全国家标准 食品中水分的测定
		GB 5009.4—2016	食品安全国家标准 食品中灰分的测定
		GB 5009.5—2016	食品安全国家标准 食品中蛋白质的测定
		GB 5009.6—2016	食品安全国家标准 食品中脂肪的测定
		GB 5009.7—2016	食品安全国家标准 食品中还原糖的测定
		GB 5009.8—2023	食品安全国家标准 食品中果糖、葡萄糖、蔗糖、麦芽糖、乳糖的测定
		GB 5009.9—2023	食品安全国家标准 食品中淀粉的测定
		GB/T 5009.10—2003	植物类食品中粗纤维的测定
		GB 5009.11—2014	食品安全国家标准 食品中总砷及无机砷的测定
		GB 5009.12—2023	食品安全国家标准 食品中铅的测定
		GB 5009.13—2017	食品安全国家标准 食品中铜的测定
		GB 5009.14—2017	食品安全国家标准 食品中锌的测定
		GB 5009.15—2023	食品安全国家标准 食品中镉的测定
		GB 5009.16—2023	食品安全国家标准 食品中锡的测定
		GB 5009.17—2021	食品安全国家标准 食品中总汞及有机汞的测定
		GB/T 5009.18—2003	食品中氟的测定
		GB/T 5009.19—2008	食品中有机氯农药多组分残留量的测定
		GB/T 5009.20—2003	食品中有机磷农药残留量的测定
		GB/T 5009.21—2003	粮、油、菜中甲萘威残留量的测定
		GB 5009.22—2016	食品安全国家标准 食品中黄曲霉毒素 B 族和 G 族的测定

续表

序号	标准分类	标准编号	标准名称
1	GB 5009 系列（食品卫生理化检验）	GB 5009.24—2016	食品安全国家标准　食品中黄曲霉毒素 M 族的测定
		GB 5009.25—2016	食品安全国家标准　食品中杂色曲霉素的测定
		GB 5009.26—2023	食品安全国家标准　食品中 *N* – 亚硝胺类化合物的测定
		GB 5009.27—2016	食品安全国家标准　食品中苯并(a)芘的测定
		GB 5009.28—2016	食品安全国家标准　食品中苯甲酸、山梨酸和糖精钠的测定
		GB/T 5009.30—2003	食品中叔丁基羟基茴香醚（BHA）与 2，6 – 二叔丁基对甲酚（BHT）的测定
		GB 5009.31—2016	食品安全国家标准　食品中对羟基苯甲酸酯类的测定
		GB 5009.32—2016	食品安全国家标准　食品中 9 种抗氧化剂的测定
		GB 5009.33—2016	食品安全国家标准　食品中亚硝酸盐与硝酸盐的测定
		GB 5009.34—2022	食品安全国家标准　食品中二氧化硫的测定
		GB 5009.35—2023	食品安全国家标准　食品中合成着色剂的测定
		GB 5009.36—2023	食品安全国家标准　食品中氰化物的测定
		GB/T 5009.36—2003	粮食卫生标准的分析方法（部分有效）
		GB/T 5009.37—2003	食用植物油卫生标准的分析方法（部分有效）
		GB/T 5009.38—2003	蔬菜、水果卫生标准的分析方法
		GB/T 5009.39—2003	酱油卫生标准的分析方法（部分有效）
		GB/T 5009.40—2003	酱卫生标准的分析方法（部分有效）
		GB/T 5009.41—2003	食醋卫生标准的分析方法（部分有效）
		GB 5009.42—2016	食品安全国家标准　食盐指标的测定
		GB 5009.43—2016	食品安全国家标准　味精中麸氨酸钠（谷氨酸钠）的测定
		GB 5009.44—2016	食品安全国家标准　食品中氯化物的测定
		GB/T 5009.44—2003	肉与肉制品卫生标准的分析方法（部分有效）

1	GB 5009 系列（食品卫生理化检验）	GB/T 5009.45—2003	水产品卫生标准的分析方法（部分有效）
		GB/T 5009.47—2003	蛋与蛋制品卫生标准的分析方法（部分有效）
		GB/T 5009.48—2003	蒸馏酒与配制酒卫生标准的分析方法（部分有效）
		GB/T 5009.49—2008	发酵酒及其配制酒卫生标准的分析方法
		GB/T 5009.50—2003	冷饮食品卫生标准的分析方法
		GB/T 5009.51—2003	非发酵性豆制品及面筋卫生标准的分析方法
		GB/T 5009.52—2003	发酵性豆制品卫生标准的分析方法
		GB/T 5009.53—2003	淀粉类制品卫生标准的分析方法
		GB/T 5009.54—2003	酱腌菜卫生标准的分析方法
		GB/T 5009.55—2003	食糖卫生标准的分析方法
		GB/T 5009.56—2003	糕点卫生标准的分析方法（部分有效）
		GB/T 5009.57—2003	茶叶卫生标准的分析方法
		GB/T 5009.59—2003	食品包装用聚苯乙烯树脂卫生标准的分析方法（部分有效）
		GB/T 5009.60—2003	食品包装用聚乙烯、聚苯乙烯、聚丙烯成型品卫生标准的分析方法（部分有效）
		GB/T 5009.61—2003	食品包装用三聚氰胺成型品卫生标准的分析方法（部分有效）
		GB/T 5009.62—2003	陶瓷制食具容器卫生标准的分析方法（部分有效）
		GB/T 5009.64—2003	食品用橡胶垫片（圈）卫生标准的分析方法（部分有效）
		GB/T 5009.65—2003	食品用高压锅密封圈卫生标准的分析方法（部分有效）
		GB/T 5009.66—2003	橡胶奶嘴卫生标准的分析方法（部分有效）
		GB/T 5009.67—2003	食品包装用聚氯乙烯成型品卫生标准的分析方法（部分有效）
		GB/T 5009.70—2003	食品容器内壁聚酰胺环氧树脂涂料卫生标准的分析方法（部分有效）
		GB/T 5009.71—2003	食品包装用聚丙烯树脂卫生标准的分析方法（部分有效）

续表

序号	标准分类	标准编号	标准名称
1	GB 5009 系列（食品卫生理化检验）	GB/T 5009. 73—2003	粮食中二溴乙烷残留量的测定
		GB 5009. 74—2014	食品安全国家标准　食品添加剂中重金属限量试验
		GB 5009. 75—2014	食品安全国家标准　食品添加剂中铅的测定
		GB 5009. 76—2014	食品安全国家标准　食品添加剂中砷的测定
		GB/T 5009. 77—2003	食用氢化油、人造奶油卫生标准的分析方法（部分有效）
		GB/T 5009. 79—2003	食品用橡胶管卫生检验方法（部分有效）
		GB/T 5009. 80—2003	食品容器内壁聚四氟乙烯涂料卫生标准的分析方法（部分有效）
		GB 5009. 82—2016	食品安全国家标准　食品中维生素 A、D、E 的测定
		GB 5009. 83—2016	食品安全国家标准　食品中胡萝卜素的测定
		GB 5009. 84—2016	食品安全国家标准　食品中维生素 B_1 的测定
		GB 5009. 85—2016	食品安全国家标准　食品中维生素 B_2 的测定
		GB 5009. 86—2016	食品安全国家标准　食品中抗坏血酸的测定
		GB 5009. 87—2016	食品安全国家标准　食品中磷的测定
		GB 5009. 88—2023	食品安全国家标准　食品中膳食纤维的测定
		GB 5009. 89—2023	食品安全国家标准　食品中烟酸和烟酰胺的测定
		GB 5009. 90—2016	食品安全国家标准　食品中铁的测定
		GB 5009. 91—2017	食品安全国家标准　食品中钾、钠的测定
		GB 5009. 92—2016	食品安全国家标准　食品中钙的测定
		GB 5009. 93—2017	食品安全国家标准　食品中硒的测定
		GB 5009. 94—2012	食品安全国家标准　植物性食品中稀土元素的测定
		GB/T 5009. 95—2003	蜂蜜中四环素族抗生素残留量的测定
		GB 5009. 96—2016	食品安全国家标准　食品中赭曲霉毒素 A 的测定

1	GB 5009 系列（食品卫生理化检验）	GB 5009.97—2016	食品安全国家标准　食品中环己基氨基磺酸钠的测定
		GB/T 5009.98—2003	食品容器及包装材料用不饱和聚酯树脂及其玻璃钢制品卫生标准分析方法（部分有效）
		GB/T 5009.102—2003	植物性食品中辛硫磷农药残留量的测定
		GB/T 5009.103—2003	植物性食品中甲胺磷和乙酰甲胺磷农药残留量的测定
		GB/T 5009.104—2003	植物性食品中氨基甲酸酯类农药残留量的测定
		GB/T 5009.105—2003	黄瓜中百菌清残留量的测定
		GB/T 5009.106—2003	植物性食品中二氯苯醚菊酯残留量的测定
		GB/T 5009.107—2003	植物性食品中二嗪磷残留量的测定
		GB/T 5009.108—2003	畜禽肉中己烯雌酚的测定
		GB/T 5009.109—2003	柑桔中水胺硫磷残留量的测定
		GB/T 5009.110—2003	植物性食品中氯氰菊酯、氰戊菊酯和溴氰菊酯残留量的测定
		GB 5009.111—2016	食品安全国家标准　食品中脱氧雪腐镰刀菌烯醇及其乙酰化衍生物的测定
		GB/T 5009.112—2003	大米和柑桔中喹硫磷残留量的测定
		GB/T 5009.113—2003	大米中杀虫环残留量的测定
		GB/T 5009.114—2003	大米中杀虫双残留量的测定
		GB/T 5009.115—2003	稻谷中三环唑残留量的测定
		GB/T 5009.116—2003	畜、禽肉中土霉素、四环素、金霉素残留量的测定（高效液相色谱法）
		GB/T 5009.117—2003	食用豆粕卫生标准的分析方法（部分有效）
		GB 5009.118—2016	食品安全国家标准　食品中 T－2 毒素的测定
		GB 5009.120—2016	食品安全国家标准　食品中丙酸钠、丙酸钙的测定
		GB 5009.121—2016	食品安全国家标准　食品中脱氢乙酸的测定
		GB 5009.123—2023	食品安全国家标准　食品中铬的测定

续表

序号	标准分类	标准编号	标准名称
1	GB 5009 系列（食品卫生理化检验）	GB 5009.124—2016	食品安全国家标准　食品中氨基酸的测定
		GB/T 5009.126—2003	植物性食品中三唑酮残留量的测定
		GB/T 5009.127—2003	食品包装用聚酯树脂及其成型品中锗的测定
		GB 5009.128—2016	食品安全国家标准　食品中胆固醇的测定
		GB/T 5009.130—2003	大豆及谷物中氟磺胺草醚残留量的测定
		GB/T 5009.131—2003	植物性食品中亚胺硫磷残留量的测定
		GB/T 5009.132—2003	食品中莠去津残留量的测定
		GB/T 5009.133—2003	粮食中绿麦隆残留量的测定
		GB/T 5009.134—2003	大米中禾草敌残留量的测定
		GB/T 5009.135—2003	植物性食品中灭幼脲残留量的测定
		GB/T 5009.136—2003	植物性食品中五氯硝基苯残留量的测定
		GB 5009.137—2016	食品安全国家标准　食品中锑的测定
		GB 5009.138—2024	食品安全国家标准　食品中镍的测定
		GB 5009.139—2014	食品安全国家标准　饮料中咖啡因的测定
		GB/T 5009.142—2003	植物性食品中吡氟禾草灵、精吡氟禾草灵残留量的测定
		GB/T 5009.143—2003	蔬菜、水果、食用油中双甲脒残留量的测定
		GB/T 5009.144—2003	植物性食品中甲基异柳磷残留量的测定
		GB/T 5009.145—2003	植物性食品中有机磷和氨基甲酸酯类农药多种残留的测定
		GB/T 5009.146—2008	植物性食品中有机氯和拟除虫菊酯类农药多种残留量的测定
		GB/T 5009.147—2003	植物性食品中除虫脲残留量的测定
		GB 5009.148—2014	食品安全国家标准　植物性食品中游离棉酚的测定
		GB 5009.149—2016	食品安全国家标准　食品中栀子黄的测定

1	GB 5009 系列（食品卫生理化检验）	GB 5009.150—2016	食品安全国家标准　食品中红曲色素的测定
		GB/T 5009.151—2003	食品中锗的测定
		GB 5009.153—2016	食品安全国家标准　食品中植酸的测定
		GB 5009.154—2023	食品安全国家标准　食品中维生素 B_6 的测定
		GB/T 5009.155—2003	大米中稻瘟灵残留量的测定
		GB 5009.156—2016	食品安全国家标准　食品接触材料及制品迁移试验预处理方法通则
		GB 5009.157—2016	食品安全国家标准　食品中有机酸的测定
		GB 5009.158—2016	食品安全国家标准　食品中维生素 K_1 的测定
		GB/T 5009.160—2003	水果中单甲脒残留量的测定
		GB/T 5009.161—2003	动物性食品中有机磷农药多组分残留量的测定
		GB/T 5009.162—2008	动物性食品中有机氯农药和拟除虫菊酯农药多组分残留量的测定
		GB/T 5009.163—2003	动物性食品中氨基甲酸酯类农药多组分残留高效液相色谱测定
		GB/T 5009.164—2003	大米中丁草胺残留量的测定
		GB/T 5009.165—2003	粮食中 2，4－滴丁酯残留量的测定
		GB/T 5009.166—2003	食品包装用树脂及其制品的预试验
		GB 5009.168—2016	食品安全国家标准　食品中脂肪酸的测定
		GB 5009.169—2016	食品安全国家标准　食品中牛磺酸的测定
		GB/T 5009.170—2003	保健食品中褪黑素含量的测定
		GB/T 5009.171—2003	保健食品中超氧化物歧化酶（SOD）活性的测定
		GB/T 5009.172—2003	大豆、花生、豆油、花生油中的氟乐灵残留量的测定
		GB/T 5009.173—2003	梨果类、柑桔类水果中噻螨酮残留量的测定
		GB/T 5009.174—2003	花生、大豆中异丙甲草胺残留量的测定

续表

序号	标准分类	标准编号	标准名称
1	GB 5009 系列（食品卫生理化检验）	GB/T 5009. 175—2003	粮食和蔬菜中 2，4 - 滴残留量的测定
		GB/T 5009. 176—2003	茶叶、水果、食用植物油中三氯杀螨醇残留量的测定
		GB/T 5009. 177—2003	大米中敌稗残留量的测定
		GB 5009. 179—2016	食品安全国家标准　食品中三甲胺的测定
		GB/T 5009. 180—2003	稻谷、花生仁中恶草酮残留量的测定
		GB 5009. 181—2016	食品安全国家标准　食品中丙二醛的测定
		GB 5009. 182—2017	食品安全国家标准　食品中铝的测定
		GB/T 5009. 183—2003	植物蛋白饮料中脲酶的定性测定
		GB/T 5009. 184—2003	粮食、蔬菜中噻酮残留量的测定
		GB 5009. 185—2016	食品安全国家标准　食品中展青霉素的测定
		GB/T 5009. 186—2003	乳酸菌饮料中脲酶的定性测定
		GB/T 5009. 188—2003	蔬菜、水果中甲基托布津、多菌灵的测定
		GB 5009. 189—2023	食品安全国家标准　食品中米酵菌酸的测定
		GB 5009. 190—2014	食品安全国家标准　食品中指示性多氯联苯含量的测定
		GB 5009. 191—2024	食品安全国家标准　食品中氯丙醇及其脂肪酸酯、缩水甘油酯的测定
		GB/T 5009. 192—2003	动物性食品中克伦特罗残留量的测定
		GB/T 5009. 193—2003	保健食品中脱氢表雄甾酮（DHEA）测定
		GB/T 5009. 194—2003	保健食品中免疫球蛋白 IgG 的测定
		GB/T 5009. 195—2003	保健食品中吡啶甲酸铬含量的测定
		GB/T 5009. 196—2003	保健食品中肌醇的测定
		GB/T 5009. 197—2003	保健食品中盐酸硫胺素、盐酸吡哆醇、烟酸、烟酰胺和咖啡因的测定
		GB 5009. 198—2016	食品安全国家标准　贝类中失忆性贝类毒素的测定

1	GB 5009 系列（食品卫生理化检验）	GB/T 5009.199—2003	蔬菜中有机磷和氨基甲酸酯类农药残留量的快速检测
		GB/T 5009.200—2003	小麦中野燕枯残留量的测定
		GB/T 5009.201—2003	梨中烯唑醇残留量的测定
		GB 5009.202—2016	食品安全国家标准　食用油中极性组分（PC）的测定
		GB 5009.204—2014	食品安全国家标准　食品中丙烯酰胺的测定
		GB 5009.205—2024	食品安全国家标准　食品中二噁英及其类似物毒性当量的测定
		GB 5009.206—2016	食品安全国家标准　水产品中河豚毒素的测定
		GB/T 5009.207—2008	糙米中 50 种有机磷农药残留量的测定
		GB 5009.208—2016	食品安全国家标准　食品中生物胺的测定
		GB 5009.209—2016	食品安全国家标准　食品中玉米赤霉烯酮的测定
		GB 5009.210—2023	食品安全国家标准　食品中泛酸的测定
		GB 5009.211—2022	食品安全国家标准　食品中叶酸的测定
		GB 5009.212—2016	食品安全国家标准　贝类中腹泻性贝类毒素的测定
		GB 5009.213—2016	食品安全国家标准　贝类中麻痹性贝类毒素的测定
		GB 5009.215—2016	食品安全国家标准　食品中有机锡的测定
		GB/T 5009.217—2008	保健食品中维生素 B_{12} 的测定
		GB/T 5009.218—2008	水果和蔬菜中多种农药残留量的测定
		GB/T 5009.219—2008	粮谷中矮壮素残留量的测定
		GB/T 5009.220—2008	粮谷中敌菌灵残留量的测定
		GB/T 5009.221—2008	粮谷中敌草快残留量的测定
		GB 5009.222—2016	食品安全国家标准　食品中桔青霉素的测定
		GB 5009.223—2014	食品安全国家标准　食品中氨基甲酸乙酯的测定

续表

序号	标准分类	标准编号	标准名称
1	GB 5009 系列（食品卫生理化检验）	GB 5009.224—2016	食品安全国家标准　大豆制品中胰蛋白酶抑制剂活性的测定
		GB 5009.226—2016	食品安全国家标准　食品中过氧化氢残留量的测定
		GB 5009.227—2023	食品安全国家标准　食品中过氧化值的测定
		GB 5009.228—2016	食品安全国家标准　食品中挥发性盐基氮的测定
		GB 5009.229—2016	食品安全国家标准　食品中酸价的测定
		GB 5009.230—2016	食品安全国家标准　食品中羰基价的测定
		GB 5009.231—2016	食品安全国家标准　水产品中挥发酚残留量的测定
		GB 5009.232—2016	食品安全国家标准　水果、蔬菜及其制品中甲酸的测定
		GB 5009.233—2016	食品安全国家标准　食醋中游离矿酸的测定
		GB 5009.234—2016	食品安全国家标准　食品中铵盐的测定
		GB 5009.235—2016	食品安全国家标准　食品中氨基酸态氮的测定
		GB 5009.236—2016	食品安全国家标准　动植物油脂水分及挥发物的测定
		GB 5009.237—2016	食品安全国家标准　食品 pH 值的测定
		GB 5009.238—2016	食品安全国家标准　食品水分活度的测定
		GB 5009.239—2016	食品安全国家标准　食品酸度的测定
		GB 5009.241—2017	食品安全国家标准　食品中镁的测定
		GB 5009.242—2017	食品安全国家标准　食品中锰的测定
		GB 5009.243—2016	食品安全国家标准　高温烹调食品中杂环胺类物质的测定
		GB 5009.244—2016	食品安全国家标准　食品中二氧化氯的测定
		GB 5009.245—2016	食品安全国家标准　食品中聚葡萄糖的测定
		GB 5009.246—2016	食品安全国家标准　食品中二氧化钛的测定
		GB 5009.247—2016	食品安全国家标准　食品中纽甜的测定

1	GB 5009 系列（食品卫生理化检验）	GB 5009.248—2016	食品安全国家标准　食品中叶黄素的测定
		GB 5009.249—2016	食品安全国家标准　铁强化酱油中乙二胺四乙酸铁钠的测定
		GB 5009.250—2016	食品安全国家标准　食品中乙基麦芽酚的测定
		GB 5009.251—2016	食品安全国家标准　食品中1，2－丙二醇的测定
		GB 5009.252—2016	食品安全国家标准　食品中乙酰丙酸的测定
		GB 5009.253—2016	食品安全国家标准　动物源性食品中全氟辛烷磺酸（PFOS）和全氟辛酸（PFOA）的测定
		GB 5009.254—2016	食品安全国家标准　动植物油脂中聚二甲基硅氧烷的测定
		GB 5009.255—2016	食品安全国家标准　食品中果聚糖的测定
		GB 5009.256—2016	食品安全国家标准　食品中多种磷酸盐的测定
		GB 5009.257—2016	食品安全国家标准　食品中反式脂肪酸的测定
		GB 5009.258—2016	食品安全国家标准　食品中棉子糖的测定
		GB 5009.259—2023	食品安全国家标准　食品中生物素的测定
		GB 5009.260—2016	食品安全国家标准　食品中叶绿素铜钠的测定
		GB 5009.261—2016	食品安全国家标准　贝类中神经性贝类毒素的测定
		GB 5009.262—2016	食品安全国家标准　食品中溶剂残留量的测定
		GB 5009.263—2016	食品安全国家标准　食品中阿斯巴甜和阿力甜的测定
		GB 5009.264—2016	食品安全国家标准　食品乙酸苄酯的测定
		GB 5009.265—2021	食品安全国家标准　食品中多环芳烃的测定
		GB 5009.266—2016	食品安全国家标准　食品中甲醇的测定
		GB 5009.267—2020	食品安全国家标准　食品中碘的测定
		GB 5009.268—2016	食品安全国家标准　食品中多元素的测定
		GB 5009.269—2016	食品安全国家标准　食品中滑石粉的测定

续表

序号	标准分类	标准编号	标准名称
1	GB 5009 系列（食品卫生理化检验）	GB 5009.270—2023	食品安全国家标准　食品中肌醇的测定
		GB 5009.271—2016	食品安全国家标准　食品中邻苯二甲酸酯的测定
		GB 5009.272—2016	食品安全国家标准　食品中磷脂酰胆碱、磷脂酰乙醇胺、磷脂酰肌醇的测定
		GB 5009.273—2016	食品安全国家标准　水产品中微囊藻毒素的测定
		GB 5009.274—2016	食品安全国家标准　水产品中西加毒素的测定
		GB 5009.275—2016	食品安全国家标准　食品中硼酸的测定
		GB 5009.276—2016	食品安全国家标准　食品中葡萄糖酸 - δ - 内酯的测定
		GB 5009.277—2016	食品安全国家标准　食品中双乙酸钠的测定
		GB 5009.278—2016	食品安全国家标准　食品中乙二胺四乙酸盐的测定
		GB 5009.279—2016	食品安全国家标准　食品中木糖醇、山梨醇、麦芽糖醇、赤藓糖醇的测定
		GB 5009.280—2020	食品安全国家标准　食品中 4 - 己基间苯二酚残留量的测定
		GB 5009.281—2020	食品安全国家标准　食品中肉桂醛残留量的测定
		GB 5009.282—2020	食品安全国家标准　食品中 1 - 甲基咪唑、2 - 甲基咪唑及 4 - 甲基咪唑的测定
2	GB 5413 系列（乳制品理化检测）	GB/T 5413.2—1997	婴幼儿配方食品和乳粉　乳清蛋白的测定
		GB 5413.6—2010	食品安全国家标准　婴幼儿食品和乳品中不溶性膳食纤维的测定
		GB 5413.18—2010	食品安全国家标准　婴幼儿食品和乳品中维生素 C 的测定
		GB 5413.20—2022	食品安全国家标准　婴幼儿食品和乳品中胆碱的测定
		GB 5413.29—2010	食品安全国家标准　婴幼儿食品和乳品中溶解性的测定
		GB 5413.30—2016	食品安全国家标准　乳和乳制品杂质度的测定
		GB 5413.31—2013	食品安全国家标准　婴幼儿食品和乳品中脲酶的测定
		GB 5413.38—2016	食品安全国家标准　生乳冰点的测定
		GB 5413.39—2010	食品安全国家标准　乳和乳制品中非脂乳固体的测定
		GB 5413.40—2016	食品安全国家标准　婴幼儿食品和乳品中核苷酸的测定

3	GB 14883 系列（食品放射性物质检验）	GB 14883.1—2016	食品安全国家标准　食品中放射性物质检验　总则
		GB 14883.2—2016	食品安全国家标准　食品中放射性物质氢－3 的测定
		GB 14883.3—2016	食品安全国家标准　食品中放射性物质锶－89 和锶－90 的测定
		GB 14883.4—2016	食品安全国家标准　食品中放射性物质钷－147 的测定
		GB 14883.5—2016	食品安全国家标准　食品中放射性物质钋－210 的测定
		GB 14883.6—2016	食品安全国家标准　食品中放射性物质镭－226 和镭－228 的测定
		GB 14883.7—2016	食品安全国家标准　食品中放射性物质天然钍和铀的测定
		GB 14883.8—2016	食品安全国家标准　食品中放射性物质钚－239、钚－240 的测定
		GB 14883.9—2016	食品安全国家标准　食品中放射性物质碘－131 的测定
		GB 14883.10—2016	食品安全国家标准　食品中放射性物质铯－137 的测定
4	GB 31604 系列（食品接触材料理化检验）	GB 31604.1—2015	食品安全国家标准　食品接触材料及制品迁移试验通则
		GB 31604.2—2016	食品安全国家标准　食品接触材料及制品　高锰酸钾消耗量的测定
		GB 31604.3—2016	食品安全国家标准　食品接触材料及制品　树脂干燥失重的测定
		GB 31604.4—2016	食品安全国家标准　食品接触材料及制品　树脂中挥发物的测定
		GB 31604.5—2016	食品安全国家标准　食品接触材料及制品　树脂中提取物的测定
		GB 31604.6—2016	食品安全国家标准　食品接触材料及制品　树脂中灼烧残渣的测定
		GB 31604.7—2023	食品安全国家标准　食品接触材料及制品　脱色试验
		GB 31604.8—2021	食品安全国家标准　食品接触材料及制品　总迁移量的测定
		GB 31604.9—2016	食品安全国家标准　食品接触材料及制品　食品模拟物中重金属的测定
		GB 31604.10—2016	食品安全国家标准　食品接触材料及制品　2，2－二（4－羟基苯基）丙烷（双酚 A）迁移量的测定
		GB 31604.11—2016	食品安全国家标准　食品接触材料及制品　1，3－苯二甲胺迁移量的测定
		GB 31604.12—2016	食品安全国家标准　食品接触材料及制品　1，3－丁二烯的测定和迁移量的测定

续表

序号	标准分类	标准编号	标准名称
4	GB 31604 系列（食品接触材料理化检验）	GB 31604.13—2016	食品安全国家标准 食品接触材料及制品 11－氨基十一酸迁移量的测定
		GB 31604.14—2016	食品安全国家标准 食品接触材料及制品 1－辛烯和四氢呋喃迁移量的测定
		GB 31604.15—2016	食品安全国家标准 食品接触材料及制品 2，4，6－三氨基－1，3，5－三嗪（三聚氰胺）迁移量的测定
		GB 31604.16—2016	食品安全国家标准 食品接触材料及制品 苯乙烯和乙苯的测定
		GB 31604.17—2016	食品安全国家标准 食品接触材料及制品 丙烯腈的测定和迁移量的测定
		GB 31604.18—2016	食品安全国家标准 食品接触材料及制品 丙烯酰胺迁移量的测定
		GB 31604.19—2016	食品安全国家标准 食品接触材料及制品 己内酰胺的测定和迁移量的测定
		GB 31604.20—2016	食品安全国家标准 食品接触材料及制品 醋酸乙烯酯迁移量的测定
		GB 31604.21—2016	食品安全国家标准 食品接触材料及制品 对苯二甲酸迁移量的测定
		GB 31604.22—2016	食品安全国家标准 食品接触材料及制品 发泡聚苯乙烯成型品中二氟二氯甲烷的测定
		GB 31604.23—2016	食品安全国家标准 食品接触材料及制品 复合食品接触材料中二氨基甲苯的测定
		GB 31604.24—2016	食品安全国家标准 食品接触材料及制品 镉迁移量的测定
		GB 31604.25—2016	食品安全国家标准 食品接触材料及制品 铬迁移量的测定
		GB 31604.26—2016	食品安全国家标准 食品接触材料及制品 环氧氯丙烷的测定和迁移量的测定
		GB 31604.27—2016	食品安全国家标准 食品接触材料及制品 塑料中环氧乙烷和环氧丙烷的测定
		GB 31604.28—2016	食品安全国家标准 食品接触材料及制品 己二酸二（2－乙基）己酯的测定和迁移量的测定
		GB 31604.30—2016	食品安全国家标准 食品接触材料及制品 邻苯二甲酸酯的测定和迁移量的测定
		GB 31604.31—2016	食品安全国家标准 食品接触材料及制品 氯乙烯的测定和迁移量的测定
		GB 31604.32—2016	食品安全国家标准 食品接触材料及制品 木质材料中二氧化硫的测定
		GB 31604.33—2016	食品安全国家标准 食品接触材料及制品 镍迁移量的测定
		GB 31604.34—2016	食品安全国家标准 食品接触材料及制品 铅的测定和迁移量的测定
		GB 31604.35—2016	食品安全国家标准 食品接触材料及制品 全氟辛烷磺酸（PFOS）和全氟辛酸（PFOA）的测定

4	GB 31604 系列（食品接触材料理化检验）	GB 31604.36—2016	食品安全国家标准 食品接触材料及制品 软木中杂酚油的测定
		GB 31604.37—2016	食品安全国家标准 食品接触材料及制品 三乙胺和三正丁胺的测定
		GB 31604.38—2016	食品安全国家标准 食品接触材料及制品 砷的测定和迁移量的测定
		GB 31604.39—2016	食品安全国家标准 食品接触材料及制品 食品接触用纸中多氯联苯的测定
		GB 31604.40—2016	食品安全国家标准 食品接触材料及制品 顺丁烯二酸及其酸酐迁移量的测定
		GB 31604.41—2016	食品安全国家标准 食品接触材料及制品 锑迁移量的测定
		GB 31604.42—2016	食品安全国家标准 食品接触材料及制品 锌迁移量的测定
		GB 31604.43—2016	食品安全国家标准 食品接触材料及制品 乙二胺和己二胺迁移量的测定
		GB 31604.44—2016	食品安全国家标准 食品接触材料及制品 乙二醇和二甘醇迁移量的测定
		GB 31604.45—2016	食品安全国家标准 食品接触材料及制品 异氰酸酯的测定
		GB 31604.46—2023	食品安全国家标准 食品接触材料及制品 游离酚的测定和迁移量的测定
		GB 31604.48—2016	食品安全国家标准 食品接触材料及制品 甲醛迁移量的测定
		GB 31604.50—2020	食品安全国家标准 食品接触材料及制品 壬基酚迁移量的测定
		GB 31604.51—2021	食品安全国家标准 食品接触材料及制品 1，4-丁二醇迁移量的测定
		GB 31604.52—2021	食品安全国家标准 食品接触材料及制品芳香族伯胺迁移量的测定
5		GB 8538—2022	食品安全国家标准 饮用天然矿泉水检验方法
6		GB 12456—2021	食品安全国家标准 食品中总酸的测定
7		GB 22031—2010	食品安全国家标准 干酪及加工干酪制品中添加的柠檬酸盐的测定
8		GB 23748—2016	食品安全国家标准 辐照食品鉴定 筛选法
9		GB 28404—2012	食品安全国家标准 保健食品中 α-亚麻酸、二十碳五烯酸、二十二碳五烯酸和二十二碳六烯酸的测定
10		GB 29989—2013	食品安全国家标准 婴幼儿食品和乳品中左旋肉碱的测定
11		GB 31642—2016	食品安全国家标准 辐照食品鉴定 电子自旋共振波谱法
12		GB 31643—2016	食品安全国家标准 含硅酸盐辐照食品的鉴定 热释光法

一、理化检验具体方法

1. 化学分析法

化学分析法主要是依据被测物质的特殊化学反应，使被测物质在溶液中与特定试剂作用，根据反应过程中量的消耗或其他变化来确定组分含量的分析方法。化学分析法能够进行定性分析，也能进行定量分析。在食品的检验中可用于测定糖类、食盐、矿物质、维生素以及农药残留等。GB 5009.7—2016《食品安全国家标准　食品中还原糖的测定》的直接滴定法，即是利用试样在加热条件下消耗碱性酒石酸铜溶液的量来计算还原糖含量的；GB 5009.42—2016《食品安全国家标准　食盐指标的测定》利用铬酸钾作为指示剂，用硝酸银标准滴定溶液滴定食盐溶液，可以定量测定氯离子的含量。GB 5009.92—2016《食品安全国家标准　食品中钙的测定》利用钙与乙二胺四乙酸二钠（EDTA）在适当 pH 范围内可形成金属络合物，通过指示剂显色反应，实现了钙的定量测定。

2. 物理、物化分析法

物理、物化分析法以物质的物理性质和物理化学性质为基础，对相关物质进行定性、定量分析。根据具体分析手段可将仪器分析法分为物理分析法、色谱法、光谱法、质谱法和电化学分析法等。

（1）物理分析法　物理分析法是根据产品本身所具有的物理特性进行的分析方法。在食品的检验中，物理分析法可用于测定食品的密度、黏度、折射率、旋光度等，这种分析方法一般不需要进行产品的分离、纯化、富集等操作，而是直接测试检样已具有的属性。GB 5009.238—2016《食品安全国家标准　食品相对密度的测定》的天平法是利用玻锤所排开的水的体积与排开的试样的体积相同，在相同温度下（20℃），分别测定玻锤在水及试样中的浮力，再通过计算得出试样的密度。GB 5009.238—2016《食品安全国家标准　食品水分活度的测定》的康卫氏皿扩散法是利用在密封、恒温的康卫氏皿中，试样的自由水与水分活度（A_w）较高和较低的标准饱和溶液可以相互扩散、达到平衡，平衡后通过试样质量的变化量求得样品的水分活度。

（2）色谱法　色谱法是利用不同的组分在两相中具有不同的分配系数而使不同组分达到分离的方法。当两相做相对运动时，不同组分在两相中反复分配，最终由于分配系数存在差异，组分得以被分离并定量。常用的色谱法有薄层色谱法、气相色谱法、高效液相色谱法等，在食品的检验中可用于有机酸、脂肪酸、*N*-亚硝胺类化合物、维生素以及赭曲霉毒素 A 等的定性、定量分析。GB 5009.28—2016《食品安全国家标准　食品中苯甲酸、山梨酸和糖精钠的测定》利用液相色谱法可实现食品中苯甲酸、山梨酸和糖精钠的测定，利用气相色谱法又可以实现对酱油、水果汁、果酱中苯甲酸、山梨酸的测定。GB 5009.8—2023《食品中果糖、葡萄糖、蔗糖、麦芽糖、乳糖的测定》利用高效液相色谱柱可实现对果糖、葡萄糖、蔗糖、麦芽糖和乳糖的分离，结合示差折光检测器或蒸发光散射检测器检测可实现外标法定量分析。GB 5009.82—2016《食品安全国家标准　食品中维生素 A、D、E 的测定》利用反相高效液相色谱可将皂化后的维生素 A 和维生素 E 分离，结合紫外检测器或荧光检测器检测实现维生素 A 和维生素 E 的定量分析；GB 5009.96—2016《食品安全国家标准　食品中赭曲霉毒素 A 的测定》利用薄层色谱测定法可将小麦、玉米、大豆中提取的赭曲霉毒素 A 分离，再根据其在 365nm 紫外光灯下产生黄绿色荧光，与标准样的比较进行对赭曲霉毒素 A 的定量测定。

(3) 光谱法　光谱法是利用物质与辐射能作用时，其内部发生能级之间的跃迁而产生发射、吸收或散射光谱测定其波长和强度，从而进行相应分析的。通常的光谱法有紫外-可见分光光度法、原子吸收分光光度法、荧光分析法，可以用于测定食品中无机元素、氨基酸等成分并做定性、定量分析。GB 5009.92—2016《食品安全国家标准　食品中钙的测定》利用原子化后的钙在422.7nm处的吸光度值与钙含量成正比，通过火焰原子吸收光谱法来实现钙含量的测定；GB 5009.17—2021《食品安全国家标准　食品中总汞及有机汞的测定》利用食品中的汞被硼氢化钾或硼氢化钠还原成原子态汞，原子态汞经原子化器原子化，通过测定高能态汞回到基态汞所发射出的特征波长的荧光强度来实现对食品中汞的定量分析。GB 5009.124—2016《食品安全国家标准　食品中氨基酸的测定》利用食品中的蛋白质经盐酸水解后形成的游离氨基酸，经离子交换柱分离后，与茚三酮溶液产生颜色反应，通过可见光分光光度检测器测定氨基酸含量，来实现对食品中16种氨基酸的定量分析。

(4) 质谱法　质谱法是一种与光谱法并列的谱学方法，其原理是利用磁场与电场将运动的离子按它们的质荷比进行分离，然后通过分析这些离子即可获得化合物的相对分子质量、化学结构、裂解规律等信息。在众多的分析测试方法中，质谱法被认为是一种同时具备高特异性和高灵敏度且得到了广泛应用的普适性方法。常用的质谱法有气相色谱-质谱联用（GC-MS）、液相色谱-质谱联用（LC-MS）、电子轰击质谱（EI-MS）等。例如，食品中黄曲霉毒素（GB 5009.22—2016《食品安全国家标准　食品中黄曲霉毒素B族和G族的测定》和GB 5009.24—2016《食品安全国家标准　食品中黄曲霉毒素M族的测定》）的同位素稀释液相色谱-串联质谱法，在这两个测试方法中，试样中的黄曲霉毒素B_1、黄曲霉毒素B_2、黄曲霉毒素G_1、黄曲霉毒素G_2、黄曲霉毒素M_1和黄曲霉毒素M_2经提取、净化和富集，再经浓缩、定容和过滤后经液相色谱分离，进行串联质谱检测、同位素内标法定量，可实现试样黄曲霉毒素的测定。GB 5009.82—2016《食品安全国家标准　食品中维生素A、D、E的测定》利用液相色谱-串联质谱法将皂化后的维生素D分离、通过串联质谱法检测，实现了维生素D的定量分析。

(5) 电化学分析法　电化学分析法是指应用电化学的相关原理和技术，根据化学电池内被测定溶液的组成及含量与相应电化学性质的关系来进行分析的方法。常用的电化学分析法有电位分析法、电导分析法、极谱分析法等，在食品的检验中可用于测定pH、酸度、磷酸盐含量等。GB 5009.237—2016《食品安全国家标准　食品pH值的测定》利用玻璃电极作为指示电极，甘汞电极或银-氯化银电极作为参比电极，当试样或试样溶液中氢离子浓度发生变化时，指示电极和参比电极之间的电动势也随之发生变化而产生直流电势（即电位差），通过前置放大器输入到A/D转换器上，以实现对pH的测定。GB 5009.239—2016《食品安全国家标准　食品酸度的测定》利用电位滴定仪指示中和终点，根据中和100g试样至pH达8.3所消耗的0.1000mol/L氢氧化钠体积来计算确定产品的酸度。

3. 生物法

生物法是根据某些生物生长需要特定的物质，通过对微生物、小鼠、病毒等进行观测、培养（饲养）与检测，来定性、定量分析目标物质的检验方法。其方法条件温和，克服了化学分析法和仪器分析法中某些被测组分易被分解的弱点。在食品的检验中可用于维生素、贝类毒素等的定性、定量检测。GB 5009.210—2023《食品安全国家标准　食品中泛酸的测定》和GB 5009.211—2022《食品安全国家标准　食品中叶酸的测定》分别利用泛酸是植物乳杆菌（*Lacto-*

bacillus plantarum）（ATCC8014）生长所必需的营养素、叶酸是鼠李糖乳杆菌（*Lactobacillus casei* spp. *Rhamnosus*）（ATCC7469）生长所必需的营养素的实际情况，在一定控制条件下，将相应乳杆菌液接种至含有试样液的培养液中，通过测定培养一定时间后溶液的透光率（或吸光度值）来计算试样中相应维生素含量的方法。GB 5009.212—2016《食品安全国家标准 贝类中腹泻性贝类毒素的测定》和 GB 5009.213—2016《食品安全国家标准 贝类中麻痹性贝类毒素的测定》利用小鼠生物法来测定贝类中相应毒素的总量。

二、常见理化检测项目

（一）蛋白质的测定

蛋白质的测定一般采用凯氏定氮法，即将食品与硫酸、硫酸铜、硫酸钾一起加热消化，使蛋白质分解产生氨，将氨与硫酸结合生成硫酸铵，再通过碱化蒸馏使氨游离，用硼酸吸收后以盐酸标准溶液进行滴定，根据酸的消耗量和换算系数计算含氮量、蛋白质含量。蛋白质的测定也可采用分光光度法，即利用硫酸铵与乙酰丙酮和甲醛生成黄色吡啶化合物（3，5-二乙酰-2，6-二甲基-1，4-二氢化吡啶化合物），在波长400nm下测定吡啶化合物的吸光度，从而通过换算系数计算蛋白质含量。除了上述方法外，GB 5009.5—2016《食品安全国家标准 食品中蛋白质的测定》还给出了一种适用于蛋白质含量在10g/100g以上的粮食、豆类、乳粉、米粉、蛋白质粉等固体试样的测定方法——燃烧法。燃烧法是将试样在900~1200℃高温下燃烧，使其产生混合气体，将其中的碳、硫等干扰气体和盐类用吸收管吸收，将氮氧化物（NO_x）运送至还原炉（800℃）还原生成氮气，检测氮气含量，再通过蛋白质折算系数推算出蛋白质的含量。需要注意的是，以上方法都不适用于添加了无机含氮物质、有机非蛋白质含氮物质的食品的测定，这是因为在不同的食品中氮与蛋白质的换算系数是不一样的，如果添加无机含氮物质或有机非蛋白质氮物质，产品所对应的换算系数就会不适用，检测方法所对应的折算计算就无法完成。不同食品蛋白质折算系数见表4-10。

（二）脂肪的测定

GB 5009.6—2016《食品安全国家标准 食品中脂肪的测定》给出了四种适用于不同食品的脂肪检测方法。第一种方法是索氏抽提法，对于脂类含量比较高、结合态脂类含量较少的食品，可采取索氏提取法测定食品中游离态脂肪的含量。具体方法是用无水乙醚或石油醚等溶剂对试样进行抽提后，用蒸法除去溶剂，干燥得到游离态脂肪的含量。这种方法适用于水果、蔬菜及其制品、粮食及粮食制品、肉及肉制品、蛋及蛋制品、水产及其制品、焙烤食品、糖果等食品中游离态脂肪含量的测定。如果需要同时测定以上食品中游离态和结合态的脂肪，就需要利用酸水解法（GB 5009.6—2016第二法），这是因为食品中的结合态脂肪必须用强酸才能使其游离出来。然后再经无水乙醚或石油醚提取，除去溶剂即可得游离态和结合态脂肪的总含量。

（三）水分的测定

GB 5009.3—2016《食品安全国家标准 食品中水分的测定》给出了食品中水分测定的四种方法（直接干燥法、减压干燥法、蒸馏法和卡尔·费休法）。直接干燥法（GB 5009.3—2016第一法）适用于在101~105℃下，蔬菜、谷物及其制品、水产品、豆制品、乳制品、肉制品、卤菜制品、粮食（水分含量低于18%）、油料（水分含量低于13%）、淀粉及茶叶类等食品的水分测定，不适用于水分含量小于0.5g/100g的样品。减压干燥法（GB 5009.3—2016第二法）适用于高温易分解的样品及水分较多的样品（如糖、味精等食品）的水分测定，不适用于添加了其他原料的糖果（如乳糖、软糖等食品）的水分测定，不适用于水分含量小于0.5g/100g的样品（糖和味精除外）。蒸馏法（GB 5009.3—2016第三法）适用于含水较多又有较多挥发性成分的食品，如水果、香辛料及调味品、肉与肉制品等的水分测定，不适用于水分含量小于1g/100g的样品。卡尔·费休法（GB 5009.3—2016第四法）适用于含微量水分食品的含水量测定，不适用于含有氧化剂、还原剂、碱性氧化物、氢氧化物、碳酸盐、硼酸等食品的水分测定。卡尔·费休容量法适用于水分含量大于1.0mg/100g的样品（如脱水蔬菜）。

（四）灰分的测定

灰分的测定常用灼烧法，将食品炭化后高温灼烧，使其氧化分解，使得二氧化碳、氮的氧化物及水等逸出，而硫酸盐、磷酸盐、碳酸盐、氯化物等无机盐和金属氧化物残留下来，这些残留物即为灰分。GB 5009.4—2016《食品安全国家标准　食品中灰分的测定》给出了食品中灰分测定的三种方法（食品中总灰分的测定、食品中水溶性灰分和水不溶性灰分的测定和食品中酸不溶性灰分的测定方法）。食品中总灰分的测定是将食品经高温灼烧［含磷量较高的豆类及其制品、肉禽及其制品、蛋及其制品、水产及其制品、乳及乳制品在（550±25）℃灼烧4h；淀粉类食品在（900±25）℃，保持直至剩余的碳全部消失为止］后，称量其所残留的无机物质即为灰分，灰分的质量可以称重后计算得出。而食品中水溶性灰分和水不溶性灰分的测定是通过将食品用热水提取总灰分后经无灰滤纸过滤、灼烧、称量残留物，测得水不溶性灰分，水溶性灰分是由总灰分和水不溶性灰分的质量之差计算所得。食品中酸不溶性灰分的测定方法，是用盐酸溶液处理总灰分，再经无灰滤纸过滤、灼烧、称量残留物，计算得到酸不溶性灰分的质量。由以上灰分的测定可知，GB 5009.4—2016所给的灰分测定的三种方法其实都是灼烧法，只是样品的处理手段不一样，结合其实测的灰分类型，将其归为不同方法而已。

（五）钠的测定

GB 5009.91—2017《食品安全国家标准　食品中钾、钠的测定》给出了食品中钠的四种测定方法［火焰原子吸收光谱法、火焰原子发射光谱法、电感耦合等离子体发射光谱法（ICP-OE）和电感耦合等离子体质谱法（ICP-MS）］。火焰原子吸收光谱法是将试样消解处理后，注入原子吸收光谱仪中，钠经火焰原子化后，在一定浓度范围内，其光谱（589.0nm共振线）吸收值与钠含量成正比，因此可通过与标准样品比较来实现定量分析。火焰原子发射光谱法测定时，是将试样消解后，注入火焰光度计或原子吸收光谱仪中，火焰原子化后测定钠（发射波长为589.0nm）的发射强度，利用钠发射值与钠含量成正比的关系，借助与标准样品的比较实现钠的定量分析。GB 5009.91—2016钠测定的电感耦合等离子体发射光谱法和电感耦合等离子体质谱法是引用的GB 5009.268—2016《食品安全国家标准　食品中多元素的测定》的测定方法，ICP-MS适用于食品中硼、钠、镁、铝、钾、钙、钛、钒、铬、锰、铁、钴、镍、铜、锌、砷、硒、锶、钼、镉、锡、锑、钡、汞、铊、铅的测定，而ICP-OE适用于食品中铝、硼、钡、钙、铜、铁、钾、镁、锰、钠、镍、磷、锶、钛、钒、锌的测定。ICP-MS利用电感耦合等离子体质谱仪测定不同元素的特定质量数（质荷比，m/z）实现定性，再采用外标法，根据待测元素质谱信号与内标元素质谱信号的强度比与待测元素的浓度成正比进行定量分析。ICP-OE也是利用电感耦合等离子体发射光谱仪进行测定，但是不同于ICP-MS测定不同元素的特定质荷比，ICP-OE是通过测定不同元素的特征谱线波长，通过待测元素谱线信号强度与元素浓度成正比进行的定量分析。我们需要特别注意以上分析方法在整个操作过程中的操作规范性，因为检测仪器、器皿的清洁度，甚至我们手上由于出汗产生的钠都会对检测结果造成重大影响。

（六）碳水化合物和能量的测定

碳水化合物是指糖（单糖和双糖）、寡糖和多糖的总称，是提供能量的重要营养素。食品中碳水化合物的量很难通过直接检测法检测得到，一般可按减法或加法计算获得。减法是以食品总质量为100，减去蛋白质、脂肪、水分、灰分和膳食纤维的质量，称为“可利用碳水化合物”；或以食品总质量为100，减去蛋白质、脂肪、水分、灰分的质量，称为“总碳水化合物”。加法是以淀粉和糖的总和为“碳水化合物”。在产品标签上，上述“可利用碳水化合物”“总碳水化合物”均可以“碳水化合物”标示。

能量指食品中蛋白质、脂肪、碳水化合物等产能营养素在人体代谢中产生能量的总和。其具体数值主要由计算法获得，即蛋白质、脂肪、碳水化合物、膳食纤维等产能营养素的含量乘以各自相应的能量系数（表4－31）并进行加和，能量值以千焦（kJ）为单位标示。例如，一个产品其营养标签标示每100g含蛋白质25.0g、脂肪15.1g、碳水化合物37.5g、膳食纤维5.2g、赤藓糖醇7.0g，那么其100g的能量即为：$25.0\times17+15.1\times37+37.5\times17+5.2\times8+7.0\times0=1663$（kJ）。

表4－31　食品中产能营养素的能量折算系数　单位：kJ/g

成分	能量折算系数	成分	能量折算系数
蛋白质	17	乙醇（酒精）	29
脂肪	37	有机酸	13
碳水化合物	17	糖醇②（赤藓糖醇除外）	10
膳食纤维①	8		

注：①包括膳食纤维的单体成分，如不消化的低聚糖、不消化淀粉、抗性糊精等，也按照8kJ/g折算；
②糖醇指酮基或醛基被置换成羟基的糖类衍生物的总称，属于碳水化合物的一种，赤藓糖醇能量系数为0kJ/g。

思考题

1. 食品添加剂和非法添加的区别是什么？
2. 所有预包装食品营养标签强制标示哪些内容？
3. 阐述DHA的双重身份和使用。
4. 阐述食品营养强化的意义。
5. 阐述食品营养强化剂的分类。
6. 举例5项常见的标签错误。
7. 举例3项营养成分含量数值“0”界限值。

第五章 食品相关市场准入制度

CHAPTER 5

[学习目标]

1. 理解食品质量安全市场准入制度；
2. 了解食品生产许可管理办法；
3. 了解食品经营许可管理办法。

第一节 食品质量安全（QS）市场准入制度

所谓市场准入，一般是指货物、劳务与资本进入市场的程度的许可。对于产品的市场准入，一般的理解是，市场的主体（产品的生产者与销售者）和客体（产品）进入市场的程度的许可。市场准入制度是现代市场中出现的一个新概念，是指各国政府或授权机构，对生产者、销售者及其商品或资本进入市场所规定的基本条件，以及相应的管理制度。市场准入制度是一种行政许可，通过政府行政手段对生产者、销售者进行生产与销售的基本条件限制，从而达到保护消费者利益的目的。

市场准入制度一般应用于与人民生命财产安全、生活质量保障等息息相关的行业，食品行业就是其中之一。食品市场准入制度就是为保证食品的质量安全，具备规定条件的生产者才允许进行生产经营活动、具备规定条件的食品才允许生产销售的监督制度。实行食品市场准入制度是一种政府行为，是一项行政许可制度。食品市场准入制度即为从源头加强食品安全的监督管理，提高食品生产企业的质量管理和产品质量安全水平，以保证消费者健康与安全。

食品准入制度包括三方面的内容：①食品生产许可证制度。生产食品企业必须获得国家颁发的食品生产许可证，否则不得生产食品。②强制检验制度。生产食品的企业对其产品必须自检，检验合格方可出厂，质监部门对获证企业产品实行定期监督检验，对检验不合格的产品实行加严检验。③QS 标志制度。获得食品生产许可证的企业，在产品包装上使用 QS 标志。

一、我国食品质量安全市场准入制度的实施状况

2002年7月，质检总局开始在全国实施食品质量安全市场准入，依据《关于印发小麦粉等5类食品生产许可证实施细则的通知》（国质检监函［2002］192号），首先将小麦粉、小米、食用植物油、酱油、食醋5类食品列入国家食品质量安全市场准入产品目录。2003年7月，质检总局又依据《关于印发肉制品等10类食品生产许可证审查细则的通知》（国质检监函［2003］516号）公布了肉制品、乳制品、饮料、调味品（糖、味精）、方便面、饼干、罐头、冷冻食品、速冻面米食品、膨化食品第二批国家食品质量安全市场准入产品目录。2006年8月份，质检总局发布《关于印发糕点等7类食品生产许可证审查细则的通知》（国质检食监〔2006〕365号）。目前，已纳入食品质量安全市场准入的食品类别有28大类。

实施食品质量安全市场准入制度是一种政府行为，由国家市场监督管理总局负责全国生产加工领域的食品质量安全的监督管理工作；各省、自治区、直辖市质量技术监督局按照国家市场监督管理总局的统一部署，在其职责范围内，负责本行政区域内的食品质量安全监督管理工作，根据有关规定和要求开展相应的工作。

目前，中国28类525种食品均已实施了食品质量安全市场准入管理，共有10.7万家食品生产企业获得食品生产许可证，获证企业食品的市场占有率达到同类食品的90%以上。实施食品质量安全市场准入制度以来，我国食品安全状况有了较大改善。

二、食品质量安全市场准入制度的基本内容

食品质量安全市场准入制度的实施建立在坚持事先保证和事后监督相结合实行分类管理、分步实施实行国家市场监督管理总局统一领导，省局负责组织实施，市局、县局承担具体工作的组织管理基本原则上。

2003年7月18日颁布实施的《食品生产加工企业质量安全监督管理办法》明确规定了实施食品质量安全市场准入制度。从事食品生产加工的企业，必须具备保证食品质量安全必备的生产条件，按规定程序获取工业产品生产许可证，所生产加工的食品必须经检验合格并加印（贴）食品质量安全市场准入标志后，方可出厂销售。对于国家已实行生产许可证管理的食品，企业未取得食品生产许可证的，不得生产。未经检验合格、未加印（贴）食品质量安全职场准入标志的食品，不得出厂销售。食品市场准入标志由“质量安全”（quality safety）英文字头“QS”和“质量安全”中文字样组成，也称“QS”标志。标志主色调为蓝色，字母“Q”与“质量安全”为蓝色，字母“S”为白色。企业使用QS标志时，可根据需要按式样比例放大或者缩小，但不得变形、变色。QS标志由食品生产加工企业自行加印（贴）。2005年9月1日国家质量监督检验检疫总局令（第79号）颁布《食品生产加工企业质量安全监督管理实施细则（试行）》，质检总局于2003年7月18日颁布的《食品生产加工企业质量安全监督管理办法》同时废止。2020年7月7日，国家市场监督管理总局2020年第5次局务会议审议通过《国家市场监督管理总局关于废止部分规章的决定》，对《食品生产加工企业质量安全监督管理实施细则（试行）》的规章予以废止，自2020年7月13日起施行。

随着2015年修订版《食品安全法》的实施，明确规定了食品包装上应当标注食品生产许可证编号，“QS”标志将不再作为食品生产许可的依据，而是启用新的“SC”标志，QS标志于2018年10月1日“退役”，SC标志登场。“QS”标志的法律依据是《工业产品生产许可证

管理条例》，随着食品监督管理机构的调整和2015年修订版《食品安全法》的实施，《工业产品生产许可证管理条例》已不再作为食品生产许可的依据。“取消食品‘QS’标志一是严格执行法律法规的要求，2015年修订版《食品安全法》明确规定食品包装上应当标注食品生产许可证编号，没有要求标注食品生产许可证标志；二是新的食品生产许可证编号完全可以达到识别、查询的目的，取消“QS”标志有利于增强食品生产者食品安全主体责任意识。

第二节　食品许可证制度

食品许可证制度是指一个国家或地区的政府部门，为规范本国或本地区食品企业生产、保护消费者利益而采用的一种行政许可制度。政府部门根据本国或本地区的具体情况，制定出相应的标准，并通过对企业强制实施，以达到繁荣和规范市场、保护消费者利益的目的。

一、食品许可证实施的意义

目前，我国食品市场的显著特点是生产经营主体数量庞大、经营分散、环节较多，食品安全监管体系、质量标准体系需要健全，执法监管力度也需要进一步加大。针对市场上食品假冒伪劣、以次充好、非法添加非食品原料等问题，《食品安全法》按照预防为主、科学管理、明确责任、综合治理的指导思想，进一步明确了食品许可证的责任、义务、程序和范围，对食品安全监督管理提出了更高的要求，从根本上提升了食品安全保障机制水平，对依法规范食品生产经营活动、切实增强食品安全监管工作的规范性、科学性和有效性，保障人民群众身体健康与生命安全具有重大意义。

二、食品许可证的分类

我国的工业产品生产许可证制度起源于20世纪80年代，其中涉及食品生产领域的主要包含两种：一种是食品生产许可证，另一种是食品卫生许可证。其中，食品卫生许可证涵盖了所有的食品生产经营活动。1995年10月实施的《食品卫生法》第二十七条规定：“食品生产经营企业和食品摊贩，必须先取得卫生行政部门发放的卫生许可证方可向工商行政管理部门申请登记。未取得卫生许可证的，不得从事食品生产经营活动。”食品生产许可证和食品卫生许可证分别由原质检总局和原国家食品药品监督管理局进行管理。

食品生产许可证与食品卫生许可证制度的实施曾使我国的食品安全状况得到了明显的改善，但也存在职责不清、疏于管理和行业跨度过大等问题。为加强我国食品生产经营的安全管理，2009年2月颁布的《食品安全法》强化了食品的许可证制度，并根据实际需要进行了有效分类。其中第二十九条明确规定：“国家对食品生产经营实行许可制度。从事食品生产、食品流通、餐饮服务，应当依法取得食品生产许可、食品流通许可、餐饮服务许可。”第四条规定：“国务院质量监督、工商行政管理和国家食品药品监督管理部门依照本法和国务院规定的职责，分别对食品生产、食品流通和餐饮服务活动实施监督管理。”根据以上规定，废除了原有的涉及食品生产流通等各个环节的统一的卫生许可证，而由食品生产许可、食品流通许可和餐饮服务许可取代，并采用“谁颁证谁管理”的原则，由原质检总局、原国家工商行政管理总局和原国家食品药品监督管理局实施单独管理。

许可证以分类管理的原则为基础确定监管范围。食品生产许可证主要针对食品生产企业，食品流通许可证主要针对从事食品流通环节的企业，而餐饮服务许可证主要针对餐饮服务企业及集体食堂。

食品生产许可证基本沿用了原有的生产许可证措施，国家工商行政管理总局于 2009 年 7 月 30 日颁布实施了《食品流通许可证管理办法》，国家食品药品监督管理局也就餐饮服务许可证的监管范围发出了通知，并于 2010 年 2 月 8 日颁布了《餐饮服务许可管理办法》。为全面贯彻落实《食品安全法》《食品经营许可管理办法》等法律、法规及规章要求，国家食品药品监督管理总局决定自 2015 年 10 月 1 日起，正式启用《食品经营许可证》，食品流通许可和餐饮许可合并为食品经营许可。

第三节　食品生产许可管理办法

为加强食品企业的生产管理，我国于 2003 年 7 月 18 日公布并实施《食品生产加工企业质量安全监督管理办法》，办法规定：从事食品生产加工的公民、法人或其他组织，必须具备保证产品质量安全的基本条件，按规定程序获得食品生产许可证，方可从事食品生产。没有取得食品生产许可证的企业不得生产食品，任何企业和个人不得销售无生产许可证的食品。2009 年 6 月 1 日实施的《食品安全法》中规定了食品生产活动中实施的食品生产许可管理，进一步明确、细化了食品生产许可的职责范围、管理方式。为了保障食品安全，加强食品生产监管，规范食品生产许可活动，《食品生产许可管理办法》（国家质量监督检验检疫总局令第 129 号）于 2010 年 3 月 10 日公布，2010 年 6 月 1 日实施。随着我国法律法规的日趋健全，《食品生产许可管理办法》历经数次修订。2015 年 10 月 1 日实施的《食品生产许可管理办法》（国家食品药品监督管理总局令第 16 号）新增了保健食品、特殊医学用途配方食品、婴幼儿配方食品的生产许可规定，食品生产许可主管部门由质检总局变更为国家食品药品监督管理总局。2020 年 1 月 3 日，国家市场监督管理总局发布《食品生产许可管理办法》（国家市场监督管理总局令第 24 号，以下简称《办法》），自 2020 年 3 月 1 日起施行。该办法中新增了婴幼儿辅助食品、食盐等食品的生产许可，由省、自治区、直辖市市场监督管理部门负责。国家食品药品监督管理总局于 2015 年 8 月 31 日公布的《食品生产许可管理办法》同时废止。

一、食品生产许可证管理机构以及许可范围

《办法》规定生产许可监管部门由原国家及省、自治区、直辖市食品药品监管部门改为国家及省、自治区、直辖市市场监督管理部门。国家市场监督管理总局负责监督指导全国食品生产许可管理工作。《办法》贯彻落实了国务院“放管服”改革工作部署和《国务院关于在全国推开“证照分离”改革的通知》（国发〔2018〕35 号）的要求，加强事中事后监管，推动食品生产监管工作重心向事后监管转移，进一步增强了食品生产许可管理体制的可操作性。

企业在申请食品生产许可时，应当按照以下食品类别提出：粮食加工品，食用油、油脂及其制品，调味品（含食盐），肉制品，乳制品，饮料，方食品，饼干，罐头，冷冻饮品，速冻

食品，薯类和膨化食品，糖果制品，茶叶及相关制品，酒类，蔬制品，水果制品，炒货食品及坚果制品，蛋制品，可可及启烤咖啡产品，食糖，水产制品，淀粉及淀粉制品，糕点，豆制品，蜂产品，保健食品，特殊医学用途配方食品，婴幼儿配方食品，特殊膳食食品，婴幼儿辅助食品、食盐、其他食品等。国家市场监督管理总局可以根据监督管理工作需要对食品类别进行调整。

二、申请食品生产许可证的基本条件

申请食品生产许可，应当先行取得营业执照等合法主体资格，并遵守国家产业政策。企业法人、合伙企业、个人独资企业、个体工商户、农民专业合作组织等，以营业执照载明的主体作为申请人。

（1）具有与生产的食品品种、数量相适应的食品原料处理和食品加工、包装、贮存等场所，保持场所环境整洁，并与有毒、有害场所以及其他污染源保持规定的距离。

（2）具有与生产的食品品种、数量相适应的生产设备或者设施，有相应的消毒、更衣、盥洗、采光、照明、通风、防腐、防尘、防蝇、防鼠、防虫、洗涤以及处理废水、存放垃圾和废弃物的设备或设施；保健食品生产工艺有原料提取、纯化等前处理工序的，需要具备与生产的品种、数量相适应的原料前处理设备或者设施。

（3）有专职或者兼职的食品安全专业技术人员、食品安全管理人员和保证食品安全的规章制度。

（4）具有合理的设备布局和工艺流程，防止待加工食品与直接入口食品、原料与成品出现交叉污染的情况，避免食品接触有毒物、不洁物。

（5）法律、法规规定的其他条件。

（6）从事食品添加剂生产活动，应当依法取得食品添加剂生产许可。申请食品添加剂生产许可，应当具备与所生产食品添加剂品种相适应的场所、生产设备或者设施、食品安全管理人员、专业技术人员和管理制度。

三、食品生产许可证的申办程序

1. 申请材料

（1）食品生产许可申请书。

（2）食品安全专业技术人员、食品安全管理人员信息。

（3）所生产食品的产品标准文本。

（4）食品生产工艺设备布局图和食品生产工艺流程图。

申请保健食品、特殊医学用途配方食品、婴幼儿配方食品等特殊食品的生产许可，还应当提交与所生产食品相适应的生产质量管理体系文件以及相关注册和备案文件，以及食品生产主要设备、设施清单。

申请食品添加剂生产许可，应当向申请人所在地县级以上地方市场监督管理部门提交下列材料：

（1）食品添加剂生产许可申请书。

（2）食品安全专业技术人员、食品安全管理人员信息。

（3）所生产食品添加剂的产品标准文本。

（4）食品添加剂生产工艺设备布局图和食品生产、工艺流程图。

2. 申报程序

（1）申报初审　申请人应当如实向市场监督管理部门提交有关材料和反映真实情况，对申请材料的真实性负责，并在申请书等材料上签名或者盖章。

（2）受理申请　县级以上地方市场监督管理部门对申请人提出的食品生产许可申请，应当根据下列情况分别作出处理。①申请事项依法不需要取得食品生产许可的，应当即时告知申请人不受理。②申请事项依法不属于市场监督管理部门职权范围的，应当即时作出不予受理的决定，并告知申请人向有关行政机关申请。③申请材料存在可以当场更正的错误的，应当允许申请人当场更正，由申请人在更正处签名或者盖章，注明更正日期。④申请材料不齐全或者不符合法定形式的，应当当场或者在2个工作日内一次告知申请人需要补正的全部内容。当场告知的，应当将申请材料退回申请人；在2个工作日内告知的，应当收取申请材料并出具收到申请材料的凭据。逾期不告知的，自收到申请材料之日起即为受理。⑤申请材料齐全、符合法定形式，或者申请人按照要求提交全部补正材料的，应当受理食品生产许可申请。县级以上地方市场监督管理部门对申请人提出的申请决定予以受理的，应当出具受理通知书；决定不予受理的，应当出具不予受理通知书，说明不予受理的理由，并告知申请人依法享有申请行政复议或者提起行政诉讼的权利。

（3）现场核查　县级以上地方市场监督管理部门应当对申请人提交的申请材料进行审查。需要对申请材料的实质内容进行核实的，应当进行现场核查。市场监督管理部门在食品生产许可现场核查时，对食品生产者首次申请许可或增加食品类别变更许可的，可以根据食品生产工艺流程等要求，核查试制食品的产品标准和检验报告。在食品添加剂生产许可现场核查时，可以根据食品添加剂品种特点，核查试制食品添加剂的产品标准和检验报告、复配食品添加剂组成等。食品生产者可以对试制食品自行检验并出具检验报告，也可委托有资质的食品检验机构检验并出具检验报告。现场核查应当由符合要求的核查人员进行。核查人员不得少于2人。核查人员应当出示有效证件，填写食品生产许可现场核查表，制作现场核查记录，经申请人核对无误后，由核查人员和申请人在核查表和记录上签名或者盖章。申请人拒绝签名或者盖章的，核查人员应当注明情况。申请保健食品、特殊医学用途配方食品、婴幼儿配方乳粉生产许可，在产品或配方注册时经过现场核查的项目，可以不再重复进行现场核查。市场监督管理部门可以委托下级市场监督管理部门，对受理的食品生产许可申请进行现场核查。特殊食品现场核查原则上不得委托下级市场监督管理部门。核查人员应当自接受现场核查任务之日起5个工作日内，完成对生产场所的现场核查。

（4）决定　除可以当场作出行政许可决定的外，县级以上地方市场监督管理部门应当自受理申请之日起10个工作日内作出是否准予行政许可的决定。因特殊原因需要延长期限的，经本行政机关负责人批准，可以延长5个工作日，并应当将延长期限的理由告知申请人。

（5）证书颁发　食品生产许可证分为正本、副本。正本、副本具有同等法律效力。国家市场监督管理总局负责制定食品生产许可证正本、副本式样。省、自治区、直辖市市场监督管理部门负责本行政区域食品生产许可证的印制、发放等管理工作。食品生产许可证应当载明：生产者名称、社会信用代码（个体生产者为身份证号码）、法定代表人（负责人）、住所、生产地址、食品类别、许可证编号、有效期、投诉举报电话、发证机关、签发人、发证日期和二维码。生产保健食品、特殊医学用途配方食品、婴幼儿配方食品的，应当在副本载明产品或配方注册批准文号或者备案登记号；接受委托生产保健食品的，应当在副本载明委托企业名称及住所等相关信息。食品生产许可证编号由SC（“生产”的汉语拼音字母缩写）和14位阿拉伯数字组成。数字从左至右依次为：3位食品类别编码、2位省（自治区、直辖市）代码、2位市（地）代码、2位县（区）代码、4位顺序码、1位校验码。

在SC编码体系下，一个企业主体对应一个SC编码，以第一个申请的产品的类别确定，以后如果还有新的生产单元加入，在明细中添加产品类别，而SC号保持不变。所以，单从SC编码上，并不能准确判断企业的产品类别。

自作出决定之日起5个工作日内向申请人颁发食品生产许可证；对不符合条件的，应当及时作出不予许可的书面决定并说明理由，同时告知申请人依法享有申请行政复议或者提起行政诉讼的权利。

对申请低风险食品生产许可的实行告知承诺制。低风险食品生产者在申请办理食品生产许可、许可变更、许可延续时提交的申请材料齐全、符合法定形式，且书面承诺符合食品生产许可条件的，县级以上地方市场监督管理部门应当即时作出行政许可决定，并向申请人颁发食品生产许可证。低风险食品的具体食品类别由国家市场监督管理总局管理。

出口加工区、保税区、自由贸易区等海关监管的特殊区域内的食品生产者，以及只生产出口食品的食品生产者，不为其发放食品生产许可。

食品添加剂生产许可申请符合条件的，由申请人所在地县级以上地方市场监督管理部门依法颁发食品生产许可证，并标注食品添加剂。

食品生产许可证发证日期为许可决定作出的日期，有效期为5年。

3. 食品生产许可证的变更、延续和注销程序

（1）应当申请食品生产许可变更的情况

①食品生产许可证有效期内，现有工艺设备布局和工艺流程、主要生产设备设施、食品类别等事项发生变化，需要变更食品生产许可证载明的许可事项的，食品生产者应当在变化后10个工作日内向原发证的市场监督管理部门提出变更申请。

②食品生产者的生产场所发生迁址的，应当重新申请食品生产许可。

③食品生产许可证副本载明的同一食品类别内的事项发生变化的，食品生产者应当在变化后10个工作日内向原发证的市场监督管理部门报告。

（2）申请变更食品生产许可应当提交的申请材料

①食品生产许可变更申请书。

②与变更食品生产许可事项有关的其他材料。

食品生产者需要延续依法取得的食品生产许可的有效期的，应当在该食品生产许可有效期届满20个工作日前，向具有相应许可权限的市场监督管理部门提出申请，涉及多个许可部门的，由食品生产者自主选择其中一个申请受理部门。其中，许可事项非受理部门审批权限的，受理部门应当及时告知有相应审批权限的市场监督管理部门，组织联合审查，按照规定时限作出决定，由受理申请的市场监督管理部门根据决定颁发食品生产许可证，并在副本中注明许可生产的食品类别。

（3）食品生产者申请延续食品生产许可程序

①提交材料：a. 食品生产许可延续申请书；b. 与延续食品生产许可事项有关的其他材料。保健食品、特殊医学用途配方食品、婴幼儿配方食品的生产企业申请延续食品生产许可的，还应当提供生产质量管理体系运行情况的自查报告。

②审查及决定：县级以上地方市场监督管理部门应当根据被许可人的延续申请，在该食品

生产许可有效期届满前作出是否准予延续的决定。县级以上地方市场监督管理部门应当对变更或者延续食品生产许可的申请材料进行审查，并按照规定实施现场核查，作出行政许可决定。

申请人声明生产条件未发生变化的，县级以上地方市场监督管理部门可以不再进行现场核查。申请人的生产条件发生变化，可能影响食品安全的，市场监督管理部门应当就变化情况进行现场核查。保健食品、特殊医学用途配方食品、婴幼儿配方食品注册或者备案的生产工艺发生变化的，应当先办理注册或者备案变更手续。

③证书颁发：市场监督管理部门决定准予变更的，应当向申请人颁发新的食品生产许可证。食品生产许可证编号不变，发证日期为市场监督管理部门作出变更许可决定的日期，有效期与原证书一致。但是，对因迁址等原因而进行全面现场核查的，其换发的食品生产许可证有效期自发证之日起计算。

对因产品有关标准、要求发生改变，国家和省级市杨监督管理部门决定组织重新核查而换发的食品生产许可证，其发证日期以重新批准日期为准，有效期自重新发证之日起计算。不符合许可条件的，市场监督管理部门应当作出不予延续食品生产许可的书面决定，并说明理由。

（4）食品生产许可证的注销　食品生产者终止食品生产，食品生产许可被撤回、撤销或者食品生产许可证被吊销的，应当在 20 个工作日内向原发证的市场监督管理部门申请办理注销手续。食品生产者申请注销食品生产许可的，应当向原发证的市场监督管理部门提交食品生产许可注销申请书。

4. 食品生产许可的监督管理

县级以上地方市场监督管理部门应当依据法律法规规定的职责，对食品生产者的许可事项进行监督检查，发现不符合许可条件的要责令其整改并实施相应的惩罚措施。监督检查的主要有以下内容。

（1）对通过告知承诺获得食品生产许可的食品生产者，县级以上地方市场监督管理部门应自申请人取得食品生产许可之日起 20 个工作日内对其实施监督检查，重点检查申请人承诺事项与实际情况是否一致。发现不符合许可条件的，要责令申请人立即停止生产不符合许可条件的食品并进行整改。申请人整改后仍不符合要求的要及时撤销行政许可，因撤销许可带来的相关损失由申请人承担。被吊销生产许可证的食品生产者及其法定代表人、直接负责的主管人员和其他直接责任人员自处罚决定作出之日起 5 年内不得申请食品生产经营许可，或者从事食品生产经营管理工作、担任食品生产经营企业食品安全管理人员。

（2）特殊食品生产企业获得食品生产许可证书后，监督检查中发现不符合许可条件及产品不合格等情况一年内达到 3 次的，由原发证的市场监督管理部门吊销许可证书。

（3）食品生产者因季节性或其他原因停产半年以上的，恢复生产前应当向负责实施日监管的市场监督管理部门报告，由市场监督管理部门开展一次日常监督检查。获证食品生产者停产半年以上，恢复生产时未向负责日常监管的市场监督管理部门报告的，由市场监督管理部门处以 5000 元罚款。

（4）县级以上地方市场监督管理部门应当建立食品许可管理信息平台，便于公民、法人和其他社会组织查询。县级以上地方市场监督管理部门应当将食品生产颁发、许可事项检查、日常监督检查、许可违法行为查处等情况记入食品生产者食品安全信用档案，并通过国家企业信用信息公示系统向社会公示；对有不良信用记录的食品生产者应当增加监督频次。县级以上地方市场监督管理部门应当建立食品生产许可档案管理制度，将办理食品生产许可的有关材料、发证情况及时归档。

（5）监督管理人员负责所管辖食品生产者许可事项的监督检查。日常监督管理人员应当按照规定的频次对所管辖的食品生产者实施全覆盖检查。县级以上地方市场监督管理部门及其工作人员履行食品生产许可管理职责，应当自觉接受食品生产者和社会监督。接到有关工作人员在食品生产许可管理过程中存在违法行为的举报，市场监督管理部门应当及时进行调查核实。情况属实的，应当立即纠正。市场监督管理部门对不符合条件的申请人准予许可，或者超越法定职权准予许可的，依照《食品安全法》（2019 年修正）第一百四十四条的规定给予处分。

（6）国家市场监督管理总局可以定期或者不定期组织对全国食品生产许可工作进行监督检查；省、自治区、直辖市市场监督管理部门可以定期或者不定期组织对本行政区域内的食品生产许可工作进行监督检查。

（7）未取得食品生产许可从事食品生产活动的，由县级以上地方市场监督管理部门依照《食品安全法》（2019 年修正）第一百二十二条的规定给予处罚。食品生产者从事食品生产许可证未许可的食品类别生产的，视为未取得食品生产许可从事食品生产活动。食品生产许可证超过有效期限、被撤回、被吊销或者被撤销的，食品生产者应当依法办理食品生产许可注销手续，未办理注销手续继续开展食品生产活动的，视为未取得食品生产许可从事食品生产活动。

（8）被许可人以欺骗、贿赂等不正当手段取得食品生产许可的，由原发证的市场监督管理部门撤销许可，纳入食品生产者食品安全信用档案，并处 1 万元以上 3 万元以下罚款。被许可人在 3 年内不得再次申请食品生产许可。

（9）食品生产者伪造、涂改、出租、出借、转让食品生产许可证的，由县级以上地方市场监督管理部门责令改正，给予警告，并处 1 万元以下罚款；情节严重的，处 1 万元以上 3 万元以下罚款。

（10）食品生产许可证副本载明的同一食品类别内的事项发生变化，食品生产者未按规定报告的，或者食品生产者终止食品生产，食品生产许可被撤回、撤销或者食品生产许可证被吊销，未按规定申请办理注销手续的，由原发证的市场监督管理部门责令改正；拒不改正的，给予警告，并处 2000 元以下罚款。

第四节　食品经营许可和备案管理办法

为规范食品生产经营许可活动，加强食品生产经营监督管理，2015 年 8 月 26 日，国家食品药品监督管理总局审议通过《食品经营许可管理办法》，2015 年 10 月 1 日起正式施行。至此 2010 年 5 月 1 日起发布施行的《餐饮服务许可管理办法》《餐饮服务食品安全监督管理办法》和 2009 年 7 月 30 日公布并实施的《食品流通许可证管理办法》《流通环节食品安全监督管理办法》退出历史舞台。为减少许可数量，食品流通许可证与餐饮服务许可证整合为食品经营许可证。为不断优化营商环境，推进简政放权等的要求，2020 年 8 月 6 日，国家市场监督管理总局就《食品经营许可管理办法（征求意见稿）》征求意见，征求意见稿对 2015 版《食品经营许可管理办法》进行了进一步完善和细化。本次征求意见稿在 2015 版《食品经营许可管理办法》基础上，明确已取得食品生产许可证的企业销售自产的食品、销售食用农产品、已取得食品经营许可的主店附近开设甜品站、已取得食品生产经营许可证在展销会等临时交易场所销售食品以及医疗机构、药品零售企业销售特殊医学用途配方食品中的特定全营养配方食品等5类情形，可不用取得食品经营许可。2023年6月15日国家市场监督管理总局令第78号公布《食品经营许可和备案管理办法》，该办法自2023年12月1日起施行，2015年国家食品药品监督管理总局令第17号公布的《食品经营许可管理办法》同时废止。

一、食品经营许可和备案

国家市场监督管理总局负责指导全国食品经营许可和备案管理工作。县级以上地方市场监督管理部门负责本行政区域内的食品经营许可和备案管理工作。省、自治区、直辖市市场监督管理部门可以根据食品经营主体业态、经营项目和食品安全风险状况等，结合食品安全风险管理实际，确定本行政区域内市场监督管理部门的食品经营许可和备案管理权限。县级以上地方市场监督管理部门应当加强食品经营许可和备案信息化建设，在行政机关网站公开食品经营许可和备案管理权限、办事指南等事项，县级以上地方市场监督管理部门应当通过食品经营许可和备案管理信息平台实施食品经营许可和备案全流程网上办理。食品经营许可电子证书与纸质食品经营许可证书具有同等法律效力。

食品经营许可实行“一地一证”原则，即食品经营者在不同经营场所从事食品经营活动的，应当依法分别取得食品经营许可或者进行备案。通过自动设备从事食品经营活动或者仅从事食品经营管理活动的，取得一个经营场所的食品经营许可或者进行备案后，即可在本省级行政区域内的其他经营场所开展已取得许可或者备案范围内的经营活动。申请食品经营许可，应当按照食品经营主体业态和经营项目分类提出。食品经营主体业态分为食品销售经营者、餐饮服务经营者、集中用餐单位食堂。食品经营者从事食品批发销售、中央厨房、集体用餐配送的，利用自动设备从事食品经营的，或者学校、托幼机构食堂，应当在主体业态后以括号标注。主体业态以主要经营项目确定，不可以复选。食品经营项目分为食品销售、餐饮服务、食品经营管理三类。食品经营项目可以复选。

申请食品经营许可，应当按照食品经营主体业态和经营项目分类提出。食品经营主体业态分为食品销售经营者、餐饮服务经营者、集中用餐单位食堂，食品经营者从事食品批发销售、中央厨房、集体用餐配送的，利用自动设备从事食品经营的，或者学校、托幼机构食堂，应当在主体业态后以括号标注，主体业态以主要经营项目确定，不可以复选。

二、食品经营许可基本条件

（1）申请食品经营许可，应当先取得营业执照等合法主体资格。企业法人、合伙企业、个人独资企业、个体工商户等，以营业执照载明的主体作为申请人。机关、事业单位、社会团体、民办非企业单位、企业等申办食堂，以机关或者事业单位法人登记证、社会团体登记证或者营业执照等载明的主体作为申请人。

（2）具有与经营的食品品种、数量相适应的食品原料处理和食品加工、销售、贮存等场所，保持该场所环境整洁，并与有毒、有害场所以及其他污染源保持规定的距离。

（3）具有与经营的食品品种、数量相适应的经营设备或者设施，有相应的消毒、更衣、盥洗、采光、照明、通风、防腐、防尘、防蝇、防鼠、防虫、洗涤以及处理废水、存放垃圾和废弃物的设备或者设施。

（4）有专职或者兼职的食品安全总监、食品安全员等食品安全管理人员和保证食品安全的规章制度。

（5）具有合理的设备布局和工艺流程，防止待加工食品与直接入口食品、原料与成品交叉污染，避免食品接触有毒物、不洁物。

（6）食品安全相关法律、法规规定的其他食品安全条件。

三、食品经营许可证的申办程序

1. 申请食品经营许可，应当提交的材料

（1）食品经营许可申请书。

（2）营业执照或者其他主体资格证明文件复印件。

（3）与食品经营相适应的主要设备设施、经营布局、操作流程等文件。

（4）食品安全自查、从业人员健康管理、进货查验记录、食品安全事故处置等保证食品安全的规章制度目录清单。

利用自动设备从事食品经营的，申请人应当提交每台设备的具体放置地点、食品经营许可证的展示方法、食品安全风险管控方案等材料。营业执照或者其他主体资格证明文件能够实现网上核验的，申请人不需要再提供该项的复印件。从事食品经营管理的食品经营者，可以不提供主要设备设施、经营布局材料。仅从事食品销售类经营项目的不需要提供操作流程，申请人委托代理人办理食品经营许可申请的，代理人应当提交授权委托书以及代理人的身份证明文件。

2. 申报程序

（1）申报初审　申请人应当如实向市场监督管理部门提交有关料和反映真实情况，对申请材料的真实性负责，并在申请书等材料上签名或者盖章，也可以是电子签章。

（2）受理申请　县级以上地方市场监督管理部门对申请人提出的食品经营许可申请，应当根据下列情况分别作出处理。

①申请事项依法不需要取得食品经营许可的，应当即时告知申请人不受理。

②申请事项依法不属于市场监督管理部门职权范围的，应当即时作出不予受理的决定，并告知申请人向有关行政机关申请。

③申请材料存在可以当场更正的错误，应当允许申请人当场更正，由申请人在更正处签名或者盖章，注明更正日期。

④申请材料不齐全或者不符合法定形式的，应当即时或者自收到申请材料之日起五日内一次告知申请人需要补正的全部内容和合理的补正期限。按照规定需要在告知时一并退回申请材料的，应当予以退回。申请人无正当理由逾期不予补正的，视为放弃行政许可申请，市场监督管理部门无需作出不予受理的决定。市场监督管理部门逾期未告知申请人补正的，自收到申请材料之日起即为受理。

⑤申请材料齐全、符合法定形式，或者申请人按照要求提交全部补正材料的，应当受理食品经营许可申请。县级以上地方市场监督管理部门对申请人提出的申请决定予以受理的，应当出具受理通知书；当场作出许可决定并颁发许可证书的，无需出具受理通知书；决定不予受理的，应当出具不予受理通知书，说明不予受理的理由，并告知申请人依法享有申请行政复议或者提起行政诉讼的权利。

（3）现场核查　市场监督管理部门应当对申请人提交的许可申请材料进行审查。需要对申请材料的实质内容进行核实的，应当以现场核查等方式开展。现场核查应当由符合要求的核查人员进行。核查人员不得少于 2 人。核查人员应当出示有效证件，填写食品经营许可现场核查表，经申请人核对无误后，由核查人员和申请人在核查表上签名或者盖章。市场监督管理部门可以委托下级市场监督管理部门，对受理的食品经营许可申请进行现场核查。核查人员应当自接受现场核查任务之日起 5 个工作日内，完成对经营场所的现场核查。经核查不符合许可条件、需要进行整改的，整改时间不计入许可工作时限。

（4）决定　除可以当场作出行政许可决定的外，县级以上地市场监督管理部门应当自受理请之日起 10 个工作日内作出是否准予行政许可的决定。因特殊原因需要延长期限的，经本行政机关负责人批准，可以延长 5 个工作日，并应当将延长期限的理由告知申请人。

（5）证书颁发　县级以上地方市场监督管理部门应当根据申请材料审查和现场核查等情况，对符合条件的，作出准予行政许可决定，并自作出决定之日起 5 个工作日内向申请人颁发食品经营许可证；对不符合条件的，应当及时作出不予许可的决定并说明理由，同时告知申请人依法享有申请行政复议或者提起行政诉讼的权利。

食品经营许可证分为正本、副本。正本、副本具有同等法律效力。食品经营许可证编号由“JY”（“经营”的汉语拼音字母缩写）和 14 位阿拉伯数字组成，数字从左至右依次为：1 位主体业态代码、2 位省（自治区、直辖市）代码、2 位市（地）代码、2 位县（区）代码、6 位顺序码、1 位校验码。食品经营许可证应当载明：经营者名称、统一社会信用代码、法定代表人（负责人）、住所、经营场所、主体业态、经营项目、许可证编号、有效期、投诉举报电话、发证机关、发证日期和二维码。其中，经营场所、主体业态、经营项目属于许可事项，其他事项不属于许可事项。

3. 食品经营许可证的变更、延续、补办与注销

县级以上地方市场监督管理部门应当对变更或者延续食品经营许可的申请材料进行审查。申请人的经营条件发生变化或者增加经营项目，可能影响食品安全的，市场监督管理部门应当就变化情况进行现场核查、申请变更或者延续食品经营许可时，申请人声明经营条件未发生变化、经营项目减项或者未发生变化的，市场监督管理部门可以不进行现场核查，对申请材料齐全、符合法定形式的，当场作出准子变更或者延续食品经营许可决定。未现场核查的，县级以上地方市场监督管理部门应当自申请人取得食品经营许可之日起三十个工作日内对其实施监督检查。现场核查发现实际情况与申请材料内容不相符的，食品经营者应当立即采取整改措施，经整改仍不相符的，依法撤销变更或者延续食品经营许可决定。

（1）申请变更食品经营许可的，应当提交下列申请材料：

①食品经营许可变更申请书；

②食品经营许可证正本、副本；

③与变更食品经营许可事项有关的材料。

食品经营者需要延续依法取得的食品经营许可的有效期的，应当在该食品经营许可有效期届满前九十个工作日至十五个工作日期间，向原发证的市场监督管理部门提出申请。县级以上地方市场监督管理部门应当根据被许可人的延续申请，在该食品经营许可有效期届满前作出是否准予延续的决定。在食品经营许可有效期届满前十五个工作日内提出延续许可申请的，原食品经营许可有效期届满后，食品经营者应当暂停食品经营活动，原发证的市场监督管理部门作出准予延续的决定后，方可继续开展食品经营活动。

（2）食品经营者申请延续食品经营许可，应当提交下列材料：

①食品经营许可延续申请书；

②与延续食品经营许可事项有关的材料。

县级以上地方市场监督管理部门应当对变更或者延续食品经营许可的申请材料进行审查。申请人的经营条件发生变化，可能影响食品安全的，市场监督管理部门应当就变化情况进行现场核查。市场监督管理部门决定准予变更的，应当向申请人颁发新的食品经营许可证。食品经营许可证编号不变，发证日期为作出变更许可决定的日期，有效期与原证书一致。

市场监督管理部门决定准予延续的，应当向申请人颁发新的食品经营许可证，许可证编号不变，发证日期为作出延续许可决定的日期，发证日期为作出延续许可决定的日期，有效期自发证日期起算。不符合许可条件的，市场监督管理部门应当作出不予延续食品经营许可的书面决定，并说明理由。

（3）未推行食品经营许可电子证书管理的地区，食品经营许可证遗失、损坏，向原发证的市场监督管理部门申请补办的，应当提交下列材料：

①食品经营许可证补办申请书；

②食品经营许可证遗失或损坏的，申请人应当提交书面遗失声明或受损坏的食品经营许可证。

材料符合要求的，县级以上地方市场监督管理部门应当在受理后 10 个工作日内予以补发。因遗失、损坏补发的食品经营许可证，许可证编号不变，发证日期为市场监督管理部门作出补发许可决定的日期，有效期与原证书一致。

（4）食品经营者申请注销食品经营许可的，应当向原发证的市场监督管理部门提交下列材料：

①食品经营许可注销申请书；

②食品经营许可证正本、副本；

③与注销食品经营许可有关的其他材料。

有下列情形之一的，原发证的市场监督管理部门依据申请办理食品经营许可注销手续：

①食品经营许可有效期届满未申请延续的；

②食品经营者主体资格依法终止的；

③食品经营许可依法被撤回、撤销或者食品经营许可证依法被吊销的；

④因不可抗力导致食品经营许可事项无法实施的；

⑤法律、法规规定的应当注销食品经营许可的其他情形。

食品经营许可被注销的，许可证编号不得再次使用。

思考题

1. 申请食品生产许可证的基本条件有哪些？
2. 阐述食品生产许可证的申办程序。
3. 阐述食品经营许可的基本条件。
4. 阐述食品经营许可证的申办程序。

第六章 食品认证管理

CHAPTER 6

[学习目标]

1. 了解认证认可条例；
2. 了解食品企业管理体系认证；
3. 掌握食品产品认证。

第一节 认证认可条例

《中华人民共和国认证认可条例》（以下简称《认证认可条例》）已经于2003年8月20日国务院第18次常务会议通过，9月3日公布，自2003年11月1日起施行。之后《认证认可条例》根据2016年2月6日《国务院关于修改部分行政法规的决定》第一次修订，根据2020年11月29日《国务院关于修改和废止部分行政法规的决定》第二次修订。2023年，国务院测定对《认证认可条例》的部门条款予以修改，自2023年8月21日起施行。条例的颁布实施标志着我国认证认可法制化工作向前迈出了一大步。

一、认证认可的概念

认证是指由认证机构证明产品、服务、管理体系符合相关技术规范、相关技术规范的强制性要求或者标准的合格评定活动。认可是指由认可机构对认证机构、检查机构、实验室以及从事评审、审核等认证活动人员的能力和执业资格予以承认的合格评定活动。认证认可活动可提高产品、服务的质量和管理水平，促进经济和社会的发展。

二、《认证认可条例》的内容

《认证认可条例》（2020年修订版）共七章七十七条，主要有总则、认证机构、认证、认可、监督管理、法律责任和附则。

（一）认证机构

认证机构应取得认证机构资质，应当经国务院认证认可监督管理部门批准，并在批准范围内从事认证活动。设立认证机构，应当符合下列条件：取得法人资格；有固定的场所和必要的设施；有符合认证认可要求的管理制度；注册资本不得少于人民币300万元；有10名以上相应领域的专职认证人员。从事产品认证活动的认证机构，还应当具备与从事相关产品认证活动相适应的检测、检查等技术能力。

设立认证机构的申请和批准程序：设立认证机构的申请人，应当向国务院认证认可监督管理部门提出书面申请，并提交符合本条例第十条规定条件的证明文件；国务院认证认可监督管理部门自受理认证机构设立申请之日起45日内，应当作出是否批准的决定。涉及国务院有关部门职责的，应当征求国务院有关部门的意见。决定批准的，向申请人出具批准文件，决定不予批准的，应当书面通知申请人，并说明理由；国务院认证认可监督管理部门应该公布依法取得认证机构资质的企业名录。

境外认证机构在中华人民共和国境内设立代表机构，须向市场监督管理部门依法办理登记手续后，方可从事与所从属机构的业务范围相关的推广活动，但不得从事认证活动。境外认证机构在中华人民共和国境内设立代表机构的登记，按照有关外商投资法律、行政法规和国家有关规定办理。

认证机构不得与行政机关存在利益关系。认证机构不得接受任何可能对认证活动的客观公正产生影响的资助；不得从事任何可能对认证活动的客观公正产生影响的产品开发、营销等活动。认证机构不得与认证委托人存在资产、管理方面的利益关系。

认证人员从事认证活动，应当在一个认证机构执业，不得同时在两个以上认证机构执业。

向社会出具具有证明作用的数据和结果的检查机构、实验室，应当具备有关法律、行政法规规定的基本条件和能力，并依法经认定后，方可从事相应活动，认定结果由国务院认证认可监督管理部门公布。

（二）认证

任何法人、组织和个人可以自愿委托依法设立的认证机构进行产品、服务、管理体系认证。认证机构以及与认证有关的检查机构、实验室从事认证以及与认证有关的检查、检测活动，应当完成认证基本规范、认证规则规定的程序，确保认证、检查、检测的完整、客观、真实，不得增加、减少、遗漏程序。认证机构以及与认证有关的检查机构、实验室应当对认证、检查、检测过程作出完整记录，归档留存。认证机构及其认证人员应当及时作出认证结论，并保证认证结论的客观、真实。认证结论经认证人员签字后，由认证机构负责人签署。认证结论为产品、服务、管理体系符合认证要求的，认证机构应当及时向委托人出具认证证书。

获得认证证书的，应当在认证范围内使用认证证书和认证标志。认证机构可以自行制定认证标志，并报国务院认证认可监督管理部门备案。认证机构应当对其认证的产品、服务、管理体系实施有效的跟踪调查，认证的产品、服务、管理体系不能持续符合认证要求的，认证机构应当暂停其使用直至撤销认证证书，并予公布。

国家对必须经过认证的产品，统一产品目录，统一技术规范的强制性要求、标准和合格评定程序，统一标志，统一收费标准。列入目录的产品，必须经国务院认证认可监督管理部门指定的认证机构进行认证。列入目录的产品涉及进出口商品检验目录的，应当简化检验手续。

（三）认可

国务院认证认可监督管理部门确定的认可机构，独立开展认可活动。认证机构、检查机构、实验室可以通过认可机构的认可，以保证其认证、检查、检测能力持续、稳定地符合认可条件。从事评审、审核等认证活动的人员，应当经认可机构注册后，方可从事相应的认证活动。认可机构应当具有与其认可范围相适应的质量体系，并建立内部审核制度，保证质量体系的有效实施。认可机构根据认可的需要，可以选聘从事认可评审活动的人员。从事认可评审活动的人员应当是相关领域公认的专家，熟悉有关法律、行政法规以及认可规则和程序，具有评审所需要的良好品德、专业知识和业务能力。认可机构应当公开认可条件、认可程序、收费标准等信息。认可机构应当在公布的时间内，按照国家标准和国务院认证认可监督管理部门的规定，完成对认证机构、检查机构、实验室的评审，作出是否给予认可的决定，并对认可过程作出完整记录，归档留存。认可机构应当确保认可的客观公正和完整有效性，并对认可结论负责。认可机构委托他人完成与认可有关的具体评审业务的，由认可机构对评审结论负责。认可机构应当向取得认可的认证机构、检查机构、实验室颁发认可证书，并公布取得认可的认证机构、检查机构、实验室名录。认可证书应当包括认可范围、认可标准、认可领域和有效期限。

（四）监督管理

国务院认证认可监督管理部门可以采取组织同行评议，向被认证企业征求意见，对认证活动和认证结果进行抽查。国务院认证认可监督管理部门应当重点对指定的认证机构、检查机构、实验室进行监督，对其认证、检查、检测活动进行定期或者不定期的检查。指定的认证机构、检查机构、实验室，应当定期向国务院认证认可监督管理部门提交报告，并对报告的真实性负责；报告应当对从事列入目录产品认证、检查、检测活动的情况作出说明。

认可机构应当定期向国务院认证认可监督管理部门提交报告，并对报告的真实性负责；报告应当对认可机构执行认可制度的情况、从事认可活动的情况、从业人员的工作情况作出说明。

任何单位和个人有权向国务院认证认可监督管理部门和地方认证监督管理部门举报认证认可违法行为。国务院认证认可监督管理部门和地方认证监督管理部门应当及时调查处理，并为举报人保密。

（五）法律责任

未经批准擅自从事认证活动的，予以取缔，处 10 万元以上 50 万元以下的罚款，有违法所得的，没收违法所得。

境外认证机构未经登记在中华人民共和国境内设立代表机构的，予以取缔，处 5 万元以上 20 万元以下的罚款。

经登记设立的境外认证机构代表机构在中华人民共和国境内从事认证活动的，责令改正，处 10 万元以上 50 万元以下的罚款，有违法所得的，没收违法所得；情节严重的，撤销批准文件，并予公布。

认证机构有以下情形之一的，责令改正，处 5 万元以上 20 万元以下的罚款，没收违法所得；情节严重的，责令停业整顿，直至撤销批准文件，并予以公布：超出批准范围从事认证活动的；增加、减少、遗漏认证基本规范、认证规则规定的程序的；未对其认证的产品、服务、管理体系实施有效的跟踪调查，或者发现其认证的产品、服务、管理体系不能持续符合认证要求，不及时暂停其使用或者撤销认证证书并予公布的；聘用未经认可机构注册的人员从事认证活动的。

认证人员从事认证活动，不在认证机构执业或者同时在两个以上认证机构执业的，责令改正，给予停止执业6个月以上2年以下的处罚，仍不改正的，撤销其执业资格。

国务院认证认可监督管理部门和地方认证监督管理部门及其工作人员，滥用职权、徇私舞弊、玩忽职守，对直接负责的主管人员和其他直接责任人员，依法给予降级或者撤职的行政处分；构成犯罪的，依法追究刑事责任。

随着工业化发展的进程，对产品质量安全的监管已从对终产品的监管转移到对过程的监管，各种管理体系产品和产品认证等第三方认证随之而生，而对食品行业而言，针对管理体系的认证有HACCP、ISO 9001、ISO 22000、ISO 14001等；针对产品的认证包括有机食品、绿色食品、无公害农产品等。认证活动的重点在于预防体系的建立，通过认证企业不仅能够提高自身的管理水平，同时认证也是企业进入国际市场的敲门砖。

按认证的对象和使用标准分类，可分为产品认证和管理体系认证。按认证的性质分类，认证可分为自愿性和强制性认证。按认证的范围分类认证可分为国家认证、区域认证、国际认证。按认证的标志分类，认证可分为合格标志认证和安全标志认证。

第二节 食品企业的管理体系认证

目前食品企业相关管理体系认证有ISO 9001质量管理体系认证、ISO 22000食品安全管理体系认证、ISO 14004环境管理体系认证、职业健康安全管理体系认证（GB/T 28001—2016）、危害分析和关键控制点（HACCP）认证、良好操作规范（GMP）认证等。体系认证适用范围广，涉及食品的生产、加工、流通等。

一、ISO 9001质量安全管理体系认证

国际标准化组织（ISO）于1979年成立了质量管理和质量保证技术委员会（TC176），负责制定质量管理和质量保证标准。ISO 9000系列标准自1987年发布以来，经历了1994版、2000版、2008版、2015版的修改，形成了现在的ISO 9000—2015系列标准。我国也于2008年12月颁布了GB/T 19001—2008《质量管理体系 要求》，于2009年3月1日正式实施；2016年12月颁布了GB/T 19001—2016《质量管理体系 要求》，于2017年7月1日实施。2015版ISO 9000系列标准包括以下一组密切相关的质量管理体系核心标准。

ISO 9000：2015《质量管理体系基础和术语》

ISO 9001：2015《质量管理体系要求》

ISO 9004：2009《质量管理体系业绩改进指南》

ISO 19011：2011《质量和（或）环境管理体系审核指南》

ISO 9000系列标准并不是产品的技术标准，而是针对组织管理结构、人员、技术能力、技术文件和内部监督机制等一系列体现组织保证产品及服务质量的管理措施的标准。ISO 9000是世界上许多经济发达国家质量管理实践经验的科学总结，且适用于各种类型、不同规模和提供不同产品的组织。实施ISO 9000族标准，可以促进组织质量管理体系的改进和完善，对提高组

织的管理水平能够起到良好的作用。

ISO 9000标准是系统性的标准，涉及的范围、内容广泛，且强调对各部门的职责权限进行明确划分、计划和协调，而使企业能有效地、有秩序地开展各项活动，保证工作顺利进行。ISO 9000标准用于合同环境下的外部质量保证，可作为供方质量保证工作的依据，也是评价供方质量体系的依据；可作为企业申请ISO 9000族质量体系认证的依据；是开发/设计、生产、安装和服务的质量保证模式；用于供方保证在开发、设计、生产、安装和服务各个阶段符合规定要求的情况。ISO 9000标准对质量保证的要求最全，要求提供质量体系要素的证据最多，从合同评审开始到最终的售后服务，要求提供全过程严格控制的依据。要求供方贯彻“预防为主、检验把关相结合”的原则，健全质量体系，有完整的质量体系文件，并确保其有效运行。

ISO 9000族质量保证模式标准强调管理层的介入，明确制定质量方针及目标，并通过定期的管理评审达到了解公司的内部体系运作情况，及时采取措施，确保体系处于良好的运作状态的目的。强调纠正及预防措施，消除产生不合格或不合格的潜在原因，防止不合格的再发生，从而降低成本。强调不断的审核及监督，达到对企业的管理及运作不断地修正及改良的目的。强调全体员工的参与及培训，确保员工的素质满足工作的要求，并使每一个员工有较强的质量意识。强调文化管理，以保证管理系统运行的正规性、连续性。如果企业有效地执行这一管理标准，就能提高产品（或服务）的质量，降低生产（或服务）成本，建立客户对企业的信心，提高经济效益，最终大大提高企业在市场上的竞争力。

质量管理体系认证机构分国内和国外两种。根据《认证认可条例》的规定，中国合格评定国家认可委员会（CNAS）是由国家认监委批准设立并授权的国家认可机构，统一负责对认证机构、实验室和检验机构等相关机构的认可工作。CNAS是唯一代表中国政府在国际认可论坛（IAF）的认可机构，而国外如英国皇家认可委员会（UKAS）和美国国家标准协会-美国质量学会认证机构认可委员会（ANAB）等机构与CNAS是同样的机构，是各个国家代表政府在IAF中的认可机构，每个国家都有一个唯一的认可机构参与联合国的认可工作，负责各国的认可工作。中国认证机构需经过国家认监委的批准，并经过CNAS认可后方可从事认证业务，并在证书上加带CNAS和IAF及认证机构的标志，作为认证证书的互认标识。国外的认证机构在中国从事认证业务，需由中国具有法人地位的单位分包从事认证业务，并经国家认监委的批准后认可在中国从事认证业务。所颁发的认证证书为其分包机构的认证证书，并将认证信息上报国家认监委进行报备。

目前中国境内有很多企业选择了国外的认证机构进行认证认可服务，如UKAS认可，很多的企业都有一个误区：“UKAS认证”，其实不是这样的理解，UKAS实际上与我国的CNAS机构一样，是IAF的成员国的认可机构，UKAS与CNAS是分别代表不同国家的认可机构对认证机构进行认可，我国的认证机构所颁发的认证证书全部都带有CNAS的标志，不能说要进行CNAS认证，所以企业应该正确地认识和选择适合的认证机构。

1. ISO 9001质量管理体系认证流程

质量管理体系认证是由国家认可的认证机构依据审核准则，对受审核方的质量管理体系通过实施审核及认证评定，确认受审核方的质量管理体系的符合性及有效性，并颁发证书与标志的过程。

（1）认证程序　提出申请→受理申请→签订合同→制定审核方案→审核启动→文件评审/初访→现场审核准备→现场审核→审核报告编制、批准和分发→纠正措施的跟踪验证→认证的评审、批准和发证→监督审核→复评。

（2）申请认证时递交的文件清单 认证申请书，申请书应包括申请认证的生产、经营或服务活动范围及活动情况的说明；法律地位的证明文件的复印件。若质量管理体系覆盖多场所活动，应附每个场所的法律地位证明文件的复印件（适用时）；质量管理体系覆盖的活动所涉及法律法规要求的行政许可证明、资质证书、强制性认证证书等的复印件；质量管理体系成文信息（适用时）。

（3）受理申请 认证机构应对申请组织提交的申请资料进行评审，根据申请认证的活动范围及场所、员工人数、完成审核所需时间和其他影响认证活动的因素，综合确定是否有能力受理认证申请。对被执法监管部门责令停业整顿或在全国企业信用信息公示系统中被列入“严重违法企业名单”的申请组织，认证机构不应受理其认证申请。对符合要求的，认证机构可决定受理认证申请；对不符合上述要求的，认证机构应通知申请组织补充和完善，或者不受理认证申请。

（4）初审审批与注册 认证机构对审核组提出的审核报告进行全面的审查，决定是否通过认证。若通过认证，则予以注册和发给注册证书。

（5）发证后监督的要求 认证机构应对持有其颁发的质量管理体系认证证书的组织（以下称获证组织）进行有效跟踪。初次认证后的第一次监督审核应在认证证书签发日起 12 个月内进行。此后，监督审核应至少每个日历年（应进行再认证的年份除外）进行一次，且两次监督审核的时间间隔不得超过 15 个月。在监督审核中发现的不符合项，认证机构应要求获证组织分析原因，规定时限要求获证组织完成纠正和纠正措施并提供纠正和纠正措施有效性的证据。

2. 再认证程序

认证证书期满前，若获证组织申请继续持有认证证书，认证机构应当实施再认证审核，并决定是否延续认证证书。认证机构应按初次审核要求组成审核组，按审核规定并结合历次监督审核情况，制定再认证审核计划交审核组实施。对再认证审核中发现的严重不符合项，认证机构应规定时限要求获证组织实施纠正与纠正措施，并在原认证证书到期前完成对纠正与纠正措施的验证。认证机构按要求作出再认证决定，获证组织继续满足认证要求并履行认证合同义务的，向其换发认证证书。

如果在当前认证证书的终止日期前完成了再认证活动并决定换发证书，新认证证书的终止日期可以基于当前认证证书的终止日期。新认证证书上的颁证日期应不早于再认证决定日期。如果在当前认证证书终止日期前，认证机构未能完成再认证审核或对严重不符合项实施的纠正和纠正措施未能进行验证，则不应予以再认证，也不应延长原认证证书的有效期。在当前认证证书到期后，如果认证机构能够在 6 个月内完成未尽的再认证活动，则可以恢复认证，否则应至少进行一次第二阶段审核才能恢复认证。认证证书的生效日期应不早于再认证决定日期，终止日期应基于上一个认证周期。

3. 暂停或撤销认证证书

认证机构应制定暂停、撤销认证证书或缩小认证范围的规定和文件化的管理制度，规定和管理制度应满足本规则相关要求。认证机构对认证证书的暂停和撤销处理应符合其管理制度，不得随意暂停或撤销认证证书。

（1）暂停证书 获证组织有以下情形之一的，认证机构应在调查核实后的 5 个工作日内暂停其认证证书：质量管理体系持续或严重不满足认证要求，包括不满足质量管理体系运行有效性要求的；不承担、履行认证合同约定的责任和义务的；被有关执法监管部门责令停业整顿的；持有的与质量管理体系范围有关的行政许可证明、资质证书、强制性认证证书等过期失效，重新提交的申请已被受理但尚未换证的；主动请求暂停的；其他应当暂停认证证书的。

认证证书暂停期不得超过6个月。认证机构应以适当方式公开暂停认证证书的信息，明确暂停的起始日期和暂停期限，并声明在暂停期间获证组织不得以任何方式使用认证证书、认证标识或引用认证信息。

（2）撤销证书　有以下情形之一的，认证机构应在获得相关信息并调查核实后5个工作日内撤销其认证证书：注销或撤销法律地位证明文件的；列入质量信用严重失信企业名单；拒绝配合认证监管部门实施的监督检查，或者对有关事项的询问和调查提供了虚假材料或信息的；拒绝接受国家产品质量监督抽查的；出现重大的产品和服务等质量安全事故，经执法监管部门确认是获证组织违规造成的；其他严重违反法律法规行为的；暂停认证证书的期限已满但导致暂停的问题未得到解决或纠正的（包括持有的与质量管理体系范围有关的行政许可证明、资质证书、强制性认证证书等已经过期失效但申请未获批准）；没有运行质量管理体系或者已不具备运行条件的。不按相关规定正确引用和宣传获得的认证信息，造成严重影响或后果，或者认证机构已要求其纠正但超过2个月仍未纠正的；其他应当撤销认证证书的。

撤销认证证书后，认证机构应及时收回撤销的认证证书。若无法收回，认证机构应及时在相关媒体和网站上公布或声明撤销决定。认证机构暂停或撤销认证证书应当在其网站上公布相关信息，同时按规定程序和要求报国家认监委。认证机构应采取有效措施避免各类无效的认证证书和认证标志被继续使用。

4. 证书要求

认证证书应至少包含以下信息：认证机构名称、申请认证单位名称及产品审核通过的相关标准、证书的有效期限、证书编号、认证机构公章、认证机构负责人亲笔签字等；初次认证证书有效期最长为3年，再认证的认证证书有效期不超过最近一次有效认证证书截止期再加3年；认证机构应当建立证书信息披露制度，除向申请组织、认证监管部门等执法监管部门提供认证证书信息外，还应当根据社会相关方的请求向其提供证书信息，接受社会监督。

二、ISO 22000食品安全管理体系认证

ISO 22000涉及从农场到餐桌食品供应链全过程，是以国际法典委员会（CAC）《食品卫生通则》附件中《危害分析和关键控制点（HACCP）体系及实施指南》为原理建立的食品安全管理体系标准。2005年9月1日国际标准化组织颁布了ISO 22000：2005《食品安全管理体系　对食物链中任何组织的要求》食品安全管理标准，试图改善全球众多食品安全管理标准各自为政的局面，为全球食品行业提供统一的食品安全管理框架，为食品安全审核及认证提供统一的认证标准，为全球食品贸易提供统一的安全管理规范。ISO 22000标准沿用ISO 9001及ISO 14001等通用管理体系标准结构，同时充分考虑了食品行业特殊规范，如HACCP的特殊要求。ISO 22000的使用范围覆盖了食品链全过程，即种植、养殖、初级加工、生产制造、分销、零售，一直到消费者使用，其中也包括餐饮。另外，与食品生产密切相关的行业也可以采用这个标准建立食品安全管理体系，如配料、食品添加剂、食品设备、食品包装材料、食品清洁服务、清洁剂、贮藏、运输、杀虫剂、兽药等。

1. ISO 22000 的特点

遵守 HACCP 的基本原则；符合国际管理标准的架构，与其他的管理标准如 ISO 9001/ISO 14001 保持一致；为第一方、第二方、第三方审核和认证活动提供明确的技术规范和要求。

2. ISO 22000 的主要内容

（1）互动沟通　沟通是确保在整个食品链的每个步骤所有相关的食品安全危害得到确认和控制所必需的，包括食品链中上游和下游组织的沟通。

（2）系统管理　最有效的食品安全体系是在架构化的管理体系框架内建立、运作和改进的。

（3）危害控制　ISO 22000 动态地将 HACCP 原则及其应用要求整合了起来，用危害分析来确定要采取的策略以确保食品安全危害通过 HACCP 前期要求，进行有效前期控制。

3. ISO 22000 认证的意义

（1）保障消费者健康　ISO 22000 标准适用于食品链中所有的食品生产经营组织，它要求食品生产经营组织将食品安全进行系统管理，以确保消费者食用安全为目标，以 HACCP 原理及其应用体系为核心，重点强调对“从农田到餐桌”整个食品链中影响食品安全的危害进行过程化、系统化和可追溯性控制。因此，通过实施这一结构严谨且成效显著的预防性食品安全控制体系，可以对食品形成和分销全过程的安全危害依据其显著程度实施分类控制，确保食品中潜在的显著危害得到预防、消除或降低到可接受水平，从而使提供的食品满足消费者身体健康和生命安全的要求。

（2）促进食品国际贸易　运行一个满足食品安全管理国际标准的体系，是经济全球化条件下食品企业与国际食品安全管理通行规则对接的需要，也是我国强化食品安全管理大趋势下企业应当具备的最基本的产品品质保证要求。食品出口企业必须建立完善的食品安全管理体系。获得食品安全管理体系认证证书，证明企业已经满足食品安全管理国际标准的要求，在产品市场准入审批和产品出口卫生注册时可以减少重复检查，降低企业成本。目前，以 HACCP 为核心的食品安全管理体系正日益成为与国际贸易的通行证，同时也正成为发达国家国际贸易的技术壁垒。食品行业要跨越技术壁垒，就必须紧跟国际食品业的发展潮流。因此，积极采用国际先进的食品安全管理体系，将有效减少技术法规、标准和合格评定程序对国际贸易构成的不必要障碍，促进国际贸易自由化。

（3）提高食品企业的食品安全管理水平　企业建立 ISO 22000 食品安全管理体系并推行食品安全管理体系认证制度，有利于推动各种技术法规和标准的贯彻，促使企业按照技术法规和标准实施管理或组织生产，规范自身行为，从根本上提高企业食品安全管理水平，增强员工卫生安全意识，有效控制可能发生的食品安全事故。根据食品安全危害的显著程度分别采取有效的控制措施，可以恰当地配置资源，在有效控制危害的同时降低运营成本，减少浪费，提高效益。

（4）保证产品质量，提高市场竞争力　通过系统分析，明了产品、过程和环境中潜在的食品安全危害及其安全风险水平，有利于有针对性地采取控制措施，避免控制失误，保证产品质量，建立和维护企业市场信誉并增强竞争力。

因此 ISO 22000 的认证和推广，具有重要作用和深远的意义。

4. ISO 22000 的认证程序

根据 GB/T 22000—2006《食品安全管理体系　食品链中各类组织的要求》和 ISO 22000 Food safety management systems：Requirements for any organizations in the food chain 的规定，ISO

22000 的初次认证程序包括：提出申请→认证受理→签订合同→制定审核方案和审核策划→第一阶段审核→第二阶段审核→产品安全性验证→认证决定→监督审核→再认证。

（1）认证申请

①认证机构应要求认证委托人具备以下条件：取得国家、地方市场监督管理部门或有关机构注册登记的法人资格（或其组成部分）；已取得相关法规规定的行政许可（适用时）；未列入严重违法失信名单；生产、加工及经营的产品或提供的服务符合相关法律、法规、标准和规范的要求；按照本规则规定的认证依据，建立和实施食品安全管理体系，且有效运行 3 个月以上；一年内未发生违反相关法律、法规的食品安全事故；3 年内未因食品安全事故、违反国家食品安全管理相关法规或虚报、瞒报获证所需信息，而被认证机构撤销认证证书。

②认证机构应要求认证委托人提交以下文件和资料：认证申请；法律地位证明文件。当食品安全管理体系覆盖多个法律实体时，应提供每个法律实体的法律地位证明文件；申请认证范围所涉及的法律法规要求的行政许可证明文件（适用时）；食品安全管理体系文件化信息（包括产品描述、流程图和过程描述、操作性前提方案计划、HACCP 计划等）；组织机构与职责说明；加工生产线、季节性生产、HACCP 项目和班次的详细信息；多场所清单、外包（含委托加工）情况说明（适用时）；产品符合安全要求的相关证据；承诺遵守相关法律法规、认证机构要求及提供材料真实有效的自我声明；其他需要的文件。

（2）认证受理

①认证机构受理认证申请应至少公开以下信息：可开展认证业务的范围，以及获得相应认可的情况；开展认证活动所依据的认证标准；相关的认证方案、认证程序；批准、保持、变更、暂停、恢复、撤销认证证书的规定与程序；拟获取认证委托人的信息，以及对相关信息的保密规定；认证证书的使用规定；对认证过程的申诉、投诉规定；认证要求变更的规定。

②认证机构应根据认证依据、程序等要求，对认证委托人提交的申请文件和资料进行评审并保存评审记录。申请材料齐全、符合要求的，予以受理认证申请；未通过申请评审的，应书面通知认证委托人在规定时间内补充、完善，不同意受理认证申请应明示理由。

（3）签订认证合同　认证机构应与认证委托人签订具有法律效力的书面认证合同或等效文件。认证合同或等效文件应明确食品安全管理体系覆盖的范围以及认证机构和认证委托人各自应当承担的责任、权利和义务。

（4）审核方案和审核策划

①认证机构应与认证委托人签订具有法律效力的书面认证合同或等效文件。认证合同或等效文件应明确食品安全管理体系覆盖的范围以及认证机构和认证委托人各自应当承担的责任、权利和义务。

②初次认证审核方案应包括两个阶段的初次审核、认证决定之后的监督审核及再认证审核。

③初次认证后的第一次监督审核应在认证决定日期起 12 个月内进行。此后，监督审核应至少每个日历年（应进行再认证的年份除外）进行一次，且两次监督审核之间不应超过 15 个月。

④当认证委托人的食品安全管理体系覆盖了多个场所时，认证机构应对包括中心职能在内的所有场所实施现场认证审核，以确保审核的有效性。当认证委托人将影响食品安全的重要生产过程采用委托加工等方式进行时，除非被委托加工组织的被委托加工活动已获得相应的食品安全管理体系认证或 HACCP 认证，否则应对委托加工过程实施现场审核。

⑤认证机构应按 GB/T 27204—2017《合格评定　确定管理体系认证审核时间指南》中的方法制定文件化的确定审核时间的程序，并应至少考虑行业类别、HACCP 项目、产品/服务实现过程的复杂程度、涉及食品安全方面的员工数、场所数量等因素。

⑥认证机构应根据实现审核目的所需的能力以及公正性要求来选择和任命审核组。审核组应具备的基本条件：审核组应具备在特定行业类别运用前提方案、危害分析、操作性前提方案计划、HACCP 计划的能力；审核组成员的专业能力已经认证机构评定；审核组成员身体健康，并有健康证明；审核组如果需要技术专家提供支持，技术专家应具有食品工程、食品科学或相关专业大学本科以上学历或中级职称（含中级职称）以上资格，熟悉食品生产过程或服务，身体健康具有健康证明。第一、二阶段审核组组长宜为同一人，第二阶段审核组至少由两名审核员组成，且其中至少应包含一名第一阶段审核员。同一审核员连续对同一生产现场实施认证审核的次数最多为 6 次。一阶段审核和特殊审核不计入审核次数。

⑦认证机构应编制审核计划，审核计划中至少应包括以下内容：审核目的、审核准则、审核范围、审核日期、时间安排和场所、审核组成员及审核任务安排。

（5）第一阶段审核　第一阶段审核的目标是通过了解认证委托人的食品安全管理体系和认证委托人对第二阶段的准备状态，策划第二阶段审核的关注点。第一阶段审核应审查但不限于以下方面的内容：认证委托人的前提方案与其业务活动的适宜性（如法律、法规、顾客和认证方案的要求）；建立的食品安全管理体系包括了识别和评估认证委托人的食品安全危害以及后续对控制措施（组合）选择和分类的过程和方法；实施了食品安全相关的法律、法规；认证委托人策划的食品安全管理体系是为了实现其食品安全方针；食品安全管理体系的实施程度证明认证委托人已为第二阶段审核做好准备；控制措施的确认、活动的验证和改进的方案符合食品安全管理体系标准要求；食品安全管理体系的文件和安排适合内部沟通和与相关供应商、顾客、利益相关方的沟通；需要评审的其他文件和（或）需要提前获取的信息。

当认证委托人采用由外部开发的控制措施组合时，第一阶段应评审食品安全管理体系文件，确定控制措施组合是否：适合于该认证委托人；满足 GB/T 22000 的要求；保持及时更新。

第一阶段审核应在认证委托人的现场实施。如果认证委托人已获得同一认证机构颁发的其他以 HACCP 原理为核心的食品安全相关管理体系有效认证证书，且认证机构已对认证委托人的过程和活动有充分了解，认证机构经过风险评估后，第一阶段审核可以不在认证委托人的现场进行，但应记录未在现场进行的原因，并能提供证据证明第一阶段审核的目标全部实现。

应告知认证委托人第一阶段审核的结果可能导致推迟或取消第二阶段审核。对于第一阶段审核过的食品安全管理体系的相应部分，被确定为实施充分、有效并符合要求的，第二阶段可以不再对其审核。第一阶段审核提出的影响实施第二阶段审核的问题应在第二阶段审核前得到解决。第一阶段审核和第二阶段审核的时间间隔不应超过 6 个月。如果需要更长的时间间隔，应重新实施第一阶段。

（6）第二阶段审核　第二阶段审核的目的是评价认证委托人食品安全管理体系的实施情况及其有效性。第二阶段审核应在认证委托人的现场实施，并应确保对认证范围内有代表性的生产线、行业类别与子行业类别的典型产品/服务进行审核。

第二阶段审核应至少覆盖以下方面：与食品安全管理体系标准或其他规范性文件的所有要求的符合情况及证据；依据食品安全管理体系关键绩效目标和指标，对绩效进行的监视、测量、报告和评审；认证委托人食品安全管理体系的能力以及在符合适用法律法规要求和合同要求方面的绩效；认证委托人过程的运作控制；内部审核和管理评审；针对认证委托人方针的管理职责。

对于审核中发现的不符合，认证机构应出具书面不符合报告，要求认证委托人在规定的期限内分析原因、说明为消除不符合已采取或拟采取的具体纠正和纠正措施，并提出明确的验证要求。认证机构应评审认证委托人提交的纠正和纠正措施，以确定其是否可被接受。

如果认证机构不能在第二阶段审核结束后 6 个月内验证对严重不符合实施的纠正和纠正措施，则应在推荐认证前再实施一次第二阶段审核。

（7）产品安全性验证　为验证危害分析的输入持续更新、危害水平在确定的可接受水平之内、操作性前提方案计划和 HACCP 计划得以实施且有效，特别是产品的安全状况等情况，适用时，在现场审核或相关过程中需要对认证范围内覆盖的产品进行抽样验证，以验证产品的安全性。

认证机构可根据有关指南、标准、规范或相关要求策划安全性验证活动。安全性验证可采用以下三种方式：委托具备相应资质能力的检测机构完成；或由现场审核人员进行风险评估，现场见证认证委托人实施的产品安全性检验；或由现场审核人员确认并收集 12 个月内由具备资质的第三方检验检测机构出具的检验报告。当认证机构认为检验项目不足以验证产品的安全性时，应采取相应的处理措施。

（8）认证决定　认证机构应制定批准、拒绝、保持、扩大或缩小认证范围，暂停、恢复或撤销认证的认证决定的规定与程序。认证机构在作出认证决定时，应获得与认证决定相关的所有信息，且所有不符合整改完成并得到验证。认证机构应制定认证决定人员的能力准则，被指定进行认证决定的人员应具有相应能力。审核组成员不应参与认证决定。

①综合评价：认证机构应根据审核过程中收集的信息和其他有关信息，对审核结果进行综合评价，以及对产品的实际安全状况进行评价。必要时，认证机构应对认证委托人满足所有认证依据的情况进行风险评估，以做出认证委托人所建立的食品安全管理体系能否获得认证的决定。

②认证决定：对于符合认证要求的认证委托人，认证机构应颁发认证证书。对于不符合认证要求的认证委托人，认证机构应以书面的形式告知其不能通过认证的原因。

（9）监督审核　每次监督审核应尽可能覆盖认证范围内有代表性的生产线、行业类别与子行业类别典型产品/服务，如因产品/服务的季节性或客户需求等原因，监督审核难以覆盖认证范围内所有代表性的生产线、行业类别与子行业类别的典型产品/服务的，应保证在认证证书有效期内的监督审核覆盖认证范围内所有代表性的生产线、行业类别与子行业类别的典型产品/服务。

每次监督审核应至少包括对以下方面的审查：内部审核和管理评审；对上次审核中确定的不符合采取的措施；投诉的处理；食品安全管理体系在实现获证组织目标和食品安全管理体系的预期结果方面的有效性；为持续改进而策划的活动的进展；持续的运作控制；任何变更；认证证书和标识和（或）任何其他对认证资格的使用。必要时，监督审核应对产品的安全性进行验证。

认证机构应依据监督审核结果，对获证组织做出保持、暂停或撤销其认证资格的决定。

5. 再认证

获证组织宜在认证证书有效期结束前 3 个月内向认证机构提出再认证申请。认证机构应及时策划并实施再认证审核，再认证审核应在认证证书到期前完成。再认证审核中发现的严重不符合项，认证机构应规定实施纠正和纠正措施的时限要求，并在原认证证书到期前完成对纠正和纠正措施的验证。

获证组织拟变更认证范围时，应向认证机构提出申请，并按认证机构的要求提交相关材料。认证机构根据获证组织的申请进行评审，策划并实施适宜的审核活动，这些审核活动可单独进行，也可与获证组织的监督或再认证审核一起进行。认证要求变更时，认证机构应制定相应的认证要求转换计划，至少应考虑认证要求变更对认证机构管理体系的影响；认证要求变更对认证人员能力的影响；认证机构依据新认证要求开展认证活动的安排；认证机构依据新认证要求实施转换的安排。认证机构应采取适当方式对获证组织实施变更后认证要求的有效性进行验证，确认认证要求变更后获证组织食品安全管理体系的有效性，符合要求可继续使用认证证书。

6. 认证证书

食品安全管理体系认证证书的生效日期不得早于认证决定的日期。初次认证证书有效期为三年。再认证证书的终止日期不得超过上一认证周期认证证书的终止日期再加 3 年。

认证证书应包括获证组织名称、生产/服务场所的地址；证书编号；认证机构名称、地址；认证依据；颁证日期、证书有效期等基本信息。

如果获证组织未按规定使用认证证书、未履行认证合同义务，应暂停证书的使用。暂停期限不超过 6 个月。在暂停期间，获证组织的食品安全管理体系认证暂时无效。认证机构应在获证组织完成对造成暂停的不符合的纠正和纠正措施进行确认后，恢复被暂停的认证。如果获证组织未能在认证机构规定的时限内完成对不符合的纠正和纠正措施，认证机构应撤销或缩小其认证范围。

如获证组织食品安全管理体系不符合认证依据或相关产品不符合标准要求、获证组织出现食品安全事故、市场监督管理部门监督抽查产品和食品安全生产规范体系检查不合格等情况发生，需要立即撤销认证证书。

三、ISO 14000 环境管理体系认证

环境管理体系（EMS）是组织整个管理体系中的一部分，用来制定和实施其环境方针，并管理其环境因素，包括为制定、实施、实现、评审和保持环境方针所需的组织机构、计划活动、职责、惯例、程序、过程和资源。ISO 14000 系列国际标准是国际标准化组织（ISO）汇集全球环境管理及标准化方面的专家，在总结全世界环境管理科学经验基础上制定并正式发布的一套环境管理的国际标准，涉及环境管理体系、环境审核、环境标志、生命周期评价等国际环境领域内的诸多焦点问题，旨在指导各类组织（企业、公司）取得和表现正确的环境行为。该系列标准共分七个系列，其标准号从 14001 至 14100，共 100 个标准号，统称为 ISO 14000 系列标准。目前正式颁布的有 ISO 14001、ISO 14004、ISO 14010、ISO 14011、ISO 14012 五个标准，其中 ISO 14001：2015《环境管理体系规范及使用指南》是 ISO 于 2015 年颁布的新版标准，是系列标准的核心标准，也是唯一可用于第三方认证的标准，该标准已经在全球获得了普遍的认同。

ISO 14000 系列标准突出了“全面管理、预防污染、持续改进”的思想，作为 ISO 14000 系列标准中最重要也是最基础的一项标准，ISO 14001《环境管理体系规范及使用指南》站在政府、社会、采购方的角度对组织的环境管理体系（环境管理制度）提出了共同的要求，以有效

地预防与控制污染并提高资源与能源的利用效率。ISO 14001 是组织建立与实施环境管理体系和开展认证的依据。ISO 14001 是在当今人类社会面临严重的环境问题（如温室效应、臭氧层破坏、生物多样性的破坏、生态环境恶化、海洋污染等）的背景下产生的，是工业发达国家环境管理经验的结晶，其基本思想是引导组织按照 PDCA［Plan（计划）、Do（执行）、Check（检查）和 Act（处理）］的模式建立环境管理的自我约束机制，从最高领导到每个职工都以主动、自觉的精神处理好自身发展与环境保护的关系，不断改善环境绩效，进行有效的污染预防，最终实现组织的良性发展。该标准适用于任何类型与规模的组织，并适用于各种地理、文化和社会环境。

ISO 14001 标准要求组织通过建立环境管理体系来达到支持环境保护、预防污染和持续改进的目标，并可通过取得第三方认证机构认证的形式，向外界证明其环境管理体系的符合性和环境管理水平。因 ISO 14001 环境管理体系可以带来节能降耗、增强企业竞争力、赢得客户、取信于政府和公众等诸多好处，所以自发布之日起即得到了广大企业的积极响应，被视为进入国际市场的“绿色通行证”。同时，由于 ISO 14001 的推广和普及在宏观上可以起到协调经济发展与环境保护的关系、提高全民环保意识、促进节约和推动技术进步等作用，因此也受到了各国政府和民众越来越多的关注。许多国家，尤其是发达国家纷纷宣布，没有环境管理认证的商品，将在进口时受到数量和价格上的限制。例如，欧洲国家宣布，电脑产品必须具有“绿色护照”方可入境；美国能源部规定，政府采购只有取得认证的厂家才有资格投标。

企业（或其他组织）如果想要获得 ISO 14001 证书，首先需要建立起环境管理体系（必要时可寻求咨询机构的帮助），在这个体系运行 3 个月之后，向第三方认证机构申请认证，认证机构按照公正、合理、规范的原则，对其建立起的环境管理体系进行审核，如果合格，认证机构将发给证书；如果不合格，认证机构将开出不符合项，企业进行纠正，然后企业进行跟踪审核，如果合格就颁发证书。目前，我国已有数十家环境管理体系认证机构，企业在选择认证机构时可以综合考虑这些认证机构的认证水平、认证人员的业务能力、认证机构的信誉和可能为组织带来的增值效应以及认证费用等因素，然后选择合适的认证机构。

环境管理体系认证是由国家认可的认证机构依据审核准则，对受审核方的环境管理体系通过实施审核及认证评定，确认受审核方的环境管理体系的符合性及有效性，并颁发证书与标志的过程。

其认证程序为：组织提交书面申请→申请评审、合同评审→鉴定认证合同→任命审核组长、组建审核组→第一阶段审核→第二阶段审核→对纠正措施的跟踪验证→完成审核报告做出推荐结论→认证评定→颁发认证证书→证后监督审核→保持认证→复评（有效期满）→换发认证证书。

（1）信息交流　通过人员互访、电话、传真、电子邮件等方式相互了解，确定实施认证的初步意向和可行性。

（2）认证申请　有意向的申请组织填写《环境管理体系认证申请表》及其附件《认证信息调查表》，认证机构进行评审通过后与申请组织进一步联系，必要时进行现场访问，了解受审核方的基本情况和环境管理体系的建立与实施情况，并做出书面报价。

（3）签订合同　在获得申请组织明确的合同签订意向并通过合同评审后，双方签订《环境管理体系认证服务合同》，认证机构指定审核组长自合同生效日起负责审核活动的开展与实施。

（4）第一阶段审核　受审核方将正式发布的环境管理体系手册、相关文件送交认证机构，由审核组长根据认证要求组织进行文件审查，并将审查结果书面告知受审核方。如有不符合处，受审核方应做修改直至满足相应要求为止。

（5）第二阶段审核　审核组将按照认证计划实施现场审核。审核要求覆盖申请认证全部范围并符合 ISO 14001 环境管理体系标准的全部要求。以抽样审核的方式进行审核。第二阶段审核将指出不符合项，并要求实施纠正。现场审核将给出书面的审核报告，宣布现场审核结果，告知是否予以推荐注册。

（6）不符合纠正与跟踪验证　纠正措施的跟踪可以通过评审受审核方递交的有关证据完成，必要时，也可以实施现场跟踪验证。存在严重不符合项而未能通过现场审核时，应在被审核方完成整改后进行现场复查。

（7）核准发证　认证机构技术委员会审议审核实施过程和审核报告并确定是否予以颁证。由认证机构主任签署认证证书，证书有效期为 3 年。认证机构将在公告范围内公告证书的颁布。

（8）证后监督复评　第一次证书有效期内，每半年监察一次，3 年期满换证后每年监察一次，持证方的组织机构、生产工艺、污染物治理设施和其他覆盖环境因素的行为或活动发生变化时，应及时通知认证机构。必要时，将增加监察次数。对于违反环境法律、法规造成严重危害的，将增加检查次数。复评的审核方法与初次审核相同，复评方案应考虑上一次审核的结果并至少包括环境管理体系文件的审核和现场的审核；复评应确保组织环境管理体系的所有要素之间统一协调；发生变更后，环境管理体系运行良好；环境管理体系得到有效的保持。认证机构根据复评结果，做出是否换发证书的决定。

（9）持证要求　为规范获证组织对认证证书的使用，认证机构对获证组织的证书使用有如下要求：证书的持有者只能用证书和认证标志证明其环境管理体系符合特定的标准，不得将标志直接用于产品，也不得以任何可能误导产品或服务合格的方式使用。当认证被暂停、撤销或注销后，不得继续进行任何涉及认证内容的广告宣传，并按要求交回所有的认证文件。

认证暂停的条件。有下列情况之一的，认证机构将暂停认证证书持有者使用认证证书和标志的资格：违反环境法律、法规，造成环境危害；认证证书持有者未经认证机构批准，对获准认证的环境管理体系进行了更改，且该项更改影响到体系认证资格；监督审核和复评时发现了不符合，如果纠正措施在限期内没有完成，严重的程度尚不构成撤销认证资格；认证证书持有者对证书和标志的使用不符合认证机构的规定；证书持有者未按期交纳认证费用，且经指出后未予纠正。

认证撤销的条件。有下列情况之一的，认证机构将撤销认证证书的资格，收回认证证书：暂停认证资格的通知发出后，认证证书持有者未按规定要求采取适当纠正措施；违反环境法律、法规，造成严重环境危害；监督和复评时发现认证证书持有者环境管理体系存在严重不符合规定要求的情况，又未按照认证机构规定的期限完成纠正措施；认证证书持有者对证书和标志的使用严重不符合认证机构的规定，并造成极大影响。

认证注销的条件。有下列情况之一的应予认证注销：由于环境管理体系认证规则发生变更，体系证书持有者不愿或不能确保符合要求；在认证证书有效期届满时，认证证书持有者未在认证证书届满前 3 个月内向认证机构提出重新认证申请；认证证书持有者主动提出注销。

第三节　食品产品认证

一、无公害农产品认证

根据《无公害农产品管理办法》（中华人民共和国农业部、中华人民共和国国家质量监督检验检疫总局令第 12 号）的规定：无公害农产品，是指产地环境、生产过程和产品质量符合国家有关标准和规范的要求，经认证合格获得认证证书并允许使用公害农产品标志的未经加工或者初加工的食用农产品。无公害农产品标志如图 6－1 所示。

图6－1　食用农产品标识

无公害农产品管理工作，由政府推动，并实行产地认定和产品认证的工作模式。无公害农产品认证采取产地认定与产品认证相结合的模式，申请无公害农产品认证的产品其产地必须首先获得各级农业行政主管部门的产地认定，产品认证阶段由认证机构（即农产品质量安全中心）具体负责组织实施。无公害农产品认证仅限于列入无公害农产品认证目录的产品。

无公害农产品标志图案主要由麦穗、对钩和无公害农产品字样组成，麦穗代表农产品，对钩表示合格，金色寓意成熟和丰收，绿色象征环保和安全。

1995 年 5 月，浙江省成立了全国第一个无公害农产品认证中心。之后，各地相继成立了自己的无公害农产品认证中心，而随着人们对食品安全问题的关注度日益提高，对无公害农产品认定的需求也不断增加。

2002 年，国家制定了《农产品质量安全标准与标识管理办法》，明确了无公害农产品认证的标志、标识和管理规定，并进一步规范了认证工作的程序和内容。此时，无公害农产品认证已经成为了保障食品安全的重要手段。更多的农民也开始意识到无公害生产的重要性，并在实践中不断探索和发展，生产过程中注重减少农药和化肥使用，关注生态环境，大力推广无公害种植模式。同时，政府也逐步加大对无公害农产品认证的支持力度，加强对认证机构的规范管理。毫无疑问，无公害农产品认证在促进我国农产品安全发展过程中起到了重要作用，然而随着我国经济实力不断增强和对农业高质量发展的重视，以及人民日益增长的安全优质农产品需求，无公害农产品已不能够满足人们的需要。于是在 2018 年，农业农村部农产品质量安全监管司在召开无公害农产品认证制度改革座谈会上就提出，停止无公害农产品认证工作，启动合格证制度试行工作。2022 年 9 月 2 日，《中华人民共和国农产品质量安全法》经十三届全国人民代表大会常务委员会第三十六次会议修订通过，自 2023 年 1 月 1 日起施行。新版农产品质量安全法不再规定“生产者可以申请使用无公害农产品标志”，无公害农产品认证正式退出历史舞台。

二、食用农产品承诺达标合格认证

2016 年我国试点推行食用农产品合格证制度，取得了积极成效。2019 年在全国试行该项制度，但由于缺乏上位法依据，在试行过程中存在一些问题。2021 年，农业农村部办公厅发布《关于加快推进承诺达标合格证制度试行工作的通知》，明确将合格证名称由“食用农产品合格证”调整为“承诺达标合格证”。2022 年修订版《农产品质量安全法》正式纳入了农产品质量安全承诺达标合格证制度，在法律层面明确了承诺达标合格证的法律地位。

承诺达标合格证是农产品产地准出、质量安全追溯的重要载体，通过承诺达标合格证可以查看产品的名称、产地、生产者、承诺内容、承诺依据等信息。合格证制度是强化农产品生产经营者的主体责任，保证农产品质量安全可追溯的一项重要举措。

1. 监管部门相关职责

与承诺达标合格证相关的监管部门主要是国务院农业农村主管部门和县级以上人民政府农业农村主管部门，监管部门应当做好承诺达标合格证有关工作的指导服务，加强日常的监督检查，确保承诺达标合格证制度发挥实效。此外，《农产品质量安全法》授权由国务院农业农村主管部门会同有关部门制定具体的管理办法。

2. 相关责任主体及其法律责任

《农产品质量安全法》主要明确了食品生产者、农产品生产企业、农民专业合作社、从事农产品收购的单位或者个人、农产品批发市场等责任主体的法律责任，具体如表 6－1 所示。

表 6－1　食用农产品承诺达标合格证相关责任主体及其法律责任

责任主体	法律责任
食品生产者	采购农产品等食品原料，应当依法查验许可证和合格证明，对无法提供合格证明的，应当按照规定进行检验
农产品生产企业、农民专业合作社	（1）按照规定应当包装或者附加承诺达标合格证等标识的，须经包装或者附加标识后方可销售。 （2）应当执行法律、法规的规定和国家有关强制性标准，保证其销售的农产品符合农产品质量安全标准，并根据质量安全控制、检测结果等开具承诺达标合格证，承诺不使用禁用的农药、兽药及其他化合物且使用的常规农药、兽药残留不超标等
从事农产品收购的单位或者个人	（1）按照规定应当包装或者附加承诺达标合格证等标识的，须经包装或者附加标识后方可销售。 （2）应当按照规定收取、保存承诺达标合格证或者其他质量安全合格证明，对其收购的农产品进行混装或者分装后销售的，应当按照规定开具承诺达标合格证
农产品批发市场	应当建立健全农产品承诺达标合格证查验等制度

此外，由于普通的农户可能不具备相关的条件，《农产品质量安全法》明确，鼓励和支持农户销售农产品时开具承诺达标合格证，引导农户加强农产品的质量控制，提高农产品质量安全意识。

三、相关违法行为及处罚措施

《农产品质量安全法》中第七十三条明确规定了有关承诺达标合格证的违法行为及处罚措施，如表6－2所示。

表6－2　有关承诺达标合格证的违法行为及处罚措施

责任主体	违法行为	处罚措施
农产品生产企业、农民专业合作社、从事农产品收购的单位或者个人	未按照规定开具承诺达标合格证	由县级以上地方人民政府农业农村主管部门按照职责给予批评教育，责令限期改正；逾期不改正的，处一百元以上一千元以下罚款
从事农产品收购的单位或者个人	未按照规定收取、保存承诺达标合格证或者其他合格证明	

四、绿色食品认证

绿色食品是指产自优良生态环境、按照绿色食品标准生产、实行全程质量控制并获得绿色食品标志使用权的安全、优质食用农产品及相关产品。绿色食品标志依法注册为证明商标，受法律保护。县级以上人民政府农业行政主管部门依法对绿色食品及绿色食品标志进行监督管理。中国绿色食品发展中心负责全国绿色食品标志使用申请的审查、颁证和颁证后跟踪检查工作。绿色食品产地环境、生产技术、产品质量、包装贮运等标准和规范由农业农村部制定并发布。承担绿色食品产品和产地环境检测工作的技术机构，应当具备相应的检测条件和能力，并依法经过资质认定，由中国绿色食品发展中心按照公平、公正、竞争的原则择优指定并报农业农村部备案。

依据《绿色食品标志管理办法》（2022年修订版），凡具有绿色食品生产条件的国内企业均可按以下程序申请绿色食品认证。

1. 标志使用申请与核准

申请使用绿色食品标志的产品，应当符合《食品安全法》和《农产品质量安全法》等法律法规规定，在国家知识产权局商标局核定的范围内，并具备下列条件：产品或产品原料产地环境符合绿色食品产地环境质量标准；农药、肥料、饲料、兽药等投入品使用符合绿色食品投入品使用准则；产品质量符合绿色食品产品质量标准；包装贮运符合绿色食品包装贮运标准。

申请使用绿色食品标志的生产单位（以下简称申请人），应当具备下列条件：能够独立承担民事责任；具有绿色食品生产的环境条件和生产技术；具有完善的质量管理和质量保证体系；具有与生产规模相适应的生产技术人员和质量控制人员；具有稳定的生产基地；申请前三年内无质量安全事故和不良诚信记录。

申请人应当向省级工作机构提出申请，并提交下列材料：标志使用申请书；产品生产技术规程和质量控制规范；预包装产品包装标签或其设计样张；中国绿色食品发展中心规定提交的其他证明材料。

省级工作机构应当自收到申请之日起 10 个工作日内完成材料审查。符合要求的，予以受理，并在产品及产品原料生产期内组织有资质的检查员完成现场检查；不符合要求的，不予受理，书面通知申请人并告知理由。

检测机构接受申请人委托后，应当及时安排现场抽样，并自产品样品抽样之日起 20 个工作日内、环境样品抽样之日起 30 个工作日内完成检测工作，出具产品质量检验报告和产地环境监测报告，提交省级工作机构和申请人。检测机构应当对检测结果负责。

省级工作机构应当自收到产品检验报告和产地环境监测报告之日起 20 个工作日内提出初审意见。初审合格的，将初审意见及相关材料报送中国绿色食品发展中心。初审不合格的，退回申请并书面告知理由。省级工作机构应当对初审结果负责。

中国绿色食品发展中心应当自收到省级工作机构报送的申请材料之日起 30 个工作日内完成书面审查，并在 20 个工作日内组织专家评审。必要时，应当进行现场核查。

中国绿色食品发展中心应当根据专家评审的意见，在 5 个工作日内作出是否颁证的决定。同意颁证的，与申请人签订绿色食品标志使用合同，颁发绿色食品标志使用证书，并公告；不同意颁证的，书面通知申请人并告知理由。

中国绿色食品发展中心应当根据专家评审的意见，在 5 个工作日内作出是否颁证的决定。同意颁证的，与申请人签订绿色食品标志使用合同，颁发绿色食品标志使用证书，并公告；不同意颁证的，书面通知申请人并告知理由。

绿色食品标志使用证书是申请人合法使用绿色食品标志的凭证，应当载明准许使用的产品名称、商标名称、获证单位及其信息编码、核准产量、产品编号、标志使用有效期、颁证机构等内容。绿色食品标志使用证书分中文、英文版本，具有同等效力。绿色食品标志使用证书有效期 3 年。证书有效期满，需要继续使用绿色食品标志的，标志使用人应当在有效期满 3 个月前向省级工作机构书面提出续展申请。省级工作机构应当在 40 个工作日内组织完成相关检查、检测及材料审核。初审合格的，由中国绿色食品发展中心在 10 个工作日内作出是否准予续展的决定。准予续展的，与标志使用人续签绿色食品标志使用合同，颁发新的绿色食品标志使用证书并公告；不予续展的，书面通知标志使用人并告知理由。标志使用人逾期未提出续展申请，或者申请续展未获通过的，不得继续使用绿色食品标志。

2. 标志使用管理

标志使用人在证书有效期内享有下列权利：在获证产品及其包装、标签、说明书上使用绿色食品标志；在获证产品的广告宣传、展览展销等市场营销活动中使用绿色食品标志；在农产品生产基地建设、农业标准化生产、产业化经营、农产品市场营销等方面优先享受相关扶持政策。

标志使用人在证书有效期内应当履行下列义务：严格执行绿色食品标准，保持绿色食品产地环境和产品质量稳定可靠；遵守标志使用合同及相关规定，规范使用绿色食品标志；积极配合县级以上人民政府农业农村主管部门的监督检查及其所属绿色食品工作机构的跟踪检查。

未经中国绿色食品发展中心许可，任何单位和个人不得使用绿色食品标志。禁止将绿色食品标志用于非许可产品及其经营性活动。

在证书有效期内，标志使用人的单位名称、产品名称、产品商标等发生变化的，应当经省级工作机构审核后向中国绿色食品发展中心申请办理变更手续。产地环境、生产技术等条件发生变化，导致产品不再符合绿色食品标准要求的，标志使用人应当立即停止标志使用，并通过省级工作机构向中国绿色食品发展中心报告。

3. 监督检查

标志使用人应当健全和实施产品质量控制体系，对其生产的绿色食品质量和信誉负责。县级以上地方人民政府农业农村主管部门应当加强绿色食品标志的监督管理工作，依法对辖区内绿色食品产地环境、产品质量、包装标识、标志使用等情况进行监督检查。中国绿色食品发展中心和省级工作机构应当建立绿色食品风险防范及应急处置制度，组织对绿色食品及标志使用情况进行跟踪检查。省级工作机构应当对辖区内绿色食品标志使用人使用绿色食品标志的情况实施年度检查。检查合格的，在标志使用证书上加盖年度检查合格章。

标志使用人有下列情形之一的，由中国绿色食品发展中心取消其标志使用权，收回标志使用证书，并予公告：生产环境不符合绿色食品环境质量标准的；产品质量不符合绿色食品产品质量标准的；年度检查不合格的；未遵守标志使用合同约定的；违反规定使用标志和证书的；以欺骗、贿赂等不正当手段取得标志使用权的。

标志使用人依照前款规定被取消标志使用权的，3 年内中国绿色食品发展中心不再受理其申请；情节严重的，永久不再受理其申请。

任何单位和个人不得伪造、转让绿色食品标志和标志使用证书。

国家鼓励单位和个人对绿色食品和标志使用情况进行社会监督。

从事绿色食品检测、审核、监管工作的人员，滥用职权、徇私舞弊和玩忽职守的，依照有关规定给予行政处罚或行政处分；涉嫌犯罪的，及时将案件移送司法机关，依法追究刑事责任。承担绿色食品产品和产地环境检测工作的技术机构伪造检测结果的，除依法予以处罚外，由中国绿色食品发展中心取消指定，永久不得再承担绿色食品产品和产地环境检测工作。

其他违反《绿色食品标志管理办法》规定的行为，依照《食品安全法》《农产品质量安全法》和《商标法》等法律法规处罚。

五、有机食品认证

一个完整的有机食品认证控制体系，包括以下几个部分：有机立法、有机标准、检查与认证体系、监管体系、有机标签、农场内部控制体系。有机认证制度通过建立标准，由认证机构的第三方检查与认证标准的遵守、主管部门对认证机构的监管，构成了有机食品在生产与贸易方面的控制体系。我国有机食品认证依据的法律法规主要包括：《认证认可条例》，2003 年 9 月颁布，同年 11 月 1 日起实施；《有机产品认证管理办法》于 2013 年 11 月 15 日国家质量监督检验检疫总局令第 155 号公布，根据 2015 年 8 月 25 日国家质量监督检验检疫总局令第 166 号第一次修订，根据 2022 年 9 月 29 日国家市场监督管理总局令第 61 号第二次修订；《有机产品认证实施规则》，国家认监委于 2005 年 6 月 1 日发布，并分别于 2014 年 4 月 23 日、2019 年 11 月 12 日和 2011 年 12 月 2 日对其进行修订。GB/T 19630—2019《有机产品生产、加工、标识与管理体系要求》于 2019 年 8 月 30 日发布，2020 年 1 月 1 日实施。

有机食品认证的一般程序包括：生产者向认证机构提出申请和提交符合有机生产加工的证明材料，认证机构对材料进行评审、现场检查后批准。其认证程序如下所述。

1. 申请

认证委托人应至少提交以下文件和资料：

（1）认证委托人的合法经营资质文件的复印件。

（2）认证委托人及其有机生产、加工、经营的基本情况　认证委托人名称、地址、联系方式；不是直接从事有机产品生产、加工的认证委托人，应同时提交与直接从事有机产品的生产、加工者签订的书面合同的复印件及具体从事有机产品生产、加工者的名称、地址、联系方式；生产单元/加工/经营场所概况；申请认证的产品名称、品种、生产规模（包括面积、产量、数量、加工量）等；同一生产单元内非申请认证产品和非有机方式生产的产品的基本信息；过去3年间的生产历史情况说明材料，如植物生产的病虫草害防治、投入品使用及收获等农事活动描述；野生采集情况的描述；畜禽养殖、水产养殖的饲养方法、疾病防治、投入品使用、动物运输和屠宰等情况的描述；申请和获得其他认证的情况。

（3）产地（基地）区域范围描述　包括地理位置坐标、地块分布、缓冲带及产地周围邻近地块的使用情况；加工场所周边环境描述、厂区平面图、工艺流程图等。

（4）管理手册和操作规程。

（5）本年度有机产品生产、加工、经营计划，上一年度有机产品销售量与销售额（适用时）等。

（6）承诺守法诚信，接受认证机构、认证监管等行政执法部门的监督和检查，保证提供材料真实、执行有机产品标准和有机产品认证实施规则相关要求的声明。

（7）有机转换计划（适用时）。

（8）其他。

对符合审查规则要求的认证委托人，认证机构应根据有机产品认证依据、程序等要求，在10个工作日内对提交的申请文件和资料进行审查并作出是否受理的决定，保存审查记录。申请材料齐全、符合要求的，予以受理认证申请；对不予受理的，应书面通知认证委托人，并说明理由。认证机构可采取必要措施帮助认证委托人及直接进行有机产品生产、加工、经营者进行技术标准培训，使其正确理解和执行标准要求。

2. 现场检查准备

根据所申请产品对应的认证范围，认证机构应委派具有相应资质和能力的检查员组成检查组。每个检查组应至少有一名认证范围注册资质的专职检查员。对同一认证委托人的同一生产单元，认证机构不能连续3年以上（含3年）委派同一检查员实施检查。认证机构在现场检查前应向检查组下达检查任务书，包括检查依据、检查范围、检查组组长和成员，计划实施检查的时间、检查要点。认证机构可向认证委托人出具现场检查通知书，将检查内容告知认证委托人。检查组应制定书面的检查计划，经认证机构审定后交认证委托人并获得确认。现场检查时间应安排在申请认证产品的生产、加工、经营过程或易发质量安全风险的阶段。因生产季等原因，认证周期内首次现场检查不能覆盖所有申请认证产品的，应在认证证书有效期内实施现场补充检查。认证机构应在现场检查前至少提前5日将认证委托人及生产单元、检查安排等基本信息报送到认监委网站“中国食品农产品认证信息系统”。地方认证监管部门对认证机构提交的检查方案和计划等基本信息有异议的应至少在现场检查前2日提出；认证机构应及时与该部门进行沟通，协调一致后方可实施现场检查。

3. 现场检查

现场检查包括检查组应根据认证依据对认证委托人建立的管理体系进行评审，核实生产、加工、经营过程与认证委托人按照GB/T 19630—2019中5.2.7条款所提交的文件的一致性，确认生产、加工、经营过程与认证依据的符合性。

（1）检查过程至少应包括的内容　对生产、加工过程、产品和场所的检查，如生产单元有非有机生产、加工或经营时，也应关注其对有机生产、加工或经营的可能影响及控制措施；对生产、加工、经营管理人员、内部检查员、操作者进行访谈；对 GB/T 19630—2019 所规定的管理体系文件与记录进行审核；对认证产品的产量与销售量进行衡算；对产品追溯体系、认证标识和销售证的使用管理进行验证；对内部检查和持续改进进行评估；对产地和生产加工环境质量状况进行确认，评估对有机生产、加工的潜在污染风险；采集必要的样品；对上一年度提出的不符合项采取的纠正和纠正措施进行验证（适用时）。检查组在结束检查前，应对检查情况进行总结，向受检查方和认证委托人确认检查发现的不符合项。

（2）样品检测　认证机构应编制抽样检测的技术文件，对抽样检测的项目、频次、方法、过程等作出要求；认证机构应对申请生产、加工认证的所有产品抽样检测，在风险评估基础上确定需检测的项目。对植物生产认证，必要时可对其生长期植物组织进行抽样检测。如果认证委托人生产的产品仅作为该委托人认证加工产品的唯一配料，且经认证机构风险评估后配料和终产品检测项目相同或相近，则应至少对终产品进行抽样检测；认证证书发放前无法采集样品并送检的，应在证书有效期内安排抽样检测并得到检测结果；认证机构应委托具备法定资质的检验检测机构进行样品检测；产品生产、加工场所在境外，产品因出入境检验检疫要求等原因无法委托境内检验检测机构进行检测，可委托境外第三方检验检测机构进行检测；对于再认证产品，可在换发证书有效期内的产品入境后由认证机构抽样，委托境内检验检测机构进行检测，检测结果不符合认证要求的，应立即暂停或撤销证书；有机生产或加工中允许使用物质的残留量应符合相关法律法规或强制性标准的规定，有机生产和加工中禁止使用的物质不得检出。

（3）对产地环境质量状况的检查　认证委托人或其生产、加工操作的分包方应出具有资质的监测（检测）机构对产地环境质量进行的监测（检测）报告。产地环境空气质量可采信县级以上（含县级）生态环境部门公布的当地环境空气质量信息或出具其他证明性材料，以证明产地的环境质量状况符合 GB/T 19630 规定的要求。

进口产品的产地环境检测委托人应为认证委托人或其生产、加工操作的分包方。检查员可结合现场检查实际情况评估是否接受认证委托人已有的土壤、灌溉水、畜禽饮用水、生产加工用水等有效的检测报告。如否，应按照 GB/T 19630 的要求进行检测，检测机构可以是符合 ISO/IEC 17025《检测和校准实验室能力的通用要求》要求的境外检测机构。关于环境空气质量，认证机构应根据现场检查实际情况，结合当地官方网站、大气监控数据或报告等内容，确认是否符合 GB/T 19630 规定的要求。

（4）对有机转换的检查　多年生作物存在平行生产时，认证委托人应制定有机转换计划，并事先获得认证机构确认。在开始实施转换计划后，每年须经认证机构派出的检查组核实、确认。未按转换计划完成转换并经现场检查确认的地块不能获得认证。未能保持有机认证的生产单元，需重新经过有机转换才能再次获得有机认证，且不应缩短转换期。有机产品认证转换期起始日期不应早于认证机构受理申请日期。对于获得国外有机产品认证连续 4 年以上（含 4 年）的进口有机产品的国外种植基地，且认证机构现场检查确认其符合 GB/T 19630 要求，可在风险评估的基础上免除转换期。

（5）对投入品的检查　有机生产或加工过程中允许使用 GB/T 19630 附录列出的物质。对未列入 GB/T 19630 附录的物质，认监委可在专家评估的基础上公布有机生产、加工投入品临时补充列表。

认证机构应规定本机构的检查报告的基本格式。检查报告应叙述列明的各项要求的检查情况，就检查证据、检查发现和检查结论逐一进行描述。

对识别出的不符合项，应用写实的方法准确、具体、清晰描述，以易于认证委托人及其相关方理解。不得用概念化的、不确定的、含糊的语言表述不符合项。检查报告应随附必要的证据或记录，包括文字或照片或音视频等资料。检查组应通过检查报告提供充分信息对认证委托人执行标准的总体情况作评价，对是否通过认证提出意见建议。认证机构应将检查报告提交给认证委托人。

4. 认证决定

认证机构应在现场检查、产地环境质量和产品检测结果综合评估的基础上作出认证决定，同时考虑产品生产、加工、经营特点，认证委托人及其相关方管理体系的有效性，当地农兽药使用、环境保护、区域性社会或认证委托人质量诚信状况等情况。对符合以下要求的认证委托人，认证机构应颁发认证证书。不符合条件的，认证机构不应批准认证。认证委托人如对认证决定结果有异议，可在 10 日内向认证机构申诉，认证机构自收到申诉之日起，应在 30 日内处理并将处理结果书面通知认证委托人。认证委托人如认为认证机构的行为严重侵害了自身合法权益，可以直接向各级认证监管部门申诉。

5. 认证后管理

认证机构应每年对获证组织至少安排一次获证后的现场检查。同一认证的品种在证书有效期内如有多个生产季的，则至少需要安排一次获证后的现场检查。认证机构应及时了解和掌握获证组织变更信息，对获证组织实施有效跟踪，以保证其持续符合认证的要求。认证机构在与认证委托人签订的合同中，应明确约定获证组织需建立信息通报制度，及时向认证机构通报变更信息。

6. 再认证

获证组织应至少在认证证书有效期结束前 3 个月向认证机构提出再认证申请。获证组织的有机产品管理体系和生产、加工过程未发生变更时，认证机构可适当简化申请评审和文件评审程序。认证机构应在认证证书有效期内进行再认证检查。因生产季或重大自然灾害的原因，不能在认证证书有效期内安排再认证检查的，获证组织应在证书有效期内向认证机构提出书面申请说明原因。经认证机构确认，再认证可在认证证书有效期后的 3 个月内实施，但不得超过 3 个月，在此期间内生产的产品不得作为有机产品进行销售。对超过 3 个月仍不能再认证的生产单元，应按初次认证实施。

7. 认证证书、认证标志的管理

有机产品认证证书有效期最长为 12 个月。再认证有机产品认证证书有效期，不超过最近一次有效认证证书截止日期再加 12 个月。认证证书被注销或撤销后，认证机构不能以任何理由恢复认证证书。认证证书被暂停的，需在证书暂停期满且完成对不符合项的纠正或纠正措施并确认后，认证机构方可恢复认证证书。

获得有机转换认证证书的产品只能按常规产品销售，不得使用中国有机产品认证标志以及标注“有机”“ORGANIC”等字样和图案。认证证书暂停期间，认证机构应通知并监督获证组织停止使用有机产品认证证书和标志，获证组织同时应封存带有有机产品认证标志的相应批次产品。认证机构有责任和义务采取有效措施避免各类无效的认证证书和标志被继续使用。

六、农产品地理标志认证

农产品地理标志是指标示农产品来源于特定地域，产品品质和相关特征主要取决于自然生态环境和历史人文因素，并以地域名称冠名的特有农产品标志。

2007 年 12 月农业部发布的《农产品地理标志管理办法》规定："国家对农产品地理标志实行登记制度。经登记的农产品地理标志受法律保护。"

目前由农业农村部负责全国农产品地理标志的登记工作，农业农村部农产品质量安全中心负责农产品地理标志登记的审查和专家评审工作。

省级人民政府农业行政主管部门负责本行政区域内农产品地理标志登记申请的受理和初审工作。农业农村部设立的农产品地理标志登记专家评审委员会负责专家评审。农产品地理标志登记专家评审委员会由种植业、畜牧业、渔业和农产品质量安全等方面的专家组成。

农产品地理标志登记不收取费用。县级以上人民政府农业行政主管部门应当将农产品地理标志管理经费编入本部门年度预算。

县级以上地方人民政府农业行政主管部门应当将农产品地理标志保护和利用纳入本地区的农业和农村经济发展规划，并在政策、资金等方面予以支持。国家鼓励社会力量参与推动地理标志农产品发展。

《农产品地理标志管理办法》为规范农产品地理标志的使用，保证地理标志农产品的品质和特色，提升农产品市场竞争力，依据《农业法》《农产品质量安全法》相关规定制定。经 2007 年 12 月 6 日农业部第 15 次常务会议审议通过，2007 年 12 月 25 日农业部令第 11 号发布，自 2008 年 2 月 1 日起施行。

申请地理标志登记的农产品，应当符合下列条件：称谓由地理区域名称和农产品通用名称构成；产品有独特的品质特性或者有特定的生产方式；产品品质和特色主要取决于独特的自然生态环境和人文历史因素；产品有限定的生产区域范围；产地环境、产品质量符合国家强制性技术规范要求。

农产品地理标志登记申请人为县级以上地方人民政府根据下列条件择优确定的农民专业合作经济组织、行业协会等组织：具有监督和管理农产品地理标志及其产品的能力；具有为地理标志农产品生产、加工、营销提供指导服务的能力；具有独立承担民事责任的能力。

符合农产品地理标志登记条件的申请人，可以向省级人民政府农业行政主管部门提出登记申请，并提交下列申请材料：登记申请书；申请人资质证明；产品典型特征特性描述和相应产品品质鉴定报告；产地环境条件、生产技术规范和产品质量安全技术规范；地域范围确定性文件和生产地域分布图；产品实物样品或者样品图片；其他必要的说明性或者证明性材料。

省级人民政府农业行政主管部门自受理农产品地理标志登记申请之日起，应当在 45 个工作日内完成申请材料的初审和现场核查，并提出初审意见。符合条件的，将申请材料和初审意见报送农业农村部农产品质量安全中心；不符合条件的，应当在提出初审意见之日起 10 个工作日内将相关意见和建议通知申请人。

农业农村部农产品质量安全中心应当自收到申请材料和初审意见之日起 20 个工作日内，对申请材料进行审查，提出审查意见，并组织专家评审。

专家评审工作由农产品地理标志登记评审委员会承担。农产品地理标志登记专家评审委员会应当独立做出评审结论，并对评审结论负责。经专家评审通过的，由农业农村部农产品质量安全中心代表农业农村部对社会公示。有关单位和个人有异议的，应当自公示截止日起 20 日内向农业农村部农产品质量安全中心提出。公示无异议的，由农业农村部做出登记决定并公告，颁发农产品地理标志登记证书，公布登记产品相关技术规范和标准。专家评审没有通过的，由农业农村部作出不予登记的决定，书面通知申请人，并说明理由。

农产品地理标志登记证书长期有效。有下列情形之一的，登记证书持有人应当按照规定程序提出变更申请：登记证书持有人或者法定代表人发生变化的；地域范围或者相应自然生态环境发生变化的。

农产品地理标志实行公共标识与地域产品名称相结合的标注制度。公共标识基本图案见附图。农产品地理标志使用规范由农业农村部另行制定公布。

符合下列条件的单位和个人，可以向登记证书持有人申请使用农产品地理标志：生产经营的农产品产自登记确定的地域范围；已取得登记农产品相关的生产经营资质；能够严格按照规定的质量技术规范组织开展生产经营活动；有地理标志农产品市场开发经营能力。

使用农产品地理标志，应当按照生产经营年度与登记证书持有人签订农产品地理标志使用协议，在协议中载明使用的数量、范围及相关的责任义务。农产品地理标志登记证书持有人不得向农产品地理标志使用人收取使用费。农产品地理标志使用人享有以下权利：可以在产品及其包装上使用农产品地理标志；可以使用登记的农产品地理标志进行宣传和参加展览、展示及展销。

农产品地理标志使用人应当履行以下义务：自觉接受登记证书持有人的监督检查；保证地理标志农产品的品质和信誉；正确规范地使用农产品地理标志。

第四节　计量认证

计量是为实现单位统一、计量值准确可靠而进行的科技、法制和管理活动。它属于测量而又严于一般的测量。计量认证是指由政府计量行政部门对第三方产品合格认证机构或其他技术机构的鉴定、测试能力和可靠性的认证。《中华人民共和国计量法》（以下简称《计量法》）第 22 条规定“为社会提供公证数据的产品质量检验机构，必须经省级以上人民政府计量行政部门对其计量检定、测试的能力和可靠性考核合格”，这种考核称为计量认证。

CMA 是 China Metrology Accreditation（中国计量认证/认可）的缩写，取得计量认证合格证书的检测机构，可按证书上所批准列明的项目，在检测（检测、测试）证书及报告上使用本标志。计量认证分为“国家级”和“省级”两级，分别由国家认监委组织实施和省级质量技术监督局负责组织实施具体工作。不论是国家级还是省级，实施效力完全一致，通过认证的检测机构资格在全国均同样法定有效。有 CMA 标记的检验报告可用于产品质量评价、成果及司法鉴定，具有法律效力。

一、计量认证的依据

为了加强计量监督管理，保障国家计量单位制的统一和量值的准确可靠，有利于生产、贸易和科学技术的发展，维护国家、人民的利益，全国人民代表大会常务委员会于 1985 年 9 月 6

日发布了《计量法》，并于2009年8月27日、2013年12月28日、2015年4月24日、2017年12月27日和2018年10月26日共进行了五次修正。另外，历年的《计量法》都明确，在中华人民共和国境内，建立计量基准器具、计量标准器具，进行计量检定，制造、修理、销售、使用计量器具，必须遵守《计量法》。计量认证的依据主要有：《计量法》；《中华人民共和国计量法实施细则》（以下简称《计量法实施细则》）；《检验检测机构监督管理办法》；《认证认可条例》。

根据《计量法》第22条和《计量法实施细则》第七章中的规定，为社会提供公证数据的产品质量检验机构或其他技术机构，必须经省级以上人民政府计量行政部门对其计量检定、测试能力和可靠性考核，取得计量认证合格证书。而未取得计量认证合格证书的质量检验机构或其他技术机构，不得开展产品质量检验工作。对社会出具公证数据的技术机构，其“产品”就是“测量数据”。通过“测量数据”来分析事物和物体的“多少”，品质的“好坏”及通过测量物质的“数量”和“质量”信息来进行判断、仲裁、试验、开发或决策生产如何进行。因此测量数据是否准确、可靠直接影响着国家和消费者的利益，也影响着企业的生产方向。

二、计量认证的内容

计量认证的内容主要是对向社会提供公正数据的技术机构的计量检定和测试能力、可靠性和公正性进行考核，保证其给出的数据准确可靠，具有可比较性。其内容包括计量认证对象的组织与管理、质量体系、人员、设施和环境、仪器设备和标准物质、量值溯源和标准、检验方法、记录、证书和报告、检验的分包、外部支持服务和供应等。主要有：①计量检定、测试设备的性能；②计量检定、测试设备的工作环境和人员的操作技能；③保证量值统一、准确的措施及检测数据公正可靠的管理制度。

为社会提供公证数据的产品质量检验机构，必须经省级以上人民政府计量行政部门计量认证，具体考核工作，由其指定所属的计量检定机构或授权的技术机构进行。在具体应用时，属全国性的产品质量检验机构，向国务院计量行政部门申请计量认证；属地方性的产品质量检验机构，向所在省、自治区、直辖市人民政府计量行政部门申请。经计量认证合格的产品质量检验机构，失去公证地位的，由发证单位吊销其计量认证合格证书，停止其使用计量认证标志。

三、计量认证的对象

计量认证的对象是向社会提供公正数据的技术机构，包括产品质量检验、理化分析等技术机构，可以说凡是为社会提供公证数据的产品质量检验机构均包括在内。检测机构存在的目的就是为社会提供准确可靠的检测数据和检测结果，计量认证合格的检测机构出具的数据和结果主要用于以下方面：①政府机构要依据有关检测结果来制定和实施各种方针、政策；②科研部门利用检测数据来发现新现象、开发新技术、新产品；③生产者利用检测数据来决定其生产活动；④消费者利用检测结果来保护自己的利益；⑤流通领域利用检测数据决定其购销活动。

四、计量监督

《中华人民共和国计量法条文解释》是国家计量局对计量法具体应用的正式解读，其中对计量监督进行了详细的解释：

（1）县级以上人民政府计量行政部门应当依法对制造、修理、销售、进口和使用计量器具，以及计量检定等相关计量活动进行监督检查。有关单位和个人不得拒绝、阻挠。

（2）县级以上人民政府计量行政部门根据需要设置计量监督员。计量监督员管理办法，由国务院计量行政部门制定。

其中，计量监督员是县级以上人民政府计量行政部门任命的具有专门职能的计量执法人员，在规定的区域内执行计量监督任务。而计量监督员的设置及其职责，由国务院计量行政部门制定的《计量监督员管理办法》确定。

（3）县级以上人民政府计量行政部门可以根据需要设置计量检定机构，或者授权其他单位的计量检定机构执行强制检定和其他检定、测试任务。执行前款规定的检定、测试任务的人员，必须经考核合格。

其中，县级以上人民政府计量行政部门依法设置的计量检定机构，为国家法定计量检定机构。“计量检定机构”是指承担计量检定工作的有关技术机构。在具体应用时，“其他检定、测试任务”是指《计量法》规定的计量标准考核，制造、修理计量器具条件的考核，定型鉴定，样机试验，仲裁检定，产品质量检验机构的计量认证，法定计量检定机构进行的非强制检定，以及政府计量行政部门授权的机构面向社会进行的非强制检定。

（4）处理因计量器具准确度所引起的纠纷，以国家计量基准器具或者社会公用计量标准器具检定的数据为准。

其中，因计量器具准确度所引起的纠纷，为计量纠纷。以计量基准或社会公用计量标准检定的数据作为处理计量纠纷的依据，具有法律效力。用计量基准或社会公用计量标准所进行的以裁决为目的的计量检定、测试活动，统称为仲裁检定。

（5）为社会提供公证数据的产品质量检验机构，必须经省级以上人民政府计量行政部门对其计量检定、测试的能力和可靠性进行合格考核。

其中，省级以上人民政府计量行政部门对产品质量检验机构计量检定、测试的能力和可靠性考核合格，即为产品质量检验机构的计量认证。对产品质量检验机构的计量认证，是证明其在认证的范围内，具有为社会提供公证数据的资格。

五、计量认证的程序

1. 申请

申请人向国家认监委申请国家计量认证，按照下列目录提交申请材料：①计量认证申请书（以下简称“申请书”）；②法人资格证明或法人授权证明文件；③上级或有关部门批准机构设置的证明文件；④质量手册；⑤程序文件目录；⑥典型检测报告（1～2份）；⑦参加能力验证活动的证明材料（近两年，初次申请除外）。

2. 受理

国家认监委自接到申请5日内作出是否受理的决定，并出具书面通知书。

3. 组织评审

国家认监委应当于受理申请后2个月之内安排技术评价机构对申请人进行技术评审。技术评审完成后（包括实施整改），评审机构要在5日内向国家认监委实验室部评审管理处报告技术评审结果。

4. 批准和发证

国家认监委对技术评审材料进行审查，并在20个工作日之内完成。符合发证条件的，由国家市场监督管理总局颁发证书；不符合发证条件的，书面告知申请人。取得计量认证合格证书的检测机构，允许在检验报告上使用中国计量认证/认可（CMA）标记；有 CMA 标记的检验报告可用于产品质量评价、成果及司法鉴定，具有法律效力。

5. 扩项、变更

获得授权的机构在能力有变化时，可结合监督评审进行扩项。

6. 复查换证、吊销

获得授权的机构所获得的授权证书有效期为 3 年，有效期满 6 个月前，获得授权的机构应向原发证部门提出复查、验收申请。获得授权的检验检测机构有下列情形之一的，资质认定部门应当依法办理注销手续：①资质认定证书有效期届满，未申请延续或者依法不予延续批准的；②检验检测机构依法终止的；③检验检测机构申请注销资质认定证书的；④法律、法规规定应当注销的其他情形。

思考题

1. 阐述认证认可的概念。
2. 举例 3 种食品企业的管理体系认证。
3. 对有机食品有哪些具体要求？
4. 无公害、绿色和有机食品有哪些区别？

CHAPTER 7

第七章 国际食品安全相关组织标准与法规

[学习目标]

1. 了解国际食品相关组织成立的目的;
2. 了解部分发达国家食品安全标准与法规;
3. 梳理我国食品安全相关标准的发展方向。

第一节 世界贸易组织食品相关标准与法规

一、WTO 的建立

世界贸易组织的前身是 1947 年 10 月 30 日签订的关税与贸易总协定（General Agreement on Tariffs and Trade，GATT）。1983 年，GATT 总干事阿瑟·邓克尔成立了一个七人小组，就国际贸易体系面临的种种问题提出一份报告，即著名的《路特威勒报告》（Leutwiler Report），该报告呼吁支持建立一个更加开放的多边贸易体系。1990 年，欧共体和加拿大分别正式提出成立世贸组织的议案，此后，经过多方论证和各方的不懈努力，1994 年 4 月 15 日在摩洛哥的马拉喀什市举行的关贸总协定乌拉圭回合部长会议上，100 多个国家和地区的代表签署了具有历史意义的《建立世界贸易组织的马拉喀什协议》（Marrakech Agreement Establishing the World Trade Organization，WTO Agreement），简称《建立世界贸易组织的协议》，并于 1995 年 1 月 1 日生效。根据该协议成立了更具全球性的世界贸易组织（World Trade Organization，简称 WTO），以取代 GATT。

为了顺利过渡，在 1995 年 GATT 与 WTO 共存一年，此后，WTO 规则正式取代了功勋卓著又备受争议的 GATT。WTO 规则由 1994 年的 GATT、《服务贸易总协定》（General Agreement on Trade in Service，GATS）、《与贸易有关的知识产权协定》（Agreement on Trade－Related Aspects of Intellectual Property Rights，TRIPs）等部分组成，其继承了 GATT 的核心原则及规则。实际

上，1994 年的 GATT 就是对 1947 年 GATT 的修订，在原则和规则上，二者间具有明显的承继关系，是 WTO 规则中世界货物贸易的核心规则。WTO 的建立在很大程度上取决于国际贸易对全球性贸易规则体制的迫切需求。

二、WTO 的宗旨、职能与作用

（一）WTO 的宗旨

1. 提高生活水平，保证充分就业，大幅度稳步地提高实际收入和有效需求

从根本上而言，WTO 所指的“生活水平”，不应指某一国或某一地区的水平，而应指全世界的生活水平。可以说，WTO 的所有活动都是为了实现这一根本宗旨而开展的。

2. 扩大货物、服务的生产与贸易

WTO 在强调扩大货物生产与货物贸易的基础上，进一步强调扩大服务贸易，并将服务贸易纳入世界贸易组织的法律调整范围内，这是 WTO 相比 GATT 的重大发展之处。

3. 持续发展，合理地利用资源，保护和维护环境

将持续发展的观点引入 WTO 宗旨，具有深远影响。GATT 序言中对世界资源强调的是“充分利用”（full use），而 WTO 序言中对世界资源强调的是“最合理利用”（optimal use）。可以认为，WTO 的这一表述更具有科学性。也就是说，WTO 并不一味主张对资源的“充分利用”，而是要求考虑资源利用与发展的关系、资源利用与环境保护和维护的关系、资源利用与经济发展水平的关系。WTO 各成员国应当努力促进世界资源的最优利用，并且有责任保护和维护环境，应以符合不同经济发展水平下各成员需要的方式，加强采取各种相应的措施。

4. 保证发展中国家成员贸易、经济的发展

WTO 提出确保发展中国家成员尤其是最不发达国家成员能获得与它们国际贸易额增长需要相适应的经济发展，体现了发展中国家成员在 GATT 中几十年的斗争成果，标志着国际经济新秩序正朝着更加公平合理的方向不断发展。

5. 建立一体化的多边贸易体制

WTO 的建立，标志着一个完整的、更具有活力的和永久性的多边贸易体制的诞生，它在监督、协调、管理未来世界经济秩序和贸易格局以及多边贸易法律关系中，将起到十分重要的作用。该新体制不仅将长期游离于自由贸易体制之外的农产品和纺织品贸易纳入体系之中，而且将全球贸易体制的管辖范围扩大到服务贸易、知识产权贸易和国际投资这三个重要领域。

（二）WTO 的组织职能

1. 负责 WTO 多边协议的实施、管理和运作

WTO 的主要职能是负责协定和多边贸易协议的实施、管理和运作，并促进其目标的实现，同时为诸边贸易协议的实施、管理和运作提供框架。多边贸易协议是所有成员都需要承诺的，而诸边贸易协议虽然在世界贸易组织的框架内，但各成员方可有选择地参加。

2. 为谈判提供场所

WTO 为其成员就多边贸易关系进行的谈判和部长会议提供场所，同时提供使谈判结果生效的框架。

3. 解决争端

当 WTO 成员发生纠纷时，可通过该组织的贸易争端解决机制来解决成员间可能产生的贸易争端，该职能也是 WTO 最重要的职能之一。

4. 审议贸易政策

WTO 依靠贸易政策审议机制审议各成员的贸易政策，主要是对各个成员的全部贸易政策和做法及其对多边贸易体制运行的影响进行定期共同评价和评审。其目的在于促进所有成员遵守多边贸易协议及诸边贸易协议的规则、纪律和承诺，增加透明度。

5. 处理与其他国际经济组织的关系

WTO 与负责货币及金融事务的国际组织如国际货币基金组织和世界银行及其附属机构进行合作，以增强全球经济决策的一致性，保证国际经济政策作为一个整体和谐地发挥作用。世界贸易组织分别于 1996 年 12 月和 1997 年 4 月与国际货币基金组织和世界银行签署了合作协议。

6. 为发展中国家和最不发达国家提供技术援助和培训

给予发展中国家的特殊和差别待遇，包含在乌拉圭回合达成的大多数单独协议和安排中，这些规定中的一项内容是向发展中国家和最不发达国家提供技术援助，以便它们能够履行协议所规定的义务。

（三）WTO 的基本原则

1. 无歧视待遇原则

无歧视待遇原则也称无差别待遇原则，指一缔约方在实施某种限制或禁止措施时，不得对其他缔约方实施歧视性待遇。任何一方不得给予另一方特别的贸易优惠或加以歧视。该原则涉及关税削减、非关税壁垒消除、进口配额限制、许可证颁发、输出入手续办理、原产地标记、国内税负、出口补贴、与贸易有关的投资措施实施等领域。

2. 最惠国待遇原则

最惠国待遇原则指 WTO 成员一方给予任何第三方的优惠和豁免，将自动地给予各成员方。该原则涉及一切与进出口有关的关税削减，与进出口有关的规则和程序、国内税费及征收办法、数量限制、销售、贮运、知识产权保护等领域。

3. 国民待遇原则

国民待遇原则指缔约方之间相互保证给予另一方的自然人、法人和商船在本国境内享有与本国自然人、法人和商船同等的待遇。该原则适用于与贸易有关的关税减让、国内税费征收、营销活动、政府采购、投资措施、知识产权保护、出入境以及公民法律地位等领域。

4. 透明度原则

透明度原则指缔约方有效实施的关于影响进出口货物的销售、分配、运输、保险、仓储、检验、展览、加工、混合或使用的法令、条例，与一般援引的司法判决及行政决定，以及一缔约方政府或政府机构与另一缔约方政府或政府机构之间缔结的影响国际贸易政策的现行规定，必须迅速公布。该原则适用于各成员方之间的货物贸易、技术贸易、服务贸易，与贸易有关的投资措施、知识产权保护，以及法律规范和贸易投资政策的公布程序等领域。

5. 贸易自由化原则

贸易自由化原则指通过限制和取消一切妨碍和阻止国际贸易开展与进行的所有障碍，包括法律、法规、政策和措施等，促进贸易的自由发展。该原则主要是通过减让关税、取消非关税壁垒来实现的。

6. 市场准入原则

市场准入原则指一国允许外国的货物、劳务与资本参与国内市场的程度。该原则在 WTO 现在达成的有关协议中，主要涉及关税减让，纺织品和服装、农产品贸易，热带产品和自然资源产品、服务贸易以及非关税壁垒的消除等领域。

7. 互惠原则

互惠原则指两国互相给予对方以贸易上的优惠待遇。该原则的适用随着关贸总协定的历次谈判及其向 WTO 的演变而逐步扩大，现已涉及纺织品和服装、热带产品、自然资源产品、农产品、服务贸易以及知识产权保护等领域。

8. 对发展中国家和最不发达国家优惠待遇原则

对发展中国家和最不发达国家优惠待遇原则指如果发展中国家和最不发达国家在实施 WTO 协议时需要一定的时间和物质准备，可享受一定期限的过渡期优惠待遇。这是关贸总协定和 WTO 考虑到发展中国家和最不发达国家经济发展水平和经济利益而给予的差别和更加优惠的待遇，是对 WTO 无差别待遇原则的一种例外。

9. 公正、公平等处理贸易争端原则

公正、公平等处理贸易争端原则指在调解争端时，要以成员方之间在地位对等基础上的协议为前提。调解人通常由总干事来担任。该原则普遍适用。

（四） WTO 成员的权利与义务

截至 2020 年 5 月，WTO 有 164 个成员，24 个观察员。1995 年 7 月 11 日，WTO 总理事会会议决定接纳中国为该组织的观察员。2001 年 12 月 11 日，中国正式加入 WTO，成为其第 143 个成员。

加入 WTO 后，WTO 各成员之间应享有的权利和应履行的义务如下所述。

1. 享受的基本权利

①在所有成员中享受无条件、多边、永久和稳定的最惠国待遇以及国民待遇；

②享受其他 WTO 成员开放或扩大货物、服务市场准入的利益；

③发展中国家可享受一定范围的普惠制待遇及发展中国家成员的大多数优惠或过渡期安排；

④利用 WTO 的争端解决机制，公平、客观、合理地解决与其他国家的经贸摩擦，营造良好的经贸发展环境；

⑤参加多边贸易体制的活动，获得国际经贸规则的决策权；

⑥享受 WTO 成员利用各项规则、采取例外、保证措施等促进本国经贸发展的权利。

2. 履行的义务

①在货物、服务、知识产权等方面，依 WTO 规定，给予其他成员最惠国待遇、国民待遇；

②依 WTO 相关协议规定，扩大货物、服务的市场准入程度，即具体要求降低关税和规范非关税措施，逐步扩大服务贸易市场开放；

③按《与贸易有关的知识产权协定》（Agreement on Trade - Related Aspects of Intellectual Property Right，TRIPs）规定进一步规范知识产权保护；

④根据 WTO 争端解决机制，与其他成员公正地解决贸易摩擦，不能搞单边报复；

⑤增加贸易政策、法规的透明度；

⑥按在世界出口中所占比例缴纳一定会费；

⑦规范货物贸易中对外资的投资措施。

三、WTO/SPS 协定

SPS 协定全称为《实施动植物卫生检疫措施的协议》（Agreement on the Application of Sanitary and Phytosanitary Measures），是 WTO 在长达 8 年之久的乌拉圭回合谈判中的一个重要的国际多边协议成果。随着国际贸易的发展和贸易自由化程度的提高，各国实行动植物检疫制度，这对贸易的影响已越来越大，某些国家尤其是一些发达国家为了保护本国农畜产品市场，多利用非关税壁垒措施来阻止国外尤其是发展中国家农畜产品进入本国市场，其中动植物检疫就是一种隐蔽性很强的技术壁垒措施。由于 GATT 和 TBT 对动植物卫生检疫措施约束力不够，要求不具体，因此，在乌拉圭回合谈判中，许多国家提议制定了 SPS 协定，它对国际贸易中的动植物检疫提出了具体的严格要求，它是 WTO 协议原则渗透的动植物检疫工作的产物。

WTO/SPS 协定的内容包括 14 条 42 款及 3 个附件，其内容丰富，涉及面广。

四、WTO/TBT 协定

《技术性贸易壁垒协定》（Agreement on Technical Barriers to Trade，简称 TBT 协议），是世界贸易组织管辖的一项多边贸易协定，是在关贸总协定东京回合同名协议的基础上修改和补充的。它由前言和 15 条及 3 个附件组成。主要条款有：总则、技术法规和标准、符合技术法规和标准、信息和援助、机构、磋商和争端解决、最后条款。协议适用于所有产品，包括工业品和农产品，但涉及卫生与植物的卫生措施由 SPS 协定进行规范，政府采购实体制定的采购规则不受本协定的约束。

WTO/TBT 协定的宗旨：为使国际贸易自由化和便利化，在技术法规、标准、合格评定程序以及标签标识制度等技术要求方面开展国际协调，遏制以带有歧视性的技术要求为主要表现形式的贸易保护主义，最大限度地减少和消除国际贸易中的技术堡垒，为世界经济全球化服务。

WTO/TBT 协定的原则：避免不必要的贸易堡垒原则、非歧视原则、协调原则、等效和相互承认原则、透明度原则。

WTO/TBT 协定对成员中央政府机构、地方政府机构、非政府机构在制定、采用和实施技术法规、标准或合格评定程序方面分别作出了规定和不同的要求。协定的宗旨是，规范各成员实施技术性贸易法规与措施的行为，指导成员制定、采用和实施合理的技术性贸易措施，鼓励采用国际标准和合格评定程序，保证包括包装、标记和标签在内的各项技术法规、标准和是否符合技术法规和标准的评定程序不会对国际贸易造成不必要的障碍，减少和消除贸易中的技术性贸易壁垒。合法目标主要包括维护国家基本安全，保护人类生命、健康或安全，保护动植物生命或健康，保护环境，保证出口产品质量，防止欺诈行为等。技术性措施是指为实现合法目标而采取的技术法规、标准、合格评定程序等。

第二节　其他国际食品相关组织标准与法规

一、联合国粮食及农业组织

联合国粮食及农业组织（Food and Agriculture Organization of the United Nations，FAO）简称“粮农组织”，于 1945 年 10 月 16 日正式成立，是联合国系统内最早的常设专门机构，是各成员国间讨论粮食和农业问题的国际组织。其宗旨是提高人民的营养水平和生活标准，改进农产品的生产和分配，改善农村和农民的经济状况，促进世界经济的发展并保证人类免于饥饿。组织总部在意大利罗马，现成员共有 194 个成员国、1 个成员组织（欧盟）和 2 个准成员（法罗群岛、托克劳群岛）。

该组织的最高权力机构为大会，每两年召开 1 次。常设机构为理事会，由大会推选产生理事会独立主席和理事国。至 1985 年年底，理事会下已设有计划、财政、章程及法律事务、商品、渔业、林业、农业、世界粮食安全、植物遗传资源 9 个办事机构。该组织的执行机构为秘书处，其行政首脑为总干事。秘书处下设总干事办公室和 7 个经济技术事务部。总部自 1951 年起迁往意大利罗马，此外还在非洲、亚洲和太平洋、拉丁美洲和加勒比、近东和欧洲 5 个地区设有区域办事处，在北美（美国华盛顿）和联合国（美国纽约和瑞士日内瓦）分别设有联络处。

联合国粮农组织的主要职能：

（1）搜集、整理、分析和传播世界粮农生产和贸易信息。

（2）向成员国提供技术援助，动员国际社会进行投资，并执行国际开发和金融机构的农业发展项目。

（3）向成员国提供粮农政策和计划的咨询服务。

（4）讨论国际粮农领域的重大问题，制定有关国际行为准则和法规，谈判制定粮农领域的国际标准和协议，加强成员国之间的磋商和合作。

可以说，粮农组织是一个信息中心，是一个开发机构，是一个咨询机构，是一个国际讲坛，还是一个制定粮农国际标准的中心。

二、世界卫生组织

世界卫生组织（World Health Organization，WHO；简称世卫组织）是联合国下属的一个专门机构，其前身可以追溯到 1907 年成立于巴黎的国际公共卫生局和 1920 年成立于日内瓦的国际联盟卫生组织。战后，经联合国经济及社会理事会决定，64 个国家的代表于 1946 年 7 月在纽约举行了一次国际卫生会议，签署了《世界卫生组织组织法》。1948 年 4 月 7 日，该法得到 28 个联合国会员国批准后生效，世界卫生组织宣告成立。每年的 4 月 7 日也就成为全球性的“世界卫生日”。同年 6 月 24 日，世界卫生组织在日内瓦召开的第一次世界卫生大会上正式成立，总部设在瑞士的日内瓦。世界卫生组织的宗旨是使全世界人民获得尽可能高水平的健康。该组织的主要职能包括：促进流行病和地方病的防治；改善公共卫生；推动确定生物制品的国际标准等。

世界卫生大会是世卫组织的最高权力机构，每年召开一次。主要任务是审议总干事的工作报告、规划预算、接纳新会员和讨论其他重要议题。执行委员会是世界卫生大会的执行机构，负责执行大会的决议、政策和委托的任务，它由 32 位有资格的卫生领域的技术专家组成，每位成员均由其所在的成员国选派，由世界卫生大会批准，任期三年，每年改选三分之一。

根据世界卫生组织协定，联合国安理会 5 个常任理事国（美国、俄罗斯、中国、英国、法国）是必然的执委成员国，但席位第三年后轮空一年。常设机构秘书处下设非洲、美洲、欧洲、东地中海、东南亚、西太平洋 6 个地区办事处。执行委员会为 WHO 最高执行机构，每年举行两次全体会议。秘书处为 WHO 常设机构。

三、国际食品法典委员会

国际食品法典委员会（Codex Alimentarius Commission，CAC）是由联合国粮农组织（FAO）和世界卫生组织（WHO）共同建立，以保障消费者的健康和确保食品贸易公平为宗旨的一个制定国际食品标准的政府间组织。自1961年第11届粮农组织大会和1963年第16届世界卫生大会分别通过了创建CAC的决议以来，已有173个成员国和1个成员国组织（欧盟）加入该组织，覆盖全球99%的人口。CAC下设秘书处、执行委员会、6个地区协调委员会、21个专业委员会和1个政府间特别工作组。所有国际食品法典标准都主要在其各下属委员会中讨论和制定，然后经CAC大会审议后通过。

1. 国际食品法典委员会执行委员会下属委员会

国际食品法典委员会的主要工作是通过执行委员会下属的三个法典委员会及其分支机构进行的。

（1）产品法典委员会　指食品及食品类别的分委会，它垂直地管理各种食品。

（2）一般法典委员会　指与各种食品、各个产品委员会都有关的基本领域中的特殊项目，包括食品添加剂、农药残留、标签、检验和出证体系以及分析和采样等。

（3）地区法典委员会　负责处理区域性事务。

2. 国际食品法典委员会工作程序

第一步：大会批准新的工作，成立制标小组。第二步：制标小组拟订草案初稿。第三步：送交有关政府征求意见。第四步：委员会审议草案初稿和反馈意见。第五步：大会采纳拟议的草案。第六步：再次送交有关政府征求意见。第七步：委员会再次审议草案和反馈意见。第八步：大会批准，并以法典标准公布。

3. 国际食品法典委员会工作内容

质量控制是CAC所有工作的核心内容，CAC标准对发展中国家和发达国家的食品生产商和加工商的利益是同等对待的。制定CAC标准、准则或规范的关键因素是采用危险性分析的方法，包括危险性评估、危险性管理和危险性信息。CAC要求所有的分委会介绍他们使用的危险性分析方法，这些资料是所有未来标准的基础。质量保证体系已成为CAC工作的重点，CAC 2003年通过了应用HACCP体系的指南，将HACCP看作是评估危害和建立强调预防措施（而非依赖于最终产品的检测）的管理体系的一种工具，CAC非常强调和推荐HACCP与GMP的联合使用。

1962—1999年，CAC已制定的标准、规范数目：食品产品标准237个，卫生或技术规范41个，评价的农药185个，农药残留限量2374个，污染物准则25个，评价的食品添加剂1005个，评价的兽药54个。已出版的食品法典共13卷，内容涉及食品中农药残留，食品中兽药，水果蔬菜，果汁，谷、豆及其制品，鱼、肉及其制品，油、脂及其制品，乳及其制品，糖、可可制品、巧克力，分析和采样方法等诸多方面。

对食品原料加工和生产中应用生物技术的问题进行认真的研究工作已经开始，CAC不断地研究与食品安全和保护消费者健康有关的新概念和系统，这些议题的研究引导CAC未来的工作方向。

4. 国际食品法典委员会的作用

国际食品法典委员会已成为全球消费者、食品生产和加工者、各国食品管理机构和国际食品贸易重要的基本参照标准。法典对食品生产、加工者的观念以及消费者的意识已产生了巨大影响，并对保护公众健康和维护公平食品贸易作出了重要贡献。

国际食品法典委员会对保护消费者健康的重要作用已在1985年联合国第39/248号决议中得到强调，为此国际食品法典委员会指南采纳并加强了消费者保护政策的应用。该指南提醒各国政府应充分考虑所有消费者对食品安全的需要，并尽可能地支持和采纳国际食品法典委员会的标准。

国际食品法典委员会与国际食品贸易关系密切，针对业已增长的全球市场，特别是作为保护消费者而普遍采用的统一食品标准，国际食品法典委员会具有明显的优势。因此，WTO/SPS协定和WTO/TBT协定均鼓励采用协调一致的国际食品标准。作为乌拉圭回合多边贸易谈判的产物，SPS协议引用了法典标准、指南及推荐技术标准，以此作为促进国际食品贸易的措施。因此，法典标准已成为在乌拉圭回合协议法律框架内衡量一个国家食品措施和法规是否一致的基准。

四、国际标准化组织

国际标准化组织（International Organization for Standardization，ISO）是世界上最大的非政府性标准化专门机构，是国际标准化领域中一个十分重要的组织。国际标准化组织的前身是国家标准化协会国际联合会和联合国标准协调委员会。1946年10月，25个国际标准化机构的代表在伦敦召开大会，决定成立新的国际标准化机构，定名为ISO。大会起草了ISO的第一个章程和议事规则，并认可通过了该章程草案。1947年2月23日，国际标准化组织正式成立。ISO负责当今世界上绝大部分领域（包括军工、石油、船舶等垄断行业）的标准化活动。ISO现有165个成员（包括国家和地区）。ISO的最高权力机构是每年一次的“全体大会”，其日常办事机构是中央秘书处，设在瑞士日内瓦。ISO的宗旨是“在世界上促进标准化及其相关活动的发展，以便于商品和服务的国际交换，在智力、科学、技术和经济领域开展合作。”ISO通过它的2856个技术结构开展技术活动，其中技术委员会（简称SC）共611个，工作组（WG）2022个，特别工作组38个。中国于1978年加入ISO，在2008年10月的第31届国际化标准组织大会上，中国正式成为ISO的常任理事国。代表中国参加ISO的国家机构是国家市场监督管理总局。

国际标准的内容涉及广泛，从基础的各种原材料到半成品和成品，其技术领域涉及信息技术、交通运输、农业、保健和环境等。每个工作机构都有自己的工作计划，该计划列出需要制订的标准项目（试验方法、术语、规格、性能要求等）。

国际标准由技术委员会（TC）和分技术委员会（SC）经过六个阶段形成：申请阶段、预备阶段、委员会阶段、审查阶段、批准阶段、发布阶段。

通过这些工作机构，ISO已经发布了20000多个国际标准，1987年ISO颁布了第一个质量管理标准ISO 9000，如今ISO 9000系列中的部分标准依然是最负盛名和最完善的标准。此后，ISO又相继颁布了ISO 14000、ISO 22000和ISO 26000等，促使ISO在环境管理、食品安全、社会责任等方面规范了企业行为，使其朝着以人为本、社会和谐的方向发展。与食品技术相关的标准，绝大部分是由ISO/TC34制定的。其下设14个分技术委员会：TC34/SC2油料种子和果实；TC34/SC3水果和蔬菜制品；TC34/SC4谷物和豆类；TC34/SC5乳和乳制品；TC34/SC6肉和肉制品；TC34/SC7香料和调味品；TC34/SC8茶；TC34/SC9微生物等。

第三节　部分国家和地区食品标准与法规

一、欧盟食品安全法规与标准

随着全球货物贸易、服务贸易、技术贸易的加速发展，经济全球化促进了世界多边贸易体制的形成，从而加快了国际贸易的增长速度，促进了全球贸易自由化的发展。食品贸易是我国经济全球化重要的贸易体系，了解和研究部分发达国家所实施的技术法规和认证制度对我国食品标准与法规的提升和发展以及食品贸易具有重大的意义。

1. 欧盟食品法规的发展

欧盟的技术法规和标准历史长、标准严，并且由分散走向统一。欧共体自 20 世纪 60 年代成立之初，就制定了食品政策，以确保食品在各成员国之间自由流通。在随后的几年，为了缓解由第二次世界大战导致的粮食危机，1962 年“共同农业政策”应运而生，欧共体的农业经济高速增长。其间为了提高产量，降低成本，化肥、杀虫剂等被大量使用，有病动物的内脏等被用作饲料，对环境造成了严重污染，甚至导致动物性疾病频繁发生，欧洲食品安全受到严重威胁。

1985 年欧洲委员会发表了“食物通讯”（也称“微型白皮书”），第一次将保护公众健康列入欧共体立法的重要议事日程。1987 年颁布《单一欧洲法令》，涉及安全、健康和环境保护与消费者保护的产品统一实施单一的欧洲共同体市场（CE）安全合格认证标志制度。1994 年由欧盟理事会与欧洲议会陆续通过了 17 个实施 CE 标志产品的技术协调指令。这些指令规定了适用范围、投放市场和自由流通、基本安全要求、标准的采用及处理、合格评定程序、合格声明与技术文件档案、CE 标志、安全保护条款以及各成员国将指令转换为本国法律的转换期限、实施日期与开始实施后给予宽限的过渡期限等。1997 年，欧盟委员会发表了关于欧盟食品法规一般原则的“绿皮书”，为欧盟食品安全法规体系确立了基本框架。1999 年欧盟委员会在“绿皮书”的基础上开始了食品安全白皮书的起草工作，并于 2000 年 1 月 12 日正式发布欧盟《食品安全白皮书》，确立了欧盟食品安全法规体系的基本原则。2002 年欧盟正式成立了“欧盟食品安全局”（EFSA）并制定了欧洲议会和理事会 178/202 号法规，该法规就是著名的《通用食品法》，规定了食品安全法规的基本原则和要求及与食品安全有关的事项和程序。

随后的几年内，欧盟不断改进立法和开展相关行动。2004 年发布了 2004/41/EC 指令宣布：自 2006 年 1 月 1 日起停止使用涉及水产品、肉类、肠衣、乳制品等食品的 91/492/EEC、91/493/EEC、91/494/EEC、91/495/EEC 等 16 个指令，并对部分已发布并执行的指令内容进行了修订。同时发布了（EC）No 852/2004、853/2004、854/2004、882/2004 规章，规定了欧盟对各成员国以及从第三国进口到欧盟的水产品、肉类、肠衣、乳制品以及部分植物食品的官方管理控制要求与加工企业的基本卫生要求。法规被大大简化，适用于所有食品，且不再将食品安全和贸易混为一谈，只关注食品安全问题，并要求实行食品链（从田间到餐桌）的综合管理，对生产者提出了更多的要求。法规具有责任可追溯性，问题食品将被召回。2006 年 1 月 1 日，欧盟实施新的《欧盟食品及饲料安全管理法规》。这项新的法规具有两项功能，一是对内功能，所有成员国都必须遵守，如有不符合要求的产品出现在欧盟市场上，无论是哪个成员国生产的，一经发现立即取消其市场准入资格。二是对外功能，即欧盟以外的国家，其生产的食品要想进入欧盟市场都必须符合这项新的食品法规，否则不准进入欧盟市场。与之前的有关食品安全法规相比，该项法规简化了食品生产、流通及销售的监督检测程序，强化了食品安全的检查手段，提高了食品市场准入的标准，增加了已经准入欧盟市场的食品的安全问责制，同时更加注意食品生产过程的安全，不仅要求进入欧盟市场的食品本身符合新的食品安全标准，而且从食品生产的初始阶段就必须符合食品生产安全标准，特别是肉制品，不仅要求终端产品要符合标准，在整个生产过程中的每一个环节也要符合标准。

目前，欧盟已经建立了一个较完善的食品安全法规体系，涵盖了“从农田到餐桌”的整个食物链，形成了以《食品安全白皮书》为核心的各种法律、法令、指令等并存的食品安全法规体系新框架。

2. 欧盟主要的食品安全法律法规简介

（1）《食品安全白皮书》　欧盟委员会于2000年在布鲁塞尔正式发表了《食品安全白皮书》。该书长达52页，包括执行摘要和9章的内容，用116项条款对食品安全问题进行了详细阐述，制订了一套连贯透明的法规，确立了欧盟食品安全法规体系的基本原则，是欧盟食品和动物饲料生产和食品安全控制的法律基础。

白皮书中的一个重要内容是提议建立欧洲食品安全局，主要负责食品风险评估和食品安全议题交流。另外，白皮书还介绍了食品安全法规、食品安全控制、消费者信息、国际范围等几个方面，并提出了84项立法建议的行动方案及相应的时间安排。白皮书中各项建议所提的标准较高，在各个层次上具有较高透明度，便于所有执行者实施，并向消费者提供对欧盟食品安全政策的最基本保证，是欧盟食品安全法律的核心。

（2）178/2002号法令　178/2002号法令于2002年1月28日颁布，是欧盟的又一个重要法规，主要拟订了食品法律的一般原则和要求，正式建立了欧洲食品安全局，拟订了食品安全事务的程序。178/2002号法令包含5章65项条款。范围和定义部分主要阐述法令的目标和范围，界定食品、食品法律、食品商业、饲料、风险、风险分析等20多个概念。

（3）其他欧盟食品安全法律法规　依据《食品安全白皮书》及基本食品法EC 178/2002，欧盟于2002年年底开始陆续制订相关食品安全卫生管理法规及指令。

2002年12月12日，欧盟发布2002/99/EC号指令，规定了供人类食用的动物源性食品的生产、加工、销售及引入的动物健康规范。2004年4月29日，欧盟公布了基本食品法的4个补充法规，包括《食品卫生条例（EC）852/2004号条例》、《动物源性食品特殊卫生规定（EC）853/2004号条例》、《供人类消费用动物源性食品官方控制的具体规定854/2004号条例》以及《确保对食品饲料以及动物卫生与动物福利法规遵循情况进行验证的官方控制（EC）882/2004号条例》。

除此之外，欧盟还通过法规（regulation）、指令（dirrective）或决议（decision）的形式，分别在饲料添加剂、食品污染物、动物用药残留、农药残留食品添加剂、食品标签、食品接触物质、渔产品检疫肉类加工产品、酒类产品、转基因食品、动物副产品等方面制定了具体的规定和要求。

另外，欧盟还通过欧盟标准委员会制定和发布了许多有关食品安全的技术标准，形成了一个完整而详细的标准体系，涵盖了关于食品安全的所有方面以及“从农田到餐桌”的所有环节。目前欧盟拥有技术标准十万余个，其中1/4涉及食品。欧盟的食品技术标准与食品安全法规相互配合，使得食品安全法规的内容更为全面并更具有可操作性。

二、美国食品安全法规与标准

1. 美国食品法律法规的发展

（1）1906年前的联邦法规　在美国独立之后的近70年，美国资本主义经济尚未大规模发展，与食品有关的商业贸易多限于各州境内，因此各州根据本地生产者和消费者的需要而制定了各种各样的法律。19世纪中叶，美国一方面完成了领土扩张，形成东北部传统工业区、西部农业区的专业化经济布局，各州间需要互补和加强商品交流，这促使联邦需要对食品安全问题进行全国范围内的统一监管；另一方面，在第一次工业革命浪潮的推动下，美国食品工业也得到了迅猛发展，在巨额利润的驱使下，食品市场出现了制伪、掺假、掺毒、欺诈等现象。

1880年，美国农业部首席化学家彼得·科利尔（Peter Collier）在对掺假食品进行调查后，建议制定一部全国性的食品和药品法，但该议案当时并未通过。随后的25年中，国会提出了100多个关于食品和药品的议案，虽然大多未通过，但陆续也有单项法律获得通过。

（2）1906年后的食品法规　政治力量的角逐、科学技术的进步、企业界的力量、社会舆论的压力在推动联邦政府对食品管制方面发挥了重要作用。1899年，美国国会开始对食品“掺假”问题进行调查。1902年，国会两院联合成立附属委员会专门负责对“掺假”食品、药品以及虚假广告进行听证。通过一系列的听证会，美国越来越多的国会议员认识到了“掺假”食品对公众健康的危害。终于在1906年6月30日，美国国会通过了《食品和药品法》，并于1907年1月1日正式实施，同时还通过了《肉类检查法》，建立了以化学家威利（Wiley）博士为首，由11名专家学者组成的领导小组，形成美国食品与药物管理局（Federal Drug and Food Administration，FDA）的雏形。之后，按《农业拨款法》将食品、药品和杀虫剂管理局简称为食品与药物管理局。这标志着美国食品安全监管走上了法制化道路，极大地遏制了食品生产经营领域的违法行为。

但《食品和药品法》对传统食品制造商的监管过于宽松。例如，某些果酱生产商在制作果酱时用少量劣质水果加大量果胶。消费者不能通过食品标签或者外观来判断其质量，由于这类产品符合《食品和药品法》，FDA也无法对其采取强制取缔措施。为增强法律的权威性、加强管理力度，1933年FDA开始考虑用一部新的法律来取代《食品和药品法》。

在各方的不懈努力下，1938年《联邦食品、药品和化妆品法》（Federal Food，Drug and Cosmetic Act，FDCA）正式发布。该法案将管理范围扩大到了化妆品和医疗器械领域，并对食品安全监管体做出了较大调整，扩大了FDA在食品安全监管方面的权力，为美国现代食品安全监管体制的建立奠定了基础。此后出台的与食品安全有关的法律都以该法所确立的基本框架为前提，对该法的部分条款进行修改或补充，以应对食品安全领域不断出现的新问题。

1949年，美国国会创建了特别委员会来调查由食品中（合成）化学物质的使用不断增加而引起的危害。1952年6月发行的委员会报告总结中认为法律不足以确保对公共健康的保护，并推荐新的立法，最终形成了三个修正案。1954年，《农药残留修正案》对农药的使用做了规定，明确了对在原始农产品中杀虫剂残留设定安全性限度的程序。1958年，《食品添加剂修正案》明确禁止批准任何可能导致人或动物患癌症的食品添加剂的使用。1960年，《色素添加剂修正案》建立了食品添加剂和着色剂的安全使用标准，标志着美国食品进入了安全评估时代。

第二次工业革命推动了美国化工业迅速崛起，各种化学农药的大肆使用对人类赖以生存的环境造成了严重破坏。1962 年，美国生物学家莱切尔·卡逊（Rachel Carson）出版了《寂静的春天》一书，严肃地指出不加选择地滥用杀虫剂和除草剂等化学合成制剂直接威胁人类的健康和生存，这一结论引起了全国轰动及世界舆论的关注。在激烈争议中，该书得到了当时的美国总统约翰·肯尼迪（John Kennedy）的重视，并授意总统科学顾问委员会（PSAC）对杀虫剂问题展开专门调查，卡逊关于杀虫剂潜在危险的警告被确认，最终于 1970 年促成美国国会通过《国家环境政策法》，并成立了美国环境保护署（Environmental Protection Agency，EPA），使环境保护不仅有法可依，也有了执行这一使命的实体。随后，DDT 药物于 1972 年在美国禁用，这标志着美国环境保护工作步入了法制化的阶段。

随着科技的进步以及人们环保、饮食健康意识的增强，美国于 1996 年颁布了《食品质量保护法》（FQPA），要求对通过膳食和非膳食途径摄入的农药残留对人体造成的健康风险进行全面评估，这标志着美国环境保护署调节农药的方式从根本上发生了改变。“9·11”事件发生后，出于对来自生物恐怖主义威胁的担心，美国国会于 2002 年通过了《公共健康安全与生物恐怖主义预防应对法》。该法案授权美国 FDA 针对国际或意外事件造成的污染和其他与食品相关的公共卫生突发事件造成的威胁采取行动，以维护美国食品供应安全，这将保障食品安全提高到了国家安全的战略高度，提出实行从农场到餐桌的风险管理，对食品安全实行强制性管理。

在造假掺伪、化学污染都得到了较为有效的控制后，生物危害又以不同的形式困扰着大众。根据 WHO 引用美国的统计资料，每年有 7 种食源性病原体（空肠弯曲菌、产气荚膜杆菌、大肠杆菌 O157：H7、单核细胞增生李斯特菌、沙门氏菌、金黄色葡萄球菌和弓形体虫）造成美国 330 万～1230 万人患病、约 3900 人死亡，每年的经济损失达 65 亿～349 亿美元。2006 年 9 月，美国“毒菠菜事件”导致美国 26 个州 200 余人感染大肠杆菌，其中 3 人死亡；2009 年 1 月暴发的“花生酱事件”更是震惊全美，造成 9 人死亡。这些重大食品安全事件使美国公众对国家食品安全监管制度以及 FDA 保障食品安全的能力提出严重质疑。美国总统奥巴马评论说，美国的食品安全体系不但过时，而且严重危害公共健康，必须彻底进行改革。“花生酱事件”后，美国参众两院议员分别提交了有关加强食品安全的议案，最终形成《美国 2009 食品安全加强法案（HR2749）》，并经多次修改及参众两院审议后，美国总统奥巴马于 2011 年 1 月 4 日签署了《FDA 食品安全现代化法案》，使该法案成为第 111 届国会第 353 号法律（Public Law No：111－353）。该法是 70 多年来美国对《联邦食品、药品和化妆品法》的重大修订，授予美国负责大部分食品与药物安全监管的机构美国 FDA 更大的监管权力，可就食品供应领域制定综合性的、以科学为基础的预防性控制措施，加强其对美国本土生产的食品及进口食品的安全监管权力，以预防食品安全事故的再次发生。2015 年 9 月 17 日和 2016 年 4 月 6 日，FDA 通过官网又相继发布了《FDA 食品安全现代化法案》的重要配套法规《食品现行良好操作规范和危害分析及基于风险的预防控制》和《人类和动物食品卫生运输法规》，其目的是采用现代化的、预防性的、基于风险的方法构建食品安全管理体系，推进 FDA 保护食品从农田到餐桌的过程安全无害的工作。

2. 美国主要的食品安全法律法规简介

美国拥有与食品安全有关的法律法规 100 余部，其中最主要的法律有：《联邦食品、药品和化妆品法》、《联邦肉类检查法》（Federal Meat Inspection Act，FMIA）、《公共健康服务法》（Public Health Service Act，PHSA）、《食品质量保障法》（Food Quality Protection Act，FQPA）、

《家禽制品检查法》（Poultry Products Inspection Act，PPIA）、《蛋制品检查法》（Egg Products Inspection Act，EPIA）、《公共健康安全与生物恐怖主义预防应对法》（Public Health Security and Bioterrorism Preparedness and Response Act）等。

（1）《联邦食品、药品和化妆品法》是美国所有食品安全法律中最重要的一部法律。其前身是1906年颁布的《食品和药品法》（Food and Drug Act），随后经过多次修正和补充形成了现在的FDCA。FDA的大部分工作就是实施FDCA。该法对食品及其添加剂等做出了严格规定，对产品实行准入制度，对不同产品建立质量标准；通过检查工厂和其他方式进行监督和监控市场，明确了行政和司法机制以纠正发生的任何问题。该法明确地禁止任何掺假和错误标识的行为，还赋予相关机构对违法产品进行扣押、提出刑事诉讼及禁止贸易的权利。进口产品也适用该法，FDA和美国海关总署（USCS）会对进口产品进行检查，有问题的产品将不能进入美国。该法的监管范围不包括肉类、禽类和酒精制品。

（2）《联邦肉类检查法》与《联邦食品、药品和化妆品法》同时被美国国会通过，这同1957年颁布的《家禽制品检查法》和1970年颁布的《蛋制品检查法》一起成为美国农业部（USDA）食品安全与检查局（FSIS）主要执行的法律，用以对肉类、禽类和蛋类制品进行安全性监管。其内容和监管方式与《联邦食品、药品和化妆品法》类似。

（3）《公共健康服务法》于1944年颁布，涉及了十分广泛的健康问题，包括生物制品的监管和传染病的控制。该法保证牛乳和水产品的安全，保证了食品服务业的卫生及州际交通工具上水、食品和卫生设备的卫生安全。该法对疫苗、血清和血液制品作出了安全性规定，还对日用品的辐射水平制定了明确的规范。

（4）《公共健康安全与生物恐怖主义预防应对法》在“9·11”事件发生后被美国政府立即颁布，意在增强对公共健康安全突发事件的预防及应对能力，并要求FDA对进口的和国内日用品加强监督管理。该法大大加强了对进口食品的监管力度。

美国法律法规的制定必须遵循《行政程序法》（Administrative Procedure Act，APA）、《联邦顾问委员会条例》（The Federal Advisory Committee Act，FACA）和《信息自由法》（Freedom Of Information Act，FOIA）等法律。管理机构通过APA颁布的规章制度才具有法律效力；FACA要求政府咨询委员会必须能够平衡各方面的利益以避免纠纷，所有会议必须公开进行并提供公众参与的机会；FOIA保证普通公民有获得联邦机构信息的权利。

（5）良好操作规范（Good Manufacturing Practice，GMP）即GMP制度，于1975年正式提出，是一种注重在生产过程中实施对产品质量与卫生安全自主管理的制度。GMP要求食品生产及加工企业应具备良好的生产设备、合理的生产过程、完善的质量管理和严格的检测系统，以确保最终产品符合规定要求。GMP所规定的内容是食品加工企业必须达到的最基本条件。

（6）危害分析和关键点控制（Hazard Analysis and Critical Control Point，HACCP）系统，该观念最早起源于1960年，是为当时供应太空食品而提出的，在1973年又应用于低酸性食品罐头，1997年应用于水产品，2003年受美国FDA和农业部的委托，美国国家科学院（NAS）发布的《确保食品安全的科学标准》（Scientific Criteria to Ensure Safe Food）表明其认可这种系统，至此美国开始全面推行HACCP系统。该系统重在提高食品安全的预防性措施。

（7）卫生标准操作程序（Sanitation Standard Operating Procedure，SSOP）是食品加工企业为帮助完成在食品生产中维护GMP的目标而使用的程序，在某些情况下，SSOP可以减少在HACCP计划中关键控制点的数量，将某一危害归类到SSOP而不列于HACCP计划，不意味着对其控制重要性有所降低，实际上危害是通过SSOP和HACCP的组合来控制。

（8）良好农业规范（Good Agricultural Practices，GAP）是在1998年美国FDA和美国农业部联合发布的《关于降低新鲜水果与蔬菜微生物危害的企业指南》中首次提出的。CAP主要针对未加工或最简单加工出售给消费者或加工企业的大多数果蔬的种植、采收、清洗、摆放、包装和运输过程中常见的微生物危害控制，其关注的是新鲜果蔬的生产和包装，包括从农场到餐桌整个食品链的所有步骤。GAP是自愿执行的，但美国FDA和农业部强烈建议鲜果和蔬菜生产者采用此标准。

三、日本食品安全法规与标准

1. 日本食品法律法规的发展

（1）日本食品安全规制的萌芽时期　从1868年到1889年的明治初期，是日本的食品安全形成时期。1868年，日本暴发了具有深远影响的政治革命——明治维新，革命成功后，明治政府为了迅速提高国力，积极鼓励发展工商业和自由贸易，这为食品加工业的发展和壮大提供了契机，从而也使食品安全问题跃然纸上。为了遏制这一时期食品工业出现的掺伪掺假现象，1873年8月12日，司法省颁布了日本历史上第一部关于食品安全监管规定——《关于贩卖明知是伪造饮食物和腐烂食品的相关人员处罚规定》（1873年第130号法令），这标志着日本食品安全监管发生了“从无到有”的转变，这一年也被称为“日本食品安全监管元年”。之后，明治政府又相继出台了《禁止销售用进口染粉着色的饮食物》《用苯胺及矿物质的绘画颜料给饮食物着色的取缔方法》和《食物中毒及误用药物等而致死者的通报方法》等法令。

然而明治初期的食品安全规制法令并没有真正具有法律层面的意义，仅作为行政处罚的一般依据，规定了处罚和取缔的对象等简单情形。1880年颁布的针对违反食品卫生的行为做出了一些处罚规定，它是该时期进行饮食物取缔处罚的法律依据之一。但这还远远不能对当时肆意盛行的食品掺假掺伪及非食品化学物质的滥用行为进行规制，必须制定一部专业性的法律。1889年日本政府不仅颁布了具有食品安全监管基本法作用的《关于取缔饮食物和其他物品的法律》，还相继出台了添加剂取缔和食物中毒取缔等方面的十余部法律法规，标志着日本进入了食品安全监管时期。另外，内务省和警视厅也分别颁布了《关于取缔饮食物和其他物品的法律的实施规则》和《关于取缔饮食物和其他物品的法律的执行程序》等相关规定。自此，明治、大正时期的食品安全监管法律体系初步形成。

（2）日本食品卫生法时期　大正时期的食品安全监管从1912年持续到1925年，这一时期的食品安全监管在不断丰富食品取缔内容的同时，更加突出了对各项配套监管措施的制定和实施，例如设立生产日期标识制度和卫生侦探制度。

由于日本保留着每逢佳节互相馈赠礼物的习俗，且大多以食物为主，但受到当时经济的限制，一般食物几经辗转后已经腐烂变质人们却依然在食用，因此生产日期的标示是必不可少的。除此之外，一些小商小贩在街头贩卖的食物，在现场制作过程中沾染上了灰尘，或者有铜等有害物质的残留危害了大众的身体健康，因此就需要具有专业知识的卫生人员来监督商贩在制造、销售食品过程中的行为，并根据法律规定对其违法行为予以处罚。鉴于当时对各种虫类、灰尘、病毒的预防措施并不完善，食品的安全问题显得异常严峻。因此，卫生侦探制度的设立可以说是对当时的食品安全制度的一种极为有效的补充。

在第二次世界大战结束后的初期，日本粮食短缺，管理混乱，导致大批不符合卫生条件的食品上市，大量的劣质食品在市场上流通，引发了多起食物中毒事件。所以，如何防止食物中毒成为日本政府食品监管的第一要务。基于这一理念，1947 年日本就制定了《食品卫生法》《食品卫生法施行令》及《饮食业营业取缔法》等法律法规。为保证这些法律法规能够得到认真贯彻和实施，日本还设立了食品安全局、食品卫生协会、卫生保健所等管理和监督机构。

近年来，日本通过不断加强食品安全行政措施的执法力度，推动了农产品质量安全立法进程。据不完全统计，自 1995 年起，日本先后对《食品卫生法》进行了十多次修改，为了使食品安全监管的法律法规体系更完善，日本还相继制定了与之配套的有关检验、检疫等方面相关的法律，如《农药取缔法》《肥料取缔法》《饲料安全法》，这些法律规范了农业化学品生产、流通、使用的基本规则。目前日本实行的直接与食品安全相关的法律法规已经有 20 多部，且主要集中在农业方面。

(3) 日本食品安全法时期　进入 21 世纪以来，日本食品安全危机频发，日本国内的消费者对食品可能引起的传染病极度恐慌。2001 年 9 月在北海道发现了第一例疯牛病；2004 年 1 月又在山口县一个养鸡场检测出 H5N1 病毒，这是日本时隔 79 年再次暴发禽流感，导致同年 2 月患禽流感的鸡的肉、蛋流入 23 个县。同时，流通和销售过程中的弄虚作假也不断加重食品安全危机，如 2002 年 1 月日本最大的乳制品企业“雪印公司”将超市上卖剩下的过期牛奶回收再处理后包装上市；有的肉类、蔬菜批发市场更改食品产地、品种标签；有的在食品中加入未经许可的添加物等。还有近年来流行的 O157 肠道传染病和媒体不断传出的蔬菜农药含量超标的问题，均引发了消费者对食品安全监管的信任危机。鉴于此，日本不得不重新思考和反省其食品监管理念。

日本政府感到以往侧重于防止食物中毒的立法宗旨已不能适应新时代国民对食品安全的要求，为了满足日本国内的需求，并面向欧美市场寻求发展，同时应对中国等亚洲国家食品大量进入日本市场的势头，日本于 2002 年 5 月 14 日确定“关于确保信赖食品安全的改革建议”，形成了新的食品管理理念。2003 年 3 月 13 日，《食品安全基本法（草案）》作为内阁提案提交国会审议，经众议院与参议院的多次审议与修改于 5 月 16 日正式通过，并决定自 7 月 1 日起正式实施。2003 年 5 月，日本《食品安全基本法》诞生，并于 2003 年 7 月依法成立了直属内阁的“食品安全委员会”。该委员会由 7 位公认的“能不受他人左右”的专家组成，拥有对农林水产省、厚生劳动省进行监督与检查的权力。这标志着日本在机构建设方面使得风险分析评估机构得以落实。

值得一提的是，食品安全法时期不是仅制定了《食品安全法基本法》，而是针对食品安全制定了一系列安全法，《食品安全基本法》只是其中的一个主要代表。

(4) 日本食品标准制定时期　日本作为食品和农产品进口的大国，有 60% 左右的农产品需要通过进口满足国内需求，而由于有些农药在日本国内尚未登记，导致了进口的农产品经常出现农药超标的状况，对于一些没有明确规定的农药，日本的监管实际上处于失控状态，这严重威胁了日本的食品安全。因此，从 2003 年 5 月起，日本相关部门决定逐步引入食品残留农药、兽药及饲料添加剂的“肯定列表”制度，并于 2005 年 6 月公布了《食品中残留农业化学品肯定列表制度》的最终方案，最终于 2006 年 5 月 29 日正式实施。后来日本政府又对其进行了多次调整与改善，使得法律法规更加完善。

随着日本关于食品安全的法律法规的完善，检验的项目更加庞杂，合格的判定标准和质量认证的程序更加复杂严谨，标签、包装、卫生注册等方面也得到了完善的发展，这为保证食品安全打下了坚实的基础。

2. 日本主要的食品安全法律法规简介

日本市场规模大、消费水平高，对商品质量要求高，市场日趋开放，进口的制成品比重也在提高。一种产品要进入日本市场，不仅要符合国际标准，还必须符合日本标准。因为日本的技术法规和标准多而严，而且往往与国际通行标准不一致。日本对进口商品规格要求很严，在品质、形状、尺寸和检验方法上均规定了特定标准。日本进口商品规格标准中有一种是任意型规格，即在日本消费者心目中自然形成的产品成分、规格、形状等。日本对绿色产品格外重视，通过立法手段，制定了严格的强制性技术标准，包括绿色环境标志、绿色包装制度和绿色卫生检疫制度等。进口产品不仅要求质量符合标准，而且生产、运输、消费及废弃物处理过程也要符合环保要求，对生态环境和人类健康均无损害。在包装制度方面，要求产品包装必须有利于回收处理，且不能对环境造成污染。在绿色卫生检疫制度方面，日本对食品药品的安全检查卫生标准十分敏感，尤其对农药残留、放射性残留、重金属含量的要求严格。

日本保障食品安全的法律法规体系由基本法律和一系列专业、专门法律法规组成，主要有：《食品安全基本法》（Food Safety Basic Law）、《食品卫生法》（Food Sanitation Law）、《农药管理法》（Agricultural Chemicals Regulation Law）、《植物防疫法》（Plant Quarantine Law）、《家畜传染病预防法》（The Law for the Prevention of Infections Disease in Domestic Animals）、《屠宰场法》（Abattoir Law）、《家畜屠宰商业控制和家禽检查法》（Poultry Slaughtering Business Control and Poultry Inspection Law）等。

食品安全监管的方法是科学地评估风险（即对健康危害的可能性和程度）和在此基础上采取必要的措施。风险分析由三部分组成：风险评估——科学地评估风险；风险管理——在风险评估的基础上采取必要的措施；风险传达——在能代表公众、政府和学术界的相关人群中交流信息和看法。《食品安全基本法》负责风险评估，《食品卫生法》和其他相关法律负责风险管理。

（1）《食品安全基本法》　该法颁布于2003年5月，并于同年7月实施，是一部旨在保护公众健康、确保食品安全的基础性和综合性法律。随着这部法律的颁布，日本在食品安全管理中开始引入了风险分析的方法。该法的要点：①以国民健康保护至上为原则，以科学的风险评估为基础，预防为主，对食品供应链的各环节进行监管，确保食品安全；②规定了国家、地方、与食品相关联的机构、消费者等在确保食品安全方面的作用；③规定在出台食品安全管理政策之前要进行风险评估，重点进行必要的危害管理和预防，风险评估方与风险管理者要协同行动，促进风险信息的广泛交流，梳理应对重大食品事故的应急预案；④在内阁府设置食品安全委员会，独立开展风险评估工作，并向风险管理部门提供科学建议。

该法强化了发生食品安全事故之后的风险管理与风险对策，同时强化了食品安全对健康影响的预测能力。在具体实施时，风险管理机构与风险评估机构依部门而设，为更好地进行食品安全保护工作打下坚实的基础。

（2）《食品卫生法》　该法首次颁布于1947年，后根据需要经过几次修订，是日本食品卫生风险管理方面最主要的法律，其解释权和执法管理归属厚生劳动省。该法既适用于国内产品，也适用于进口产品。《食品卫生法》大致可分为两部分：一是有关食品、食品添加剂、食品加工设备、容器/包装物、食品业的经营与管理、食品标签等方面规格、标准的制定；二是有关食品卫生监管方面的规定。

在标准制定和执行方面，《食品卫生法》规定，厚生劳动省负责制定食品及食品添加剂的生产、加工、使用、准备、保存等方法标准、产品标准、标识标准，凡不符合这些标准的进口或国内的产品，将被禁止销售；地方政府负责制定食品商业设施要求方面的标准以及食品业管理/操作标准，凡不符合标准的经营者将被吊销执照。

在检查制度方面，对于国内供销的食品，在地方政府的领导下，保健所的食品卫生检查员可以对食品及相关设施进行定点检查；对于进口食品，任何食品、食品添加剂、设备、容器/包装物的进口，均应事先向厚生劳动省提交进口通告和有关的资料或证明文件，并接受检查和必要的检验。

日本于1947年制定《食品卫生法》之后经过1956年、1972年、2003年等多次修改。纵观该法的发展，该法对食品安全监管的强化主要体现在以下几个方面：①强化国家、地方团体和相关责任主体的责任；②充分发挥消费者的作用，明确消费者的责任；③保障国民健康，引入科学的风险防控框架；④加强食品安全行政执法，完善突发食品安全事故的应急机制；⑤强化食品安全的检查监督机制；⑥加大惩处的力度，引入了违反标识义务等的罚金和有期徒刑。

另外，针对食品添加剂，2008年、2012年先后对《食品卫生法》及其相关的实施条例进行修改，设立了严格的标准；2013年日本批准乳酸钾和硫酸钾为食品添加剂，并设定了相应的安全标准。

针对进口食品，日本增加了食品和出口商的名称、地址以及该食品包装商的名称、地址等申报事项。2006年日本正式实施“肯定列表制度”。根据此项制度，不仅对于化学品残留超过规定限量的食品，而且对于那些含有未制定最大残留限量标准的农业化学品残留且超过一定水平（0.01mg/kg）的食品，一律禁止生产、进口、加工、使用、制备、销售或为销售而储存。2011年，日本接连经历了地震、海啸和福岛核泄漏等事故，食品安全问题再度被推到了风口浪尖。为此，日本对《食品卫生法》及相关实施条例进行修改，确定一般食品、婴幼儿用品、牛乳和饮用水等食品的放射性元素铯的新标准值，并定期对食品中的放射性元素进行检查，形成调查报告并进行通报。

（3）其他相关法律　《日本农业标准法》也称《农林物质标准化及质量标志管理法》（简称JAS法），该法是1950年制定，1970年修订，2000年全面推广实施的。JAS法中确立了两种规范，分别为：JAS标识制度（日本农产品标识制度）和食品品质标识标准。依据JAS法，日本市售的农渔产品皆须标示JAS标识及原产地等信息。JAS法在内容上不仅确保了农林产品与食品的安全性，还为消费者能够简单明了地掌握食品的质量等信息提供了方便。日本在JAS法的基础上推行了食品追踪系统，该系统要求农林产品与食品标明生产产地、使用农药、加工厂家、原材料、流通环节及其所有阶段的日期等信息。借助该系统可以迅速查到食品在生产、加工、流通等各个阶段使用原料的来源、制造厂家以及销售商店等记录，同时也能够追踪掌握到食品的所在阶段，这不仅使食品的安全性和质量等能够得到保障，而且在发生食品安全事故时也能够及时查出事故的原因、追踪问题的根源并及时进行食品召回。

《农药管理法》由农林水产省负责，其主要规定有：一是所有农药（包括进口的）在日本使用或销售前，必须依据该法进行登记注册，农林水产省负责农药的登记注册；二是在农药注册之前，农林水产省应就农药的理化和作用等进行充分研究，以确保登记注册的合理性；三是环境省负责研究注册农药使用后对环境的影响。

《植物防疫法》适用于进口植物检疫，农林水产省管辖的植物防疫站为其执行机构。该法规定，凡属日本国内没有的病虫害，来自或经过其发生国家的植物和土壤均严禁进口。依据有关国际机构或学术界的有关报告，通过了解世界植物病虫害分布情况，日本还制定了《植物防疫法实施细则》，详细规定了禁止进口植物的具体区域和种类以及进口植物的具体要求等。

《家畜传染病预防法》适用于进口动物检疫，农林水产省管辖的动物防疫站为其执行机构。进口动物检疫的对象包括动物活体和加工产品（如肉、内脏、火腿、肉肠等）。法律规定：进口动物活体时，除需在进口口岸实施临床检查，还要由指定的检查站对进口动物进行临床检查、血清反应检查等；进口畜产加工品，一般采取书面审查和抽样检查的方法，但若商品来自家畜传染病污染区域，则在提交检查申请书之前，必须经过消毒措施。

《屠宰场法》适用于屠宰场的运作以及食用牲畜的加工。法律要求：屠宰（含牲畜褪毛等加工）场的建立，必须获得都道府县知事或市长的批准；任何人不得在未获许可的屠宰场屠宰拟作食用的牲畜或为这类牲畜去脏；所有牲畜在屠宰或去脏前，必须经过肉类检查员的检查；屠宰检验分为屠宰前、屠宰后和去脏后 3 个阶段的检验；未通过检验前，牲畜的任何部分（包括肉、内脏、血、骨、皮）不可运出屠宰场；如发现任何患病或其他不符合食用条件的牲畜，都道府县知事或市长可禁止牲畜屠宰和加工。

《家禽屠宰商业控制和家禽检查法》规定，只有取得地方政府的准许，方可宰杀家禽以及去除其羽毛及内脏。该法还规定了家禽的检查制度，其与《屠宰场法》规定的牲畜检查制度类似。

随着国内对有机农产品需求的扩大，日本于 1992 年颁布了《有机农产品及特别栽培农产品标志标准》和《有机农产品生产管理要领》，在此基础上，于 2000 年制定并于 2001 年 4 月 1 日正式实施了《日本有机食品生产标准》。

此外，日本还制定了大量的相关配套规章，为制定和实施标准、检验检测等活动奠定了法律依据。根据这些法律、法规，日本厚生劳动省颁布了 2000 多个农产品质量标准和 1000 多个农药残留标准，农林水产省颁布了 351 种农产品品质规格。

四、加拿大食品安全法规与标准

加拿大食品安全技术协调体系分为技术法规和标准两类。两者分工明确，属性不同。其中，技术法规有关食品的安全及营养质量要求，是强制性执行政府法规，内容包括农产品生产技术规范、质量等级、标签标识、安全卫生要求及农药、兽药、种子、肥料、饲料、饲料添加剂、植物生长调节剂、设备等农业投入品的生产、经营和使用等。这些技术法规由政府部门组织。有时也会由政府授权自律性行业协会、社会团体组织各方面利益主体一道制定，最后以法律规章的形式公布。

加拿大主要的食品安全技术法规有 15 部相关法律，包括《食品药品法规》《食品安全和检查法》《消费品包装和标签法》《加拿大农业产品法》《食品药品条例》《加拿大谷物法》等，这些法律法规都是食品安全的基本要求和一般规定，对农产品和食品的生产、加工、贮藏和流通，农业投入品的生产、经营方面的食品安全控制技术法规如 GMP 等、食品安全限量和卫生规定、检测方法、标签标识、包装材料卫生要求都做了明确规定。

1.《食品药品法规》

加拿大联邦议会于 1985 年通过了《食品药品法规》，该法负责有关食品、药物、化妆品和医疗器械的卫生安全和防止商业欺诈（食品检验只负责其中的食品）。《食品药品法规》由 3 部分组成，其中与食品安全相关的条目主要是定义、总则、禁止的广告、食品的禁止出售、有关食品的欺骗、食品的进口与省际移动，以及不卫生食品的制造、检查、查封和没收、食品的检验分析、规章、出口以及附件等。

值得一提的是《食品药品法规》B部分中“DIVISION16 食品添加剂”按照功能作用将食品添加剂分为15类，并分别以列表的形式规定了允许使用的添加剂品种、使用范围及最大使用量。B部分中的“DIVISION6 食品色素”又对食品色素的使用、规格标准、销售、进口、标签等做了更为具体的规定。加拿大食品企业生产过程中都以此为依据，如果使用、销售法规中未涉及的食品添加剂，必须向卫生部提交申请，须包括以下主要资料。

（1）描述该食品添加剂，包括化学名称、商品名称、生产工艺（方法）、理化特性、成分规格，如不能提供须详细解释说明。

（2）食品添加剂申请使用目的、使用量，并附使用说明、指导、建议。

（3）必要时提供终产品中添加剂以及其他任何由于使用该添加剂而进入食品中物质的检验方法。

（4）该添加剂预期的工艺作用资料。

（5）证实食品添加剂在建议使用条件下使用安全的详细测试报告。

（6）按照良好生产规范使用添加剂后终产品中残留情况的资料。

（7）终产品中添加剂的最大残留限量。

（8）食品添加剂标签样稿。

（9）用于食品的食品添加剂样品、活性成分样品以及含食品添加剂的食品样品。

2.《加拿大农业产品法》

《加拿大农业产品法》对农产品检验的对象进行了规定，主要是农业生产与食品流通中的各个重要环境（农场、养殖场、繁殖场、果园、菜园、苗圃、林场、加工厂、屠宰场、包装厂、储运库、批发场、零售店）、农业生产的投资物质（种子、肥料和饲料）、新鲜农产品（肉、鱼、蛋、奶、水果、蔬菜）、已加工包装的食品（蜂蜜、面包、罐头）、进出口农产品（包括活的动植物和食品）。该法就如何监督在加拿大登记注册的企业生产农业产品规定了基本原则，如乳制品规则、蛋类规则、蜂蜜（制品）规则、畜禽胸体分级规则、行政许可和仲裁规则、蛋处理规则、农产品处理规则，并制定了促进省级贸易和外贸进出口食品质量的规定。

3.《消费品包装和标签法》

《消费品包装和标签法》和《消费品包装标签条例》原则上对产品的标签有三项要求：标签上必须标明产品的通用名称、数量、生产厂家的名称和地点，但具体到各种产品又有不同的具体要求。卫生部和食品检验局负责制定食品标签准则。该准则要求对有影响的食品，如可能引起过敏或可能造成毒性、成分及营养改变的，要实行强制性标签。要求生产商在标签上标识是否含有某种成分，但这种标识应是真实的且不造成误导的。《消费者包装和标签法》对零售产品贴标和包装进行了统一规定。通过提供真实的标签信息，使消费者能够自由选择，该法案能有效防止各种欺诈和欺骗。当现有食品营养成分发生重大变化时，或食品中的成分可能导致过敏反应或其他健康问题时，厂商必须在标签上进行清楚标示。

4.《自然健康产品法规》

加拿大卫生部健康食品和食品局（HPFB）于2003年6月颁布新的《自然健康产品法规》(Natural Health Products Regulations)，并于2004年1月开始施行。新法规将自然健康产品定义为两部分：功能和物质。功能部分涉及自然健康产品定义的用意，旨在涵盖那些加工和销售代表下列用途的物质：诊断、治疗、缓解和预防人体疾病、紊乱或异常生理或症状；恢复或调节人体有机功能；改变人体有机功能，保持或促进健康等。自然健康产品包括植物或植物性物质、藻类、菌类、非人类的动物性物质及上述物质的提取物或分离物、维生素、氨基酸、必需脂肪酸及它们的合成复制品及矿物质等。新法规规定要销售任何自然健康食品都必须申请并获得加拿大卫生部签发的自然健康产品销售批准书（即产品执照），才能上市销售。产品执照将写明持照者的名称和地址，自然健康产品的产品执照号、剂型、剂量、服药途径、原材料以及产品中每一种药物成分的药力或有效部位、服用范围或用途以及产品执照的发放日期。

5. 《加拿大谷物法》

《加拿大谷物法》中所指的谷物包括大麦、菜豆、荞麦、鹰嘴豆、玉米、蚕豆、亚麻籽、小扁豆、混合谷物、齐子、燕麦、豌豆、油菜籽、黑麦、红花籽、大豆、葵花籽、黑小麦和小麦。在加拿大，只要是用于境内省际贸易、出口或进口的农产品，都必须符合一定的产品质量标准。加拿大对大宗谷物、油料种子、水果蔬菜、牲畜、干酪等农产品都制定了详细的等级标准。加拿大制定的农产品品质标准极为细致、全面，可操作性强。

6. 其他法律法规

（1）《新鲜水果蔬菜条例》对新鲜水果蔬菜的范围作了界定，其次对新鲜水果蔬菜的等级以及每种等级的具体要求作了详细的规定，制定了食用新鲜水果蔬菜的健康安全要求。同时该条例对新鲜水果蔬菜的包装和标签作了原则性规定，还明确了许多主要水果蔬菜品种具体详细的包装和标签要求。《新鲜水果蔬菜条例》针对进口新鲜水果蔬菜的等级、卫生安全、包装和标签等方面做了更为细致、严格的规定，只有在以上各方面都达到规定要求的新鲜水果蔬菜才被允许进入加拿大国内市场。

（2）《肉品检验法》规定了如何制定合法登记的生产单位生产安全、符合道德标准的肉类制品所应达到的标准和要求，以及肉类制品标识的标准和要求。

（3）《鱼类检验法》规定了有关鱼类产品和海洋植物的捕捞、运输和加工的标准和要求，包括了省级贸易和外贸进出口的鱼类产品和海洋植物。

（4）《植物保护法》防止对植物有害的疾病的进出口和传播，并就如何控制和消除疾病以及对植物进行认证做了规定。

（5）《化肥法》协助确保化肥和营养补充产品安全、有效并标识准确。

（6）《种子法》在种子的进出口和销售中监管种子的质量、标识及登记注册规定了标准。

（7）《饲料法》管理牲畜饲料的生产、销售和进口。

（8）《动物卫生检疫法》的实施防止将动物疾病传入加拿大并防止对人类健康或国家的畜牧业经济构成危害的疾病在国内的传播。

（9）其他食品安全管理政策　为了加强对进口食品的管理，加拿大政府在 2000 年实施了加拿大国家进口政策草案。该草案系由加拿大食品检验局（CFIA）进口项目小组提供。加拿大食品检验局与加拿大各省、地方政府，以及其他联邦机构，诸如加拿大海关暨税务总署（Canada Customs and Revenue Agency，CCRA）、加拿大卫生部、公民暨移民部（Citizenship and Immigration Canada）、外交暨国际贸易部（Foreign Affairs and International Trade）等均密切合作；在提升检验制度效力与效率、增进政府机构之间的合作、促进国际贸易等方面成效显著。

五、澳大利亚和新西兰食品安全法规与标准

1981 年，澳大利亚发布了《食品法》（FoodAct），1994 年发布了食品标准管理办法（Food Standards Regulation），1989 年发布了食品卫生管理办法（Food Hygiene Regulation），还发布了与之配套的国家食品安全标准（National Food Safety Standards），形成了比较完善的法规标准体系。2000 年，澳大利亚又发布了《农产品法》［Food Production（Safety）Act］，根据该法，将乳、肉、海产品、蛋、园艺、动物饲料等划归农业部监管，农业部内设农产品司，具体负责监管工作。

澳大利亚是联邦制国家，根据各个州与联邦政府的协议，联邦食品卫生法律制定过程中各个州都充分参与和协调，各个州食品安全法律的实施都在联邦食品卫生法律的框架下，保证了联邦法律的统一性。

1. 澳大利亚和新西兰食品标准法典

随着食品安全问题日益严重及食品安全标准规定的滞后，2005 年澳大利亚和新西兰联合颁布了《澳大利亚新西兰食品标准法典》（Australia New Zealand Food Standards Code，ANZFSC；以下简称《食品标准法典》），在 ANZFSC 法案的基础上，逐渐形成了比较完善的食品安全和食品标准法律法规体系。该法典适用于澳大利亚各州，部分适用于新西兰。

《食品标准法典》是单个食品标准的汇总。第 1 章为一般食品涉及的标准，适用于所有食品，包括食品的基本标准、食品标签及其他信息的具体要求、食品添加物质的规定、污染物及残留物的具体要求以及需在上市前进行申报的食品。但是，由于新西兰有自己的食品最大残留限量标准（Maximum Residue Limits，简称 MRL），标准 1.4.2 中规定的最大残留限量仅在澳大利亚适用。第 2 章为食品产品标准，具体阐述了特定食物类别的标准，涉及谷物、肉、蛋和鱼、水果和蔬菜、油、乳制品、非酒精饮料、酒精饮料、糖和蜂蜜、特殊膳食食品及其他食品共十类具体食品的详细标准规定。第 3 章为食品安全标准，具体包括了食品安全计划、食品安全操作和一般要求、食品企业的生产设施及设备要求，该章节的规定仅适用于澳大利亚的食品卫生安全。第 4 章为初级产品标准，也仅适用于澳大利亚，内容包括澳大利亚海产品的基本生产程序标准和要求、特殊干酪的基本生产程序标准和要求以及葡萄酒的生产要求。

《食品标准法典》具有法律效力。凡不遵守有关食品标准的行为在澳大利亚均属于违法行为；在新西兰则属于犯罪行为。销售那些被损坏的、品质变坏的、腐烂的、掺假的或不适用于人类消费的食品的行为也同样属于犯罪行为。因为澳大利亚联邦和新西兰法律赋予了《食品标准法典》以法律效力，因此，参照食品标准法规时了解相应的食品法律是非常重要的。该《食品标准法典》也可以和其他相应法律一起使用，如《澳大利亚 1974 年贸易实务法》（Australian Trade Practices Act 1974）和《新西兰－澳大利亚联邦公平贸易法》（New Zealand and State Territory Fair Trading Acts）。这些法案里面的规定，尤其是那些关于错误的、有误导性的或欺骗性行为的规定，适用于食品贸易。

2. 转基因食品安全管理

澳大利亚和新西兰对转基因食品的管制由这两个国家联合组成的机构“澳新食品标准局”（FSANZ）来执行。转基因食品要想进入澳大利亚和新西兰两国，必须符合《食品标准法典》中的 1.5.2“有关利用转基因技术生产的食品标准”。标准 1.5.2 分为两个部分，第一部分规定

转基因食品在澳大利亚和新西兰要经过市场前批准这一程序，否则，任何通过转基因技术生产的食品都被禁止上市销售和使用；第二部分说明对于转基因食品的标识与信息披露的要求。与第一部分标准关于市场前的评估以及批准的要求不同，标识规定同样适用于利用转基因技术生产的食品添加剂和辅助用品。如果最终食品中有新的脱氧核糖核酸或者蛋白质，那么就需要做出标识。需要指出的一点是，标准 1.5.2 对转基因食品进行标识这一要求，其目的是给消费者提供信息，从而便于消费者做出选择，而不是作为一种警示来告诉消费者这种食品是不安全的。如果不是安全的食品，转基因食品不可能得到许可在澳大利亚和新西兰销售。

3. 海产品生产和加工标准

《食品标准法典》包括海产品的生产和加工。这是澳大利亚首次一致通过的国家标准，管理从海产品收获到消费整个行业部门的食品安全，保证澳大利亚海产品行业在国内外市场的完整性。到 2007 年，该国家标准为强制性的，在很大程度上取代了州法规，并得到了非官方行业守则的支持。该标准要求海产品行业基础生产者遵守澳大利亚和新西兰食品标准（FSANZ）代码中的基础卫生规定，厂商和零售商均按照此规定处理、运输和贮藏海产品。该标准还对牡蛎及其他双壳类软体动物的初级生产和加工作了特殊规定。该标准既适用于进口海产品也适用于国内捕捞的海产品。

思考题

1. 简述 WTO 的组织职能。
2. 简述 WTO/SPS 协议的内容。
3. 简述 WTO/TBT 的宗旨和原则。
4. 简述国际标准化组织 ISO 的工作内容。
5. 我国食品安全监管体系与国际还存在哪些差距?
6. 分别阐述美国和日本主要食品监管机构。

参考文献

[1]钱和,庞月红,于瑞莲. 食品安全法律法规与标准[M]. 北京:化学工业出版社,2019.

[2]杨兆艳. 食品标准与法规[M]. 北京:中国医药出版社,2018.

[3]吴澎,李宁阳,张淼. 食品法律法规与标准[M]. 北京:化学工业出版社,2019.

[4]杨玉红,魏晓华. 食品标准与法规[M]. 北京:中国轻工业出版社,2018.

[5]周才琼,张平平. 食品标准与法规[M]. 北京:中国农业大学出版社,2016.

[6]王世平. 食品标准与法规[M]. 北京:科学出版社,2017.

[7]艾志录. 食品标准与法规[M]. 北京:科学出版社,2016.

[8]余以刚. 食品标准与法规[M]. 北京:中国轻工业出版社,2017.

[9]李冬霞,李莹. 食品标准与法规[M]. 北京:化学工业出版社,2020.

[10]陈淑范. 食品微生物检测技术[M]. 北京:中国环境出版社,2014.

[11]李燕,王晓峨. 食品微生物检验实训[M]. 北京:北京师范大学出版社,2015.

[12]周德庆. 微生物学教程. 第2版[M]. 北京:高等教育出版社,2002.

[13]定天明,闻胜,高进. 食品安全理化检测方法概述与应用[M]. 北京:理工大学出版社,2016.

[14]徐进,庞璐. 食品安全微生物学指示菌国内外标准应用的比较分析[J]. 中国食品卫生杂志,2011,23(005):472－477.

[15]赵国婧,谢国阳,肖芳斌,等. 乳制品中食源性致病菌检测技术研究进展分析[J]. 江西科学,2020,38(6):830－834.

[16]鄢雷娜,罗跃华,刘绪平,等. 乳制品中常见食源性致病菌检测技术的研究进展[J]. 食品安全质量检测学报,2017(1):137－141.